BUCHNERS KOLLEG
THEMEN GESCHICHTE

Die Weimarer Republik

Wurzeln unserer Identität

C.C.Buchner Verlag

Buchners Kolleg. Themen Geschichte

Die Weimarer Republik

Wurzeln unserer Identität

Unterrichtswerk für die Oberstufe

Bearbeitet von Thomas Ahbe, Boris Barth, Stephan Kohser, Heike Krause-Leipoldt, Thomas Ott, Markus Reinhold, Reiner Schell und Hartmann Wunderer

Zu diesem Lehrwerk sind erhältlich:

- Digitales Lehrermaterial **click & teach** Einzellizenz, Bestell-Nr. 322561
- Digitales Lehrermaterial **click & teach** Box (Karte mit Freischaltcode), ISBN 978-3-661-32256-8

Weitere Materialien finden Sie unter www.ccbuchner.de.

Dieser Titel ist auch als digitale Ausgabe **click & study** unter www.ccbuchner.de erhältlich.

1. Auflage, 1. Druck 2022
Alle Drucke dieser Auflage sind, weil untereinander unverändert, nebeneinander benutzbar.

Das Werk folgt der reformierten Rechtschreibung und Zeichensetzung. Ausnahmen bilden Texte, bei denen künstlerische, philologische oder lizenzrechtliche Gründe einer Änderung entgegenstehen.

Auf verschiedenen Seiten dieses Buches finden sich Mediencodes. Sie verweisen auf optionale Unterrichtsmaterialien und Internetadressen (Links).
Haftungshinweis: Trotz sorgfältiger inhaltlicher Kontrolle wird die Haftung für die Inhalte externer Seiten ausgeschlossen.

Layout, Satz, Umschlaggestaltung und Grafiken: mgo360 GmbH & Co. KG, Bamberg
Druck und Bindung: mgo360 GmbH & Co. KG, Bamberg

www.ccbuchner.de

ISBN 978-3-661-**32206**-3

Inhalt

Hinweis: Die Inhalte des vorliegenden Lehrwerkes sind auf Kurse mit erhöhtem Anforderungsniveau abgestimmt. Bei den Arbeitsfragen zu den (Text-)Materialien finden Sie Vorschläge, wie Kurse auf grundlegendem Anforderungsniveau mit dem Band unterrichtet werden können. Die Aufgaben für die gA-Kurse sind speziell durch einen Unterstrich gekennzeichnet (z. B. 1., 2., 3., 4.).

Zur Arbeit mit dem Buch

Das vorliegende **Lern- und Arbeitsbuch** wurde eigens nach den Vorgaben des Kerncurriculums für Niedersachsen und den fachbezogenen Hinweisen zur schriftlichen Abiturprüfung konzipiert.

Einführungsseiten

leiten mit problemorientierten Bildern und Texten, einer **Lernstandserhebung** sowie den **Kompetenzerwartungen** in das Rahmenthema ein.

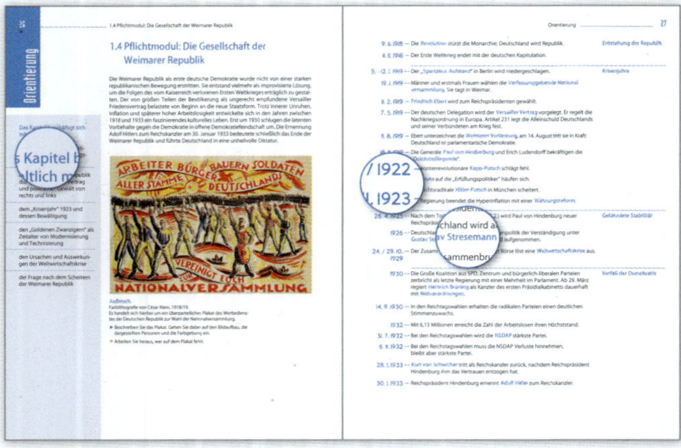

Orientierungsseiten

informieren überblicksartig über das Thema des **Pflichtmoduls** (**blau**) bzw. die Themen der **Wahlmodule** (**grün**). Die Doppelseite umfasst ein Auftaktbild, einen kurzen Text zum Einstieg ins Thema, die **Lerninhalte** des jeweiligen Moduls sowie eine **Chronologie** mit zentralen Daten und Fakten.

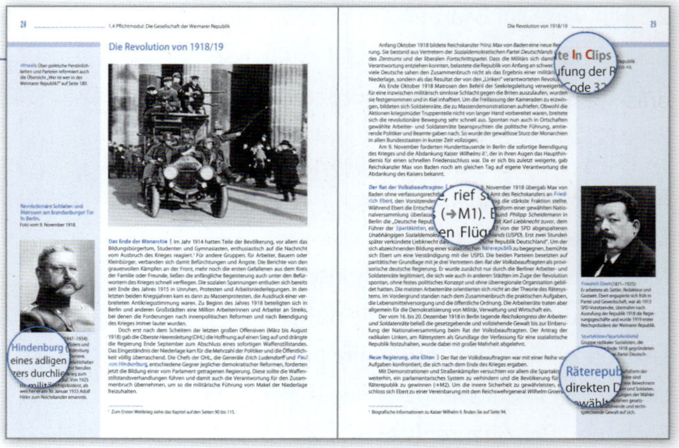

Darstellungen

vermitteln ein Verständnis für historische Zusammenhänge und Strukturen. Sie sind mit den Materialien durch Querverweise vernetzt (➔M1, ➔M2 etc.). Die Randspalte enthält **Namens- und Begriffserklärungen**, weiterführende **Internettipps** sowie Hinweise auf „**Animierte Karten**“ und „**Geschichte In Clips**“. Einen Überblick zu den digitalen Angeboten und Hinweise, wie diese abgerufen werden können, finden Sie auf Seite 167 in diesem Buch.

Materialien

vertiefen zentrale Themenaspekte und stellen kontroverse Sichtweisen dar. Die Aufgaben sind farblich je nach **Anforderungsbereich** gekennzeichnet. Erläuterungen dazu stehen auf Seite 150 im Buch. Tipps zum richtigen **Umgang mit den Operatoren** finden Sie ab Seite 152. Über Angebote zum Helfen (**H**) und Fordern (**F**) informiert Seite 173 ff.

Weitere Hinweise

- Aufgaben, die eine **Partner-/Gruppenarbeit** sowie **Präsentationsformen** erfordern, sind zusätzlich ausgewiesen.
- Aufgaben für **gA-Kurse** sind durch einen Unterstrich (1., 2. etc.) gekennzeichnet.

Kernmodule

sind **rot** gekennzeichnet. Sie behandeln **historische Theorien und Erklärungsmodelle** und vernetzen zum Teil die Kapitel durch Querverweise und Aufgaben miteinander.

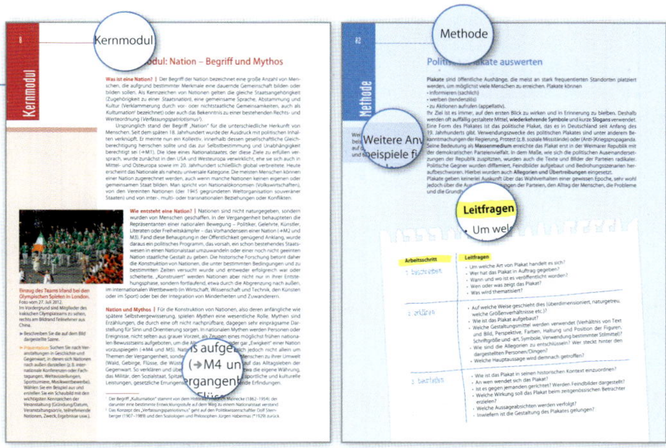

Methoden

erläutern **historische Arbeitstechniken** für die eigenständige Erarbeitung und Wiederholung an einem konkreten Beispiel. Die **Musterlösungen** können Sie auf Seite 169 bis 172 nachlesen. Zudem finden Sie auf Seite 168 **Hinweise zur methodischen Arbeit**.

Geschichte kontrovers

präsentiert Standpunkte vornehmlich von Fachwissenschaftlern, die zur Diskussion anregen und die eigene **Urteilskompetenz** fördern sollen.

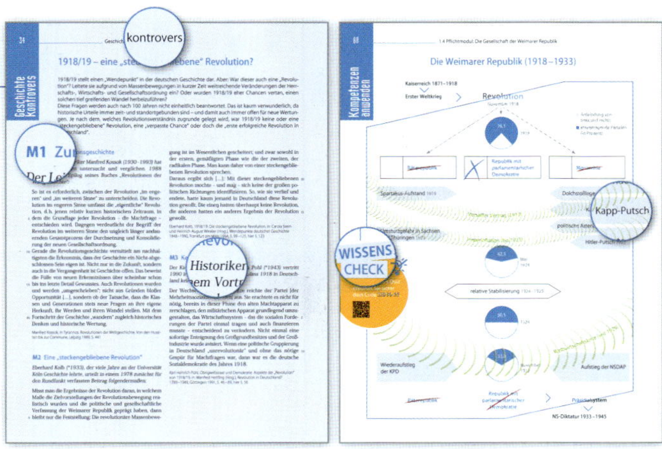

Kompetenzen anwenden

Auf dieser Doppelseite fasst ein **Schaubild** die wesentlichen Lerninhalte des Kapitels zusammen. Mithilfe von **Materialien** und Arbeitsaufträgen sowie einem **interaktiven Quiz** können das erworbene Wissen und die angeeigneten methodischen Kenntnisse getestet werden.

Schulbesuch in Weimar.
Foto vom Februar 2019.
Bundespräsident Frank-Walter Steinmeier besuchte den Kunstunterricht einer 9. Klasse in der Weimarer Parkschule.

Demonstration für Europa.
Foto vom März 2017.
Mitglieder der überparteilichen Bürgerinitiative „Pulse of Europe" versammelten sich im März 2017 auf dem Berliner Gendarmenmarkt.

Mohnblüten als Gedenksymbol.
Foto vom November 2018.
Das Foto wurde im Dorf Great Ayton in North Yorkshire (Vereinigtes Königreich) aufgenommen.

1. Wurzeln unserer Identität

Wo kommen wir her? Diese Frage ist für den Einzelnen wie für Gruppen von zentraler Bedeutung, und zwar im religiösen wie im kulturellen und historischen Sinne. Unsere ethnische und weltanschauliche Zugehörigkeit, unsere regionalen und sozialen Wurzeln haben einen tiefen Einfluss auf unser Denken und Handeln. Gleichzeitig sind diese Identitäten Brüchen unterworfen, die mit unseren individuellen Lebenswegen zusammenhängen. Dementsprechend lassen sich geschichtliche Ereignisse viel leichter verstehen, wenn wir wissen, welche Personen und Gruppen daran beteiligt waren – und es bis heute sind, denn das Beharren wie auch Wandel und Umbruch sind nicht nur Komponenten der Vergangenheit, sondern betreffen uns ebenso in unseren aktuellen Lebensumständen. Dieses Rahmenthema unterstützt Sie dabei, sich Ihrer Identität und der großen Zusammenhänge bewusster zu werden.

Kompetenzen

Am Ende des Rahmenthemas sollten Sie Folgendes können:

... die Grundlagen einer deutschen Identität sowie deren mentalitätsgeschichtliche und ideologische Voraussetzungen analysieren und sich damit auseinandersetzen.

... Ausprägungen und Veränderungsprozesse im kollektiven Selbstverständnis der Menschen in Deutschland erläutern.

... sich mit Erscheinungsformen nationalen Denkens und Selbstverständnisses sowie deren Auswirkungen bis in die Gegenwart auseinandersetzen.

Was wissen und können Sie schon?

Teilen Sie den Kurs in kleine Gruppen ein und bearbeiten Sie mithilfe der drei Fotografien folgende Aufgaben. Stellen Sie die Gruppenergebnisse anschließend im Kurs vor.

1. Beschreiben Sie die Bildinhalte: Wer oder was ist dargestellt? Was wird thematisiert?
2. Ordnen Sie die drei Bilder in den historischen Kontext ein. Auf welche Ereignisse bzw. Sachverhalte beziehen sich die Fotos? Wann fanden sie statt und welche historische Bedeutung haben sie?
3. Erklären Sie, was Sie allgemein unter dem Begriff „Identität" verstehen.
4. Präsentation: Stellen Sie in einer Tabelle „nationale Identität" und „europäische Identität" gegenüber. Erarbeiten Sie für jede Spalte Merkmale der jeweiligen Identität.

1.1 Kernmodul: Nation – Begriff und Mythos

Was ist eine Nation? | Der Begriff der Nation bezeichnet eine große Anzahl von Menschen, die aufgrund bestimmter Merkmale eine dauernde Gemeinschaft bilden oder bilden sollen. Als Kennzeichen von Nationen gelten die gleiche Staatsangehörigkeit (Zugehörigkeit zu einer *Staatsnation*), eine gemeinsame Sprache, Abstammung und Kultur (Verklammerung durch vor- oder nichtstaatliche Gemeinsamkeiten, auch als *Kulturnation*[1] bezeichnet) oder auch das Bekenntnis zu einer bestehenden Rechts- und Werteordnung (*Verfassungspatriotismus*[2]).

Ursprünglich stand der Begriff „Nation" für die unterschiedliche Herkunft von Menschen. Seit dem späten 18. Jahrhundert wurde der Ausdruck mit politischen Inhalten verknüpft. Er meinte nun ein Kollektiv, innerhalb dessen gesellschaftliche Gleichberechtigung herrschen sollte und das zur Selbstbestimmung und Unabhängigkeit berechtigt sei (➔M1). Die Idee eines *Nationalstaates*, der diese Ziele zu erfüllen versprach, wurde zunächst in den USA und Westeuropa verwirklicht, ehe sie sich auch in Mittel- und Osteuropa sowie im 20. Jahrhundert schließlich global verbreitete. Heute erscheint das Nationale als nahezu universale Kategorie. Die meisten Menschen können einer Nation zugerechnet werden, auch wenn manche Nationen keinen eigenen oder gemeinsamen Staat bilden. Man spricht von Nationalökonomien (Volkswirtschaften), von den Vereinten Nationen (der 1945 gegründeten Weltorganisation souveräner Staaten) und von inter-, multi- oder transnationalen Beziehungen oder Konflikten.

Einzug des Teams Irland bei den Olympischen Spielen in London.
Foto vom 27. Juli 2012.
Im Vordergrund sind Mitglieder des irakischen Olympiateams zu sehen, rechts am Bildrand Teilnehmer aus China.

- ▶ Beschreiben Sie die auf dem Bild dargestellte Szene.
- ▶ Präsentation: Suchen Sie nach Veranstaltungen in Geschichte und Gegenwart, in denen sich Nationen nach außen darstellen (z. B. internationale Konferenzen oder Fachtagungen, Weltausstellungen, Sportturniere, Musikwettbewerbe). Wählen Sie ein Beispiel aus und erstellen Sie ein Schaubild mit den wichtigsten Kennzeichen der Veranstaltung (Gründung/Datum, Veranstaltungsort/e, teilnehmende Nationen, Zweck, Ergebnisse usw.).

Wie entsteht eine Nation? | Nationen sind nicht naturgegeben, sondern wurden von Menschen geschaffen. In der Vergangenheit behaupteten die Repräsentanten einer nationalen Bewegung – Politiker, Gelehrte, Künstler, Literaten oder Freiheitskämpfer – das Vorhandensein einer Nation (➔M2 und M3). Fand diese Behauptung in der Öffentlichkeit genügend Anklang, wurde daraus ein politisches Programm, das vorsah, ein schon bestehendes Staatswesen in einen Nationalstaat umzuwandeln oder einer noch nicht geeinten Nation staatliche Gestalt zu geben. Die historische Forschung betont daher die *Konstruktion* von Nationen, die unter bestimmten Bedingungen und zu bestimmten Zeiten versucht wurde und entweder erfolgreich war oder scheiterte. „Konstruiert" werden Nationen aber nicht nur in ihrer Entstehungsphase, sondern fortlaufend, etwa durch die Abgrenzung nach außen, im internationalen Wettbewerb (in Wirtschaft, Wissenschaft und Technik, den Künsten oder im Sport) oder bei der Integration von Minderheiten und Zuwanderern.

Nation und Mythos | Für die Konstruktion von Nationen, also deren anfängliche wie spätere Selbstvergewisserung, spielen *Mythen* eine wesentliche Rolle. Mythen sind Erzählungen, die durch eine oft nicht nachprüfbare, dagegen sehr einprägsame Darstellung für Sinn und Orientierung sorgen. In nationalen Mythen werden Personen oder Ereignisse, nicht selten aus grauer Vorzeit, als Zeugen eines möglichst frühen nationalen Bewusstseins aufgeboten, um die Altehrwürdigkeit oder gar „Ewigkeit" einer Nation vorzuspiegeln (➔M4 und M5). Nationale Mythen bilden sich jedoch nicht allein um Themen der Vergangenheit, sondern auch im Verhältnis der Menschen zu ihrer Umwelt (Wald, Gebirge, Flüsse, die Wüste, das Meer) und mit Blick auf das Alltagsleben der Gegenwart. So verklären und überhöhen manche Nationen etwa die eigene Währung, das Militär, den Sozialstaat, Spitzenprodukte ihrer Wirtschaft, sportliche und kulturelle Leistungen, gesetzliche Errungenschaften oder bahnbrechende Erfindungen.

---

[1] Der Begriff „Kulturnation" stammt von dem Historiker Friedrich Meinecke (1862–1954), der darunter eine bestimmte Entwicklungsstufe auf dem Weg zu einem Nationalstaat verstand.

[2] Das Konzept des „Verfassungspatriotismus" geht auf den Politikwissenschaftler Dolf Sternberger (1907–1989) und den Soziologen und Philosophen Jürgen Habermas (*1929) zurück.

M1 Nation: Herkunft und Definition

*Der Historiker Andreas Fahrmeir (*1969) skizziert die Begriffsgeschichte von „Nation“:*

Im klassischen Latein bezeichnet *natio* (abgeleitet von *nascor*, geboren werden) den individuellen Geburtsort oder die ethnische Herkunft. *Nationes*, Gruppen von Personen, deren Geburt eine Gemeinsamkeit aufwies, teilten daher die Abstammung von einem Stamm, die Herkunft aus einer Region oder einer Stadt. Da *nationes* auf Geburt oder Zeugung zurückgingen und zur Unterteilung von Menschen in Gruppen dienten, wurde das Wort auch zur Klassifizierung von Tier- oder Pflanzenarten verwandt. Diese Bedeutung lässt sich seit der als *Vulgata* bezeichneten spätantiken lateinischen Bibelübersetzung nachweisen, geriet aber im späten 18. Jahrhundert außer Gebrauch.
Für die Begriffsgeschichte zentraler war, dass der Namenszusatz *de natione* auch im mittelalterlichen Latein eine durch Geburt erworbene Eigenschaft bezeichnete, etwa die regionale Herkunft, die Stammes- oder Standeszugehörigkeit oder die Sprache. Damit näherte sich die Bedeutung von *natio* der von *gens* (Stamm oder Abstammungsgemeinschaft) an, bis beide Begriffe praktisch austauschbar gebraucht wurden. [...] *Natio* bezeichnete somit wie *gens* eine durch ihren politischen wie kulturellen Zusammenhalt bestimmte Gruppe. Während *gens* in diesem Sinne aber kaum Eingang in die europäischen Volkssprachen fand, wurde aus *natio* zwischen dem 13. und 15. Jahrhundert italienisch *nazione*, portugiesisch *nasção/naçao*, spanisch *nación* oder eben deutsch *Nation*.
Nationes konnten politischen Einheiten wie Königreichen entsprechen, aber auch erheblich kleiner oder größer ausfallen. Dennoch: *Natio* und seine Äquivalente in lateinischen und volkssprachlichen Quellen bezeichneten am Ende des Mittelalters eine Gruppe, die zu einem abgegrenzten Territorium gehörte, und/oder eine Gruppe, die sich durch Gemeinsamkeiten der Sprache, der Geschichte, der Herkunft, der Sitten und Gebräuche von anderen unterschied. [...] Allgemein orientierte sich die Zuordnung zu *nationes* nun häufiger, wenn auch bei Weitem nicht immer, an politischen Grenzen. Das kann als Beleg dafür dienen, dass „Nation“ bereits gegen Ende des Mittelalters seine moderne Bedeutung erlangte, denn es unterschied sich kaum von der Definition, die der *Brockhaus* in den 1980er-Jahren vorschlug: „Nation“ sei eine „größere Gruppe von Menschen, die durch das Bewusstsein ihrer politischen und/oder kulturellen Eigenständigkeit zur Gemeinschaft wird“.
Kaum zehn Jahre später beschrieb der *Brockhaus* „Nation“ jedoch als ein in den 1790er-Jahren entstandenes Konzept, das „im [...] Denken der letzten beiden Jahrhunderte den Rahmen bezeichnet, innerhalb dessen sich Menschen neben kultureller Eigenständigkeit v.a. polit. Selbständigkeit (Souveränität) [...] zumessen“. Diese Definition wies Ähnlichkeiten mit der Formulierung in *Qu'est-ce que le tiers-état?* (*Was ist der dritte Stand?*) des Abbé Sieyès von 1789 auf, der eine „nation complète“ (die er mit dem „dritten Stand“ identifizierte) als „un corps d'Associés vivant sous une loi *commune* et représentés par la même *législature*“ definierte, also nicht durch Geburtsort, Abstammung oder Sprache, sondern die Unterwerfung unter ein für alle gleiches Gesetz sowie die Repräsentation durch eine gesetzgebende Versammlung.
Die Definition von „Nation“ über gleiches Recht, Volkssouveränität und Partizipation markierte allerdings keinen völligen Abschied von bisherigen Vorstellungen, denn gleiches Recht konnte kaum ohne Einfluss auf Sitten und Gebräuche bleiben, und eine gemeinsame Legislative setzte eine begrenzte Zahl politischer Verkehrssprachen voraus. Dennoch: Die Verbindung der Abgrenzung nach außen mit der Betonung der Gleichheit im Innern markierte eine weitere mögliche Geburtsstunde des Nationenbegriffs, die sich auch durch weitere Bedeutungsverschiebungen bestimmen lässt: Das Adjektiv „national“, das sich seit dem 16. Jahrhundert verbreitete, bezog sich nun meist auf Staaten. Das Wort „Nationalist“ tauchte erstmals um 1800 auf; es bezeichnete Personen, für welche die Interessen der eigenen Nation (oder des eigenen Staates) im Mittelpunkt standen. „Nationalismus“ bezeichnete fortan nicht mehr eine regionale sprachliche oder kulturelle Wunderlichkeit, sondern eine politische oder kulturelle Bewegung, die der „Nation“ zum Durchbruch verhelfen und sie über andere Bindungen stellen wollte.

Andreas Fahrmeir, Die Deutschen und ihre Nation. Geschichte einer Idee, Ditzingen 2017, S. 8–10

1. Fassen Sie die hier beschriebene Entwicklung des Begriffs „Nation“ von der europäischen Spätantike bis zum Ende des Mittelalters in eigenen Worten zusammen.
2. Arbeiten Sie heraus, welche neue Bedeutung der Begriff „Nation“ gegen Ende des 18. Jahrhunderts erlangte.
3. Gruppenarbeit: Diskutieren Sie in der Klasse, welche Assoziationen die Begriffe „Nation“ und „national“ bei Ihnen auslösen. Verweisen Sie dabei auch auf Wortverbindungen, in denen diese Begriffe auftauchen. | F

M2 Nationale Ruhmeshallen

Im Zentrum von Paris befindet sich das Panthéon. Ursprünglich als Kirche errichtet, wurde es nach der Fertigstellung 1790 von den Anführern der Französischen Revolution zu einer nationalen Gedenkstätte umgewidmet. Bedeutende Persönlichkeiten Frankreichs sind hier beigesetzt. In der Apsis (Bild rechts) steht seit 1913 ein Denkmal von François-Léon Sicard (1862–1934), das an den Nationalkonvent, das Parlament der ersten französischen Republik (1792–1804), erinnert.

Bei Donaustauf nahe Regensburg steht die Walhalla. Das tempelartige Monument am Ufer der Donau wurde von 1830 bis 1842 im Auftrag König Ludwigs I. von Bayern (reg. 1825–1848) errichtet, der damit eine nationale Gedenkstätte schaffen wollte. In der Walhalla sind bedeutende Persönlichkeiten „teutscher Zunge" mit Marmorbüsten und Gedenktafeln verewigt.

1. Ermitteln Sie, an welche realen oder in Sagen überlieferten Vorbilder das Panthéon und die Walhalla angelehnt sind.
2. Recherchieren Sie im Internet, welche Persönlichkeiten in den Gebäuden gewürdigt werden.
3. Vergleichen Sie das für beide Gedenkstätten maßgebliche Verständnis von „Nation". Berücksichtigen Sie dabei insbesondere die jeweiligen Auftraggeber, den Ort, an dem Panthéon und Walhalla stehen, und die Auswahl der Persönlichkeiten, die dort Eingang gefunden haben.
4. Präsentation: Recherchieren Sie im Internet nach nationalen Ruhmeshallen in anderen Ländern. Stellen Sie ein Beispiel in der Klasse vor.
5. Gruppenarbeit: Diskutieren Sie, wer in eine europäische Ruhmeshalle aufgenommen werden sollte. | F

M3 „Vorgestellte" Gemeinschaften

In seinem 1983 erschienenen Buch „Imagined Communities" (dt. Titel: „Die Erfindung der Nation") benennt der US-amerikanische Politikwissenschaftler Benedict Anderson (1936–2015) Merkmale moderner Nationen:

[Die Nation] ist eine vorgestellte politische Gemeinschaft – vorgestellt als begrenzt und souverän. Vorgestellt ist sie deswegen, weil die Mitglieder selbst der kleinsten Nation die meisten anderen niemals kennen, ihnen begegnen oder auch nur von ihnen hören werden, aber im Kopf eines jeden die Vorstellung ihrer Gemeinschaft existiert. […] Die Nation wird als begrenzt vorgestellt, weil selbst die größte von ihnen mit vielleicht einer Milliarde Menschen in genau bestimmten, wenn auch variablen Grenzen lebt, jenseits derer andere Nationen liegen. Keine Nation setzt sich mit der Menschheit gleich. Selbst die glühendsten Nationalisten träumen nicht von dem Tag, da alle Mitglieder der menschlichen Rasse ihrer Nation angehören werden – anders als es in vergangenen Zeiten den Christen möglich war, von einem ganz und gar „christlichen" Planeten zu träumen.
Die Nation wird als souverän vorgestellt, weil ihr Begriff in einer Zeit geboren wurde, als Aufklärung und Revolution die Legitimität der als von Gottes Gnaden gedachten hierarchisch-dynastischen Reiche zerstörten. Dieser Begriff erlangte seine Reife in einem historischen Moment, als selbst die frommsten Anhänger jeglicher Universalreligion mit dem lebendigen Pluralismus solcher Religionen und dem Auseinandertreten von ontologischen[1] Ansprüchen jeden Glaubens und seiner territorialen Ausdehnung konfrontiert waren. Deshalb träumen Nationen davon, frei zu sein und dies unmittelbar – wenn auch unter Gott. Maßstab und Symbol dieser Freiheit ist der souveräne Staat.
Schließlich wird die Nation als Gemeinschaft vorgestellt, weil sie, unabhängig von realer Ungleichheit und Ausbeutung, als „kameradschaftlicher" Verbund von Gleichen verstanden wird. Es war diese Brüderlichkeit, die es in den letzten zwei Jahrhunderten möglich gemacht hat, dass Millionen von Menschen für so begrenzte Vorstellungen weniger getötet haben als vielmehr bereitwillig gestorben sind.

Benedict Anderson, Die Erfindung der Nation. Zur Karriere eines erfolgreichen Konzepts, Frankfurt am Main/New York [2]1996, S. 15–17 (gekürzt; übersetzt von Benedikt Burkard)

1. Präsentation: Stellen Sie die Aussagen von Anderson in einer Mindmap dar, mit dem Begriff „Nation" im Mittelpunkt.
2. Geben Sie wieder, was der Autor unter „Vorstellung" versteht. | H
3. Charakterisieren Sie das Verhältnis von Nation und Religion, auf das Anderson verweist.

[1] **ontologisch** (altgriech. *ontología*: Lehre vom Seienden): Fragen nach dem Dasein und dessen Sinn betreffend

M4 Nationale Mythen als „Volkspädagogik"

*Der Politikwissenschaftler Herfried Münkler (*1951) setzt sich mit nationalen Mythen, ihrer Entstehung und ihrem Zweck auseinander:*

Nationalmythen beschwören Gestalten der Vergangenheit, um Zukunft zu garantieren. Sie erheben den Anspruch, die Geschichte der Nation nicht nur zu deuten, sondern ihren Fortgang auch zu strukturieren. Dazu müssen sie freilich zwei große Herausforderungen bewältigen: Sie müssen die Komplexität des Geschehens reduzieren und dieses ethischen und ästhetischen Vorstellungen anpassen, und sie müssen den Schrecken der Kontingenz[2] wegerzählen, also die Furcht besänftigen, die nationale Geschichte sei womöglich nur eine bedeutungslose Episode der Weltgeschichte. Indem sie diesen beiden Anforderungen genügen, stiften Nationalmythen Vertrauen und Zuversicht, dass die Nation die groß und bedrohlich vor ihr stehende Zukunft meistern werde. Barbarossa, der schlafende Kaiser, wird wiederkehren und das Reich in all seiner Macht und Herrlichkeit neu errichten; Siegfried, der stolze Held, wird alle anderen überstrahlen; und der forschende Gelehrte Faust wird die Welt verändern und beherrschen. […]
Damit literarische Texte und historische Ereignisse das leisten können, muss ihr mythisierbarer Kern freigelegt werden: Was zum Nationalmythos avancierte, war nicht das *Nibelungenlied*[3] als literarischer Text, sondern eine von den Herausgebern der Textsammlungen und Sagenbücher kompilierte[4] Sage, in der die psychische Komplexität der Figuren vereinfacht und ihr Charakter vereindeutigt wurden. Das gilt in ähnlicher Weise für Faust, bei dem sich der Typus des Welterforschers schon bald von seiner Charakterzeichnung durch Goethe entfernte. Jedenfalls kam, je stärker das *Nibelungenlied* zur Nibelungensage umgestaltet und zum Nationalmythos erhoben beziehungsweise Faust zum Inbegriff des ruhelos tätigen Deutschen stilisiert wurde, eine „volkspädagogische Komponente" ins Spiel, die Ambivalenzen und Uneindeutigkeiten tilgte, indem sie die Helden heldisch, den Verrat abgründig und die Einzelfigur kollektiv anschlussfähig machte. So wurde aus dem *Nibelungenlied* ein politischer Mythos, der Identität anbot und Identifikation abverlangte, wobei die jeweiligen politischen Konstellationen darüber entschieden, ob man eher Siegfried oder Hagen zum Vorbild wählte. Aus dem Teufelsbündner Faust, der entweder schmählich scheiterte oder auf die Hilfe himmlischer Mächte angewiesen war, wurde im Verlauf dieser Umwandlungen eine umstürzend-zupackende Figur, die zum Symbol des deutschen Aufbruchs im 19. und 20. Jahrhundert avancierte. Am einfachsten hatte man es da noch mit Kaiser Friedrich Barbarossa, den man

[2] **Kontingenz**: prinzipielle Offenheit einer Situation
[3] **Nibelungenlied**: Das Nibelungenlied ist das berühmteste Heldenepos der mittelhochdeutschen Literatur. Es wurde um 1200 von einem unbekannten Dichter in Passau niedergeschrieben.
[4] **kompilieren**: aus verschiedenen Texten zusammenstellen

nur aus einer notorischen Schlafmütze, als die ihn die Lokalsagen kannten, in eine schlummernde Urgewalt verwandeln musste, die kurz vor einem Aufbruch stand, der die politische Welt grundlegend verwandeln würde.

Herfried Münkler, Die Deutschen und ihre Mythen, Berlin ³2009, S. 33 f.

1. Informieren Sie sich in Fachbüchern und im Internet über die hier erwähnten historischen Vorlagen (Nibelungenlied, Faust, Friedrich Barbarossa).
2. Vergleichen Sie anhand Ihrer Recherchen und des Textes die ursprünglichen Inhalte mit den später entwickelten Mythen.
3. Arbeiten Sie heraus, welche Personen und Bedingungen dafür verantwortlich sind, dass nationale Mythen Anerkennung finden.
4. „Nationalmythen beschwören Gestalten der Vergangenheit, um Zukunft zu garantieren." (Zeile 1 f.) Nehmen Sie zu dieser Aussage von Münkler Stellung.

M5 Mythen (be)gründen

*Die Historikerin Heidi Hein-Kircher (*1969) definiert politische Mythen und ihre Funktion:*

Unter einem Mythos ist eine sinnstiftende Erzählung zu verstehen, die Unbekanntes oder schwer zu Erklärendes vereinfacht mit Bekanntem erklären will. Er entflechtet schwer oder gar nicht erklärbare Vorgänge und stellt sie auf einfache Weise dar, wobei mythisches Denken auf einem Raster apriorischer Prämissen[1] beruht. […]
So gibt es Gründungs- und Ursprungsmythen, Mythen […] der Beglaubigung und Verklärung, wobei aber der politische Gründungsmythos letztlich eine alle anderen umfassende Kategorie ist, da jeder Mythos in seinem Kern über den Sinn und das Entstehen einer Gemeinschaft berichtet. […]
Politische Mythen behandeln nur das, was für die jeweilige Gesellschaft konstitutiv[2] und von Bedeutung ist. Diese im Mythos erzählten Bilder repräsentieren die Werte, Ziele und Wünsche einer sozialen Gruppe. Sie beglaubigen ihre grundlegenden Werte, Ideen und Verhaltensweisen, weil sie die historischen Vorgänge aus ihrer Sicht und in ihrem Sinne interpretieren, sodass diese durch die Erzählung einer geschichtlich wirksamen Einheit zusammengebunden wird. Daher geben politische Mythen nationalen und nicht-nationalen (Massen-)Gesellschaften bzw. Gruppen Sinn […]. Eine solche Identitätsbildung ist jedoch nur möglich, wenn zugleich eine Abgrenzung nach außen, zu anderen Gruppen hin, stattfindet. Auch dies wird durch Mythen geleistet, weil sie kennzeichnen, wer zur Gruppe gehört und wer nicht. Dies geschieht, indem Mythen immer den Gegensatz zwischen „gut", also „eigen/selbst", und „böse", also „die anderen", schaffen.

Als Beispiele für politische Mythen in Deutschland führt die Autorin an:

Im Zuge des Entstehens der modernen Nationsgesellschaften erlebten politische Mythen in ganz Europa eine Konjunktur. Sie halfen, den Zusammenbruch des Ancien Régime[3] zu verarbeiten, aber auch die Ablösung der alten Eliten durch neue gesellschaftliche Gruppen und somit die jeweilige Nation zu begründen. Ereignismythen wurden dabei als besondere Leistungen der jeweiligen Gesellschaft verstanden, während der Rückgriff auf Helden die Entwicklung personalisierte.
Aufgrund der Bedeutung der Befreiungskriege[4] waren Mythen über die Antike als Verteidigungsmythen ein wichtiger Topos[5] im 19. Jahrhundert. So bot sich der Rückgriff auf den Cheruskerfürsten Arminius (Hermann) geradezu an: Als Sieger der Varusschlacht gegen die Römer habe er die vaterländische Freiheit verteidigt. Dieses Motiv findet sich etwa bei den ersten Planungen des Detmolder Hermann-Denkmals 1819 wieder. Der Arminius-Mythos wandelte sich im Laufe des 19. Jahrhunderts und verweist so auf die Entwicklung der zugrunde liegenden Nationsidee: Während der rund 60-jährigen Errichtungsphase verschwanden ursprünglich großdeutsche[6] Intentionen zugunsten der ideellen Begründung der Reichsgründung durch Preußen und dessen Führungsrolle im Reich; die Idee einer Verbrüderung der freien Nationen wurde durch ein starkes antifranzösisches Moment ersetzt, das letztlich auch die Vorstellung von der „Erbfeindschaft" zu Frankreich beeinflusste. Bis in die Zeitgeschichte wirkte der Arminius-Mythos: So wurde das Hermann-Denkmal zum „Symbol deutscher Einheit" und Freiheit und visualisierte „Abgrenzung zu äußeren und inneren Feinden".
Eine zentrale Rolle für die Nationswerdung kommt dem Germanen-Mythos im 19. Jahrhundert zu. Er basiert auf einem konstruierten Gegensatz zu Rom […] – ein Motiv, dessen Entwicklung sich bis ins Mittelalter zurückverfolgen lässt und das die Ursprünge der „deutschen Nation" erläutert. Dieses Narrativ[7] formulierte 1807/1808 Johann

[1] **apriorische Prämisse**: von vornherein geltende Annahme
[2] **konstitutiv**: grundlegend, bestimmend

[3] **Ancien Régime** (frz.: alte Herrschaft): vorrevolutionäre Herrschafts- und Gesellschaftsordnung
[4] **Befreiungskriege**: Kriege in den Jahren 1813 bis 1815, die zum Zusammenbruch der Vorherrschaft Napoleons in Europa führten
[5] **Topos** (altgriech.: Ort, Stelle): weitverbreiteter Gedanke, geläufiges Motiv
[6] **großdeutsch**: Konzept zur Einigung Deutschlands unter Einbeziehung Österreichs
[7] **Narrativ** (von lat. *narrare*: erzählen): Erzählmotiv, oft mit sinnstiftender Wirkung

Gottlieb Fichte[1] in seinen „Reden an die deutsche Nation" prägnant und legte die Grundlagen für dessen Weiterentwicklung: Die deutsche Nation habe sich die Ursprünglichkeit der Germanen („Urvolk") bewahrt, wodurch sie eine besondere Mission erhielten. Der Germanen-Mythos, etwa durch Denkmäler (wie das Niederwalddenkmal der „Germania"), Festumzüge, Literatur und Museen kommuniziert, definierte somit nicht nur das Verständnis von „deutsch", sondern entwickelte sich auch zu der zentralen narrativen Grundlage der völkischen[2] Rasseideologie. [...]
Auch die bundesdeutsche Gesellschaft schuf Mythen. Maßgeblich für ihr Selbstverständnis war vor allem der Mythos von der „Stunde Null", der über einen Neuanfang einer gereinigten Gesellschaft berichtete und bis heute das deutsche Selbstverständnis prägt: Dem Bombenkrieg, der bedingungslosen Kapitulation und der alliierten Besetzung kamen dabei kathartische Wirkung[3] zu. Als Gründungsmythos legitimierte er die Existenz der Bundesrepublik und blendete aus, dass dieser Neuanfang tatsächlich aus umfangreichen Kontinuitäten bestand. Nach dem wirtschaftlichen Aufschwung wurde er durch denjenigen vom „Wirtschaftswunder" ergänzt, der die Gesellschaft darin bestätigte, auf dem richtigen Weg zu sein.

Erster Text: Heidi Hein-Kircher, Zur Definition und Funktion von politischen Mythen, in: 2000 Jahre Varusschlacht, Bd. 3: Mythos, Stuttgart 2009, S. 149–154, hier S. 149 und 151 ff.; zweiter Text: Dies., „Deutsche Mythen" und ihre Wirkung, in: Aus Politik und Zeitgeschichte 63 (2013), Heft 13/14, S. 33–38, hier S. 35 und 37

1. Fassen Sie die wesentlichen Aussagen der Historikerin thesenartig zusammen.
2. Vergleichen Sie M4 und M5 hinsichtlich ihrer Definition von Mythen. Stellen Sie Übereinstimmungen und Abweichungen heraus.
3. Erörtern Sie, ob und inwieweit sich der Mythos von der „Stunde Null" von sonstigen nationalen Gründungsmythen unterscheidet.
4. Setzen Sie sich mit der Frage auseinander, ob in der heutigen Gesellschaft und Medienlandschaft noch nationale Mythen entwickelt werden können.

„Zur Enthüllungsfeier des Hermanns-Denkmals am 16. August 1875."
Holzschnitt aus der Berliner Satirezeitschrift „Kladderadatsch" vom 15. August 1875.
Die Karikatur zeigt Arminius und Martin Luther, im Hintergrund die Kuppel des Petersdoms in Rom. Auf dem Schild des Arminius steht: „Vici" („Ich habe gesiegt!"), Luther deutet auf die Bibel, auf der „Vincam!" („Ich werde siegen!") zu lesen ist.
Die Karikatur erschien in der Zeit des sogenannten Kulturkampfes (1872 bis 1878). Damals gingen die Regierungen in Preußen und im Deutschen Reich gegen die katholische Kirche vor, um v.a. deren Einfluss auf das Schulwesen, die politische Opposition und auf die polnische Minderheit in Preußen drastisch einzuschränken.

- ▶ Interpretieren Sie die Karikatur vor dem Hintergrund des Kulturkampfes der 1870er-Jahre. | H
- ▶ Arbeiten Sie heraus, welche mythische Funktion Arminius und Luther hier erfüllen sollen. | H
- ▶ Analysieren Sie, ausgehend von der Bildunterschrift „Gegen Rom", welcher Gründungsmythos für das damals neue Deutsche Kaiserreich hier entworfen wurde. | H

[1] **Johann Gottlieb Fichte** (1762–1814): deutscher Pädagoge und Philosoph
[2] **völkisch**: politische Vorstellung, die eine Gesellschaft allein aus Angehörigen gleicher Abstammung anstrebt
[3] **kathartische Wirkung** (von altgriech. *kátharsis*: Reinigung): psychische Läuterung, die sich nach dem Durchleben aufwühlender Konflikte einstellt

Kernmodul

1.2 Kernmodul: Deutungen des deutschen Selbstverständnisses

Frühe deutsche Nationalstaatsidee | Wer sind die Deutschen? Wer gehört zu ihnen und was verbindet sie miteinander? Diese Fragen beschäftigten bis ins späte 18. Jahrhundert vornehmlich Künstler und Gelehrte. Erst mit der Auflösung des *Heiligen Römischen Reiches Deutscher Nation* am Beginn des 19. Jahrhunderts wurden daraus gesellschaftliche Themen ersten Ranges. „Deutschland" existierte seitdem nur als Ansammlung von über dreißig größeren und kleineren Staaten, für die der 1815 gegründete *Deutsche Bund* einen losen Zusammenhalt bot. Die Vertreter des Liberalismus und der deutschen *Nationalbewegung* wünschten dagegen einen geeinten Nationalstaat, der Sicherheit nach außen, wirtschaftlichen Fortschritt sowie Freiheit und Mitbestimmung für jedermann versprach. Das gesamtdeutsche Nationalbewusstsein war damals neu. Es konkurrierte als Idee mit anderen patriotischen Strömungen in Deutschland, die die Verbundenheit der Bevölkerung mit ihrem jeweiligen Einzelstaat oder der regierenden Herrschaftsfamilie betonten.

Macht statt Freiheit | Erst ab Mitte der 1860er-Jahre gelang es dem Königreich Preußen, die *deutsche Frage* in drei aufeinanderfolgenden Kriegen zu entscheiden und einen Nationalstaat unter Ausschluss Österreichs durchzusetzen (➔M1). Das 1871 gegründete *Deutsche Kaiserreich* war ein Obrigkeitsstaat, der die Forderung des Liberalismus nach parlamentarischer Mitbestimmung nur teilweise verwirklichte. Um die Machtposition der Monarchie und der adlig-großbürgerlichen Führungsschichten, aber auch die Vorherrschaft Preußens im neuen Deutschland zu sichern, wurden tatsächliche oder vermeintliche Gegenkräfte als „Reichsfeinde" gebrandmarkt, systematisch ausgegrenzt oder gar verfolgt. Das betraf nationale Minderheiten wie die Elsässer, Lothringer, Dänen und Polen, Teile der katholischen Bevölkerung, aber auch die politische Opposition wie Linksliberale und Sozialdemokraten. Wie zum Ausgleich für die fortwährende gesellschaftliche Spaltung entstand ein aggressiver, übersteigerter Nationalismus, der Deutschland anderen Nationen für überlegen hielt und das Kaiserreich zur Weltmacht auserwählt sah.

Nationalismus im Exzess | Der Erste Weltkrieg radikalisierte das Nationalbewusstsein in Deutschland weiter. Einerseits glaubte man, „gegen eine Welt von Feinden" (Wilhelm II.) zu kämpfen, andererseits trat bei Kriegsausbruch 1914 ein neues Gemeinschaftsgefühl auf, das alle inneren Gegensätze zu überwinden schien (➔M2).[1] Der Kriegsverlauf machte diesen Konsens allerdings zunichte.

Durch die Niederlage von 1918 und ihre Folgen – dem Versailler „Schmachfrieden", schweren wirtschaftlichen Krisen und einer von vielen Deutschen abgelehnten Republik[2] – verlor die Idee des Nationalstaates erheblich an Glaubwürdigkeit. Zukunft versprach nicht mehr die *Staatsnation*[3] als im Grunde freiwilliger Zusammenschluss, sondern eine *Volksgemeinschaft* als gleichsam naturgegebene Einheit. Aus dieser Anschauung ließ sich ein extremer, *völkischer Nationalismus* ableiten. Er definierte das „Deutschtum" sowohl weltanschaulich, indem er Kommunisten und Sozialdemokraten davon ausschloss und die liberale Demokratie als „undeutsch" ablehnte, als auch rassistisch und antisemitisch, da Juden und andere Minderheiten zu „Volksfremden" erklärt wurden (➔M3). Die gewaltsame Umsetzung dieser Vorstellungen durch die Nationalsozialisten führte in die Diktatur, zum Zweiten Weltkrieg und zum Holocaust.

[1] Zum Ersten Weltkrieg siehe das Kapitel auf den Seiten 90 bis 115.
[2] Über die Weimarer Republik informieren die Seiten 26 bis 89.
[3] Zum Begriff „Staatsnation" siehe das Kernmodul „Nation – Begriff und Mythos" auf Seite 8.

„Deutschland – August 1914."
Ölgemälde (192 x 147 cm) von Friedrich August von Kaulbach, 1914.

- Beschreiben Sie die dargestellte Frauenfigur und ihre Attribute.
- Charakterisieren Sie die Stimmung, die von dem Gemälde ausgeht.
- Arbeiten Sie heraus, welches deutsche Selbstverständnis in dem Gemälde anklingt. Berücksichtigen Sie dabei auch die Entstehungszeit und den historischen Hintergrund. | H

Geläutert in die Gegenwart | Nach 1945 war das Nationalbewusstsein in Deutschland nachhaltig diskreditiert, sowohl aus Verantwortung für die im deutschen Namen begangenen Verbrechen, als auch angesichts der *deutschen Teilung* im Zeichen des Kalten Krieges. Beide deutsche Staaten suchten den Anschluss an eine internationale Wertegemeinschaft: die Bundesrepublik durch ihre (freiwillige) Politik der Westintegration, die DDR durch die (erzwungene) Übernahme einer sozialistischen Ordnung nach dem Vorbild der Sowjetunion (→M4). Die Westdeutschen akzeptierten die Bundesrepublik im Lauf der Zeit als *„postnationale Demokratie"* – so der Politikwissenschaftler Karl Dietrich Bracher –, in der Freiheit, Frieden und eine europäische Einigung wichtiger waren als eine deutsche Einheit, die seit dem Bau der Mauer 1961 nicht mehr realistisch schien. Auch die Staatsführung der DDR nahm vom Einheitsgedanken Abstand – 1974 strich sie das Bekenntnis zu einer deutschen Nation aus der Verfassung.

Gleichwohl wurde in den 1980er-Jahren in beiden deutschen Staaten ein gemeinsames kulturelles Erbe wiederentdeckt. Ebenso erfolgte eine schrittweise Annäherung in der – bis dahin höchst unterschiedlichen – Auseinandersetzung mit der Vergangenheit des Nationalsozialismus. Als die *friedliche Revolution* in der DDR im Herbst 1989 die kommunistische Diktatur beseitigte, verschwand auch der politische und weltanschauliche Gegensatz zur Bundesrepublik. Die *deutsche Einheit*, die 1990 vollzogen wurde, erschien zwar nicht als einzige, aber doch als sinnvollste Lösung für die Krise in Ostdeutschland, zumal von einem neuen gesamtdeutschen Nationalstaat keine Bedrohung mehr ausging.

Das Deutschland der Gegenwart gilt als fest in der westlichen Staatengemeinschaft verankert (→M5). Fragen nach dem Selbstverständnis der Deutschen stellen sich immer wieder neu, wenngleich nicht mehr isoliert und abgehoben vom Rest der Welt.

Hinweis: Zum deutschen Selbstverständnis nach 1945 siehe auch das Kapitel ab Seite 116.

M1 Eine preußisch-deutsche Erfolgsgeschichte?

*Der deutsch-amerikanische Historiker Konrad H. Jarausch (*1941) und sein deutscher Kollege Michael Geyer (*1947) untersuchen den Einfluss der Geschichtsschreibung auf das Nationalbewusstsein der Deutschen im 19. Jahrhundert:*

In dem Bemühen von romantischen Dichtern und Publizisten, die lockere Kulturnation[1] in einen festen Nationalstaat zu verwandeln, spielten Historiker eine führende Rolle, da sie das nationale Programm als logische Folge einer gemeinsamen Geschichte wissenschaftlich rechtfertigten. Heinrich von Treitschke machte sich als *praeceptor Germaniae*[2] selbstbewusst daran, eine „allen Gebildeten gemeinsame Geschichtsüberlieferung" zu schaffen, die den zersplitterten Deutschen ein Gefühl geben würde, zusammenzugehören, über die Zeiten hinweg gemeinsame Erfahrungen zu teilen. [...] Treitschkes *Deutsche Geschichte im 19. Jahrhundert*, der führende Text der nationalistischen Sichtweise, bot den Deutschen eine unwiderstehliche Vision von innerer Befreiung und äußerer Ermächtigung. Erstens sollte die Vereinigung die politischen und kulturellen Horizonte über die Grenzen der Kleinfürstentümer hinweg auf größere Kommunikationsräume erweitern und dadurch einengende lokale Beschränkungen abschütteln. Zugleich sollte die Schaffung eines größeren Gemeinwesens die Verwirklichung der „Freiheitshoffnungen" in einer konstitutionellen Monarchie ermöglichen, die ihre Untertanen an der Regierung teilnehmen und durch die Übernahme von Verantwortung reifen lassen würde. Schließlich sollte die Schaffung eines Nationalstaates den bisher unterdrückten, aber dennoch auch „den leidenschaftlichen, reizbaren Nationalstolz" befriedigen und den Deutschen wieder hinreichend Macht verschaffen, um fremde Bevormundung abzuschütteln und gleichberechtigt am Weltgeschehen teilzunehmen. Dieser nationalistische Aufruf fand Widerhall bei den Gebildeten und Besitzenden, weil er sich nicht an die Herrschenden, sondern an das Volk wandte und eine fortschrittliche Mission anklingen ließ, die Spinnweben der ständischen Gesellschaft hinwegzufegen. [...]

Norddeutsche protestantische Historiker wie Heinrich von Sybel wiesen die südliche, katholische und österreichische Alternative als spalterisch zurück und konnten nach und nach den aufsteigenden Staat Preußen zum Träger der nationalen Sendung salben. Diese borussische Schule[3] bemühte sich, die unleugbaren militärischen Elemente des Hohenzollernschen Erbes mit den attraktiveren kulturellen Impulsen der Stein-Hardenbergschen[4] Reformen und der liberalen Erbschaft der westdeutschen Staaten in einem erneuerten, aber föderalen Reich zu versöhnen [...]. Diese nationalliberalen Gelehrten verschmolzen die disparaten und entmutigenden Geschichten der mitteleuropäischen Vergangenheit zu einer zusammenhängenden Meistererzählung[5], die das Gefühl einer Schicksalsgemeinschaft entstehen ließ, die politischen Energien auf den Nationalstaat lenkte, dem Einzelnen Opfer für das größere Ganze abverlangte und alle äußeren Einflüsse zurückwies. In Liedern wiederholt, auf Gemälden dargestellt und in Ritualen gefeiert, gelang es dieser nationalen Vision nach und nach, eine über den partikularistischen Patriotismus hinausgehende Loyalität zu schaffen und spätere Generationen zu bewegen, sich ungeachtet aller Unterschiede von Klasse, Geschlecht und Religion als Deutsche zu fühlen. Ältere Konfessions-, Dynastie- und Regionalgeschichten wurden durch diese neue Meistererzählung verdrängt oder allenfalls als untergeordnete Stränge in ein neues nationales Gesamtbild integriert.

Konrad H. Jarausch und Michael Geyer, Zurück zur Nationalgeschichte? Die Krise der nationalen Meistererzählung, in: Dies., Zerbrochener Spiegel. Deutsche Geschichten im 20. Jahrhundert, München 2005, S. 54–76, hier S. 57–59 (übersetzt von Friedrich Griese)

1. Recherchieren Sie im Internet über die Historiker Heinrich von Treitschke und Heinrich von Sybel und stellen Sie ihr Leben, ihr Werk sowie ihre politischen Anschauungen gegenüber.
2. Gliedern Sie den vorliegenden Text in sinnvolle Abschnitte und versehen Sie diese mit einer passenden Überschrift.
3. Arbeiten Sie heraus, welche gesellschaftlichen und politischen Verhältnisse die hier beschriebene „Meistererzählung" befürwortete, und welche von ihr abgelehnt wurden.
4. Präsentation: Suchen Sie nach nationalen „Meistererzählungen" in anderen Ländern (etwa USA, Frankreich, Israel, Russland). Stellen Sie ein Beispiel in einem Kurzreferat vor.

[1] Zum Begriff „Kulturnation" siehe das Kernmodul „Nation – Begriff und Mythos" auf Seite 8.

[2] **praeceptor Germaniae** (lat.: Lehrmeister Deutschlands): Ehrentitel für eine deutschlandweit anerkannte Lehrautorität

[3] **borussische Schule** (von lat. *Borussia*: Preußen): Bezeichnung für eine Gruppe einflussreicher Historiker im 19. Jahrhundert, die den preußischen Staat dazu berufen hielten, die Einigung Deutschlands herbeizuführen

[4] **Stein-Hardenbergsche Reformen**: Sammelbegriff für die von den Staatsministern Karl Freiherr vom Stein (1757–1831) und Karl August von Hardenberg (1750–1822) angestrengten Maßnahmen, die in den Jahren 1807 bis 1815 für eine weitreichende gesellschaftlich-politische Modernisierung in Preußen sorgten

[5] **Meistererzählung**: Geschichtsdarstellung großen Stils, deren Inhalt und Aussage das Selbstverständnis einer Gesellschaft prägen können

M2 „Wir sind ein Volk von Kriegern"

In seiner Schrift „Helden und Händler" von 1915 bezieht der Soziologe, Historiker und Wirtschaftswissenschaftler Werner Sombart (1863–1941) Stellung zum damaligen Kriegsgeschehen. Den Ersten Weltkrieg deutet er als Kampf zwischen „heldenhafter" (selbstlos-opferbereiter) und „händlerischer" (selbstbezogen-interessengeleiteter) Gesinnung, wobei er die Rolle der „Helden" den Deutschen, die der „Händler" den Briten zuweist. Sombart kommt auch auf den deutschen Militarismus zu sprechen:

Was kann deutscher Militarismus anderes sein als der deutsche Geist […]? Es ist dieser deutsche Geist, so kann man es vielleicht ausdrücken, in seiner lebendigen Betätigung, in seiner Ausgestaltung zu äußeren Lebensformen. Militarismus ist die Sichtbarwerdung des deutschen Heldentums. Militarismus ist die Verwirklichung heldischer Grundsätze, insonderheit, soweit es sich um Vorbereitung und Durchführung von Kriegen handelt.

Militarismus ist der zum kriegerischen Geist hinaufgesteigerte heldische Geist. Er ist Potsdam und Weimar[1] in höchster Vereinigung. Er ist „Faust" und „Zarathustra"[2] und Beethoven-Partitur in den Schützengräben. Denn auch die Eroica[3] und die Egmont-Ouvertüre[4] sind doch wohl echtester Militarismus. […]

Vor allem wird man unter Militarismus verstehen müssen das, was man den Primat der militärischen Interessen im Lande nennen kann. Alles, was sich auf militärische Dinge bezieht, hat bei uns den Vorrang. Wir sind ein Volk von Kriegern. Den Kriegern gebühren die höchsten Ehren im Staate. Was äußerlich in so vielen Dingen, die dem Fremden auffallen, in die Erscheinung tritt: unser Kaiser erscheint selbstverständlich offiziell immer in Uniform, bei feierlichen Gelegenheiten tun desgleichen auch unsere höchsten Beamten und unsere Abgeordneten, wenn sie in einem Militärverhältnis stehen; die Prinzen kommen sozusagen als Soldaten auf die Welt und gehören von Jugend auf der Armee. Alle andern Zweige des Volkslebens dienen dem Militärinteresse. Insbesondere auch ist das Wirtschaftsleben ihm untergeordnet usw.

Das zweite Merkmal des Militarismus ist die Hochhaltung und Pflege aller kriegerischen Tugenden; vor allem der beiden Grundtugenden des Kriegers: der Tapferkeit und des Gehorsams: der wahren Tugenden des freien Mannes. […]

Selbstzucht und Disziplin sind die Früchte der Pflege dieser Tugenden: Ordnung drinnen und Ordnung draußen: das ist ein Grundzug des deutschen Militarismus. […] Die äußere Organisation unseres Heerwesens hat dann dahin gewirkt, dass die geistige und körperliche Disziplin in alle Volkskreise eingedrungen ist und somit heute auch im realen Sinne einen festen Bestandteil des deutschen Volksgeistes bildet. Nicht nur im Bereiche der Armee: auf allen Gebieten unseres öffentlichen Lebens und im privaten Leben jedes einzelnen Deutschen hat sich dieser Geist der Zucht und Ordnung eingebürgert. Ob es sich um die Volksschule oder die Universitäten, um die Arbeitervereine oder die Reichsbank, um die Eisenbahnen oder die Wissenschaft handelt: es ist immer derselbe Geist, es ist immer der deutsche „Militarismus", der sie beseelt, vor dem der Fremde wie vor einem Wunder steht. Denn aus diesem Geist werden die Riesenwerke der Organisation geschaffen, die in diesem Kriege wiederum die Welt in Erstaunen versetzt haben.

Aber es hieße den deutschen Militarismus nur unvollkommen charakterisieren, wollte man in ihm nicht noch eines anderen Zuges gedenken […]: ich meine den lebendigen Drang der Hingabe an das Ganze, die jeden Deutschen beseelt, wenn das Vaterland in Gefahr ist. Was in aller wahrhaft heldischen Weltanschauung […] eingeschlossen ist, das löst der Militarismus gleichsam aus: er weckt das heldische Empfinden in der Brust des letzten Tagelöhners im Dorfe, er popularisiert die Gedanken, die in den Köpfen unserer Größten zuerst aufgesprungen sind. Die Idee des Vaterlandes wird erst zu einer Leben weckenden Kraft durch die Mittlerrolle des Militarismus.

Werner Sombart, Helden und Händler. Patriotische Besinnungen, München/Leipzig 1915, S. 84–87 (gekürzt)

1. Fassen Sie die Aussagen des Textes thesenartig zusammen.
2. Interpretieren Sie unter Einbeziehung der im Text entwickelten Thesen das Bild „Deutschland – August 1914" auf Seite 15.
3. Präsentation: Ordnen Sie in einer Übersicht (Schaubild/Grafik), welche Personen, Einrichtungen und gesellschaftlichen oder kulturellen Leistungen der Text mit Deutschland verbindet. | F
4. Überlegen Sie, weshalb Sombart nicht vom „preußischen", sondern vom „deutschen Militarismus" spricht.

---

[1] **Potsdam und Weimar**: Kurzformeln für das preußische Königtum (Potsdam) und die deutsche Klassik um Johann Wolfgang von Goethe und Friedrich Schiller (Weimar)

[2] **Zarathustra** (eigentlich: „Also sprach Zarathustra"): Werk des Philosophen Friedrich Nietzsche (1844–1900)

[3] **Eroica** (ital.: die Heldenhafte): Beiname der dritten Symphonie von Ludwig van Beethoven (1770–1827)

[4] **Egmont-Ouvertüre**: Einleitung zur Oper „Egmont" von Beethoven

M3 Volksgemeinschaft

*Der Historiker Michael Wildt (*1954) setzt sich mit einem politischen Leitbegriff im Deutschland des frühen 20. Jahrhunderts auseinander:*

„Volksgemeinschaft" ist kein genuin nationalsozialistischer Begriff. Seine erste Hochkonjunktur verdankte er dem Ersten Weltkrieg. Der Satz Wilhelms II. vom August 1914, dass er von nun an keine Parteien, sondern nur noch Deutsche kenne, erzielte weite Resonanz, weil er den Wunsch vieler Deutscher nach Gleichheit und Inklusion zu repräsentieren vermochte. Gerade Juden und Sozialdemokraten hofften, dass sie aufgrund ihrer patriotischen Haltung endlich von der Mehrheit der Gesellschaft als gleichwertig akzeptiert werden würden. Doch obwohl sich bald die Risse in der Kriegsgesellschaft zeigten, blieb die „Volksgemeinschaft" eine mächtige Formel, die immer wieder an den Mythos der Einigkeit des Volks im Sommer 1914 anknüpfen konnte.
Gerade die Vieldeutigkeit von „Volk" machte den Begriff im Unterschied zur „Nation" attraktiv, die vor allem an die Ambiguität[1] von Staatsnation und Kulturnation[2] gebunden war und stets auch einen Bezug zur klassischen Nation Frankreich und deren Hervorbringung durch die Revolution besaß. Nation war in weit stärkerem Maß an „Staat" gebunden als „Volk". Und anders als „Nation" ließ sich „Volk" deutlich besser ethnisieren und biologisch-sozialdarwinistisch[3] aufladen. [...]
Da sich die Deutschen angesichts ihrer staatlichen Zersplitterung lange Zeit nicht als klassische Staatsnation definieren konnten – anders als beispielsweise Frankreich oder Großbritannien –, waren auch sie für eine Ethnisierung des Volksbegriffs anfällig. Dem Konzept des Volks als *demos*, für das Rechtsgenossenschaft und staatsbürgerliche Gleichheit kennzeichnend sind, steht die Vorstellung vom Volk als *ethnos* gegenüber, in dem imaginierte Abstammungsgemeinschaften, Geschichtsmythen, Phantasmen von gemeinschaftlichem Blut und Boden miteinander verknüpft sind. [...]
„Volksgemeinschaft" wurde in Deutschland schon vor 1933 zu einer [...] „beherrschenden politischen Deutungsformel". Die liberalen Parteien betonten den sozialharmonischen inkludierenden Aspekt „über die Klassen" hinweg. Für die Sozialdemokraten hatte sich die Arbeiterklasse mittlerweile zum Volk der Schaffenden ausgeweitet, die einer kleinen und ungerechtfertigt mächtigen Minderheit von Monopolkapitalisten und Großgrundbesitzern gegenüberstanden. Und selbst diese Minorität könnte, so die Vorstellung, wenn sie einer wirklichen Arbeit nachginge, Teil einer sozialistischen Volksgemeinschaft werden. In den Reden Friedrich Eberts als Reichspräsident hatte die „Volksgemeinschaft" als Inklusion aller Schaffenden ihren festen Platz.
Dagegen begriff die politische Rechte, insbesondere die Nationalsozialisten, bei aller Inklusionsrhetorik die „Volksgemeinschaft" vor allem in ihrer exkludierenden Dimension. Nicht so sehr die Frage, wer zur „Volksgemeinschaft" gehörte, stand obenan als vielmehr, wer nicht zu ihr gehören durfte: eben jene bereits sprachlich ausgegrenzten sogenannten Gemeinschaftsfremden, allen voran die Juden. Der Antisemitismus spielte dabei die entscheidende Rolle. „Staatsbürger kann nur sein, wer Volksgenosse ist. Volksgenosse kann nur sein, wer deutschen Blutes ist, ohne Rücksichtnahme auf Konfession. Kein Jude kann daher Volksgenosse sein." – So hieß es klar und deutlich im Parteiprogramm der NSDAP aus dem Jahre 1920.[4]

Michael Wildt, Volksgemeinschaft, Version 1.0, in: Docupedia-Zeitgeschichte, 3. Juni 2014, http://docupedia.de/zg/wildt_volksgemeinschaft_v1_de_2014 (Auszüge; Zugriff: 8. März 2021)

1. Geben Sie in eigenen Worten wieder, was den Begriff „Volk" im Unterschied zum Begriff „Nation" im frühen 20. Jahrhundert attraktiver erscheinen ließ.
2. Arbeiten Sie die Unterschiede zwischen einer „Volksgemeinschaft" im Sinne der Nationalsozialisten und der übrigen damaligen Parteien heraus. | H
3. Präsentation/Gruppenarbeit: „Stand die Idee der ‚Volksgemeinschaft' für eine Kontinuität oder den Bruch mit dem deutschen Nationalbewusstsein seit dem 19. Jahrhundert?" Führen Sie dazu eine Pro- und Kontra-Debatte.

M4 Der vierte Jahrestag der DDR

Walter Ulbricht (1893–1973), Generalsekretär der SED, hält am 7. Oktober 1953 eine Ansprache zum vierjährigen Bestehen der DDR:

Wir begehen den vierten Jahrestag der Gründung der Deutschen Demokratischen Republik. Zum ersten Mal in der deutschen Geschichte ist in einem großen Teil Deutschlands der Militarismus mit der Wurzel ausgerottet und die Arbeiter-und-Bauern-Macht errichtet worden.
Durch die Vernichtung der Kriegsmaschine des faschistischen[5] deutschen Imperialismus und die Befreiung Deutschlands von der faschistischen Knechtschaft durch die heroische Sowjetarmee war es nach 1945 möglich, in

[1] **Ambiguität**: Mehrdeutigkeit, Unbestimmtheit
[2] Zu den Begriffen „Staatsnation" und „Kulturnation" siehe das Kernmodul „Nation – Begriff und Mythos" auf Seite 8.
[3] **sozialdarwinistisch**: wissenschaftlich nicht haltbare Übertragung der Lehren von Charles Darwin (1809–1882) über die Entwicklung der Pflanzen- und Tierwelt auf die Gesellschaft. Demnach wird ein „Kampf ums Dasein" als Prinzip menschlichen Fortschritts erachtet.
[4] Zur Ideologie der NSDAP siehe auch das Kapitel auf den Seiten 62 bis 69.
[5] **faschistisch, Faschismus** (von ital. *fasci di combattimento*: Kampfbünde): rechtsextreme, antidemokratische und antikommunistische Weltanschauung oder Herrschaftsform

einem großen Teil Deutschlands die Wurzeln des Imperialismus zu beseitigen. [...] Unter Führung der Arbeiterklasse schlossen sich alle demokratischen Kräfte zusammen, um die Folgen des Hitlerkrieges zu beseitigen. [...]
In Westdeutschland hingegen wurden mithilfe der amerikanischen, englischen und französischen Besatzungsmächte die Grundlagen des deutschen Imperialismus geschützt und wurde die Macht der Konzernherren, Bankherren und Großagrarier wieder errichtet. Auf Initiative der USA-Regierung und der westdeutschen Monopolherren wurde Deutschland gespalten, um den westlichen Teil Deutschlands in die militärische Hauptbasis der USA in Europa zu verwandeln. Das Ergebnis der westdeutschen Wahlen vom 6. September[1] brachte zum Ausdruck, dass es den amerikanischen und den westdeutschen Imperialisten gelungen ist, in Westdeutschland die aggressivsten Revanchepolitiker an die Macht zu bringen, die gewillt sind, im Dienst des USA-Finanzkapitals als Stoßtrupp gegen die Sowjetunion und gegen die volksdemokratischen[2] Staaten in Europa zu kämpfen.

Walter Ulbricht, Zur Geschichte der deutschen Arbeiterbewegung. Aus Reden und Aufsätzen, Bd. 4: 1950–1954, Berlin 1958, S. 650f.

1. Analysieren Sie, welche Art von gemeinsamer Identität Ulbricht mit seiner Rede zu schaffen versucht.
2. Charakterisieren Sie Ulbrichts Sprache anhand der verwendeten Schlagworte.
3. Überprüfen Sie, ob der Text als Beispiel für eine „Meistererzählung“ gelten kann, wie sie in M1 auf Seite 16 beschrieben wird.

M5 Von der „Abstammungs-“ zur „Abstimmungsgemeinschaft“

*Wenige Jahre nach Vollzug der deutschen Einheit benennt der Historiker Heinrich August Winkler (*1938) Perspektiven für die noch junge „Berliner Republik“:*

Auf das vereinigte Deutschland trifft Brachers Formel von der „postnationalen Demokratie unter Nationalstaaten“ nicht mehr zu. Die neue Bundesrepublik ist ein demokratischer Nationalstaat unter anderen – freilich kein souveräner Nationalstaat der klassischen Art mehr wie einst das Deutsche Reich, sondern ein postklassischer Nationalstaat, [...] eingebunden in supranationale Gemeinschaften wie die Europäische Union und das atlantische Bündnis. Anders als die Weimarer Republik ist die Berliner Republik, die jetzt entsteht, auch keine ungelernte Demokratie mehr: Sie kann auf die Erfahrungen von vier Jahrzehnten des gelebten Parlamentarismus in der Bonner Demokratie zurückgreifen. Die neue Bundesrepublik ist mithin frei von jenem Erbe des Bismarckreiches, an dem der erste deutsche Nationalstaat letztlich gescheitert ist: der historischen Verschleppung der Freiheitsfrage. [...]
Die alte Bundesrepublik hat sich im Lauf der Jahrzehnte gegenüber der politischen Kultur des Westens weit geöffnet – mehr noch: diese Kultur verinnerlicht. Das gilt heute zu Recht als eine der großen Leistungen der Bonner Republik. Doch die Berliner Republik kann sich damit nicht zufriedengeben. Denn die Verwestlichung ist solange ein unvollkommenes Projekt, als sie nicht auch den deutschen Begriff von Nation erfasst hat. Nationszugehörigkeit ist in Deutschland immer noch in höherem Maße, als das auch in anderen westlichen Demokratien der Fall ist, eine Frage der Abstammung und weniger eine des Willens, zur Nation zu gehören. Auf dem Weg von der Abstammungs- zur Abstimmungsgemeinschaft, von der objektiv zur subjektiv definierten Nation, hat Deutschland noch eine längere Wegstrecke zurückzulegen als manche seiner europäischen Nachbarn.
Eine Verwestlichung, Modernisierung, Demokratisierung des deutschen Begriffs von Nation: das ist eine der Herausforderungen, vor die das vereinte Deutschland gestellt ist. Eine andere ist, als Antwort auf die wechselseitige Entfremdung von Ost- und Westdeutschen in vier Jahrzehnten staatlicher Trennung, die Neubildung der deutschen Nation. Wenn die neue Bundesrepublik beide Aufgaben als die zwei Seiten einer Medaille begreift, könnte sich zwischen Demokratie und Nation in Deutschland ein anderes Verhältnis entwickeln als in der Vergangenheit: eine Beziehung, die die Deutschen umfassend und auf Dauer mit der politischen Kultur des Westens verbindet.

Heinrich August Winkler, Demokratie und Nation in der deutschen Geschichte, in: Ders., Streitfragen der deutschen Geschichte. Essays zum 19. und 20. Jahrhundert, München 1997, S. 31–51, hier S. 50f.

1. Erläutern Sie, was Winkler mit der „historischen Verschleppung der Freiheitsfrage“ (Zeile 15f.) meint.
2. Erklären Sie, ausgehend vom Text, den Unterschied zwischen „Abstammungs-“ und „Abstimmungsgemeinschaft“ (Zeile 28f.). | H
3. Seit dem Jahr 2000 berechtigen neben der Abstammung von deutschen Eltern auch die Geburt in Deutschland und der dauernde Aufenthalt zur Staatsbürgerschaft. Analysieren Sie, inwieweit dies die Vorstellungen von „deutscher Nation“ und „deutschem Volk“ verändert hat. | F

[1] Aus den Bundestagswahlen von 1953 ging die CDU/CSU mit Bundeskanzler Konrad Adenauer (1876–1967) als Wahlsieger hervor. Adenauer erhielt damit ein Mandat für seine Politik der Westintegration.

[2] **volksdemokratisch**: Bezeichnung für ein Regierungssystem, das von einer sozialistischen oder kommunistischen Partei dominiert wird

1.3 Kernmodul: Deutscher Sonderweg und transnationale Geschichtsschreibung

Deutschlands Weg bis 1945 | Staat und Gesellschaft in Deutschland entwickelten sich im 19. Jahrhundert anders als in den Ländern Westeuropas. Der deutsche Nationalstaat von 1871 entstand nicht durch eine bürgerliche Freiheitsbewegung, sondern war das Ergebnis dreier Kriege und einer „Revolution von oben". Bis zum Ende des Ersten Weltkrieges empfanden viele Deutsche diese Besonderheit als Vorzug. Während der Weimarer Republik und im „Dritten Reich" wurde daraus eine „Ideologie des deutschen Weges" (Bernd Faulenbach), die die Ideen der Französischen Revolution und die westliche Demokratie als „undeutsch" ablehnte. Erst der Zweite Weltkrieg, der Holocaust und die deutsche Teilung führten zu einem Umdenken. Nun wurde die bisherige Entwicklung Deutschlands als Irrweg begriffen.

Seit 1945: versuchter Nachweis und künftige Vermeidung eines „Sonderwegs" | Im Zuge der Aufarbeitung der NS-Vergangenheit entstand die Vorstellung vom „deutschen Sonderweg". Historiker, Philosophen, Politikwissenschaftler und Soziologen wollten damit erklären, weshalb es gerade in Deutschland zur Diktatur der Nationalsozialisten kommen konnte. Sie verwiesen dabei auf langfristig wirksame Bedingungen: Die staatliche Zersplitterung seit dem Mittelalter, die Glaubensspaltung im 16. Jahrhundert oder das Scheitern der Revolution von 1848/49 hätten die Entwicklung zu Freiheit und Selbstbestimmung belastet oder gar verhindert (→M1). Im Zentrum dieser Betrachtungen stand das preußisch dominierte Deutsche Kaiserreich von 1871 bis 1918 – dessen politische Rückständigkeit habe die Deutschen nachhaltig von der Demokratie entfremdet (→M2).

Die in den 1960er- und 70er-Jahren entwickelte „*Sonderweg*"-*These* über den verhängnisvollen Verlauf der deutschen Geschichte des 19. und frühen 20. Jahrhunderts erntete sowohl Zuspruch als auch Kritik (→M3). Einerseits sorgte sie für eine griffige historische Bilanz und diente als Mahnung gegen Unterdrückung, Militarismus, Rassismus und nationalen Größenwahn. Andererseits erschien die deutsche Geschichte allzu eindimensional dargestellt, als bloße Vorgeschichte des Nationalsozialismus. Immerhin bestand Konsens darüber, dass die Fehlentwicklung Deutschlands mittlerweile beendet war. Die Nachfolger des 1945 zusammengebrochenen deutschen Nationalstaates, Bundesrepublik und DDR, verstanden sich jeweils als Gegenentwurf zur NS-Diktatur. Als 1990 die deutsche Einheit in Frieden und Freiheit vollzogen wurde, galt dies als endgültiger Schritt in eine westlich geprägte „Normalität".

Transnationale Geschichte | Ein weiteres Manko der Vorstellung vom „Sonderweg" und anderer nationaler Geschichtsdeutungen besteht darin, dass sie die eigene Vergangenheit eher isoliert betrachten. Seit dem Ende des 20. Jahrhunderts wird daher – nicht nur in Deutschland – nach einer Geschichte jenseits der reinen Nationalgeschichte gefragt. Das hängt auch mit der wachsenden Vernetzung und Globalisierung vieler Lebensbereiche, mit Mobilität und Zuwanderung, mit der europäischen Integration und mit grenzüberschreitender geschichtlicher Erinnerung zusammen. Die Einflüsse und Verflechtungen, die zwischen zwei oder mehr Nationen bestehen, werden als „transnational" bezeichnet (→M4). Sie entstanden im wesentlichen erst seit dem 19. Jahrhundert und betreffen nicht nur Politik und Wirtschaft, sondern auch Kultur, Religion, Bildung und Wissenschaft sowie zwischenmenschliche Kontakte. In einer transnationalen Geschichtsschreibung, die diese Felder untersucht, geht die deutsche Geschichte nicht etwa vollkommen auf. Vielmehr lässt sich die eigene Geschichte damit erweitern und in einen größeren Zusammenhang stellen (→M5).

M1 Diagnosen über Deutschland

Weshalb kam es in Deutschland zur Herrschaft des Nationalsozialismus? Als eine wesentliche Voraussetzung gilt die geistig-politische Entwicklung des Landes bis 1933. In diesem Zusammenhang spricht der Philosoph und Soziologe Helmuth Plessner (1892–1985) von einer „verspäteten Nation", der Politologe und Historiker Karl Dietrich Bracher (1922–2016) von einem „deutschen Sonderbewusstsein":

	Helmuth Plessner (1935/59)	Karl Dietrich Bracher (1969)
These (als Schlagwort)	„verspätete Nation"	„deutsches Sonderbewusstsein"
betrachteter Zeitraum	17. bis frühes 20. Jahrhundert	19. bis frühes 20. Jahrhundert
Merkmale der Entwicklung in Deutschland	• bis ins späte 19. Jahrhundert Aufspaltung in viele Einzelstaaten, Fehlen einer gemeinsamen Nationalidee • lange bestimmender Einfluss des Luthertums: unkritischer Glaube an Staat und Kirche, Distanz zur westeuropäischen Aufklärung • besonders in Preußen kein bürgerliches Freiheitsideal, sondern Untertanengeist und Diensteifer (Militär- und Beamtenstaat) • im 19. Jahrhundert rasche Industrialisierung, nun Einfluss von „Ersatzreligionen" wie Darwinismus[1], Materialismus[2] und Sozialismus	• Ablehnung der Ideen der Französischen Revolution • Scheitern der Revolution von 1848/49 • Deutsches Kaiserreich seit 1871 behindert die Mitbestimmung politischer Parteien • Weigerung, die Kriegsniederlage von 1918 und die Versailler Friedensordnung anzuerkennen • nach dem Ersten Weltkrieg wird Deutschland weniger als Gemeinschaft von Staatsbürgern, sondern eher als (biologisch-rassisch definierte) „Volksgemeinschaft" verstanden
negative Folgen	• geistig-politische Entfremdung von Großbritannien und Frankreich • Deutschland als „unpolitisches" Volk: bei breiten Schichten kein Wille zur Selbstbestimmung • Rückständigkeit in Sachen Menschenrechte und individueller Freiheit	• nationale Einheit und Macht wichtiger als demokratische Freiheit • Weimarer Republik wird von vielen Deutschen verachtet oder abgelehnt • in Deutschland wird antiwestliches Denken bestimmend

Basierend auf: Helmuth Plessner, Die verspätete Nation. Über die Verführbarkeit bürgerlichen Geistes (1935/1959), in: Ders., Gesammelte Schriften, hrsg. von Günter Dux, Odo Marquard und Elisabeth Ströker, Bd. 6, Frankfurt am Main 1982, S. 11–223; Karl Dietrich Bracher, Die deutsche Diktatur. Entstehung, Struktur, Folgen des Nationalsozialismus (1969), Köln/Berlin [4]1972, S. 16–28

1. Arbeiten Sie die Unterschiede und Übereinstimmungen zwischen den Beobachtungen Plessners und Brachers heraus.
2. Gruppenarbeit: Finden Sie zu den Stichpunkten der Rubrik „Merkmale der Entwicklung in Deutschland" jeweils gegenteilige Befunde für ein westeuropäisches Land oder die USA (z. B. „Aufspaltung in Einzelstaaten" – staatliche Einheit in Frankreich). Tragen Sie die Ergebnisse in der Klasse zusammen und erläutern Sie diese.
3. Gruppenarbeit: Greifen Sie einen Stichpunkt der Rubrik „negative Folgen" heraus und stellen Sie die Aussage den Verhältnissen im heutigen Deutschland gegenüber.

[1] **Darwinismus**: Lehre des englischen Naturwissenschaftlers Charles Darwin (1809–1882) über Abstammung und Entwicklung der Pflanzen- und Tierwelt. Darwins Leitsätze wurden ebenso auf die menschliche Gesellschaft übertragen (Sozialdarwinismus), insofern auch hier ein „Kampf ums Dasein" herrsche, in dem sich nur die Stärksten und Anpassungsfähigsten behaupten könnten.

[2] **Materialismus**: Anschauung, die das Streben nach materiellen Gütern für vordringlich erachtet; Weltbild, das die Entwicklung des Einzelnen und der Gesellschaft hauptsächlich von materiellen Bedingungen abhängig sieht.

M2 Das Kaiserreich in der Kritik

Die eigentliche Fehlentwicklung Deutschlands, so argumentiert der Historiker Hans-Ulrich Wehler (1931–2014), habe mit dem Deutschen Kaiserreich (1871–1918) begonnen:

Wie immer man das Kaiserreich von 1871 beurteilt [...], eine eigentümliche Fusion von modernen und traditionalen Elementen verkörperte es ganz unstreitig. Von der Beurteilung des relativen Gewichts dieser Kräfte, erst recht ihrer Entwicklungsfähigkeit hängt das historische Urteil über die moderne deutsche Geschichte nach 1871 [...] in einem ganz eminenten Maße ab. Deshalb müssen an dieser Stelle unausweichlich drei zusammenhängende Fragen geklärt werden: Ist seit 1871 ein „deutscher Sonderweg" im Sinne einer gravierenden Abweichung von dem Modernisierungspfad der westlichen Gesellschaften eingeschlagen worden? Oder ist ein bereits mehr oder minder lang bestehender „Sonderweg" nur weiter fortgesetzt worden? Oder aber hat es weder vor noch nach 1871 einen solchen „Sonderweg" gegeben? [...]

Lange Zeit, auf jeden Fall von 1871 bis 1945, hat es eine positive Vorstellung von einem solchen deutschen „Sonderweg" gegeben. Seit 1933, vollends erst seit 1945 setzte sich dann eine negative Vorstellung von einem deutschen „Sonderweg" durch, aus dem eine historisch plausibel wirkende Erklärung der großen Frage hergeleitet wurde, wie es dazu kommen konnte, dass die Weimarer Republik nach zwölf Jahren zerfiel, die nationalsozialistische Diktatur aber zwölf Jahre lang bestehen konnte, dass Deutschland als bisher einziges Industrie- und Kulturland der westlichen Zivilisation einen Radikalfaschismus[1] praktiziert hat, der die Welt in einen fünfjährigen totalen Krieg und bis nach Auschwitz führte. Dieser „Sonderweg" mündete in eine beispiellose Vernichtungspolitik und Katastrophe, die aber paradoxerweise auch die Chance eröffnete, eine zweite, erfolgreichere liberal-demokratische Republik aufzubauen und zugleich auch eine westliche Staatsbürgergesellschaft mit ihrer politischen Kultur zu entwickeln und allmählich fest zu verankern. [...]

Zahlreiche politische, gesellschaftliche, rechtliche Reformen standen im Kaiserreich von Anfang an auf der Tagesordnung, und ihre Anzahl und Bedeutung nahm kontinuierlich zu, da sich das Modernisierungsdilemma des wachsenden Abstands zwischen beschleunigter sozialökonomischer Entwicklung und erstarrtem politischen Ordnungsgefüge verschärfte. Jeder Reformanlauf ist jedoch an jenem Herrschaftssystem, das 1867/71 verfassungsrechtlich sanktioniert worden war, und an jenem Machtkartell gescheitert, das es seither aus eigennützigen Interessen verteidigt hat. Die Aufwertung des Adels, die politische Zweitrangigkeit des Bürgertums, die Isolierung der marxistischen Arbeiterbewegung, die Härte der Klassengegensätze – so beginnt eine lange Reihe von [...] Faktoren, die für die gesellschaftliche Erklärung der Bedingungen des deutschen Modernisierungswegs von grundlegender Bedeutung sind. Ausschlaggebend für den deutschen „Sonderweg" war aber letztlich das politische Herrschaftssystem und die es tragende soziale Kräftekonstellation. Sie haben zusammen jene verhängnisvollen Belastungen geschaffen, welche die Deformationen der deutschen Geschichte bis 1945 ermöglicht haben. Das Kaiserreich hat zu einem deutschen „Sonderweg" geführt, weil seine politische und soziale Herrschaftsstruktur es ermöglichte, um es in den Worten Max Webers[2] zu sagen, „in einem bürokratischen ‚Obrigkeitsstaat' mit Scheinparlamentarismus die Masse der Staatsbürger unfrei zu lassen und sie wie eine Viehherde zu ‚verwalten'", anstatt „sie als Mitherren des Staates in diesen einzugliedern".

Hans-Ulrich Wehler, Deutsche Gesellschaftsgeschichte, Bd. 3: Von der „Deutschen Doppelrevolution" bis zum Beginn des Ersten Weltkrieges, 1849–1914, München 1995, S. 461 und 1294 f.

1. Fassen Sie die Kritik Wehlers an den politischen und gesellschaftlichen Verhältnissen im Deutschen Kaiserreich zusammen.
2. Für Wehler hängt der „deutsche Sonderweg" mit Versäumnissen in der Modernisierung des Landes zusammen. Arbeiten Sie anhand des Textes und eigener Recherchen heraus, in welchen Bereichen Deutschland vor 1914/18 als modern gelten konnte, in welchen dagegen nicht.
3. Diskutieren Sie in der Klasse, ob sich ein „Modernisierungsdilemma" im Sinne Wehlers (wachsender Abstand zwischen beschleunigter sozialökonomischer Entwicklung und erstarrtem politischen Ordnungsgefüge) auch in der Gegenwart beobachten lässt, beispielsweise in der Europäischen Union, der Türkei, den USA oder China.

[1] **Faschismus** (von ital. *fasci di combattimento*: Kampfbünde): seit den 1920er-Jahren nationalistische, antikommunistische und diktatorische Bewegung in Italien, später auch in anderen Ländern. Die Nationalsozialisten übernahmen viele Elemente des Faschismus in ihre Herrschaftspraxis.

[2] **Max Weber** (1864–1920): deutscher Soziologe, Wirtschafts- und Kulturwissenschaftler

Propagandapostkarte aus dem Jahr 1933.
Die Aufschrift lautet: „Was der König eroberte, der Fürst formte, der Feldmarschall verteidigte, rettete und einigte der Soldat."

- Beschreiben und benennen Sie die abgebildeten Personen.
- Erläutern Sie die genannten Titel und Funktionen („König", „Fürst" usw.) sowie die den Personen zugedachten Tätigkeiten („erobern", „formen", „verteidigen" usf.).
- Stellen Sie die hier behauptete Kontinuität deutscher Geschichte derjenigen gegenüber, wie sie in M1 und M2 skizziert wird.

M3 Sonderweg pro und kontra

*Der Historiker Heinrich August Winkler (*1938) fasst 1981 die bisherige Diskussion über den „deutschen Sonderweg" zusammen:*

Die Ausgangsfrage jener Historiker und Soziologen, die in kritischer Absicht von einem deutschen Sonderweg sprechen, lautete und lautet heute noch: Warum war Deutschland das einzige hochindustrialisierte Land, das im Zuge der Weltwirtschaftskrise nach 1929 sein demokratisches System aufgab und durch eine totalitäre[1] Diktatur von rechts ersetzte? Die Antworten gehen weit auseinander, aber sie haben doch einen gemeinsamen Nenner: Deutschland war zu spät eine Demokratie geworden. Ohne die Weltwirtschaftskrise hätte Weimar vermutlich noch lange überleben können, aber ohne das fortwirkende Erbe der obrigkeitsstaatlichen Vergangenheit hätte die erste deutsche Demokratie wohl auch die Weltwirtschaftskrise überstanden. Dass Deutschland *vor* 1918 nicht parlamentarisch, sondern autoritär regiert wurde, hat seine politische Entwicklung *nach* 1918 entscheidend bestimmt. [...]
Deutschland unterschied sich von Frankreich und England viel weniger als etwa Russland. Es gab eine Fülle von gesellschaftlichen und kulturellen Gemeinsamkeiten zwischen Deutschland und Westeuropa. Im Gegensatz zum Zarenreich war Deutschland von den großen europäischen Emanzipationsbewegungen – von der Reformation über die Aufklärung bis zum bürgerlichen Liberalismus und zum demokratischen Sozialismus – tief erfasst worden. [...] Aber gerade auf dem Hintergrund der Gemeinsamkeiten fallen die Unterschiede auf. Die Nähe zu Westeuropa berechtigt dazu, von einem deutschen Sonderweg zu sprechen.
Die deutsche Abweichung vom Westen sprang erst im 20. Jahrhundert aller Welt in die Augen, aber begonnen hatte sie lange zuvor. Während in Westeuropa die Nationalstaaten im Mittelalter entstanden, formten sich in der Mitte Europas viele Territorialstaaten heraus. Während sich in Frankreich und England große Teile des Bürgertums und auch des Adels gegen den Absolutismus des Königs auflehnten, scharten sich in den protestantischen deutschen Territorien die Bürger um den Landesherrn als den Verteidiger des neuen Glaubens. Während in Frankreich eine Revolution von unten den Absolutismus und die Überreste des Feudalismus[2] hinwegfegte, setzten aufgeklärte Monarchen und Beamte in Deutschland auf rechtzeitige Reformen, ja auf eine Art Revolution von oben.

In seinem Werk „Der lange Weg nach Westen" aus dem Jahr 2000 verteidigt Winkler noch einmal die „Sonderweg"-These gegen ihre Kritiker:

Der stärkste Einwand gegen die These vom „deutschen Sonderweg" lautet noch immer, dass es einen oder gar den westlichen „Normalweg" nicht gibt: Der englische war es so wenig wie der französische oder der amerikanische. Aber der Begriff „westliche Demokratien" verweist doch auf ein gemeinsames Merkmal der Staaten, von deren politischer Entwicklung sich die deutsche bis 1945 scharf abhob. Die Menschen- und Bürgerrechte in der Tradition der englischen Habeas-Corpus-Akte von 1679[3], der amerikanischen Unabhängigkeitserklärung von 1776 und der Erklärung der Menschen- und Bürgerrechte durch die französische Nationalversammlung am 26. August 1789 waren tief genug in der politischen Kultur der westlichen Demokratien verankert, um Verstöße gegen dieselben zum öffentlichen Skandal zu machen und den Kampf um ihre weitere

1 **totalitär** (von lat. *totus*: ganz, umfassend): Bezeichnung für eine Herrschaftsform, die die vollständige Unterwerfung und Kontrolle der Menschen anstrebt

2 **Feudalismus** (von lat. *feudum*: Lehen): Aus dem europäischen Mittelalter stammende Wirtschafts- und Gesellschaftsordnung. Darin verleiht der Adel seine Güter an Untertanen, um dafür von ihnen Abgaben und persönliche Gefolgschaft zu erhalten.

3 **Habeas-Corpus-Akte**: englisches Gesetz aus dem Jahr 1679. Es verbietet die Inhaftierung einer Person ohne vorherige richterliche Prüfung und bildet einen Grundstein moderner Rechtsstaatlichkeit.

Verwirklichung voranzutreiben. Diese Tradition fehlte in Deutschland nicht, aber sie war schwächer als die des langlebigen Obrigkeitsstaates. Anders gewendet: Die Verschleppung der Freiheitsfrage im 19. Jahrhundert bildet eines der wichtigsten Kapitel in der Vorgeschichte der „deutschen Katastrophe“ der Jahre 1933 bis 1945.

Erster Text: Heinrich August Winkler, Der deutsche Sonderweg: Eine Nachlese, in: Merkur. Deutsche Zeitschrift für europäisches Denken 35 (1981), Heft 399, S. 793–804, hier S. 801–803; zweiter Text: Ders., Der lange Weg nach Westen, Bd. 2: Deutsche Geschichte vom „Dritten Reich“ bis zur Wiedervereinigung, München [7]2010, S. 648

1. Arbeiten Sie anhand von M1 bis M3 heraus, was den deutschen „Obrigkeitsstaat“ bis 1945 kennzeichnete.
2. Fassen Sie die Merkmale zusammen, die Winkler für den „Westen“ als prägend ansieht.
3. Diskutieren Sie in der Klasse, welche politischen, gesellschaftlichen, wirtschaftlichen und kulturellen Charakteristika Sie mit der „westlichen Welt“ verbinden.
4. Gruppenarbeit: Finden Sie Beispiele aus der deutschen Geschichte seit 1945, in denen versucht wurde, die Fehler der Vergangenheit zu vermeiden.
5. Nehmen Sie Stellung zu der Frage, ob nicht auch Europa insgesamt einen „Sonderweg“ in die Moderne beschritten hat. Beziehen Sie dabei die kulturelle und staatliche Vielfalt, Kriege und Revolutionen sowie die Kolonialherrschaft europäischer Länder in Ihre Überlegungen mit ein.

M4 Über Grenzen hinweg

In der Einführung zu einem Sammelband wird der Begriff „transnational“ historisch eingeordnet und definiert:

Der Rückblick auf die Herausbildung starker nationaler Identitäten seit dem 19. Jahrhundert macht deutlich, dass die Identifikation mit dem Nationalstaat ihre Dynamik nicht zuletzt daraus gewann, dass der Nationalstaat für die zentralen Herausforderungen des 19. Jahrhunderts wie z.B. den technischen Fortschritt, die allgemeine Wohlstandsmehrung und die damit zusammenhängende „soziale Frage“, aber auch hinsichtlich der Kolonialisierung und weltwirtschaftlichen Expansion die effizientesten Kapazitäten bereitzustellen versprach. Im 20. Jahrhundert lässt sich dagegen in wichtigen Politikfeldern eine bemerkenswerte Verschiebung der Problemlagen auf die transnationale Ebene feststellen. Außenpolitisch haben dabei vor allem die beiden Weltkriege, die verschiedenen Krisen im Rahmen des Kalten Kriegs, die verschärfte Nord-Süd-Problematik[1] und die daraus erwachsenden supranationalen Zusammenschlüsse sowie globale ökologische Krisen und die neuen Migrationen die offenkundigen Grenzen des Systems der Nationalstaaten und damit auch einer rein „internationalen“ Politik aufgezeigt. [...]

Der Begriff [„transnational“] findet sich in der wissenschaftlichen Literatur vereinzelt seit den 1960er- und verstärkt ab der Mitte der 1970er-Jahre. Hierbei standen Themen des Wirtschaftsrechts und Analysen übernational agierender Wirtschaftsunternehmen und -verbände sowie des Technologietransfers im Vordergrund, vereinzelt findet sich auch der Bezug auf den über die nationalen Grenzen hinweg agierenden Terrorismus. Innerhalb der Wirtschaftswissenschaften handelte es sich um eine ergänzend-abgrenzende Begrifflichkeit zu „multinational“, wobei eine Hierarchisierung in der Weise eingeführt wurde, dass „multinational“ häufig als eine Vorstufe von „transnational“ innerhalb eines allgemeinen Internationalisierungsprozesses definiert wurde [...]. Seit den 1980er- und insbesondere in den 1990er-Jahren hat der Begriff dann Eingang in die allgemeine sozialwissenschaftliche Literatur gefunden, wobei nur selten versucht wird, ihn genauer zu beschreiben [...]. Es zeichnet sich jedoch trotz vieler Unschärfen eine Art Konsens darüber ab, dass als *transnational* zunächst ganz allgemein all diejenigen Interaktionen zwischen Individuen, Gruppen, Organisationen und Staaten bezeichnet werden können, die über Grenzen hinweg agieren und dabei gewisse über den Nationalstaat hinausgehende Strukturmuster[2] ausbilden. Eine solche Definition lässt dabei zunächst den räumlichen Rahmen solcher Austauschprozesse offen, um die analytische Reichweite nicht von vornherein einzuengen.

Hartmut Kaelble, Martin Kirsch und Alexander Schmidt-Gernig, Zur Entwicklung transnationaler Öffentlichkeiten und Identitäten im 20. Jahrhundert. Eine Einleitung, in: Dies. (Hrsg.), Transnationale Öffentlichkeiten und Identitäten im 20. Jahrhundert, Frankfurt am Main/New York 2002, S. 7–33, hier S. 7–9

1. Präsentation: Geben Sie die Aussagen des Textes in Form einer Mindmap wieder, in deren Mittelpunkt der „Nationalstaat“ steht.
2. Finden Sie Beispiele aus Geschichte und Gegenwart für transnationale Vorgänge oder Verflechtungen, die der hier angebotenen Definition (Zeile 39 bis 44) entsprechen. Erklären Sie die ausgewählten Beispiele.

[1] **Nord-Süd-Problematik**: Bezeichnung für das seit dem 20. Jahrhundert weltweit herrschende Gefälle zwischen Industrienationen (vereinfacht: „Norden“) und Schwellen- und Entwicklungsländern („Süden“).

[2] **Strukturmuster**: wiederkehrende, wiederholbare oder feste Formen (hier: von Begegnung und Zusammenarbeit)

M5 Lohnender Perspektivenwechsel

*Anhand eines Beispiels skizziert der deutsch-britische Historiker Kiran Klaus Patel (*1971), worin der Mehrwert einer transnationalen Geschichtsschreibung liegen kann:*

[Ein Beispiel für transnationale Geschichtsschreibung] bezieht sich auf die Geschichte der europäischen Auswanderung im 19. und frühen 20. Jahrhundert. Wenn man sich etwa auf die deutsche Geschichte konzentriert, so lässt sich das gängige Narrativ[1] zum Thema relativ knapp zusammenfassen […]. Danach waren vor allem aufgrund der Diskrepanz zwischen raschem Bevölkerungswachstum und nicht schnell genug ansteigenden Ernährungs- und Arbeitsmöglichkeiten über fünf Millionen Deutsche gezwungen, auszuwandern. So gingen, gemessen an der Gesamteinwohnerzahl von 1900, rund 10 Prozent der deutschen Bevölkerung „verloren", von denen wiederum rund 90 Prozent in die USA auswanderten. Häufig folgt die Darstellung dieser Geschichte dem Muster einer Verlusterzählung. Lediglich in ihrer Funktion als soziales Sicherheitsventil erscheint die Auswanderung in etwas hellerem Licht. Zugleich endet das historiografiegeschichtliche Interesse an den Betroffenen, sobald sie den Bremer oder Hamburger Hafen verlassen haben – fortan fallen sie demnach in die Zuständigkeit der Geschichtsschreibung ihres Ziellandes. Migration gilt, zusammengefasst, als Einbahnstraße. […]

In transnationaler Perspektive erscheint diese Geschichte dagegen in einem anderen Licht: Trotz einer schwierigen Quellenlage kann man festhalten, dass in einigen Jahrzehnten die Rückwanderung nach Deutschland zwischen 10 und 20 Prozent der Auswanderung betrug, dass also Hunderttausende aus Amerika wieder an ihren Ursprungsort oder in einen anderen Teil Deutschlands zurückkehrten. Viele blieben zudem nicht in den USA, sondern zogen von dort weiter. Für andere europäische Gesellschaften ergeben sich noch dramatischere Befunde: So kehrten zum Beispiel zwischen 1860 und 1930 etwa 20 Prozent aller finnischen Amerika-Auswanderer in ihre Heimat zurück, nach Spanien im Zeitraum von 1899 bis 1924 ungefähr 45 Prozent und nach Italien im selben Zeitraum sogar rund 50 Prozent der Emigranten. Schätzungen zufolge kamen insgesamt rund sieben Millionen von den ca. 50 bis 55 Millionen Europäern, die ihren Kontinent zwischen 1815 und 1939 verließen, in die Alte Welt zurück.

Für die transnationale Geschichte ergibt sich daraus ein ganzes Bündel von Fragen: Welche Netzwerke entstanden durch diese Itinerare[2] über den Atlantik hinweg? Welche Rückwirkungen hatten die frühen Transmigranten für die verschiedenen Gesellschaften? Viele von ihnen wurden erstmals in den USA massiv mit der – sich häufig erst bildenden – Nation identifiziert, aus der sie ausgewandert waren, während sie sich selbst häufig primär über ihre territoriale und regionale Zugehörigkeit oder auch konfessionell definierten. Pointiert gesagt: Erst in den USA wurde der Pfälzer zum Deutschen. Insgesamt kann man also […] hier die Konstituierung des Nationalen aus dem Transnationalen erkennen.

Kiran Klaus Patel, Überlegungen zu einer transnationalen Geschichte, in: Zeitschrift für Geschichtswissenschaft 52 (2004), S. 626–645, hier S. 638 f.

1. Der Verfasser unterscheidet zwischen einer herkömmlichen Sicht auf die europäische Auswanderung und einem neuen, transnationalen Zugang zum Thema. Stellen Sie die Merkmale beider Darstellungsweisen, wie sie im Text genannt werden, stichpunktartig zusammen.
2. Erläutern Sie, ausgehend vom Text, was mit einer „Konstituierung des Nationalen aus dem Transnationalen" (Zeile 51 f.) gemeint ist. Finden Sie weitere Beispiele, etwa aus Ihrer persönlichen Erfahrung, um diesen Gedanken zu veranschaulichen.
3. Präsentation: Recherchieren Sie im Internet nach Sammelbänden oder Monografien, die ein historisches Thema transnational untersuchen. Informieren Sie sich über das ausgesuchte Werk in Fachrezensionen und stellen Sie es in einem Kurzreferat vor.

[1] **Narrativ** (von lat. *narrare*: erzählen): Erzählmotiv, meist mit sinnstiftender Wirkung

[2] **Itinerar** (von lat. *iter*: Weg): zurückgelegte Wegstrecke, Reiseroute

Orientierung

1.4 Pflichtmodul: Die Gesellschaft der Weimarer Republik

Die Weimarer Republik als erste deutsche Demokratie wurde nicht von einer starken republikanischen Bewegung erstritten. Sie entstand vielmehr als improvisierte Lösung, um die Folgen des vom Kaiserreich verlorenen Ersten Weltkrieges erträglich zu gestalten. Der von großen Teilen der Bevölkerung als ungerecht empfundene Versailler Friedensvertrag belastete von Beginn an die neue Staatsform. Trotz innerer Unruhen, Inflation und späterer hoher Arbeitslosigkeit entwickelte sich in den Jahren zwischen 1918 und 1933 ein faszinierendes kulturelles Leben. Erst um 1930 schlugen die latenten Vorbehalte gegen die Demokratie in offene Demokratiefeindschaft um. Die Ernennung Adolf Hitlers zum Reichskanzler am 30. Januar 1933 bedeutete schließlich das Ende der Weimarer Republik und führte Deutschland in eine unheilvolle Diktatur.

Das Kapitel beschäftigt sich inhaltlich mit …

- den konkurrierenden politischen Ideen der Gründungsphase
- den Belastungen der Republik durch den Versailler Vertrag und politischer Gewalt von rechts und links
- dem „Krisenjahr" 1923 und dessen Bewältigung
- den „Goldenen Zwanzigern" als Zeitalter von Modernisierung und Technisierung
- den Ursachen und Auswirkungen der Weltwirtschaftskrise
- der Frage nach dem Scheitern der Weimarer Republik

Aufbruch.
Farblithografie von César Klein, 1918/19.
Es handelt sich hierbei um ein überparteiliches Plakat des Werbedienstes der Deutschen Republik zur Wahl der Nationalversammlung.

- ▶ Beschreiben Sie das Plakat. Gehen Sie dabei auf den Bildaufbau, die dargestellten Personen und die Farbgebung ein.
- ▶ Arbeiten Sie heraus, wer auf dem Plakat fehlt.

Entstehung der Republik

9. 11. 1918 — Die Revolution stürzt die Monarchie; Deutschland wird Republik.

11. 11. 1918 — Der Erste Weltkrieg endet mit der deutschen Kapitulation.

Krisenjahre

5. - 12. 1. 1919 — Der „Spartakus-Aufstand" in Berlin wird niedergeschlagen.

19. 1. 1919 — Männer und erstmals Frauen wählen die Verfassunggebende Nationalversammlung. Sie tagt in Weimar.

11. 2. 1919 — Friedrich Ebert wird zum Reichspräsidenten gewählt.

7. 5. 1919 — Der deutschen Delegation wird der Versailler Vertrag vorgelegt. Er regelt die Nachkriegsordnung in Europa. Artikel 231 legt die Alleinschuld Deutschlands und seiner Verbündeten am Krieg fest.

11. 8. 1919 — Ebert unterzeichnet die Weimarer Verfassung, am 14. August tritt sie in Kraft: Deutschland ist parlamentarische Demokratie.

18. 11. 1919 — Die Generäle Paul von Hindenburg und Erich Ludendorff bekräftigen die „Dolchstoßlegende".

13. - 17. 3. 1920 — Der konterrevolutionäre Kapp-Putsch schlägt fehl.

1921 / 1922 — Attentate auf die „Erfüllungspolitiker" häufen sich.

8. / 9. 11. 1923 — Der rechtsradikale Hitler-Putsch in München scheitert.

15. 11. 1923 — Die Regierung beendet die Hyperinflation mit einer Währungsreform.

Gefährdete Stabilität

26. 4. 1925 — Nach dem Tod Friedrich Eberts (28. 2.) wird Paul von Hindenburg neuer Reichspräsident.

1926 — Deutschland wird als Folge einer Außenpolitik der Verständigung unter Gustav Stresemann in den Völkerbund aufgenommen.

24. / 29. 10. 1929 — Der Zusammenbruch der New Yorker Börse löst eine Weltwirtschaftskrise aus.

Verfall der Demokratie

1930 — Die Große Koalition aus SPD, Zentrum und bürgerlich-liberalen Parteien zerbricht als letzte Regierung mit einer Mehrheit im Parlament. Ab 29. März regiert Heinrich Brüning als Kanzler des ersten Präsidialkabinetts dauerhaft mit Notverordnungen.

14. 9. 1930 — In den Reichtagswahlen erhalten die radikalen Parteien einen deutlichen Stimmenzuwachs.

1932 — Mit 6,13 Millionen erreicht die Zahl der Arbeitslosen ihren Höchststand.

31. 7. 1932 — Bei den Reichstagswahlen wird die NSDAP stärkste Partei.

6. 11. 1932 — Bei den Reichstagswahlen muss die NSDAP Verluste hinnehmen, bleibt aber stärkste Partei.

28. 1. 1933 — Kurt von Schleicher tritt als Reichskanzler zurück, nachdem Reichspräsident Hindenburg ihm das Vertrauen entzogen hat.

30. 1. 1933 — Reichspräsident Hindenburg ernennt Adolf Hitler zum Reichskanzler.

Die Revolution von 1918/19

Hinweis: Über politische Persönlichkeiten und Parteien informiert auch die Übersicht „Wer ist wer in der Weimarer Republik?" auf Seite 180.

Revolutionäre Soldaten und Matrosen am Brandenburger Tor in Berlin.
Foto vom 9. November 1918.

Paul von Hindenburg (1847–1934): Als Sohn eines adligen Offiziers und Gutsbesitzers durchlief Hindenburg ab 1866 eine militärische Karriere. Er wurde 1914 zum Oberbefehlshaber der Truppen an der Ostfront berufen und stieg im Ersten Weltkrieg zum Generalfeldmarschall auf. Von 1925 bis 1934 war er Reichspräsident, als welcher er am 30. Januar 1933 Adolf Hitler zum Reichskanzler ernannte.

Das Ende der Monarchie | Im Jahr 1914 hatten Teile der Bevölkerung, vor allem das Bildungsbürgertum, Studenten und Gymnasiasten, enthusiastisch auf die Nachricht vom Ausbruch des Krieges reagiert.[1] Für andere Gruppen, für Arbeiter, Bauern oder Kleinbürger, verbanden sich damit Befürchtungen und Ängste. Die Berichte von den grauenvollen Kämpfen an der Front, mehr noch die ersten Gefallenen aus dem Kreis der Familie oder Freunde, ließen die anfängliche Begeisterung auch unter den Befürwortern des Krieges schnell verfliegen. Die sozialen Spannungen entluden sich bereits seit Ende des Jahres 1915 in Unruhen, Protesten und Arbeitsniederlegungen. In den letzten beiden Kriegsjahren kam es dann zu Massenprotesten, die Ausdruck einer verbreiteten Antikriegsstimmung waren. Zu Beginn des Jahres 1918 beteiligten sich in Berlin und anderen Großstädten eine Million Arbeiterinnen und Arbeiter an Streiks, bei denen die Forderungen nach innenpolitischen Reformen und nach Beendigung des Krieges immer lauter wurden.

Doch erst nach dem Scheitern der letzten großen Offensiven (März bis August 1918) gab die *Oberste Heeresleitung* (OHL) die Hoffnung auf einen Sieg auf und drängte die Regierung Ende September zum Abschluss eines sofortigen Waffenstillstandes. Das Eingeständnis der Niederlage kam für die Mehrzahl der Politiker und die Öffentlichkeit völlig überraschend. Die Chefs der OHL, die Generäle *Erich Ludendorff* und **Paul von Hindenburg**, entschiedene Gegner jeglicher demokratischer Reformen, forderten jetzt die Bildung einer vom Parlament getragenen Regierung. Diese sollte die Waffenstillstandsverhandlungen führen und damit auch die Verantwortung für den Zusammenbruch übernehmen, um so die militärische Führung vom Makel der Niederlage freizuhalten.

[1] Zum Ersten Weltkrieg siehe das Kapitel auf den Seiten 90 bis 115.

Anfang Oktober 1918 bildete Reichskanzler Prinz *Max von Baden* eine neue Regierung. Sie bestand aus Vertretern der *Sozialdemokratischen Partei Deutschlands (SPD)*, des *Zentrums* und der liberalen *Fortschrittspartei*. Dass die Militärs sich damit ihrer Verantwortung entziehen konnten, belastete die Republik von Anfang an schwer. Denn viele Deutsche sahen den Zusammenbruch nicht als das Ergebnis einer militärischen Niederlage, sondern als das Resultat der von den „Linken" verantworteten Revolution.

Als Ende Oktober 1918 Matrosen den Befehl der Seekriegsleitung verweigerten, für eine inzwischen militärisch sinnlose Schlacht gegen die Briten auszulaufen, wurden sie festgenommen und in Kiel inhaftiert. Um die Freilassung der Kameraden zu erzwingen, bildeten sich Soldatenräte, die zu Massendemonstrationen aufriefen. Obwohl die Aktionen kriegsmüder Truppenteile nicht von langer Hand vorbereitet waren, breitete sich die revolutionäre Bewegung sehr schnell aus. Spontan nun auch in Ortschaften gewählte Arbeiter- und Soldatenräte beanspruchten die politische Führung, amtierende Politiker und Beamte gaben nach. So wurde der gewaltlose Sturz der Monarchien in allen Bundesstaaten in kurzer Zeit vollzogen.

Am 9. November forderten Hunderttausende in Berlin die sofortige Beendigung des Krieges und die Abdankung Kaiser *Wilhelms II.*[1], der in ihren Augen das Haupthindernis für einen schnellen Friedensschluss war. Da er sich bis zuletzt weigerte, gab Reichskanzler Max von Baden noch am gleichen Tag auf eigene Verantwortung die Abdankung des Kaisers bekannt.

Der Rat der Volksbeauftragten | Ebenfalls am 9. November 1918 übergab Max von Baden ohne verfassungsrechtliche Legitimation das Amt des Reichskanzlers an **Friedrich Ebert**, den Vorsitzenden der SPD, die im Reichstag die stärkste Fraktion stellte. Während Ebert die Entscheidung über die künftige Staatsform einer gewählten Nationalversammlung überlassen wollte, rief sein Parteifreund *Philipp Scheidemann* in Berlin die „Deutsche Republik" aus (➔M1). Er kam damit *Karl Liebknecht* zuvor, dem Führer der **Spartakisten**, eines linken Flügels der 1917 von der SPD abgespaltenen *Unabhängigen Sozialdemokratischen Partei Deutschlands* (*USPD*). Erst zwei Stunden später verkündete Liebknecht dann die „Sozialistische Republik Deutschland". Um der sich abzeichnenden Bildung einer sozialistischen **Räterepublik** zu begegnen, bemühte sich Ebert um eine Verständigung mit der USPD. Die beiden Parteien besetzten auf paritätischer Grundlage mit je drei Vertretern den *Rat der Volksbeauftragten* als provisorische deutsche Regierung. Er wurde zunächst nur durch die Berliner Arbeiter- und Soldatenräte legitimiert, die sich wie auch in anderen Städten im Zuge der Revolution spontan, ohne festes politisches Konzept und ohne überregionale Organisation gebildet hatten. Die meisten Arbeiterräte orientierten sich nicht an der Theorie des Rätesystems. Im Vordergrund standen nach dem Zusammenbruch die praktischen Aufgaben, die Lebensmittelversorgung und die öffentliche Ordnung. Die Arbeiterräte traten aber allgemein für die Demokratisierung von Militär, Verwaltung und Wirtschaft ein.

Der vom 16. bis 20. Dezember 1918 in Berlin tagende *Reichskongress der Arbeiter- und Soldatenräte* beließ die gesetzgebende und vollziehende Gewalt bis zur Einberufung der Nationalversammlung beim Rat der Volksbeauftragten. Der Antrag der radikalen Linken, am Rätesystem als Grundlage der Verfassung für eine sozialistische Republik festzuhalten, wurde dabei mit großer Mehrheit abgelehnt.

Neue Regierung, alte Eliten | Der Rat der Volksbeauftragten war mit einer Reihe von Aufgaben konfrontiert, die sich nach dem Ende des Krieges ergaben.

Mit Demonstrationen und Straßenkämpfen versuchten vor allem die Spartakisten weiterhin, ein parlamentarisches System zu verhindern und die Bevölkerung für die Räterepublik zu gewinnen (➔M2). Um die innere Sicherheit zu gewährleisten, entschloss sich Ebert zu einer Vereinbarung mit dem Reichswehrgeneral *Wilhelm Groener*,

[1] Biografische Informationen zu Kaiser Wilhelm II. finden Sie auf Seite 94.

Geschichte In Clips
Zur Ausrufung der Republik siehe den Code **32036-44**.

Friedrich Ebert (1871–1925): Er arbeitete als Sattler, Redakteur und Gastwirt. Ebert engagierte sich früh in Partei und Gewerkschaft, war ab 1913 SPD-Vorsitzender, übernahm nach Ausrufung der Republik 1918 die Regierungsgeschäfte und wurde 1919 erster Reichspräsident der Weimarer Republik.

Spartakisten/Spartakusbund: Gruppe radikaler Sozialisten, die den Kern der Ende 1918 gegründeten Kommunistischen Partei Deutschlands (KPD) bildete

Räterepublik: Herrschaftsform der direkten Demokratie. Räte sind gewählte Ausschüsse von Bewohnern eines Bezirks, Arbeitern und Soldaten. Sie sind an die Weisungen der Wähler gebunden und vereinen gesetzgebende, ausführende und rechtsprechende Gewalt auf sich.

Freikorps: paramilitärische Einheiten, die nicht zu den regulären Truppen gehörten. Diese Freiwilligenverbände bestanden aus ehemaligen Berufssoldaten, Abenteurern, Studenten oder Schülern, meist Männer, die nach dem Krieg kein Zuhause und keine Arbeit hatten und nicht in ein ziviles Leben zurückgefunden hatten.

Rosa Luxemburg (1871–1919): Journalistin und sozialistische Theoretikerin; Mitbegründerin der KPD

der den Rückzug der deutschen Truppen leitete. Im Namen der Obersten Heeresleitung bekundete Groener seine Loyalität gegenüber der Regierung und versprach militärische Unterstützung bei Unruhen. Als Gegenleistung erwartete er den gemeinsamen „Kampf gegen den Radikalismus und Bolschewismus[1]" (➔M3). Zudem unterstützte der Rat der Volksbeauftragten die Bildung sogenannter **Freikorps**. Gegen die Unruhen, die nach dem Reichskongress der Arbeiter- und Soldatenräte ausgebrochen waren, rief Ebert erstmals die OHL zu Hilfe. Nach einer blutigen Straßenschlacht traten die Mitglieder der USPD Ende Dezember 1918 aus dem Rat der Volksbeauftragten aus. Die tiefere Ursache für diesen Bruch lag in der grundsätzlichen Differenz zwischen SPD und USPD über das *Ebert-Groener-Abkommen*.

Die Regierung Ebert scheute auch deshalb davor zurück, die militärischen Kommandostrukturen anzutasten, weil die OHL die Aufgabe hatte, nach Abschluss des Waffenstillstandes am 11. November 1918 innerhalb von 35 Tagen die deutschen Soldaten zurückzuführen. Dies konnte nur gelingen, wenn die revolutionäre Stimmung nicht die Disziplin in der Armee untergrub.

Versorgungsnöte und Revolutionsgefahr veranlassten auch Unternehmer und Gewerkschaften zur Zusammenarbeit. Am 15. November 1918 unterzeichneten sie das *Stinnes-Legien-Abkommen*, benannt nach dem Großindustriellen *Hugo Stinnes* und dem Vorsitzenden der Generalkommission der Freien Gewerkschaften, *Carl Legien*. Die Arbeitgeberseite erkannte die Gewerkschaften als Vertreter der Arbeiterschaft an und gestand den Acht-Stunden-Tag bei vollem Lohnausgleich zu; üblich war noch die Sechs-Tage-Woche. Die Gewerkschaften verzichteten dafür auf die Sozialisierung von Privatbetrieben.

Die Regierung Ebert hatte noch bis unmittelbar vor den Wahlen zur Nationalversammlung mit revolutionären Unruhen fertig zu werden. Vom 5. bis 12. Januar 1919 stand Berlin im Zeichen des „Spartakus-Aufstandes". Tausende Anhänger des Spartakusbundes um Karl Liebknecht und **Rosa Luxemburg** lieferten sich Straßenschlachten mit Regierungstruppen und Freikorps. Die Aufständischen wollten die Wahlen verhindern und den Arbeiter- und Soldatenräten zur Regierungsgewalt verhelfen. Der Aufstand wurde blutig niedergeschlagen, Rosa Luxemburg und Karl Liebknecht nach ihrer Verhaftung von Offizieren ermordet. Daraufhin kam es auch in anderen Städten zu Streiks und bewaffneten Aufständen. Erst im Mai 1919 gelang es der Regierung, die letzten Unruhen zu beenden. Tausende hatten ihr Leben verloren.

SPD-Wahlplakat von 1919.

Die Nationalversammlung | Aus der Wahl zur Verfassunggebenden Nationalversammlung am 19. Januar 1919 ging die SPD als stärkste Partei hervor. Sie gewann jedoch nicht die erhoffte absolute Mehrheit. Ein Bündnis der sozialistischen Parteien scheiterte am schwachen Abschneiden der USPD; beide zusammen brachten es lediglich auf 45,5 Prozent der Stimmen. Die deutschen Wähler hatten sich damit eindeutig gegen das Rätesystem ausgesprochen, aber auch gegen eine Rückkehr zur Monarchie. Angesichts des Wahlergebnisses ergab sich die Zusammenarbeit der drei größten Fraktionen, die schon während des Krieges im Reichstag kooperiert hatten: SPD, Zentrum und *Deutsche Demokratische Partei (DDP)*. Sie bildeten die sogenannte *„Weimarer Koalition"*, die mit 76,2 Prozent der Stimmen eine deutliche Mehrheit des Volkes repräsentierte (331 von insgesamt 423 Mandaten).

[1] Die Bolschewisten bildeten den radikalen Flügel innerhalb der Russischen Arbeiterpartei, die unter der Führung Wladimir Iljitsch Lenins in der Oktoberrevolution 1917 in Russland die Macht übernahmen. Siehe zu Lenin Seite 49.

Die Opposition war gespalten: Links stand die radikal-sozialistische USPD und rechts die national-bürgerlich ausgerichtete *Deutsche Volkspartei (DVP)* sowie die völkische, konservativ-monarchistische *Deutschnationale Volkspartei (DNVP)*.

Die *Kommunistische Partei Deutschlands (KPD)* hatte die Wahlen zur Nationalversammlung boykottiert und sich gar nicht erst aufstellen lassen.

Flugblatt der DNVP von 1919.
Auf dem Flugblatt sind u. a. Otto Landsberg (Reichsjustizminister von 1919 bis 1920 (SPD); erste Zeile, fünftes Porträt), Walther Rathenau (Reichsaußenminister 1922 (DDP); dritte Zeile, drittes Porträt) und Oscar Cohn (Jurist und Politiker (USPD); vierte Zeile, erstes Porträt) dargestellt.

- ▶ Beschreiben Sie Flugblatt und Wahlplakat (Seite 30) unter folgenden Gesichtspunkten:
  a) Wen oder was zeigen sie? Was wird thematisiert?
  b) Wie sind Plakat und Flugblatt aufgebaut? Welche Gestaltungsmittel werden verwendet?
- ▶ Ordnen Sie beide Abbildungen in den historischen Kontext ein.

Kriegsfolgen | Der Erste Weltkrieg wurde von der Bevölkerung aller beteiligten europäischen Staaten als Katastrophe und tiefe Zäsur empfunden. Zahllose Familien hatten Angehörige verloren, nicht selten den Familienvater und damit den Ernährer. Viele Soldaten blieben berufsunfähig, entweder durch schwere Verwundungen oder durch im Krieg ausgelöste Traumata. Sie waren von der Brutalität des Krieges geprägt und fanden oft nicht die Möglichkeit, sich in der Gesellschaft eine gesicherte Existenz aufzubauen. Die vom Krieg und seinen Folgen geschwächten Länder waren auf die große Zahl der zu versorgenden Invaliden, Witwen und Waisen nicht vorbereitet, die Sozialsysteme waren überlastet.

Arbeitslosigkeit, Hunger und Elend bestimmten den Alltag der Mittel- und Unterschichten in den ersten Jahren nach dem Krieg. Das Wirtschaftsleben kam nur allmählich wieder in Gang; die Umstellung von der Kriegs- auf die Friedenswirtschaft vollzog sich dabei nur langsam. In Deutschland lag die Industrieproduktion 1922 erst bei 70 Prozent des Vorkriegsniveaus. Hinzu kam die große Belastung der europäischen Währungen durch Kriegsschulden und *Inflation*.[1] Deutschland hatte zusätzlich noch die im Versailler Vertrag festgelegten hohen Reparationszahlungen zu leisten. Zunächst hoffte die deutsche Regierung, diese durch die Inflation unterlaufen zu können. Später ging sie jedoch zu einer kooperativen Politik über und konnte in Verhandlungen einige Entlastungen erreichen.[2]

Der Erste Weltkrieg hatte nicht nur Auswirkungen auf die wirtschaftliche, sondern auch auf die politische Entwicklung in Europa. Einige Länder erlangten ihre Unabhängigkeit wieder (wie Polen), daneben entstanden viele völlig neue Staaten, vor allem auf dem Balkan und im Baltikum. Gerade diese Länder mussten oftmals um ihre politische Akzeptanz in der Bevölkerung kämpfen, was durch die politische und wirtschaftliche Instabilität erschwert wurde. In vielen europäischen Staaten gelangten in den folgenden Jahren diktatorische, militaristische oder autoritäre Regierungen an die Macht, so etwa in Ungarn (1920), Italien (1922), Spanien (1923) und Polen (1926). In Russland gab es bereits seit der Oktoberrevolution 1917 ein kommunistisches Regime, das von allen übrigen Staaten geächtet wurde.

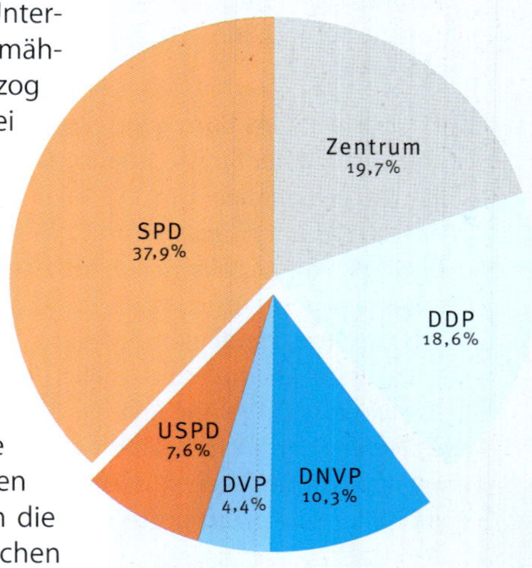

Ergebnis der Wahlen zur Nationalversammlung 1919.

[1] **Inflation**: Siehe die Begriffserklärung auf Seite 44.
[2] Die Währungsreform von 1923 beendete die Inflation. Lesen Sie dazu Seite 44.

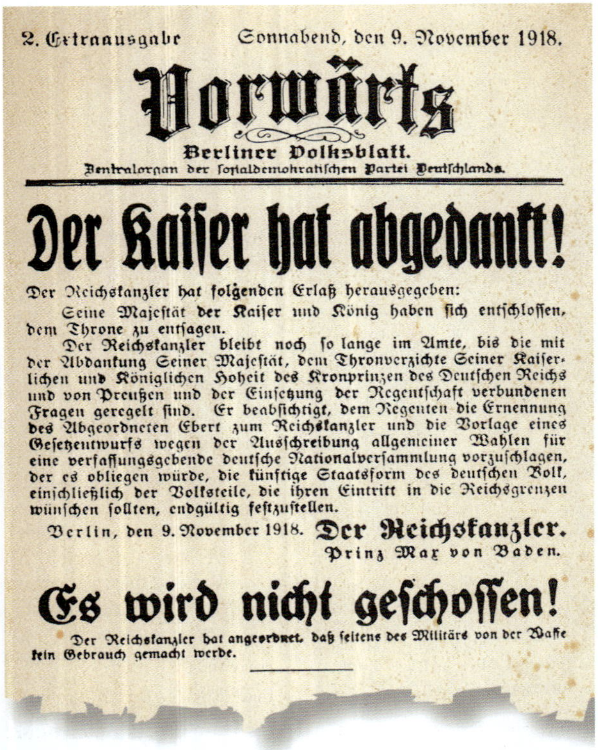

2. Extraausgabe Sonnabend, den 9. November 1918.

Vorwärts

Berliner Volksblatt.

Zentralorgan der sozialdemokratischen Partei Deutschlands.

Der Kaiser hat abgedankt!

Der Reichskanzler hat folgenden Erlaß herausgegeben:

Seine Majestät der Kaiser und König haben sich entschlossen, dem Throne zu entsagen.

Der Reichskanzler bleibt noch so lange im Amte, bis die mit der Abdankung Seiner Majestät, dem Thronverzichte Seiner Kaiserlichen und Königlichen Hoheit des Kronprinzen des Deutschen Reichs und von Preußen und der Einsetzung der Regentschaft verbundenen Fragen geregelt sind. Er beabsichtigt, dem Regenten die Ernennung des Abgeordneten Ebert zum Reichskanzler und die Vorlage eines Gesetzentwurfs wegen der Ausschreibung allgemeiner Wahlen für eine verfassungsgebende deutsche Nationalversammlung vorzuschlagen, der es obliegen würde, die künftige Staatsform des deutschen Volk, einschließlich der Volksteile, die ihren Eintritt in die Reichsgrenzen wünschen sollten, endgültig festzustellen.

Berlin, den 9. November 1918. Der Reichskanzler.
Prinz Max von Baden.

Es wird nicht geschossen!

Der Reichskanzler hat angeordnet, daß seitens des Militärs von der Waffe kein Gebrauch gemacht werde.

Titelseite der „2. Extraausgabe" des sozialdemokratischen „Vorwärts" vom 8. November 1918.

M1 Der 9. November in Berlin

Der Berliner Unternehmer und Kunsthistoriker Oskar Münsterberg (1865–1920) ist Zeitzeuge und notiert in sein Tagebuch:

Als ich um 10 ins Büro gehe, stehen einzelne Gruppen interessiert auf der Straße, aber sonst ist überall ein ruhiges Bild wie gewöhnlich. Um 1/2 2 kommt die erste Ausgabe der B. Z. [*Berliner Tageszeitung*]. „Der Kaiser hat noch nicht abgedankt, die sozialistischen Minister sind aus dem Ministerium ausgetreten."

Ernste Sorge, denn das bedeutet Bürgerkrieg. Auf der Straße wird erzählt, dass soeben der König von Bayern abgedankt hat. Die Abdankung des Kaisers soll bereits da sein, aber noch nicht bekannt gegeben. Endlich neue Zeitungen; die Menschen stürzen sich auf die Zeitungsträger und reißen und prügeln sich um die Blätter: „Der Kaiser hat abgedankt."

Alle atmen auf. Endlich! Schade, dass nicht vor Wochen mit der Geste des großen Patrioten ein freiwilliger Verzicht erfolgt ist. Jetzt ist er erzwungen und niemand hat Sympathie. [...]

Als ich die Wilhelmstraße nach der Leipzigerstraße hinunter gehe, sehe ich schwarze Menschenreihen stehen. Alle reden und gestikulieren. Eine bewegte Massenszene. Man erzählt aufgeregt, dass Schüsse beim Kriegsministerium gefallen seien, aus den Fenstern sei geschossen, die Türen seien verrammelt. Von der Straße aus sei das Schießen erwidert. Automobile kommen herangesaust, rote Fahnenfetzen flattern. Soldaten und Zivilisten mit und ohne Gewehr kleben wie Bienen innen und außen auf den Automobilen und schreien: Es lebe die Republik. Jetzt erst erfahre ich, in Berlin ist die sozialistische Republik ausgerufen. [...]

Ein Arbeiter steigt auf das Dach einer Elektrischen und spricht zu den Massen. Man horcht auf und alle schreien: „Hoch die Republik." Der verständige Mann warnt, dass die Kinder und halbwüchsigen Burschen nach Hause gehen sollen, damit nicht ihr kindischer Übermut die ernste Arbeit der Männer störe. Fast die Hälfte der Anwesenden scheint aus solchen Jungens zu bestehen, die johlen und sich amüsieren, daneben viel harmlos neugieriges Publikum. Ganz wenig bewusste Kämpfer für die Freiheitsidee leiten die ganze Bewegung. [...]

Die Abendzeitungen bringen die ersten Berichte. Prinz Max von Baden hat abgedankt und den Führer der sozialistischen Partei, den Genossen Ebert, zum Nachfolger vorgeschlagen. Unter Führung der Matrosen haben Arbeiter und Soldaten Räte gebildet. Die Regimenter haben sich ohne Weiteres angeschlossen. Auf den Kasernen weht die rote Flagge. Nirgends ernsthafter Widerstand, keine Kämpfe und nur wenige Opfer, die mehr dem Zufall als der politischen Notwendigkeit zum Opfer gefallen sind. Generalstreik wird für den nächsten Tag verkündet. Blutvergießen soll wenn irgend möglich verhindert werden. Aus dem Reiche kommen gleiche Nachrichten.

Am Vormittag des 9. November ist die Revolution siegreich durchgeführt und die Republik begründet. Was wird sich aus dem Wirrwarr gestalten, wie wird die weitere Entwicklung? Von den Waffenstillstandsbedingungen wird kaum noch gesprochen. [...]

In der Potsdamerstraße stehen im Halbdunkeln Menschengruppen umher und sprechen über Politik. Ein in Deutschland ungewohntes, in den demokratischen Ländern England und Amerika ganz alltägliches Bild. Dazwischen kommen Autos gesaust und werden mit Zurufen begrüßt. Ich habe den Eindruck, dass nur Neugierige wie wir selbst auf der Straße stehen. Die wirkliche Politik wird nur von wenigen Menschen hinter verschlossenen Türen betrieben und die Straße hat keinen Einfluss.

Zitiert nach: www.dhm.de/lemo/zeitzeugen/oskar-muensterberg-november-revolution-1918.html (Zugriff: 3. November 2020)

► Untersuchen Sie die Quelle. Arbeiten Sie die Ereignisse heraus. Wie werden sie bewertet? Welche politische Einstellung des Verfassers wird deutlich? | H

M2 Bürgerliche oder sozialistische Demokratie?

In der „Roten Fahne", dem Zentralorgan des Spartakusbundes, schreibt Rosa Luxemburg am 20. November 1918:

Das heutige Idyll, wo Wölfe und Schafe, Tiger und Lämmer wie in der Arche Noah friedlich nebeneinander grasen, dauert auf die Minute so lange, bis es mit dem Sozialismus ernst zu werden beginnt. Sobald die famose Nationalversammlung wirklich beschließt, den Sozialismus voll und ganz zu verwirklichen, die Kapitalsherrschaft mit Stumpf und Stiel auszurotten, beginnt auch der Kampf. [...] All das ist unvermeidlich. All das muss durchgefochten, abgewehrt, niedergekämpft werden – ob mit oder ohne Nationalversammlung. Der „Bürgerkrieg", den man aus der Revolution mit ängstlicher Sorge zu verbannen sucht, lässt sich nicht verbannen. [...]

Die Nationalversammlung ist ein überlebtes Erbstück bürgerlicher Revolutionen, eine Hülle ohne Inhalt, ein Requisit aus den Zeiten kleinbürgerlicher Illusionen vom „einigen Volk", von der „Freiheit, Gleichheit und Brüderlichkeit" des bürgerlichen Staates. [...]

Nicht darum handelt es sich heute, ob Demokratie oder Diktatur. Die von der Geschichte auf die Tagesordnung gestellte Frage lautet: *bürgerliche* Demokratie oder *sozialistische* Demokratie. Denn Diktatur des Proletariats[1], das ist Demokratie im sozialistischen Sinne. Diktatur des Proletariats, das sind nicht Bomben, Putsche, Krawalle, „Anarchie", wie die Agenten des kapitalistischen Profits zielbewusst fälschen, sondern das ist der Gebrauch aller politischen Machtmittel zur Verwirklichung des Sozialismus, zur Expropriation[2] der Kapitalistenklasse – im Sinne und durch den Willen der revolutionären Mehrheit des Proletariats, also im Geiste sozialistischer Demokratie.

Ohne den bewussten Willen und die bewusste Tat der Mehrheit des Proletariats kein Sozialismus. Um dieses Bewusstsein zu schärfen, diesen Willen zu stählen, diese Tat zu organisieren, ist ein Klassenorgan nötig: das Reichsparlament der Proletarier in Stadt und Land.

Die Rote Fahne vom 20. November 1918

1. Arbeiten Sie heraus, mit welchen Argumenten Rosa Luxemburg die Wahl zur Nationalversammlung verwirft. Welche Aussagen sind situationsbedingt, welche programmatisch?
2. Suchen und erläutern Sie Widersprüche in der Argumentation von Rosa Luxemburg.
3. Charakterisieren Sie Rosa Luxemburgs Verständnis der Begriffe „Demokratie" und „Diktatur".

[1] **Proletariat**: Darunter wird nach Friedrich Engels die Klasse der modernen Lohnarbeiter verstanden.

[2] **Expropriation**: Enteignung

M3 Verständigung zwischen Groener und Ebert

General Wilhelm Groener und Friedrich Ebert (SPD), treffen am 10. November 1918 eine Vereinbarung. In seiner 1957 erschienenen Autobiografie schreibt Groener darüber, dass es sein Ziel sein sollte, die deutschen Truppen nach der Unterzeichnung des Waffenstillstandes ordnungsgemäß ins Deutsche Reich zurückzuführen:

Die Aufgabe der Heeresleitung musste es jetzt sein, den Rest des Heeres rechtzeitig und in Ordnung, aber vor allem innerlich gesund in die Heimat zu bringen und dem Offizierskorps als dem Träger des Wehrgedankens einen Weg in die neuen Verhältnisse zu ermöglichen. Die seit Jahrhunderten im preußisch-deutschen Offizierskorps angesammelte moralisch-geistige Kraft musste in ihrem Kern für die Wehrmacht der Zukunft erhalten werden. Der Sturz des Kaisertums entzog den Offizieren den Boden ihres Daseins, ihren Sammel- und Ausrichtepunkt. Es musste ihm ein Ziel gewiesen werden, das des Einsatzes wert war und ihm die innere Sicherheit wiedergab. Es musste das Gefühl wachgerufen werden der Verpflichtung nicht nur gegenüber einer bestimmten Staatsform, sondern für Deutschland schlechthin.

Das Offizierskorps konnte aber nur mit einer Regierung zusammengehen, die den Kampf gegen den Radikalismus und Bolschewismus aufnahm. Dazu war Ebert bereit, aber er hielt sich nur mühsam am Steuer und war nahe daran, von den Unabhängigen und der Liebknechtgruppe über den Haufen gerannt zu werden. Was war demnach näher liegend, als Ebert, den ich als anständigen, zuverlässigen Charakter und unter der Schar seiner Parteigenossen als den staatspolitisch weitsichtigsten Kopf kennengelernt hatte, die Unterstützung des Heeres und des Offizierskorps anzubieten?

[...] Am Abend rief ich die Reichskanzlei an und teilte Ebert mit, dass das Heer sich seiner Regierung zur Verfügung stelle, dass dafür der Feldmarschall und das Offizierskorps von der Regierung Unterstützung erwarteten bei der Aufrechterhaltung der Ordnung und Disziplin im Heer. Das Offizierskorps verlange von der Regierung die Bekämpfung des Bolschewismus und sei dafür zum Einsatz bereit. Ebert ging auf meinen Bündnisvorschlag ein. Von da ab besprachen wir uns täglich abends auf einer geheimen Leitung zwischen der Reichskanzlei und der Heeresleitung über die notwendigen Maßnahmen. Das Bündnis hat sich bewährt.

Zitiert nach: Heinz Hürten (Hrsg.), Weimarer Republik und Drittes Reich 1918–1945 (Deutsche Geschichte in Quellen und Darstellung, Bd. 9), Stuttgart ²2000, S. 35

1. Beschreiben Sie die Aufgaben, die Groener gemäß seiner Autobiografie hatte.
2. Setzen Sie sich mit dem Verhalten Groeners auseinander. | H | F

1918/19 – eine „steckengebliebene" Revolution?

1918/19 stellt einen „Wendepunkt" in der deutschen Geschichte dar. Aber: War dieser auch eine „Revolution"? Leitete sie aufgrund von Massenbewegungen in kurzer Zeit weitreichende Veränderungen der Herrschafts-, Wirtschafts- und Gesellschaftsordnung ein? Oder wurden 1918/19 eher Chancen vertan, einen solchen tief greifenden Wandel herbeizuführen?
Diese Fragen werden auch nach 100 Jahren nicht einheitlich beantwortet. Das ist kaum verwunderlich, da historische Urteile immer zeit- und standortgebunden sind – und damit auch immer offen für neue Wertungen. Je nach dem, welches Revolutionsverständnis zugrunde gelegt wird, war 1918/19 keine oder eine „steckengebliebene" Revolution, eine „verpasste Chance" oder doch die „erste erfolgreiche Revolution in Deutschland".

M1 Zur Revolutionsgeschichte

Der Leipziger Historiker Manfred Kossok (1930–1993) hat viele Revolutionen untersucht und verglichen. 1988 schreibt er im Epilog seines Buches „Revolutionen der Weltgeschichte":

So ist es erforderlich, zwischen der Revolution „im engeren" und „im weiteren Sinne" zu unterscheiden. Die Revolution im engeren Sinne umfasst die „eigentliche" Revolution, d.h. jenen relativ kurzen historischen Zeitraum, in dem die Grundlage jeder Revolution – die Machtfrage – entschieden wird. Dagegen verdeutlicht der Begriff der Revolution im weiteren Sinne den ungleich länger andauernden Gesamtprozess der Durchsetzung und Konsolidierung der neuen Gesellschaftsordnung.
Gerade die Revolutionsgeschichte vermittelt am nachhaltigsten die Erkenntnis, dass der Geschichte ein Nicht-abgeschlossen-Sein eigen ist. Nicht nur in die Zukunft, sondern auch in die Vergangenheit ist Geschichte offen. Das beweist die Fülle von neuen Erkenntnissen über scheinbar schon bis ins letzte Detail Gewusstes. Auch Revolutionen wurden und werden „umgeschrieben"; nicht aus Gründen bloßer Opportunität […], sondern ob der Tatsache, dass die Klassen und Generationen stets neue Fragen an ihre eigene Herkunft, ihr Werden und ihren Wandel stellen. Mit dem Fortschritt der Geschichte „wandern" zugleich historisches Denken und historische Wertung.

Manfred Kossok, In Tyrannos. Revolutionen der Weltgeschichte. Von den Hussiten bis zur Commune, Leipzig 1989, S. 441

M2 Eine „steckengebliebene Revolution"

*Eberhard Kolb (*1933), der viele Jahre an der Universität Köln Geschichte lehrte, urteilt in einem 1978 zunächst für den Rundfunkt verfassten Beitrag folgendermaßen:*

Misst man die Ergebnisse der Revolution daran, in welchem Maße die Zielvorstellungen der Revolutionsbewegung realistisch wurden und die politische und gesellschaftliche Verfassung der Weimarer Republik geprägt haben, dann bleibt nur die Feststellung: Die revolutionäre Massenbewegung ist im Wesentlichen gescheitert; und zwar sowohl in der ersten, gemäßigten Phase wie die der zweiten, der radikalen Phase. Man kann daher von einer steckengebliebenen Revolution sprechen.
Daraus ergibt sich […]: Mit dieser steckengebliebenen Revolution mochte – und mag – sich keine der großen politischen Richtungen identifizieren. So, wie sie verlief und endete, hatte kaum jemand in Deutschland diese Revolution gewollt. Die einen hatten überhaupt keine Revolution, die anderen hatten ein anderes Ergebnis der Revolution gewollt.

Eberhard Kolb, 1918/19: Die steckengebliebene Revolution, in: Carola Stern und Heinrich August Winkler (Hrsg.), Wendepunkte deutscher Geschichte 1848–1990, Frankfurt am Main 1994, S. 99–125, hier S. 123

M3 Keine Revolution

*Der Kieler Historiker Karl Heinrich Pohl (*1943) vertritt 1990 in einem Vortrag die These, „dass 1918 in Deutschland keine Revolution stattfand":*

Der Wechsel an der Staatsspitze reichte der Partei [der Mehrheitssozialdemokraten] aus. Sie erachtete es nicht für nötig, bereits in dieser Phase den alten Machtapparat zu zerschlagen, den militärischen Apparat grundlegend umzugestalten, das Wirtschaftssystem – das die sozialen Forderungen der Partei einmal tragen und auch finanzieren musste – entscheidend zu verändern. Nicht einmal eine sofortige Enteignung des Großgrundbesitzes und der Großindustrie wurde avisiert. Wenn eine politische Gruppierung in Deutschland „unrevolutionär" und ohne das nötige Gespür für Machtfragen war, dann war es die deutsche Sozialdemokratie des Jahres 1918.

Karl Heinrich Pohl, Obrigkeitsstaat und Demokratie. Aspekte der „Revolution" von 1918/19, in: Manfred Hettling (Hrsg.), Revolution in Deutschland? 1789–1989, Göttingen 1991, S. 46–69, hier S. 56

M4 Eine verpasste Chance

*Der in Berlin lehrende Historiker Heinrich August Winkler (*1938) schreibt 1996:*

Die Revolution von 1918/19, aus der Weimar hervorgegangen ist, gehört zu den umstrittensten Ereignissen der deutschen Geschichte. Manche Historiker meinen, dass die erste deutsche Demokratie vielleicht nicht untergegangen und dann auch Hitler nicht an die Macht gekommen wäre, hätte es damals einen gründlichen Bruch mit der obrigkeitsstaatlichen Vergangenheit gegeben. Tatsächlich war der Handlungsspielraum der regierenden Mehrheitssozialdemokraten [...] in den entscheidenden Wochen zwischen dem Sturz der Monarchie am 9. November 1918 und der Wahl der Verfassunggebenden Deutschen Nationalversammlung am 19. Januar 1919 größer, als die Akteure mit Friedrich Ebert, dem Vorsitzenden des Rates der Volksbeauftragten, an der Spitze selbst meinten. Sie hätten weniger bewahren müssen und mehr verändern können. Es wäre, mit anderen Worten, möglich gewesen, in der revolutionären Übergangszeit erste Schritte zu tun auf dem Weg zu einer Demokratisierung der Verwaltung, der Schaffung eines republikloyalen Militärwesens, der öffentlichen Kontrolle der Macht – unter Umständen bis hin zu einer Vergesellschaftung des Bergbaus, einer Forderung, die nach der Jahreswende 1918/19 zu einer zündenden Streikparole wurde. [...]

Gegen eine Mehrheit Politik zu machen, war für die Sozialdemokraten unvorstellbar. Es hätte auch dem bisherigen Gang der Verfassungsgeschichte widersprochen. [...]

Deutschland war auch zu industrialisiert für einen völligen Umsturz der gesellschaftlichen Verhältnisse. [...] Beide Faktoren, der Grad der Demokratisierung und der Grad der Industrialisierung, wirkten objektiv revolutionshemmend.

Heinrich August Winkler, Weimar: Ein deutsches Menetekel, in: Ders. und Alexander Cammann (Hrsg.), Weimar. Ein Lesebuch zur deutschen Geschichte 1918–1933, München [3]1999, S. 13–42, hier S. 15 f. und 17 f.

M5 Die erste erfolgreiche Revolution in Deutschland

*Die Historikerin Ulla Plener (*1933) fasst das Ergebnis einer Tagung von 2008 wie folgt zusammen:*

Der herausragende Platz der Revolution 1918/1919 in der deutschen Geschichte erweist sich [...] mindestens in dreierlei Hinsicht:

1. Ihr *Hauptergebnis*: Sie beendete den Ersten Weltkrieg, brachte Deutschland den Frieden, stürzte das Kaisertum und etablierte die Republik mit allgemeinem Wahlrecht, auch für Frauen, der Trennung von Staat und Kirche u. a. demokratischen Maßnahmen sowie einigen nach jahrzehntelangem Kampf endlich gewährten sozialen Rechten für die Lohnarbeitenden.[1]
2. Das erfolgte nicht aufgrund eines Parlamentsbeschlusses, sondern war das Resultat breiter, in erster Linie von der Arbeiterbewegung getragener *spontaner Massenaktionen.*
3. Deshalb war der demokratischen Revolution ein ausgeprägter sozialer und basisdemokratischer Grundzug eigen, was sich besonders in der Bildung und dem anfänglichen Wirken der Arbeiter- und Soldatenräte und in der Forderung nach Sozialisierung niedergeschlagen hatte.

Insgesamt ging es also um Frieden, demokratische Republik, individuelle staatsbürgerliche Freiheiten – und um die Lösung der Sozialen Frage, um kollektive soziale Rechte aller, die Eigentumsfrage eingeschlossen.

Mit der Annahme der Verfassung in Weimar im August 1919 wurde die bürgerlich-demokratische Staatsordnung in Deutschland etabliert, und sie bedeutete auch den Durchbruch zur Anerkennung wesentlicher Rechte der Lohnarbeitenden. Insofern war die Revolution 1918/1919 die *erste erfolgreiche Revolution in Deutschland* – und das wurde *maßgeblich von der Arbeiterbewegung erreicht.*

Ulla Plener, Zum Geleit, in: Dies. (Hrsg.), Die Novemberrevolution 1918/1919 in Deutschland. Für bürgerliche und sozialistische Demokratie [...], Berlin 2009, S. 7–10, hier S. 8 (Hervorhebungen in der Vorlage)

1. Erläutern Sie Kossoks These, dass auch Revolutionen „umgeschrieben" werden müssen (M1).
2. Vergleichen Sie die Urteile über 1918/19 von Kolb, Pohl und Plener (M2, M3 und M5). Wie begründen die Autoren ihre Auffassung, dass 1918/19 „keine", eine „steckengebliebene" oder doch eine „erfolgreiche" Revolution stattgefunden habe? | F
3. Winkler relativiert den Begriff „Revolution". Erörtern Sie seine Einschätzung (M4).

[1] Zum Beispiel den Acht-Stunden-Arbeitstag und den Vorrang des Tarifvertrages vor dem Einzelarbeitsvertrag.

Die Weimarer Verfassung

Ein Grund zum Feiern: Der 100. Jahrestag der Weimarer Verfassung.
Foto vom 11. August 2019.
Die damalige Bundesfamilienministerin Franziska Giffey (SPD) und der Schauspieler Nicolas Jantosch, verkleidet als Friedrich Ebert, gedenken der Weimarer Verfassung im thüringischen Schwarzburg. Dort hatte Ebert während seines Urlaubs am 11. August 1919 die Verfassung unterzeichnet. Im Vordergrund des Fotos befindet sich ein Stein, auf dem Artikel 150 der Verfassung zitiert wird. Dieser und weitere Steine sollen zum Nachdenken anregen.

Eine neue Verfassung | Die „Republik von Weimar" erhielt ihren Namen, weil die Verfassunggebende Versammlung vor den Unruhen in Berlin auswich und im Februar 1919 in der Stadt in Thüringen zusammentrat. Weimar sollte auch auf Goethe, Schiller und die deutsche Klassik verweisen, um der ersten deutschen Republik Würde und Ansehen zu verleihen.

Die Weimarer Nationalversammlung sollte bis zur ersten Reichstagswahl im Juni 1920 eine vorläufige Regierung bilden und eine Verfassung erarbeiten. Ebert wurde am 11. Februar zum ersten Reichspräsidenten gewählt. Noch am selben Tag beauftragte er Scheidemann, eine Regierung zu bilden. Nach über fünfmonatiger Beratung nahm die Nationalversammlung mit überwältigender Mehrheit die neue Verfassung am 31. Juli an. Am 11. August unterzeichnete Reichspräsident Ebert die *Weimarer Verfassung*, drei Tage später trat sie mit der Verkündung in Kraft (➔M1). Das Deutsche Reich war nun eine *parlamentarische Republik*.

Der Wähler als Souverän | Männer und Frauen über 20 Jahren erhielten nach der neuen Verfassung das Recht, in allgemeinen, geheimen, unmittelbaren Wahlen alle vier Jahre die Abgeordneten des Reichstages und alle sieben Jahre den Reichspräsidenten zu wählen.

Mit dem *Verhältniswahlrecht* sollte jede Stimme gleich gewichtet sein: Jede Partei erhielt für 60000 gültige Stimmen ein Mandat. Eine Sperrklausel, die den kleinen Parteien – auch „Splitterparteien" genannt – den Zutritt zum Reichstag hätte verwehren können, gab es nicht. Anders als beim Mehrheitswahlrecht des Kaiserreiches gingen so kaum Stimmen verloren, was zu dieser Zeit als besonders gerecht und demokratisch galt. Dabei vernachlässigte man allerdings, dass Wahlen nicht nur der demokratischen Gerechtigkeit dienen sollen. Das wesentliche Ziel, regierungsfähige Mehrheiten im Parlament zu bilden, wurde durch die Parteienvielfalt im Parlament erschwert. Hinzu kam, dass die Parteien kaum Bereitschaft zu Kompromissen zeigten, die eigenen Interessen dem Gemeinwohl vorzogen und damit die Regierung schwächten.

Als Elemente der direkten Demokratie wurden *Volksbegehren* und *Volksentscheid* eingeführt. Die Staatsbürger sollten sich durch **Plebiszite** direkt an der staatlichen Willensbildung beteiligen. Jedoch konnte die plebiszitäre Komponente der Verfassung ihre Aufgabe, ein „Gegengewicht zum Parteienstaat" zu bilden, in der Praxis nicht erfüllen. Vielmehr versuchten republikfeindliche Parteien, Volksabstimmungen zur Manipulation der Massen einzusetzen. Solche Bestrebungen scheiterten aber bis 1933 an den fehlenden Mehrheiten.

Plebiszit (lat. *plebis scitum*): Volksabstimmung, Volksbeschluss

Die Verfassungsorgane | Dem Reichstag oblag neben dem Recht auf Gesetzgebung auch die Kontrolle der Regierung, d.h. Kanzler und Minister benötigten zu ihrer Amtsführung das Vertrauen der Parlamentsmehrheit. Jedes einzelne Regierungsmitglied konnte durch ein *Misstrauensvotum* zum Rücktritt gezwungen werden. Allerdings bestand keine Pflicht, bei der Abwahl des Kanzlers einen neuen Regierungschef zu wählen und damit wiederum für eine handlungsfähige Regierung zu sorgen. Für den Reichsrat, die Vertretung der Länder, war mit einem aufschiebenden Veto gegen Beschlüsse des Reichstages nur geringer Einfluss vorgesehen.

Internettipp
Zur Entstehung der Weimarer Verfassung siehe den Code 32036-45.

Mit besonderen Vollmachten war der *Reichspräsident* ausgestattet. Er allein ernannte und entließ den Kanzler und konnte den Reichstag auflösen. Außerdem war er Oberbefehlshaber der Reichswehr. Bei Gefahr für die öffentliche Sicherheit und Ordnung im Reich konnte der Reichspräsident auf der Grundlage von *Artikel 48* die zu ihrer Wiederherstellung nötigen Maßnahmen treffen und notfalls die Reichswehr einsetzen. Im Lauf der Jahre wurde dieser Artikel häufig von Reichspräsident und Reichskanzler unter Umgehung des Parlaments herangezogen, um wirtschaftliche und soziale Probleme zu lösen.

Die SPD-Politikerin Marie Juchacz bei einer Ansprache.
Foto vom Mai 1919.
Marie Juchacz spricht vor einer Menschenmenge auf dem Wilhelmsplatz in Berlin. Sie war die erste Frau, die am 19. Februar 1919 in der Weimarer Nationalversammlung eine Rede hielt.

► Präsentation: Informieren Sie sich im Internet über das Leben und den politischen Werdegang von Marie Juchacz und stellen Sie Ihre Ergebnisse in einem Kurzreferat vor.

Die Grundrechte | Der zweite Hauptteil der Verfassung enthielt einen Katalog an Grundrechten und Grundpflichten (Art. 109–165): Rechtsgleichheit, Freizügigkeit, Recht der freien Meinungsäußerung, Freiheit der Person, Glaubens- und Gewissensfreiheit sowie soziale Grundrechte, darunter der Schutz und die Förderung von Ehe und Familie, das Recht auf Arbeit, den Schutz der Jugend und vieles mehr. Die wichtige Aufgabe der Kontrolle der Staatsmacht erfüllte dieser Katalog jedoch nicht uneingeschränkt, da viele Grundrechte in Krisenzeiten durch Notverordnungen gemäß Artikel 48 außer Kraft gesetzt werden konnten. Dass dies nicht nur zur Sicherung, sondern auch zur Zerstörung der demokratischen Ordnung geschehen konnte, vermochten sich die Verfassungsgeber nicht vorzustellen. Sie gaben der Republik eine wertneutrale Verfassung ohne normative Einschränkung, die den Gegnern der Demokratie von links und rechts die Möglichkeit bot, den Staat massiv zu bekämpfen. Die verantwortlichen Politiker sahen das Wesen der Demokratie ausschließlich in der Mehrheitsentscheidung, unabhängig davon, in welche Richtung sie ging. Außerdem bestand für die Bürger keine Möglichkeit, die Verletzung der Grundrechte durch die Staatsgewalt vor Gericht einzuklagen, sodass sie letztlich unverbindlich blieben (→M2).

Zur Situation der Frauen in der Weimarer Republik | Zu den demokratischen Errungenschaften der Weimarer Republik gehört die verfassungsrechtliche *Gleichstellung der Geschlechter*. Schon während der Kriegsjahre waren vor allem Frauen aus der Arbeiterbewegung politisch aktiv gewesen, hatten sich an der Organisation von Streiks und Demonstrationen beteiligt und in der Frauenbewegung für ihre Rechte gekämpft. Aber auch bürgerliche Frauen engagierten sich und forderten gleiche politische Rechte. Im November 1918 erfüllte der Rat der Volksbeauftragten eine sozialdemokratische Forderung: das aktive und passive *Wahlrecht für Frauen*. Mit einer Wahlbeteiligung von fast 90 Prozent machten die Frauen 1919 von ihrem Stimmrecht regen Gebrauch. 41 von 310 Kandidatinnen zogen in die Weimarer Nationalversammlung ein.

Dass die Lebenswirklichkeit von den Vorgaben der Grundrechte abwich, verdeutlicht die Situation der Frauen in der Weimarer Republik. Nach der Reichsverfassung hatten Frauen und Männer nun „grundsätzlich dieselben staatsbürgerlichen Rechte und Pflichten" (Art. 109). Aber weder auf dem Arbeitsmarkt, wo Frauen für die gleiche Arbeit weniger Lohn erhielten, noch im Familienrecht galt der Gleichberechtigungsgrundsatz. Für Tätigkeiten, die über die Hausarbeit hinausgingen, brauchten Frauen die Erlaubnis des Ehemannes. So bestimmte es das Bürgerliche Gesetzbuch noch bis 1977. Das Frauenwahlrecht und die steigende Zahl weiblicher Mitglieder in Parteien und Gewerkschaften änderten nichts daran, dass führende Positionen der Politik weiterhin nur von Männern besetzt blieben.

Internettipp
Über die Geschichte des Frauenwahlrechts informiert folgender Code 32036-46.

M1 Die Weimarer Verfassung

In einem ersten Hauptteil (Art. 1–108) der Verfassung werden Aufbau und Aufgaben des Reiches geregelt, der zweite Hauptteil (Art. 109–165) enthält Grundrechte und -pflichten der Bürger:

I. Hauptteil. Aufbau und Aufgaben des Reiches

Artikel 1. Das Deutsche Reich ist eine Republik. Die Staatsgewalt geht vom Volke aus. [...]

Artikel 13. Reichsrecht bricht Landrecht. [...]

Artikel 21. Die Abgeordneten sind Vertreter des ganzen Volkes. Sie sind nur ihrem Gewissen unterworfen und an Aufträge nicht gebunden.

Artikel 22. Die Abgeordneten werden in allgemeiner, gleicher, unmittelbarer und geheimer Wahl von den über zwanzig Jahre alten Männern und Frauen nach den Grundsätzen der Verhältniswahl gewählt. [...]

Artikel 25. Der Reichspräsident kann den Reichstag auflösen, jedoch nur einmal aus dem gleichen Anlass. [...]

Artikel 41. Der Reichspräsident wird vom ganzen deutschen Volke gewählt. [...]

Artikel 48. [...] Der Reichspräsident kann, wenn im Deutschen Reiche die öffentliche Sicherheit und Ordnung erheblich gestört oder gefährdet wird, die zur Wiederherstellung der öffentlichen Sicherheit und Ordnung nötigen Maßnahmen treffen, erforderlichenfalls mithilfe der bewaffneten Macht einschreiten. Zu diesem Zwecke darf er vorübergehend die in den Artikeln 114, 115, 117, 118, 123, 124 und 153[1] festgesetzten Grundrechte ganz oder zum Teil außer Kraft setzen. [...]

Artikel 54. Der Reichskanzler und die Reichsminister bedürfen zu ihrer Amtsführung des Vertrauens des Reichstages. Jeder von ihnen muss zurücktreten, wenn ihm der Reichstag durch ausdrücklichen Beschluss sein Vertrauen entzieht. [...]

Artikel 76. Die Verfassung kann im Wege der Gesetzgebung geändert werden. Jedoch kommen Beschlüsse des Reichstages auf Abänderung der Verfassung nur zustande, wenn zwei Drittel der gesetzlichen Mitgliederzahl anwesend sind und wenigstens zwei Drittel der Anwesenden zustimmen. Auch Beschlüsse des Reichsrates auf Abänderung der Verfassung bedürfen einer Mehrheit von zwei Dritteln der abgegebenen Stimmen. Soll auf Volksbegehren durch Volksentscheid eine Verfassungsänderung beschlossen werden, so ist die Zustimmung der Mehrheit der Stimmberechtigten erforderlich. [...]

II. Hauptteil. Grundrechte und Grundpflichten der Deutschen

Artikel 109. Alle Deutschen sind vor dem Gesetze gleich. Männer und Frauen haben grundsätzlich dieselben staatsbürgerlichen Rechte und Pflichten.
Öffentlich-rechtliche Vorrechte oder Nachteile der Geburt oder des Standes sind aufzuheben. [...]

Artikel 118. Jeder Deutsche hat das Recht, innerhalb der Schranken der allgemeinen Gesetze seine Meinung durch Wort, Schrift, Druck, Bild oder in sonstiger Weise frei zu äußern. [...]
Eine Zensur findet nicht statt [...].

Artikel 119. Die Ehe steht als Grundlage des Familienlebens und der Erhaltung und Vermehrung der Nation unter dem besonderen Schutz der Verfassung. Sie beruht auf der Gleichberechtigung der beiden Geschlechter.
Die Reinerhaltung, Gesundung und soziale Förderung der Familie ist Aufgabe des Staates und der Gemeinden. Kinderreiche Familien haben Anspruch auf ausgleichende Fürsorge.
Die Mutterschaft hat Anspruch auf den Schutz und die Fürsorge des Staates. [...]

Artikel 122. Die Jugend ist gegen Ausbeutung sowie gegen sittliche, geistige oder körperliche Verwahrlosung zu schützen. Staat und Gemeinde haben die erforderlichen Einrichtungen zu treffen. [...]

Artikel 123. Alle Deutschen haben das Recht, sich ohne Anmeldung oder besondere Erlaubnis friedlich und unbewaffnet zu versammeln. [...]

Artikel 128. Alle Staatsbürger ohne Unterschied sind nach Maßgabe der Gesetze und entsprechend ihrer Befähigung und ihren Leistungen zu den öffentlichen Ämtern zuzulassen.
Alle Ausnahmebestimmungen gegen weibliche Beamte werden beseitigt. [...]

Artikel 135. Alle Bewohner des Reiches genießen volle Glaubens- und Gewissensfreiheit. Die ungestörte Religionsausübung wird durch die Verfassung gewährleistet und steht unter staatlichem Schutz. Die allgemeinen Staatsgesetze bleiben hiervon unberührt. [...]

Artikel 142. Die Kunst, die Wissenschaft und ihre Lehre sind frei. Der Staat gewährt ihnen Schutz und nimmt an ihrer Pflege teil.

[1] In diesen Artikeln geht es vor allem um die Freiheit der Person und ihres Eigentums, die Unverletzlichkeit der Wohnung, das Briefgeheimnis sowie um die Meinungs-, Versammlungs- und Vereinigungsfreiheit.

Artikel 143. Für die Bildung der Jugend ist durch öffentliche Anstalten zu sorgen. Bei ihrer Einrichtung wirken Reich, Länder und Gemeinden zusammen. […]

Artikel 151. Die Ordnung des Wirtschaftslebens muss den Grundsätzen der Gerechtigkeit mit dem Ziele der Gewährleistung eines menschenwürdigen Daseins für alle entsprechen. In diesen Grenzen ist die wirtschaftliche Freiheit des Einzelnen zu sichern. […]

Artikel 153. Das Eigentum wird von der Verfassung gewährleistet. Sein Inhalt und seine Schranken ergeben sich aus den Gesetzen.
Eine Enteignung kann nur zum Wohle der Allgemeinheit und auf gesetzlicher Grundlage vorgenommen werden. […]
Eigentum verpflichtet. Sein Gebrauch soll zugleich Dienst sein für das Gemeine Beste. […]

Artikel 157. Die Arbeitskraft steht unter dem besonderen Schutz des Reiches.
Das Reich schafft ein einheitliches Arbeitsrecht. […]

Artikel 159. Die Vereinigungsfreiheit zur Wahrung und Förderung der Arbeits- und Wirtschaftsbedingungen ist für jedermann und für alle Berufe gewährleistet. […]

Artikel 161. Zur Erhaltung der Gesundheit und Arbeitsfähigkeit, zum Schutz der Mutterschaft und zur Vorsorge gegen die wirtschaftlichen Folgen von Alter, Schwäche und Wechselfällen des Lebens schafft das Reich ein umfassendes Versicherungswesen unter maßgebender Mitwirkung der Versicherten.

Artikel 162. Das Reich tritt für eine zwischenstaatliche Regelung der Rechtsverhältnisse der Arbeiter ein, die für die gesamte arbeitende Klasse der Menschheit ein allgemeines Mindestmaß der sozialen Rechte erstrebt.

Artikel 163. […] Jedem Deutschen soll die Möglichkeit gegeben werden, durch wirtschaftliche Arbeit seinen Unterhalt zu erwerben. Soweit ihm angemessene Arbeitsgelegenheit nicht nachgewiesen werden kann, wird für seinen notwendigen Unterhalt gesorgt. […]

Artikel 165. Die Arbeiter und Angestellten sind dazu berufen, gleichberechtigt in Gemeinschaft mit den Unternehmern an der Regelung der Lohn- und Arbeitsbedingungen sowie an der gesamten wirtschaftlichen Entwicklung der produktiven Kräfte mitzuwirken. Die beiderseitigen Organisationen und ihre Vereinbarungen werden anerkannt.
Die Arbeiter und Angestellten erhalten zur Wahrnehmung ihrer sozialen und wirtschaftlichen Interessen gesetzliche Vertretungen in Betriebsarbeiterräten sowie in nach Wirtschaftsgebieten gegliederten Bezirksarbeiterräten und in einem Reichsarbeiterrat.
Die Bezirksarbeiterräte und der Reichsarbeiterrat treten zur Erfüllung der gesamten wirtschaftlichen Aufgaben und zur Mitwirkung bei der Ausführung der Sozialisierungsgesetze mit den Vertretungen der Unternehmer und sonst beteiligter Volkskreise zu Bezirkswirtschaftsräten und zu einem Reichswirtschaftsrat zusammen. Die Bezirkswirtschaftsräte und der Reichswirtschaftsrat sind so zu gestalten, dass alle wichtigen Berufsgruppen entsprechend ihrer wirtschaftlichen und sozialen Bedeutung darin vertreten sind.

Zitiert nach: www.verfassungen.de/de/de19-33/verf19-i.htm
(Zugriff: 4. Novemebr 2020)

1. Charakterisieren Sie anhand der Verfassung Wesen und Ziele der neuen Republik. | H
2. Die Verfassung sollte den Interessen der gesellschaftlichen Gruppen entgegenkommen und einen sozialen Ausgleich schaffen. Erläutern Sie, welche Gruppen an welchen Bestimmungen besonderes Interesse gehabt haben könnten. | H
3. Analysieren Sie, inwiefern die Verfassung soziale Ziele formuliert. Folgern Sie aus ihnen die Aufgaben der Regierung.
4. Setzen Sie sich mit der Frage auseinander, warum der umfangreiche Grundrechtskatalog die Staatsmacht der Weimarer Republik kaum begrenzen konnte.

M2 Lehren aus Weimar

Der Publizist Sebastian Haffner (1907–1999) untersucht, welche Konsequenzen die Gestalter des Grundgesetzes aus den Erfahrungen mit der Weimarer Verfassung gezogen haben:

Von 1945 bis 1949 lagen reichlich drei Jahre zwischen dem demokratischen Neuanfang und der nationalsozialistischen Niederlage – und was für einer Niederlage, und was für Jahre! Diesmal war kein Raum für eine Dolchstoßlegende[1]. [...]
Auf die Frage, wodurch sich eigentlich die Bonner Demokratie von der Weimarer unterscheidet, haben die meisten Leute nur ein Achselzucken. Für sie ist Demokratie Demokratie. Aber die Unterschiede sind gewaltig.
Der einfachste und grundlegendste Unterschied ist wohl dieser: Die Weimarer Verfassungsarchitekten waren Optimisten, die Väter des Grundgesetzes eher Pessimisten. [...]
Die Weimarer Verfassung zeigt in ihren wesentlichen Einrichtungen – Volksbegehren und Volksentscheid, Volkswahl des Reichspräsidenten, leichte Auflösbarkeit des Reichstages – ein fast unbegrenztes Vertrauen in die demokratische Vernunft und staatsbürgerliche Verantwortung des Wählers. Das Bonner Grundgesetz ist eher von Misstrauen geprägt, seine Verfasser waren gebrannte Kinder: Sie hatten erlebt, wie verführbar und schwankend in seinen Stimmungen der Wähler sein kann, wie leicht eine Demokratie gerade durch zu schrankenlose Demokratie sich selbst zugrunde richten kann, und sie wollten es nicht noch einmal erleben. Die Weimarer Verfassung setzte ein Volk von unbeirrbaren Demokraten und musterhaften Staatsbürgern voraus. Das Bonner Grundgesetz will eine demokratische Verfassung sein, die auch unter fehlbaren und verführbaren, unvollkommenen Menschen funktionieren kann, es will die Demokratie auch vor sich selber schützen. [...]
Die Weimarer Republik hat in den vierzehn Jahren ihres Bestehens dreizehn Reichskanzler verbraucht. [...]
Das Bonner Grundgesetz macht es schwer, einen einmal gewählten Bundeskanzler zu stürzen: Der Bundespräsident kann es überhaupt nicht, der Bundestag nur, indem er einen anderen Kanzler wählt. [...]
Mindestens ebenso wichtig sind die vielen Hindernisse, die das Grundgesetz einer vorzeitigen Auflösung des Bundestages in den Weg legt: Denn eine neue Bundestagswahl bedeutet ja auch eine neue Kanzlerwahl, und die will das Grundgesetz eben nicht so leicht machen. Nicht jede Schwankung in der Wählerstimmung soll sofort auf Parlament und Regierung durchschlagen. [...]
Gewiss hat zum Untergang der Weimarer Demokratie die Instabilität der Regierungen, die übermäßige Häufigkeit der Wahlen, die allzu starke Machtposition des Reichspräsidenten und ihr Missbrauch beigetragen. Aber nicht zu leugnen ist, dass schließlich der deutsche Wähler selbst der Weimarer Republik den Todesstreich versetzt hat. [...]
Der Wähler ist der demokratische Souverän. Die Wählermehrheit entscheidet: Das ist die Quintessenz jeder demokratischen Verfassung. Wie aber, wenn die Wählermehrheit gegen die Demokratie entscheidet? Ist es dann die Pflicht der Demokratie, im Namen der Demokratie Selbstmord zu begehen? Umgekehrt: Begeht nicht eine Demokratie auch dann Selbstmord, wenn sie – im Namen der Demokratie – die Entscheidung der Wählermehrheit missachtet? Gehört es zum Wesen demokratischer Freiheit, dass sie auch sich selbst zur Disposition des Wählers stellen muss? Oder darf sie sagen: Keine Freiheit für die Feinde der Freiheit? [...]
Die Weimarer Verfassung liest sich wie eine Aufforderung an den Wähler, sich recht viel einfallen zu lassen und sich politisch jederzeit so recht auszutoben. Vom Grundgesetz kann man das nicht sagen. [...]
Sodann ist die Gesetzgebung an die verfassungsmäßige Ordnung gebunden, und darüber wacht das Bundesverfassungsgericht – eine sehr mächtige Institution, die keine frühere deutsche Verfassung kannte. [...] Dem Bundesverfassungsgericht hat das Grundgesetz eine sehr wirksame Waffe in die Hand gegeben in der Gestalt der Grundrechte, die, wiederum anders als in Weimar, nicht nur Programm künftiger Gesetzgebung, sondern unmittelbar geltendes Recht sind und nur mit verfassungsändernden Mehrheiten – zum Teil sogar überhaupt nicht – abgeändert oder eingeschränkt werden können.

Sebastian Haffner, Im Schatten der Geschichte, Stuttgart 1985, S. 191 ff.

1. Geben Sie die Unterschiede zwischen der Weimarer Verfassung und unserem Grundgesetz unter Berücksichtigung beider Entstehungsgeschichten wieder. | F
2. Arbeiten Sie die Lehren heraus, die die Väter und Mütter des Grundgesetzes aus der Weimarer Verfassung gezogen haben.
3. Weisen Sie die starke Stellung des Bundesverfassungsgerichts in unserer heutigen Rechtsordnung nach. Informieren Sie sich über Gerichtsverfahren, in denen das Gericht den gesetzgebenden Körperschaften Schranken gesetzt hat.

[1] Zur „Dolchstoßlegende" siehe die Informationen auf Seite 42.

Belastungen und Herausforderungen

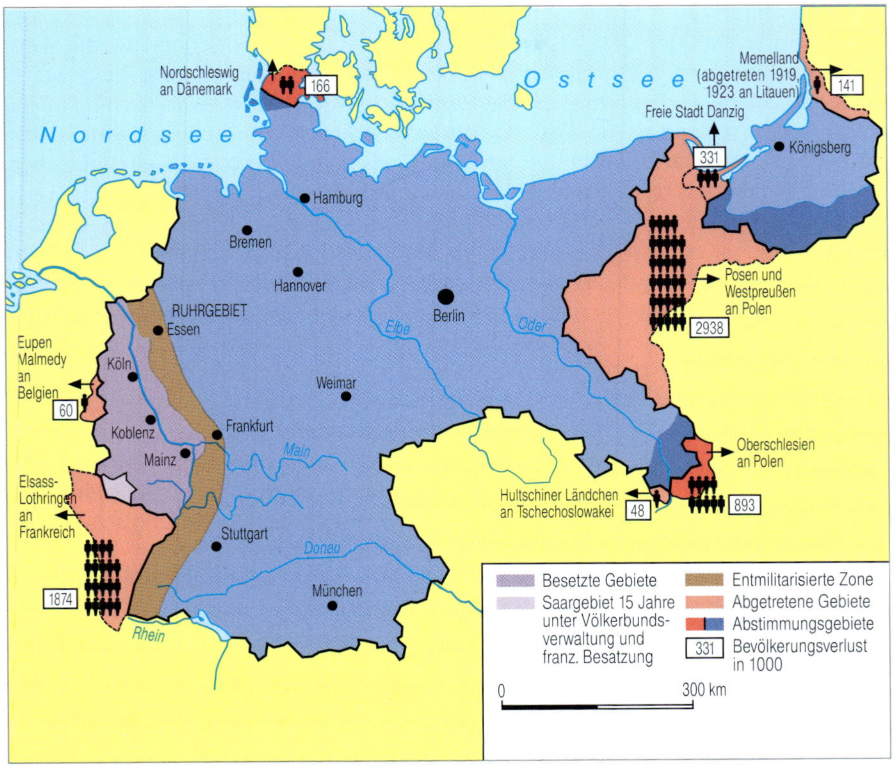

Animierte Karten
Eine animierte Karte zum Thema „Deutschland und der Vertrag von Versailles" können Sie unter dem Code 32036-47 abrufen.

Deutschland nach dem Versailler Vertrag.

▶ Arbeiten Sie die Ergebnisse des Vertrages heraus und diskutieren Sie, welche Festlegungen für die deutsche Bevölkerung besonders schwer zu akzeptieren waren.

Der Versailler Vertrag und seine Folgen | Von Anfang an belastete der in Versailles bei Paris geschlossene Friedensvertrag die Republik schwer. Ohne Beteiligung der Besiegten tagte die Friedenskonferenz, auf der die Nachkriegsordnung Europas festgelegt werden sollte. Die wichtigsten Entscheidungen wurden vom Rat der Vier getroffen. Seine Mitglieder waren die Regierungschefs von Großbritannien (*David Lloyd George*), Frankreich (*Georges Clemenceau*) und Italien (*Vittorio Orlando*) sowie der US-amerikanische Präsident *Woodrow Wilson*. Dieser sah sich in der Rolle des Vermittlers zwischen Siegern und Besiegten. Sein Hauptanliegen war die Gründung des **Völkerbundes** als Garant einer dauerhaften Friedensordnung.

Am 7. Mai 1919 wurde das fertige Vertragswerk mit seinen insgesamt 440 Artikeln vorgelegt. Die deutschen Vertreter durften sich innerhalb von 14 Tagen schriftlich dazu äußern, erreichten im Ergebnis aber keine Verbesserung der Auflagen. Ende Juni billigte die Nationalversammlung den Vertrag, wenige Tage später wurde er im Spiegelsaal von Versailles unterzeichnet, im Januar 1920 trat er in Kraft. Deutschland verlor 13 Prozent seines Staatsgebietes und rund zehn Prozent seiner Bevölkerung sowie sämtliche Kolonien. Das kohlereiche Saarland wurde für 15 Jahre unter die Verwaltung des Völkerbundes gestellt, ehe eine Volksabstimmung über die künftige Staatszugehörigkeit entscheiden sollte. In Oberschlesien, das ursprünglich ganz an Polen fallen sollte, wurde 1921 eine Volksabstimmung durchgeführt. Obwohl knapp 60 Prozent der Bevölkerung für den Verbleib bei Deutschland stimmten, teilte der Völkerbund das Gebiet und sprach den territorial kleineren, aber industriell bedeutenderen Teil Polen zu. Das Rheinland sollte bis zum Jahr 1935 von alliierten Truppen besetzt gehalten werden.

Deutschland wurde zur militärischen Abrüstung verpflichtet. Das gesamte Kriegsmaterial musste zerstört oder ausgeliefert werden. Der Besitz schwerer Waffen wurde verboten, ebenso die allgemeine Wehrpflicht.

Völkerbund: Nach dem Ersten Weltkrieg im Zusammenhang mit dem Versailler Vertrag 1920 von 32 Staaten gegründete internationale Organisation zur Wahrung des Friedens und zur Zusammenarbeit aller Völker mit Sitz in Genf. Die 1945 gegründeten Vereinten Nationen sind Nachfolgerin des Völkerbundes.

Hart umstritten war auch die Regelung der Reparationenfrage. Da sich die Alliierten 1919 nicht über die Leistungsfähigkeit der deutschen Wirtschaft einigen konnten, setzten sie eine Kommission ein, die bis Mai 1921 die Höhe der Wiedergutmachung festlegen sollte.

Die Bestimmungen des Friedensvertrages lösten in der deutschen Öffentlichkeit, in der man auf einen milden „Wilson-Frieden" gehofft hatte, Empörung und Proteststürme aus. Vor allem der Artikel 231 des Vertrages, der sogenannte *Kriegsschuldartikel*, wurde in Deutschland als moralische Ächtung des ganzen Volkes empfunden. Reichskanzler Scheidemann bezeichnete den Vertrag als unannehmbar. Als die deutschen Einsprüche erfolglos blieben, trat die Regierung Scheidemann zurück.

„Wilson-Frieden": Der US-amerikanische Präsident Woodrow Wilson hatte am 8. Januar 1918 einen „14-Punkte-Plan" vorgelegt, in dem er seine Vorstellungen von den Grundlagen einer zukünftigen Friedensordnung in Europa formulierte. Diese sollte auf dem Selbstbestimmungsrecht der Völker und dem Autonomie- und Nationalitätenprinzip basieren.

Unter dem Druck eines alliierten Ultimatums wurde schließlich die neue Regierung von der Nationalversammlung beauftragt, den Vertrag zu unterschreiben. Wie schon bei der Unterzeichnung des Waffenstillstandes im November 1918 übernahmen Vertreter der Republik die Verantwortung für das Versagen der politischen und militärischen Führung während des Ersten Weltkrieges. Den Politikern, die sich unter dem Druck der Verhältnisse dazu bereit erklärt hatten, gestanden anfänglich alle Parteien ehrenhafte Motive zu. Doch schon bald wurde der Versailler Vertrag von der äußersten Rechten bis hin zur Sozialdemokratie wegen des Kriegsschuldartikels und der umfangreichen Reparationen als ein „Diktat-" und „Schandfriede" abgelehnt. Republikfeindliche Kräfte nutzten die Vorbehalte der Bevölkerung aus, um mit Kampfparolen wie „Heerlos! Wehrlos! Ehrlos!" gegen die Republik zu hetzen. „Versailles" wurde zur Diffamierungsparole schlechthin (➔M1).

Der Vorwurf der *Erfüllungspolitik* wurde von National-Konservativen und Rechtsradikalen in den folgenden Jahren gegen alle Schritte der Regierung erhoben, die auf die Einhaltung oder Anerkennung der Versailler Bestimmungen zielten.

„Wählt deutschnational!"
Wahlplakat der DNVP zur Reichstagswahl vom 7. Dezember 1924.

- Erläutern Sie den Plakattext.
- Interpretieren Sie die Zielsetzung des Plakates und beurteilen Sie die Wirkung von Text und Bild.

„Dolchstoßlegende" | Neben dem von der Nationalversammlung widerwillig angenommenen Versailler Vertrag radikalisierte die *„Dolchstoßlegende"* die Bevölkerung der Nachkriegszeit. Schon im November 1918 verbreiteten rechtsradikale Zeitungen die angebliche Bemerkung eines britischen Generals, die deutsche Armee sei „von hinten erdolcht" worden. Streiks und politische Unruhen in der Heimat hätten sie zur Kapitulation gezwungen. Die beiden Generäle Erich Ludendorff und Paul von Hindenburg machten sich diese Version zu eigen und verbreiteten Ende 1919 eine Verschwörungstheorie, mit der sie die eigene Schuld an der militärischen Niederlage von sich ablenken und vor allem auf die Sozialdemokratie abwälzen wollten (➔M2). Durch sein großes Ansehen, das er als General und Feldmarschall im Ersten Weltkrieg erworben hatte, vermochte es der spätere Reichspräsident Hindenburg, dieser Lüge besonderes Gewicht zu verschaffen. Ein Großteil der Bevölkerung glaubte dieser Verfälschung der Tatsachen, zumal die Öffentlichkeit an einer vorurteilsfreien Auseinandersetzung mit dem Geschehen im Ersten Weltkrieg kaum interessiert war. Zudem unterschätzten vor allem die Sozialdemokraten, welche Gefahren von der „Dolchstoßlegende" ausgingen.

Die „Dolchstoßlegende" vergiftete das politische Klima und diente deutschnationalen, völkischen und anderen rechtsextremen Gruppen und Parteien zur Propaganda gegen die republiktreuen Parteien, die bei Kriegsende Verantwortung übernommen und den Versailler Vertrag akzeptiert hatten.

Republikaner ohne Mehrheit? | Von Anfang an waren im Reichstag nicht nur staatstragende, demokratisch gesinnte Politiker vertreten. Nur drei der zahlreichen Parteien bekannten sich ausdrücklich zur parlamentarisch-demokratischen Republik: die SPD, die DDP und das Zentrum – die Parteien der „Weimarer Koalition".

Die SPD ging bei den Wahlen zur Nationalversammlung 1919 und bei den Reichstagswahlen bis 1930 jeweils als stärkste Kraft hervor, erreichte jedoch nie die absolute Mehrheit. Bis zum Ende der Republik war sie auf Reichsebene mit wenigen Ausnahmen in der Opposition. Beim Werben um die Gunst der Arbeiter konkurrierte sie mit KPD und USPD. Als *Milieupartei* der Arbeiterschaft gelang es ihr nicht, auch für andere Gesellschaftsschichten attraktiv zu werden. Zudem wollten sich andere Gruppen wie die Angestellten bewusst von den Arbeitern und ihren Interessenvertretungen absetzen.

Die linksliberale DDP vertrat vor allem das Bildungsbürgertum, Kaufleute, Beamte und Angestellte. Mit Walther Rathenau stellte die DDP 1922 den Außenminister. Schon ab 1920 verlor sie jedoch in großem Maß Stimmen und sank zur Splitterpartei ab.

Das Zentrum war die Partei des politischen Katholizismus. Ihr kam eine bedeutende Stellung zu, da sie sich für alle sozialen Schichten einsetzte und sie mit fast allen Parteien koalitionsfähig war. Von 1919 bis 1932 war sie in nahezu jeder Reichsregierung vertreten. 1918 entstand mit der *Bayerischen Volkspartei (BVP)* die bayerische Variante des Zentrums.

Die DVP, der sich mehrheitlich nationalliberales Bürgertum und Großindustrielle anschlossen, war in den Anfangsjahren noch monarchistisch und republikfeindlich geprägt. Der Mitbegründer der Partei, *Gustav Stresemann*[1], brachte sie auf einen demokratischen und republikanischen Kurs, stieß dabei aber stets auf Widerstand in seiner Partei. Nach Stresemanns Tod tendierte die DVP immer stärker nach rechts, blieb jedoch im Vergleich zu DNVP und der *Nationalsozialistischen Deutschen Arbeiterpartei (NSDAP)* gemäßigt und sank 1932 zur Bedeutungslosigkeit herab.

Antidemokratische Kräfte | Obrigkeitsstaatliche Vorstellungen, die sich gegen einen Meinungspluralismus wandten, waren in der Bevölkerung weit verbreitet (➔M3).

Die republikfeindlichen rechts- und linksradikalen Kräfte setzten sich seit Beginn der Weimarer Republik gewaltsam für ihre Ziele ein. So ermordeten Mitglieder der rechtsextremen *Organisation Consul*, eine illegale Nachfolgeorganisation der verbotenen Freikorps, am 26. August 1921 den Zentrumspolitiker *Matthias Erzberger*. Drei Wochen nach einem missglückten Anschlag auf Philipp Scheidemann wurde Außenminister Walther Rathenau am 24. Juni 1922 umgebracht (➔M4). Die kommunistische KPD und die linkssozialistische USPD lehnten den Parlamentarismus ab und betrachteten alle Gegner des Rätesystems als „Handlanger des Kapitalismus". Die USPD schloss sich zwar 1922 wieder der SPD an. Da ihre radikalen Mitglieder jedoch der KPD beitraten, entwickelte sich diese zu einer ernst zu nehmenden Kraft.

Die DNVP war ein Sammelbecken völkisch-nationalistischer, konservativer Kreise. Ihr gehörten vor allem die alten Eliten aus Adel, Militär, Großgrundbesitz und Großbürgertum an. Nach 1928 rückte die Partei weit nach rechts und kooperierte mit der NSDAP, an die sie seit 1930 viele Wähler verlor. Als verbindendes Element für die unterschiedlichen Interessen ihrer Wählerschaft diente der DNVP bereits früh der *Antisemitismus*.

In Justiz und Verwaltung blieb mit den alten Amtsträgern vielfach auch der Geist des Kaiserreiches erhalten. Die Reichswehr, deren Führung sich nicht mit der Republik

[1] Zu Gustav Stresemann siehe ausführlich Seite 50 und 53.

Walther Rathenau (1867–1922): Industrieller, Schriftsteller und Politiker; 1922 von Rechtsradikalen ermordet

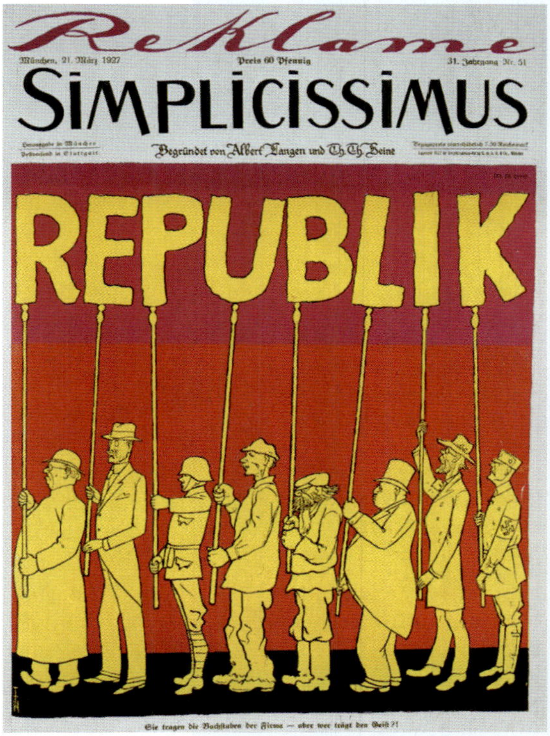

„Sie tragen die Buchstaben der Firma – aber wer trägt den Geist?!"
Karikatur von Thomas Theodor Heine aus dem „Simplicissimus", 21. März 1927.

► Benennen Sie die gezeigten gesellschaftlichen Gruppen. Halten Sie die Auswahl für repräsentativ?

Zweitverwertung.
Foto vom Herbst 1923.
Kinder lassen Flugdrachen steigen, gebastelt aus wertlos gewordenen Banknoten.

Reichsbanknote vom 1. November 1923.

Inflation: anhaltende Geldentwicklung durch Ansteigen des allgemeinen Preisniveaus und Abwertung der Kaufkraft der Währung aufgrund einer massiven Vermehrung des Geldes. Opfer der Inflation sind vor allem Menschen, die von Ersparnissen leben. Zu besonders starken Inflationen kam es nach dem Ersten Weltkrieg in fast allen kriegführenden Staaten.

Deflation: ein über längere Zeit anhaltender Rückgang des Preisniveaus für Güter. Dies tritt ein, wenn die Geldmenge im Vergleich zur Warenmenge abnimmt.

identifizierte, blieb ein „Staat im Staate“ (➔M5). Während sie gegen Putschversuche von links konsequent vorging, hielt sie sich bei Angriffen von rechts weitgehend zurück. Dies zeigte sich bei dem rechtsextremistischen *Kapp-Lüttwitz-Putsch* vom März 1920. General Ludendorff und der Gründer der Deutschen Vaterlandspartei, *Wolfgang Kapp*, sammelten unzufriedene Soldaten hinter sich, die entgegen ersten Zusagen wegen des Versailler Vertrages nicht in die Reichswehr übernommen wurden. Außerdem widersetzte sich General *Walther von Lüttwitz* dem Befehl, eine 5000 Mann starke Marinebrigade aufzulösen. Die Truppe besetzte das Regierungsviertel in Berlin. Fast alle Offiziere der Reichswehr weigerten sich, die Armee einzusetzen. Angeblich wollten sie verhindern, dass Reichswehreinheiten aufeinander schießen müssten. Der Putsch scheiterte indes, weil sich die Ministerialbürokratie den Anordnungen des selbst ernannten „Reichskanzlers“ Kapp widersetzte. Zudem riefen die Gewerkschaften den Generalstreik aus und sabotierten damit alle Handlungen der Putschisten.

Inflation | Der Weltkrieg hatte das Deutsche Reich gewaltige Summen gekostet, die aus dem Staatshaushalt nicht aufgebracht werden konnten. Steuererhöhungen wollte die Regierung während des Krieges nicht vornehmen. Deshalb finanzierte sie die Militärausgaben durch verzinste Anleihen bei der Bevölkerung und eine enorme Papiergeldvermehrung (von zwei Milliarden Reichsmark im Jahr 1913 auf 45 Milliarden im Jahr 1919). Allerdings hielt die Güterproduktion mit der Geldmengenvermehrung nicht Schritt. Das Ergebnis war ein rasches Ansteigen der Preise und ein Wertverlust der Mark, also eine **Inflation**. Als Folge dieser Wirtschaftspolitik musste die junge Republik eine völlig zerrüttete Währung mit 154 Milliarden Mark Staatsschulden übernehmen.

Obwohl die Währung nur durch drastische Maßnahmen zu sanieren gewesen wäre, führten die Weimarer Regierungen nach dem Krieg die Inflationspolitik fort und glichen bis 1923 das Haushaltsdefizit aus, indem sie ständig mehr Papiergeld in Umlauf brachten. Neuere Untersuchungen bezeichnen diese Politik als das „kleinere Übel“ im Vergleich zu möglichen Auswirkungen einer **deflationären** Haushaltspolitik. Zumindest blieb Deutschland von der internationalen *Wirtschaftskrise* der Jahre 1920/21 weitgehend verschont. Ein anderer Grund für die Zurückhaltung der Reichsregierung bei der Bekämpfung der Inflation waren die hohen Reparationszahlungen. Mithilfe der Inflation wollte man die Forderungen der Alliierten unterlaufen. Im Zusammenhang mit dem *Ruhrkampf* von 1923 erreichte die Staatsverschuldung eine neue Rekordhöhe[1]. Wie schon im Krieg mussten wieder die Notenpressen das Defizit im Reichshaushalt ausgleichen. Im November 1923 notierte man 4,2 Billionen Mark für einen Dollar. Löhne und Gehälter wurden wegen des rapiden Wertverfalls des Geldes wöchentlich, oft sogar täglich ausbezahlt. Noch am Zahltag gaben die Menschen das Geld aus, bevor es durch die nächste Preiserhöhung wertlos wurde. Ein Kilogramm Butter kostete beispielsweise am 23. Juli in Hamburg 128000 Mark, am 24. September 120 Millionen Mark.

In einer *Währungsreform* der neuen Reichsregierung unter Gustav Stresemann im Oktober 1923 wurde der Wechselkurs zwischen Mark und Dollar neu festgelegt (1 Dollar = 4,20 Mark) und statt durch Goldreserven der Reichsbank wurde die *„Rentenmark“* durch eine Hypothek auf Grundbesitz und industrielle Sachwerte gedeckt. Die Bevölkerung schenkte dem neuen, seit dem 15. November von der Rentenbank herausgegebenen Zahlungsmittel sofort Vertrauen – bereits 1924 war die Inflation weitgehend überwunden.

[1] Zur Reparationsfrage und dem „Ruhrkampf“ siehe Seite 50.

Eine deutsche Oktoberrevolution? | In Sachsen und Thüringen traten im Oktober 1923 kommunistische Minister in die SPD-Landesregierungen ein. Auf Weisung der sowjetischen Regierung in Moskau rüstete die KPD ihren Kampfbund, die „Proletarischen Hundertschaften", militärisch auf. Damit wollte sie einen revolutionären Aufruhr nach dem Muster der russischen Oktoberrevolution vorbereiten. Die Reichsregierung forderte die Regierungen von Sachsen und Thüringen ultimativ auf, die „Proletarischen Hundertschaften" aufzulösen und die kommunistischen Minister zu entlassen, da sie zum bewaffneten Aufstand aufgerufen hatten. Als sich der sächsische Ministerpräsident *Erich Zeigner* weigerte, verhängte Berlin unter Anwendung des Artikels 48 die Reichsexekution und ließ Reichswehreinheiten einmarschieren. Zeigner wurde seines Amtes enthoben. In Thüringen traten daraufhin die kommunistischen Minister zurück.

Reichsexekution: (militärisches) Mittel eines Bundesstaates oder Staatenbundes gegenüber seinen Gliedstaaten

Der Hitler-Putsch in München | Einzelne Länder betrieben also eine gegen das Reich gerichtete Politik. Diese Stoßrichtung war in Bayern besonders ausgeprägt. Das Land hatte in der Republik einige Sonderrechte verloren. Nach den Revolutionswirren um die Räterepublik im Frühjahr 1919, die zur Ermordung des Ministerpräsidenten *Kurt Eisner* geführt hatten, wurde Bayern zu einem Sammelbecken rechter, radikaler Gruppen. Ehemalige Freikorpsführer und Rechtsradikale wie Ludendorff und weitere Akteure des Kapp-Lüttwitz-Putsches fanden dort Raum für ihre politische Betätigung. Das 1922 erlassene „Republikschutzgesetz", das republikfeindliche Vereinigungen verbot, wurde nicht oder nur nachlässig umgesetzt. Die noch unbedeutende NSDAP unter ihrem Vorsitzenden Adolf Hitler wurde zum Beispiel in Bayern geduldet, während sie dem Reichsgesetz entsprechend in Preußen und anderen Ländern verboten wurde.

Adolf Hitler (1889–1945): Hitler stammte aus dem österreichischen Braunau (Inn), kam 1913 nach München, wo er sich erfolglos als Künstler durchschlug. 1914 freiwillige Teilnahme am Ersten Weltkrieg in bayerischem Regiment, Verwundung und Auszeichnung, 1919 Propagandist der DAP, seit 1920 NSDAP; 1921 Vorsitzender der Partei, 1923 Hitler-Putsch und Festungshaft, 1925 Neugründung der NSDAP und Aufstieg zur Massenpartei, 1933 Ernennung zum Reichskanzler, ab 1934 „Führer und Reichskanzler".

Geschichte In Clips
Zum Hitler-Putsch siehe den Code 32036-48.

1919 war Adolf Hitler der kurz zuvor in München gegründeten *Deutschen Arbeiterpartei (DAP)* beigetreten, die sich 1920 in NSDAP umbenannte. Mit gehässigen Reden gegen die Republik und maßloser Hetze gegen die Juden machte Hitler die Partei bald zum Tagesgespräch in München. Im Herbst 1923 wollte er nach dem Vorbild des italienischen Faschisten Benito Mussolini einen „Marsch auf Berlin" durchführen. Am 8. November 1923 erklärte er auf einer Veranstaltung im Münchener Bürgerbräukeller den Ausbruch der „nationalen Revolution" und die Absetzung der Reichsregierung. Am folgenden Tag unternahm er mit General Ludendorff einen Demonstrationszug zur Feldherrnhalle (*Hitler-Putsch*). Doch die Landespolizei stoppte den Zug mit Waffengewalt. Zwanzig Polizisten und Putschisten wurden getötet, die Anführer verhaftet. Obwohl Hitler als österreichischer Staatsbürger hätte ausgewiesen werden können, erhielt er fünf Jahre Festungshaft in Landsberg am Lech, wurde jedoch bereits nach neun Monaten wieder entlassen. Ludendorff wurde freigesprochen. In den milden Strafen zeigte sich die Sympathie, die die Putschisten in den führenden Justiz- und Regierungskreisen genossen.

Benito Mussolini (1883–1945): Begründer des italienischen Faschismus, einer nationalistischen, antidemokratischen Bewegung. Nach einem „Marsch auf Rom" übernahm er die Regierung. Seine Diktatur war lange Zeit Vorbild für die deutschen Nationalsozialisten.

Trotz aller Aufstandsbewegungen: Am Ende des *Krisenjahres 1923* hatte sich die Republik behauptet. Würde sie sich angesichts des anhaltenden Widerstands extremer Kräfte um rechts und links dauerhaft konsolidieren?

M1 „Wehrlos ist […] nicht ehrlos!“

Reichskanzler Gustav Bauer (SPD), der Nachfolger Philipp Scheidemanns, fordert am 23. Juni 1919, wenige Stunden vor Ablauf des alliierten Ultimatums, die Nationalversammlung auf, den Friedensvertrag unterzeichnen zu lassen:

Die Entente […] will uns das Schuldbekenntnis auf die Zungen zwingen, sie will uns zu Häschern unserer angeschuldeten Landsleute[1] machen; es soll uns nichts, gar nichts erspart bleiben. Zur Verknechtung wollen uns die Feinde auch noch die Verachtung aufbürden!
[…] Unsere Hoffnung, mit dem einzigen Vorbehalt einer Ehrenbewahrung bei unseren Gegnern durchzudringen, war nicht sehr groß. Aber wenn sie auch noch geringer gewesen wäre: Der Versuch musste gemacht werden. Jetzt, wo er misslungen, an dem sträflichen Übermut der Entente gescheitert ist, kann und muss die ganze Welt sehen: Hier wird ein besiegtes Volk an Leib und Seele vergewaltigt wie kein Volk je zuvor. […] Unterschreiben wir! Das ist der Vorschlag, den ich Ihnen, im Namen des gesamten Kabinetts, machen muss. Bedingungslos unterzeichnen! Ich will nichts beschönigen. Die Gründe, die uns zu diesem Vorschlag zwingen, sind dieselben wie gestern. Nur trennt uns jetzt eine Frist von knappen vier Stunden von der Wiederaufnahme der Feindseligkeiten. Einen neuen Krieg könnten wir nicht verantworten, selbst wenn wir Waffen hätten. Wir sind wehrlos. Wehrlos ist aber nicht ehrlos! Gewiss, die Gegner wollen uns an die Ehre; daran ist kein Zweifel. Aber dass dieser Versuch der Ehrabschneidung einmal auf die Urheber selbst zurückfallen wird, dass es nicht unsere Ehre ist, die bei dieser Welttragödie zugrunde geht, das ist mein Glaube bis zum letzten Atemzug.

Zitiert nach: Wolfgang Elben, Die Weimarer Republik, Frankfurt am Main [6]1975, S. 40 f.

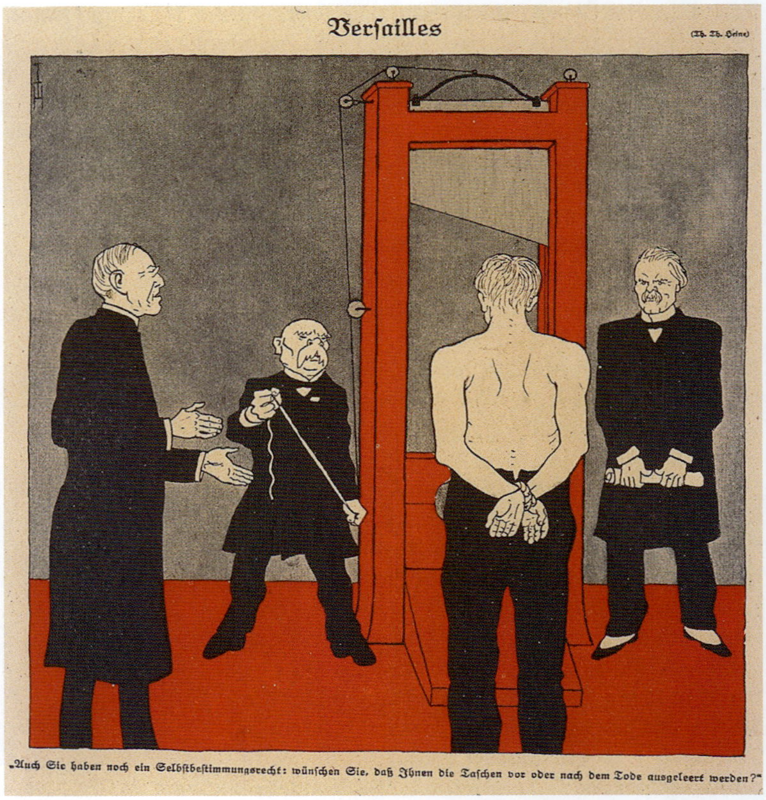

„Versailles. ‚Auch Sie haben noch ein Selbstbestimmungsrecht: Wünschen Sie, dass Ihnen die Taschen vor oder nach dem Tode ausgeleert werden?‘“
Karikatur von Thomas Theodor Heine aus dem „Simplicissimus“ vom 3. Juni 1919.

- ▶ Beschreiben Sie die Stimmung der deutschen Bevölkerung, die mit der Karikatur ausgedrückt werden soll.
- ▶ Erläutern Sie, welche Rollen die dargestellten Personen (v. l.: Wilson, Clemenceau, Lloyd George) einnehmen.

1. Arbeiten Sie heraus, warum Reichskanzler Bauer die Annahme des Vertrages empfahl.
2. Präsentation: Entwickeln Sie als Antwort auf Bauer eine Rede aus der Perspektive eines Gegners, der die Unterzeichnung des Vertrages kategorisch ablehnt. | H

M2 Schuld waren die anderen

Ein Untersuchungsausschuss der Nationalversammlung soll nach dem Krieg die Ursachen der deutschen Niederlage ergründen. Generalfeldmarschall Paul von Hindenburg erklärt am 18. November 1919:

Trotz der ungeheuren Ansprüche an Truppen und Führung, trotz der zahlenmäßigen Überlegenheit des Feindes konnten wir den ungleichen Kampf zu einem günstigen Ende führen, wenn die geschlossene und einheitliche Zusammenwirkung von Heer und Heimat eingetreten wäre. […] Doch was geschah nun? Während sich beim Feinde trotz seiner Überlegenheit an lebendem und totem Material alle Parteien, alle Schichten der Bevölkerung in dem Willen zum Siege immer fester zusammenschlossen, und zwar umso mehr, je schwieriger ihre Lage wurde, machten sich bei uns, wo dieser Zusammenschluss bei unserer Unter-

[1] Neben der Anerkennung der Kriegsschuld verlangten die Alliierten in den Artikeln 227 und 228 die Auslieferung des Kaisers und weiterer Personen wegen des Verstoßes gegen das Kriegsrecht, um sie vor ein alliiertes Militärgericht zu stellen.

legenheit viel notwendiger war, Parteiinteressen breit, und diese Umstände führten sehr bald zu einer Spaltung und Lockerung des Siegeswillens. Die Geschichte wird über das, was ich hier nicht weiter ausführen darf, das endgültige Urteil sprechen. Damals hofften wir noch, dass der Wille zum Siege alles andere beherrschen würde. Als wir unser Amt übernahmen, stellten wir bei der Reichsleitung eine Reihe von Anträgen, die den Zweck hatten, alle nationalen Kräfte zur schnellen und günstigen Kriegsentscheidung zusammenzufassen [...].
Was aber schließlich, zum Teil wieder durch Einwirkung der Parteien, aus unseren Anträgen geworden ist, ist bekannt. Ich wollte kraftvolle und freudige Mitarbeit und bekam Versagen und Schwäche. Die Sorge, ob die Heimat fest genug bliebe, bis der Krieg gewonnen sei, hat uns von diesem Augenblicke an nie mehr verlassen. Wir erhoben noch oft unsere warnende Stimme bei der Reichsregierung. In dieser Zeit setzte die heimliche planmäßige Zersetzung von Flotte und Heer als Fortsetzung ähnlicher Erscheinungen im Frieden ein. Die Wirkungen dieser Bestrebungen waren der Obersten Heeresleitung während des letzten Kriegsjahres nicht verborgen geblieben. Die braven Truppen, die sich von der revolutionären Zermürbung freihielten, hatten unter dem pflichtwidrigen Verhalten der revolutionären Kameraden schwer zu leiden; sie mussten die ganze Last des Kampfes tragen. Die Absichten der Führung konnten nicht mehr zur Ausführung gebracht werden. Unsere wiederholten Anträge auf strenge Zucht und strenge Gesetzgebung wurden nicht erfüllt. So mussten unsere Operationen misslingen, es musste der Zusammenbruch kommen; die Revolution bildete nur den Schlussstein. Ein englischer General sagte mit Recht: „Die deutsche Armee ist von hinten erdolcht worden." Den guten Kern des Heeres trifft keine Schuld. Seine Leistung ist ebenso bewunderungswürdig wie die des Offizierkorps. Wo die Schuld liegt, ist klar erwiesen.

Zitiert nach: Herbert Michaelis und Ernst Schraepler (Hrsg.), Ursachen und Folgen. Vom deutschen Zusammenbruch 1918 und 1945 bis zur staatlichen Neuordnung Deutschlands in der Gegenwart. Eine Urkunden- und Dokumentensammlung zur Zeitgeschichte, Bd. 4, Berlin o. J., S. 7f.

1. Analysieren Sie, worin nach Ansicht Hindenburgs die Gründe für die Niederlage Deutschlands lagen. Wem wurde die Schuld an der Niederlage angelastet? | F
2. Nehmen Sie Stellung zu seinen Vorwürfen. | H
3. Beurteilen Sie das Bild, das Hindenburg von Heer und Kriegsende zeichnet. | H

M3 „So ist der deutsche Parlamentarismus"

Oswald Spengler (1880–1936), dessen pessimistische Kultur- und Geschichtsphilosophie nach dem verlorenen Krieg vom deutschen Bürgertum begeistert gelesen wird, schreibt im Jahre 1924:

Über den Trümmern der deutschen Weltmacht, über zwei Millionen Leichen umsonst gefallener Helden, über dem in Elend und Seelenqual vergehenden Volke wird nun in Weimar mit lächelndem Behagen die Diktatur des Parteiklüngels aufgerichtet [...]. [...] Nachdem sich die Helden der Koalition vor dem Einsturz in alle Winkel geflüchtet hatten, kamen sie mit plötzlichem Eifer wieder hervor, als sie die Spartakisten allein über der Beute sahen. Aus der Angst um den Beuteanteil entstand auf den großherzoglichen Samtsesseln und in den Kneipen von Weimar die deutsche Republik, keine Staatsform, sondern eine Firma. In ihren Satzungen ist nicht vom Volk die Rede, sondern von Parteien; nicht von Macht, von Ehre und Größe, sondern von Parteien. Wir haben kein Vaterland mehr, sondern Parteien; keine Rechte, sondern Parteien; kein Ziel, keine Zukunft mehr, sondern Interessen von Parteien. Und diese Parteien [...] entschlossen sich, dem Feinde alles, was er wünschte, auszuliefern, jede Forderung zu unterschreiben, den Mut zu immer weitergehenden Ansprüchen in ihm aufzuwecken, nur um im Innern ihren eigenen Zielen nachgehen zu können. [...]
So ist der deutsche Parlamentarismus. Seit fünf Jahren keine Tat, kein Entschluss, kein Gedanke, nicht einmal eine Haltung, aber inzwischen bekamen diese Proletarier Landsitze und reiche Schwiegersöhne, und bürgerliche Hungerleider mit geschäftlicher Begabung wurden plötzlich stumm, wenn im Fraktionszimmer hinter einem eben bekämpften Gesetzantrag der Schatten eines Konzerns sichtbar wurde.

Oswald Spengler, Neubau des Deutschen Reiches, München 1924, S. 8f.

1. Beschreiben Sie, was Spengler unter „Diktatur des Parteiklüngels" versteht. Gehen Sie auch auf seine Wortwahl ein.
2. Erläutern Sie seine Aussage, die deutsche Republik sei „keine Staatsform, sondern eine Firma".
3. Spengler behauptet, die Weimarer Republik habe seit „fünf Jahren keine Tat, kein[en] Entschluss, kein[en] Gedanke[n], nicht einmal eine Haltung" gezeigt. Nehmen Sie dazu Stellung.

M4 Die Sühne der politischen Morde 1918–1922

	Pol. Morde begangen von Linksstehenden	Pol. Morde begangen von Rechtsstehenden	Gesamtzahl
Gesamtzahl der Morde	22	354	376
- davon ungesühnt	4	326	330
- teilweise gesühnt	1	27	28
- gesühnt	17	1	18
Zahl der Verurteilten	38	24	62
Geständige Täter freigesprochen	–	23	23

Emil Julius Gumbel, Vier Jahre politischer Mord, Berlin 1924, S. 81

1. Arbeiten Sie die Informationen der Tabelle heraus.
2. Erläutern Sie, welche Einstellung der Justiz zur Republik in M4 und in der Karikatur auf dieser Seite deutlich wird.

M5 Die Reichswehr – ein „Staat im Staate"?

Am 26. Mai 1925 kommentiert der SPD-Abgeordnete Daniel Stücklen (1869–1945) die Entwicklung der Reichswehr so:

Wir haben heute ein Heer der Republik, das, wie ich feststellen will, diesem Staate dient, dessen Leitung erklärt, wir stehen auf dem Boden der Verfassung […].
Es sind aber […] recht deutliche Anzeichen dafür vorhanden, dass die Entwicklung der Reichswehr dahin geht, eine Art Staat im Staate zu werden. Das war das, was früher bei den Verhandlungen über die Reichswehr im Hauptausschuss und im Plenum dieses Hauses immer wieder betont wurde, eine gewisse Abgeschlossenheit, ein Korpsgeist, der zur Abgeschlossenheit führen musste und letzten Endes bewirkte, dass die alte Armee wirklich ein Staat im Staate war, mit einem eigenen Ehrbegriff, ihrem eigenen Strafkodex, mit einem Wort eine Menge Einrichtungen, die von den Einrichtungen der zivilen Bevölkerung losgelöst waren. […] Die Gefahr ist umso größer, als früher der Soldat nur zwei Jahre diente und nach zwei Jahren in die Massen des Volkes zurücktrat, aus denen er gekommen war. Heute dient der Reichswehrsoldat zwölf Jahre. Zwölf Jahre verlebt er in einer ganz anderen Umwelt. Er ist ganz anderen Einflüssen und Eindrücken preisgegeben; das führt letzten Endes dazu, dass eine gewisse Entfremdung nicht vermieden werden kann.

Zitiert nach: Wolfgang Michalka und Gottfried Niedhard (Hrsg.), Die ungeliebte Republik. Dokumente zur Innen- und Außenpolitik Weimars 1918–1933, München 1992, S. 220

1. Erläutern Sie den Ausdruck „Staat im Staate". | F
2. Präsentation: Informieren Sie sich, wie bei der Gründung der Bundeswehr den von Stücklen angesprochenen Problemen begegnet wurde. Fassen Sie Ihre Ergebnisse in Form eines Kurzreferats zusammen.

„Hochverrat vor dem Reichsgericht."
Karikatur von Gerhard Holler aus: „Ulk".
Wochenschrift des Berliner Tagblatts, Nr. 9, 56. Jg., 4. März 1927.
Bildtext links unten: „Ich werde die Republik vor Ihnen zu schützen wissen!"
Bildtext rechts unten: „Ich werde Sie vor der Republik zu schützen wissen!"

Die Außenpolitik der Weimarer Republik

„130 Miljardów złotych ..."
Polnische Postkarte zur Volksabstimmung in Oberschlesien von 1921. Die Inschrift auf dem Wagen lautet übersetzt: „130 Milliarden Goldene Mark Entschädigung für den Krieg".

Revisionistische Ziele | Vorrangiges außenpolitisches Ziel aller Regierungen der Weimarer Republik war die Revision des Versailler Friedensvertrages. Die Senkung der Reparationsforderungen, die Räumung der besetzten Gebiete links des Rheins und die Wiedergewinnung der verlorenen Gebiete standen dabei an erster Stelle.[1]

In Polen und der neu gegründeten Tschechoslowakei lebten fast vier Millionen Deutsche als Minderheit. Wegen des westpreußischen Territoriums, das Deutschland an Polen abtreten musste, war Ostpreußen vom restlichen deutschen Staatsgebiet abgeschnitten. Den Aufbau guter Beziehungen erschwerte der Nationalismus in beiden Ländern. Im Zusammenhang mit der Oberschlesien-Frage, wo eine Volksabstimmung 1921 darüber entscheiden sollte, ob das Gebiet beim Deutschen Reich verbleiben oder Polen angegliedert werden sollte, kam es zwischen 1919 und 1921 sogar zu bewaffneten Auseinandersetzungen zwischen polnischen Soldaten und deutschen Freikorps. Obwohl sich die Mehrheit der Bevölkerung in der Volksabstimmung für den Verbleib bei Deutschland ausgesprochen hatte, wurde das Gebiet schließlich zum Nachteil des Reiches geteilt; das ostoberschlesische Industrierevier fiel an Polen. In den folgenden Jahren blieb das deutsch-polnische Verhältnis angespannt, auch wenn beide Länder wirtschaftliche Beziehungen aufnahmen und sich in Fragen des Minderheitenschutzes annäherten.

Überwindung der außenpolitischen Isolation – der Vertrag von Rapallo | Die Alliierten waren vorerst nicht bereit, Deutschland als gleichberechtigten Verhandlungspartner zu akzeptieren. Um wieder außenpolitischen Handlungsspielraum zu gewinnen, suchte das Deutsche Reich die Annäherung an die *Russische Sozialistische Föderative Sowjetrepublik (RSFSR)*. Nach der bolschewistischen Oktoberrevolution 1917 unter Führung von **Wladimir Iljitsch Lenin** war Russland zunächst ebenfalls außenpolitisch isoliert. Es drängte darauf, nicht für die aus zaristischer Zeit stammenden Kriegsfolgen haftbar gemacht zu werden.

Am Rande der Weltwirtschaftskonferenz in Genua 1922 schloss Reichskanzler *Joseph Wirth* in *Rapallo*, einem Ort in der Nähe von Genua, ein Abkommen mit der Sowjetregierung. Dies geschah trotz der Vorbehalte von Außenminister Rathenau[2], der die Verständigung mit Frankreich gefährdet sah. Beide Staaten verzichteten darin auf eine Entschädigung für Kriegskosten und Kriegsschäden und verpflichteten sich, diplomatische Beziehungen aufzunehmen. Deutschland stellte keine Ansprüche wegen der in Russland enteigneten Besitztümer und Vermögenswerte deutscher Staatsbürger.

Wladimir Iljitsch Uljanow, gen. Lenin (1870–1924): Rechtsanwalt, sozialistischer Revolutionär und Vordenker, Gründer und erster Regierungschef der Sowjetunion

Der Vertrag erregte großes Aufsehen. „Rapallo" wurde zum Synonym für die Furcht der europäischen Mächte vor einer gemeinsamen deutsch-sowjetischen Politik gegen die damalige Friedensordnung. Vor allem Frankreich hegte großes Misstrauen. Dennoch vertieften Berlin und Moskau ihre politische und wirtschaftliche Zusammenarbeit in den folgenden Jahren. Im 1926 geschlossenen *Berliner Vertrag* sicherten sich beide Seiten gegenseitige Neutralität im Falle eines Krieges mit Dritten zu.

---

1 Zu den Gebietsverlusten siehe nochmals die Karte auf Seite 41.
2 Über Walther Rathenau informiert Seite 43.

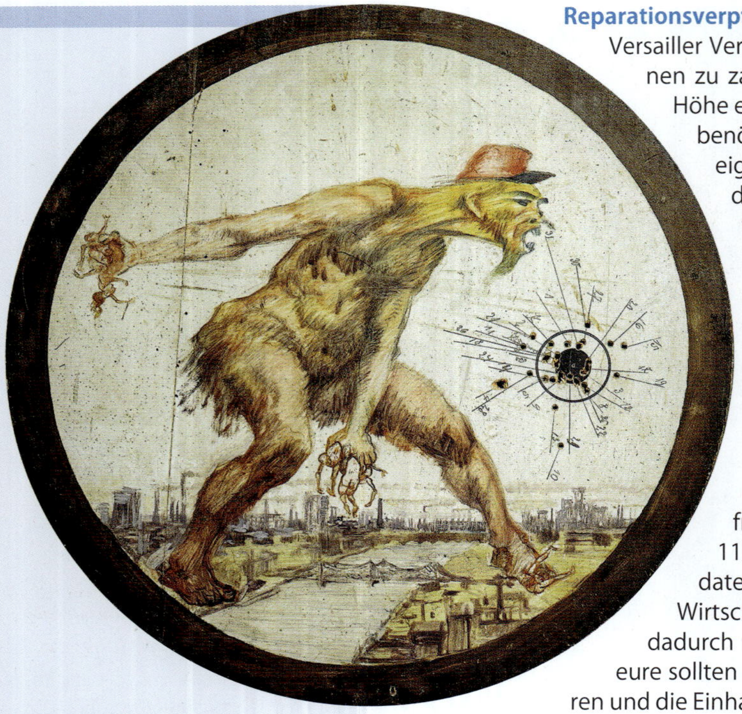

Antifranzösische Propaganda im Westen.
Schießscheibe mit einer Karikatur, um 1923.

▶ Der „Franzose" trägt kaum europäische Züge. Was soll seine Gestaltung zum Ausdruck bringen? Analysieren Sie das Feindbild aus der historischen Situation heraus.

Reparationsverpflichtungen und Besetzung des Ruhrgebietes | Der Versailler Vertrag bestimmte, dass das Deutsche Reich Reparationen zu zahlen hatte, wies aber die Festlegung der genauen Höhe einer Kommission zu. Die europäischen Siegermächte benötigten die Reparationen, um die Kriegsfolgen in ihren eigenen Ländern zu beseitigen und um ihre während des Krieges aufgenommenen Schulden bei den USA zu tilgen. Frankreich sah zudem die Möglichkeit, Deutschland durch hohe Forderungen langfristig zu schwächen. Das *Londoner Abkommen* 1921 verfügte zunächst, dass Deutschland 132 Milliarden Goldmark in Form von Sach- oder Geldleistungen erbringen musste. Die deutsche Öffentlichkeit reagierte schockiert auf die Forderungen.

Als die Reparationskommission im Dezember 1922 feststellte, dass Deutschland mit den Lieferungen von Holz und Kohle im Rückstand sei, ließ der französische Ministerpräsident *Raymond Poincaré* am 11. Januar 1923 60 000 französische und belgische Soldaten ins Ruhrgebiet einmarschieren. Seinem Ziel, diese Wirtschaftsregion unter seine Kontrolle zu bringen, war er dadurch näher gekommen. Französische Beamte und Ingenieure sollten die deutsche Kohle- und Stahlproduktion kontrollieren und die Einhaltung der Lieferungen überwachen. Die Reichsregierung stellte sofort alle Reparationen ein, rief die Bevölkerung zum passiven Widerstand gegen die Besatzungsbehörden auf und unterstützte die streikenden Arbeiter mit Geld. Doch die damit verbundene massive Steigerung von Staatsverschuldung und Inflation sowie der Druck der Alliierten veranlassten die Reichsregierung zum Abbruch des *„Ruhrkampfes"* am 26. September 1923.

Dagegen erreichte die deutsche Regierung 1923 bei den Siegermächten, dass ihre Zahlungsfähigkeit von neutraler Seite geprüft wurde. Im April 1924 legte ein Sachverständigenrat unter der Leitung des amerikanischen Bankiers *Charles Dawes* ein Gutachten zur Reparationsfrage vor, den sogenannten *Dawes-Plan*. Seine Annahme durch die Siegermächte und die deutsche Regierung 1924 auf der Londoner Konferenz bedeutete für das Deutsche Reich eine deutlich geringere jährliche finanzielle Belastung. Zunächst musste es eine Milliarde Goldmark jährlich zahlen, ab 1928/29 jährlich 2,5 Milliarden Goldmark. Eine Gesamtsumme und eine zeitliche Begrenzung enthielt der Dawes-Plan jedoch nicht. 1930 wurde dann der *Young-Plan* angenommen, benannt nach dem Vorsitzenden des Sachverständigenrates, dem US-Amerikaner *Owen Young*. Der Plan legte für die deutschen Reparationen nun eine Gesamtsumme von 112 Milliarden Goldmark fest, die über einen Zeitraum von 59 Jahren zu zahlen war.[1]

Gustav Stresemann (1878–1929): Wirtschaftswissenschaftler und Politiker, 1923 Reichskanzler, 1923–1929 Außenminister. Er prägte die Weimarer Republik und erwirkte die Aufnahme Deutschlands in den Völkerbund. Weitere Informationen zu Stresemann finden Sie auf Seite 53.

Verständigungspolitik unter Stresemann | Von 1923 bis 1929 prägte Gustav Stresemann als Außenminister in häufig wechselnden Kabinetten die Beziehungen zum Ausland. Er behielt zwar die revisionistischen Ziele deutscher Außenpolitik bei, handelte dabei jedoch pragmatisch und vertrauensbildend. Ihm war klar, dass deutsche Außenpolitik nur dann erfolgreich sein konnte, wenn sie das französische Sicherheitsbedürfnis berücksichtigte. Stresemann stand jedoch immer unter dem Druck nationalistischer Kreise, die Erfolge der Revisionspolitik einforderten (→M1).

[1] Die Reparationsleistungen wurden nach der Weltwirtschaftskrise 1932 eingestellt. 1953 stellten die Siegermächte ihre Forderungen für die zwischen 1924 und 1930 aufgenommenen Anleihen zur Schuldentilgung wegen der deutschen Teilung zurück. Sie wurde nach der deutschen Einheit 1990 fällig. Im Oktober 2010 zahlte die Bundesrepublik die letzte Rate von 56 Millionen Euro.

Wahlplakat der DNVP.
Es entstand zur Reichstagswahl von 1928.

► Erläutern Sie, worauf die Darstellung eines französischen Soldaten und des Rheins anspielt.

Im Oktober 1925 trafen sich auf einer Konferenz im schweizerischen Locarno führende europäische Politiker. Stresemann und sein französischer Amtskollege Aristide Briand hatten großes Interesse an einer Bereinigung des deutsch-französischen Gegensatzes. In den *Verträgen von Locarno* verpflichteten sich Deutschland, Frankreich und Belgien, keinen Krieg gegeneinander zu beginnen, und verzichteten auf eine Veränderung der bestehenden Grenzen zwischen ihren Staaten. Das Rheinland sollte nach dem Ende der Besatzung eine entmilitarisierte Zone bleiben. Bei Verletzung dieser Bestimmungen drohte ein Eingreifen der Garantiemächte Großbritannien und Italien. Eine Revision der Ostgrenzen hingegen ließ Stresemann offen. Deshalb verzichtete er in einem Schiedsvertrag mit Polen lediglich auf eine gewaltsame Änderung der Grenzen (➔M2). In Locarno wurde auch beschlossen, Deutschland in den Völkerbund aufzunehmen. Es trat ihm am 8. September 1926 schließlich bei (➔M3).

Innenpolitisch waren die Verträge von Locarno umstritten. Die nationale Rechte verurteilte sie als „Verrat an den Interessen Deutschlands". Infolge der Versöhnungsbereitschaft gelang es Stresemann, das Ansehen Deutschlands in der Weltöffentlichkeit zu steigern. Er war maßgeblich am Zustandekommen des *Braind-Kellogg-Paktes* beteiligt. Dieses Abkommen von 1928, das zur Ächtung des Krieges und zur rein friedlichen Klärung von Konflikten verpflichtete, war benannt nach seinen Initiatoren, dem französischen Außenminister Briand und seinem amerikanischen Amtskollegen *Frank Billings Kellogg*. Insgesamt 63 Staaten traten ihm bei.

Aristide Briand (1862–1932): französischer Politiker; zwischen 1909 und 1932 mehrfach u.a. Ministerpräsident und Außenminister; 1926 Friedensnobelpreis (gemeinsam mit Gustav Stresemann)

Konfrontationskurs nach der Ära Stresemann | Der außenpolitische Kurs Stresemanns, im Einverständnis mit den Siegermächten des Ersten Weltkrieges eine Lockerung der harten Bestimmungen des Versailler Vertrages zu erreichen, wurde nach seinem Tod 1929 von einer aggressiven Außenpolitik abgelöst. Ihr Ziel war, das Deutsche Reich wieder als Großmacht zu etablieren. Der Kurswechsel in der deutschen Außenpolitik zeigte sich etwa darin, dass der Vorschlag des französischen Außenministers Briand zu einer europäischen Wirtschaftsunion harsch abgewiesen wurde. Im Gegenzug verhinderte Frankreich eine deutsch-österreichische Zollunion, indem es auf dem Anschlussverbot Österreichs an das Deutsche Reich gemäß dem Versailler Vertrag beharrte.

Internettipp
Den Text der Rede Stresemanns zum deutschen Beitritt zum Völkerbund vom 10. September 1926 finden Sie unter dem Code 32036-49.

M1 Grundzüge der Außenpolitik Stresemann

Vier Wochen vor der Konferenz in Locarno beschreibt Gustav Stresemann in einem Antwortbrief an den ehemaligen Kronprinzen Wilhelm die Grundpositionen seiner Außenpolitik am 7. September 1925:

Die deutsche Außenpolitik hat nach meiner Auffassung für die nächste, absehbare Zeit drei große Aufgaben:
Einmal die Lösung der Reparationsfrage in einem für Deutschland erträglichen Sinne und die Sicherung des Friedens, die die Voraussetzung für eine Wiedererstarkung Deutschlands ist.
Zweitens rechne ich dazu den Schutz der Auslandsdeutschen, jener zehn bis zwölf Millionen Stammesgenossen, die jetzt unter fremdem Joch in fremden Ländern leben.
Die dritte große Aufgabe ist die Korrektur der Ostgrenzen: die Wiedergewinnung von Danzig, vom polnischen Korridor und eine Korrektur der Grenzen in Oberschlesien.
Im Hintergrund steht der Anschluss von Deutsch-Österreich. [...]
Wollen wir diese Ziele erreichen, so müssen wir uns aber auch auf diese Aufgaben konzentrieren. Daher der Sicherheitspakt, der uns einmal den Frieden garantieren und England sowie [...] Italien als Garanten der deutschen Westgrenzen festlegen soll. Der Sicherheitspakt birgt andererseits in sich den Verzicht auf eine kriegerische Auseinandersetzung mit Frankreich wegen der Rückgewinnung Elsass-Lothringens, einen deutschen Verzicht, der aber insoweit nur theoretischen Charakter hat, als keine Möglichkeit eines Krieges gegen Frankreich besteht. [...]
Ich warne vor einer Utopie, mit dem Bolschewismus zu kokettieren. Wenn die Russen in Berlin sind, weht zunächst die Rote Fahne vom Schloss, und man wird in Russland, wo man die Weltrevolution wünscht, sehr zufrieden sein, Europa bis zur Elbe bolschewisiert zu haben, und wird das übrige Deutschland den Franzosen zum Fraß geben. Dass wir im Übrigen durchaus bereit sind, mit dem russischen Staat, an dessen evolutionäre Entwicklung ich glaube, uns auf anderer Basis zu verständigen, und uns durch unseren Eintritt in den Völkerbund durchaus nicht nach dem Westen verkaufen, ist eine Tatsache, über die ich [...] gern gelegentlich mündlich Näheres sagen würde. [...] Das Wichtigste ist für die unter 1) berührte Frage der deutschen Politik das Freiwerden deutschen Landes von fremder Besatzung. Wir müssen den Würger erst vom Halse haben. Deshalb wird die deutsche Politik [...] in dieser Beziehung zunächst darin bestehen müssen, zu finassieren[1] und den großen Entscheidungen auszuweichen.

Zitiert nach: Herbert Michaelis und Ernst Schraepler (Hrsg.), Ursachen und Folgen, Vom deutschen Zusammenbruch 1981 und 1945 bis zur staatlichen Neuordnung Deutschlands in der Gegenwart. Eine Urkunden- und Dokumentensammlung zur Zeitgeschichte, Bd. 6, Berlin o. J., S. 487 ff.

1. Arbeiten Sie die Argumente heraus, mit denen Stresemann versucht, den Kronprinzen von seinen Ansichten zu überzeugen. | H
2. Der britische Botschafter Lord d'Albernon bemerkte nach der Reichstagsabstimmung über die Locarno-Verträge über die Deutschen: „Sobald ihnen irgendetwas gewährt wird, stellen sie nicht nur weitere Forderungen, sondern versuchen, das ihnen einmal Gegebene als eine höchst unvollkommene Erfüllung ihrer unbestreitbaren Rechtsansprüche darzustellen. Die einzige Ausnahme, die ich in Deutschland fand, war Stresemann." Entwickeln Sie vor diesem Hintergrund eine Bewertung der politischen Lebensleistung des Außenministers.

M2 Vergebene Chance?

Der Historiker Detlev Peukert (1950–1990) bewertet Stresemanns Ostpolitik:

Das Exempel Oberschlesiens hätte eigentlich davor warnen müssen, das Heil der deutschen Ostpolitik in einer Grenzrevision zu sehen, da im polnischen Korridor genau die gleiche Problemkonstellation zu erwarten war. Dennoch blieb die Stresemann'sche Position in der Grenzfrage inhaltlich völlig unbeweglich. Nur die Modalitäten der Revision wurden von ihm realistischer gesehen als von jenen Leuten um den deutschen Heereschef v. Seeckt, der mit dem Rapallo-Vertrag 1922 den Weg zur gemeinsamen Auslöschung Polens durch Russland und Deutschland einschlagen wollte. [...]
Das Angebot von Schiedsverträgen gegenüber den östlichen Nachbarn und das Bekenntnis zu einer ausschließlich friedlichen Revision konnten die entscheidende Auswirkung der deutschen Ostpolitik nicht aufheben: Deutschtumspolitik und Grenzrevision mussten in der ohnehin schon instabilen ostmitteleuropäischen Region destabilisierend wirken. Vor allem hatte diese Politik keine wirklich konstruktive Perspektive, da im nationalstaatlichen Sinne „gerechte" Lösungen für alle Beteiligten angesichts der ostmitteleuropäischen Gemengelage prinzipiell unmöglich waren. Jede Neuregelung sorgte für mindestens so viel Konfliktstoff, wie sie beseitigte. [...]
Es ist charakteristisch für die Beschränktheit der gegenüber dem Westen doch so realistischen Außenpolitik in der Ära Stresemann, dass diese Aporien[2] der deutschen Ostpolitik nicht konstruktiv angegangen wurden. Das hätte sicherlich den schmerzhaften Verzicht auf Grenzrevision verlangt, damit aber zugleich eine Region stabilisiert, deren nationalistisches Konfliktpotenzial immer wieder die Gefahr kriegerischer Zusammenstöße provozieren konnte.

[1] **finassieren**: Tricks anwenden

[2] **Aporie**: scheinbare Ausweglosigkeit

[...] Ein Deutschland, das mit dem sicher schmerzlichen Verzicht auf eine Revisionspolitik nach Osten eine ähnliche Zone der Sicherheit und Kooperation wie im Westen angeboten hätte, hätte wahrscheinlich die Rolle einer informellen, vor allem wirtschaftlich abgestützten Hegemonialmacht in Ostmitteleuropa gewonnen.

Detlev J.K. Peukert, Die Weimarer Republik. Krisenjahre der klassischen Moderne, Frankfurt am Main 1987, S. 200–202

1. Fassen Sie die Argumente zusammen, die Peukert gegen Stresemanns Ostpolitik vorbringt, und stellen Sie ihnen die Leitlinien und Voraussetzungen der deutschen Außenpolitik gegenüber.
2. Beurteilen Sie Peukerts Einschätzung. Berücksichtigen Sie außenpolitische Leitlinien und innenpolitische Voraussetzungen der deutschen Politik.

M3 Warum kommt Europa nicht voran?

In seiner letzten Rede vor dem Völkerbund führt Gustav Stresemann am 9. September 1929 aus:

Ich komme zu der Frage, die in der Debatte dieser Tage erörtert worden ist. Das war die Neugestaltung der Staatenverhältnisse in Europa. [...] Was erscheint denn an Europa, an seiner Konstruktion vom wirtschaftlichen Gesichtspunkte aus so außerordentlich grotesk? Es erscheint mir grotesk, dass die Entwicklung Europas nicht vorwärts, sondern rückwärts gegangen zu sein scheint. [...] Durch den Versailler Vertrag ist eine große Anzahl neuer Staaten geschaffen worden. Ich diskutiere hier nicht über das Politische des Versailler Vertrages, denn ich darf annehmen, dass meine Anschauungen darüber bekannt sind. Aber das Wirtschaftliche möchte ich doch betonen und sagen, dass es unmöglich ist, dass Sie zwar eine große Anzahl neuer Staaten geschaffen, aber ihre Einbeziehung in das europäische Wirtschaftssystem vollkommen beiseite gelassen haben. Was ist denn die Folge dieser Unterlassungssünde gewesen? Sie sehen neue Grenzen, neue Maße, neue Gewichte, neue Usancen[1], neue Münzen, ein fortwährendes Stocken des Verkehrs. [...] Wo bleibt in Europa die europäische Münze, die europäische Briefmarke? Sind diese aus nationalem Prestige heraus geborenen Einzelheiten nicht sämtlich Dinge, die durch die Entwicklung der Zeit längst überholt wurden und diesem Erdteil einen außerordentlichen Nachteil zufügen, nicht nur im Verhältnis der Länder zueinander, nicht auch nur in dem Verhältnis zu den Weltteilen, draußen, sondern auch im Verhältnis anderer Weltteile, die sich oft viel schwerer in diese Dinge hineinversetzen können als ein Europäer, der es allmählich auch nicht mehr versteht?

Zitiert nach: Henry Bernhard (Hrsg.), Gustav Stresemann. Vermächtnis. Der Nachlass in drei Bänden, Bd. 3, Berlin 1933, S. 577 f.

1. Erläutern Sie, in welcher Hinsicht die Entwicklung Europas für Stresemann „rückwärts gegangen" ist.
2. Überprüfen Sie, ob sich heutige Protagonisten der europäischen Einigung auf Stresemann und Briand berufen können. Begründen Sie Ihren Befund.

Trauerzug für Gustav Stresemann in Berlin.
Foto vom 6. Oktober 1929.
1878 in Berlin geboren, hatte Stresemann nach dem Studium in Industrieverbänden Karriere gemacht und wurde 1907 für die Nationalliberale Partei erstmals Abgeordneter im kaiserlichen Reichstag. Während des Weltkrieges gehörte er zum engeren Führungskreis seiner Fraktion, deren Vorsitzender er 1917 wurde. Ein Jahr später gründete er mit politisch Gleichgesinnten die Deutsche Volkspartei.
Stresemann wurde im August 1923 Reichskanzler. Zwar musste er bereits nach 100 Tagen als Kanzler zurücktreten, doch prägte er als Außenminister die deutsche Politik bis zu seinem Tod am 3. Oktober 1929 nachhaltig. Ihm zu Ehren wurde ein Staatsbegräbnis begangen, bei dem Zehntausende dem Politiker das letzte Geleit zollten.

[1] **Usance** (frz.): Brauch

Die deutsche Gesellschaft zwischen Tradition und Moderne

Die „Goldenen Zwanziger": das kulturelle Leben | Wenn wir heute von den *„Goldenen Zwanzigern"* sprechen, so meinen wir vor allem das freie, ungewöhnlich produktive, ja teilweise ungezügelte Kulturleben. Anknüpfend an die geistigen Strömungen im Kaiserreich, entfaltete sich in Deutschland für mehr als ein Jahrzehnt eine einzigartige künstlerische und intellektuelle Blüte. Vor allem die Reichshauptstadt Berlin, mit rund vier Millionen Einwohnern zur europäischen Metropole aufgestiegen, wurde zum Inbegriff des Fortschritts und der Moderne.

Eigenartigerweise verharrten aber die meisten Vertreter der „Weimarer Kultur" in einer tiefen Ablehnung gegenüber der Republik. Was waren die Gründe? Der verlorene Krieg und die Revolution hatten das Weltbild und die Ordnung der wilhelminischen Zeit von Grund auf verändert. Politische, wirtschaftliche, technologische und gesellschaftliche Brüche machten eine neue Orientierung notwendig. In dieser Aufbruchsstimmung entstand ein Zeitgeist, der gleichermaßen überschwänglich wie radikal war. Was aber alle noch so extremen Ideen über alle Gruppen hinweg einte, war die Suche nach dem vollkommen Neuen, dem zeitlos Gültigen. Demgegenüber erschien der politische Alltag grau, langweilig und voller Kompromisse. Intellektuelle von rechts und links waren sich deshalb einig in der Ablehnung der Republik und ihrer führenden Repräsentanten (→M1 und M2).

Internettipp
Verschiedene informative Artikel über Kultur, Kunst, Musik und Mode der „Goldenen Zwanziger" finden Sie unter dem Code **32036-50**.

Neue Kunstströmungen | In den *bildenden Künsten* und in der *Literatur* beeinflusste schon seit Beginn des Jahrhunderts der **Expressionismus** das Schaffen von Malern, Dramatikern und Lyrikern. Sie alle lehnten die überkommene bürgerliche Gesellschaft ab und postulierten das Ideal eines „neuen Menschen". Um geistige und seelische Empfindungen intensiv darzustellen, trat in der Malerei die Gegenständlichkeit hinter die Farbe zurück, die Wirklichkeit wurde abstrahiert.

Expressionismus (von lat. *expressio*: Ausdruck): vom Ende des 19. Jahrhunderts bis ca. 1925 bestehende Kunstrichtung in Europa, die Erlebtes expressiv ausdrückt

Seit Mitte der Zwanzigerjahre dominierte die Richtung der Neuen Sachlichkeit. In der bildenden Kunst entstanden jetzt objektive, nüchtern-distanzierte Werke ohne die bisherige ekstatische Grellheit. Auch in der Literatur wurde ein verhaltener Ton angeschlagen. Erfolgsromane wie „Berlin Alexanderplatz" (1929) von *Alfred Döblin* und „Kleiner Mann, was nun?" (1932) von *Hans Fallada* verzichteten auf jegliches revolutionäres Pathos und schilderten eindrucksvoll das Leben der „kleinen Leute".

Weltgeltung erzielte in den Zwanzigerjahren das *Theater* in Deutschland. Die Erfolge des „epischen Theaters" sind eng mit den Namen des Schriftstellers *Bertolt Brecht* und des Regisseurs *Erwin Piscator* verbunden. Anhand der Geschicke seiner Hauptfiguren wollte Brechts episches Theater die sozialen Gesetze herausarbeiten, die das Verhalten von Menschen bestimmen. Das Drama wurde zum Lehrstück. Die Uraufführung von Brechts „Dreigroschenoper" geriet 1928 zum Höhepunkt des Berliner Theaterlebens.

Das Theater schlitterte in eine Krise, als die Konkurrenz des *Kinos* übermächtig wurde. Die Zahl der Lichtspieltheater verdoppelte sich zwischen 1918 und 1930 auf 5000. Die deutsche Filmindustrie produzierte in Europa die meisten Filme, und ihre künstlerisch hochwertigen Stummfilme genossen weltweit hohes Ansehen. Der erste Tonfilm wurde 1922 in Berlin aufgeführt, und ab 1927 feierte der Tonfilm seinen kommerziellen Durchbruch. Bahnbrechend wurde 1930 „Der blaue Engel" mit *Marlene Dietrich* und *Emil Jannings* in den Hauptrollen.

Es darf aber nicht übersehen werden, dass die enorme Vielfalt neuer künstlerischer Ausdrucksformen nicht alleinstand, sondern in einer spannungsreichen Konkurrenz mit traditionellen Kunstströmungen verblieb. Die Buchbestseller zwischen 1918 und 1933 sind nach wie vor die Abenteuerromane von *Karl May*, Liebesromane in Millionenauflagen von *Hedwig Courts-Mahler* oder nationalpathetische Kriegserlebnisse. Daneben

„Großstadt."
Der Maler Otto Dix (1891–1969) gilt als Vertreter der „Neuen Sachlichkeit". Sein 1927/28 in Dresden entstandenes Gemälde „Großstadt" hat er auf drei getrennten Tafeln als Triptychon angelegt, ein Format, das wir häufig bei kirchlichen Altarbildern finden.

- ▶ Beschreiben Sie das Gemälde. Gehen Sie dabei v. a. auf die dargestellten Personen näher ein. | H
- ▶ Arbeiten Sie heraus, was das Bild über die Gesellschaft der Weimarer Republik aussagt.
- ▶ „Das Lebensgefühl in den Goldenen Zwanzigern war kein goldenes." Nehmen Sie zu dieser Aussage Stellung.

überschwemmten sogenannte Groschenromane in unbegrenzter Zahl den Markt. Vergleichbares gilt für Malerei und Kino: Zahlreiche Künstler bedienten den konventionellen Geschmack in deutschen Wohnungen, und anspruchslose Unterhaltungsfilme zogen die Massen in die Kinosäle.

Massenkultur und Medien | Zur neuen „Massenkultur" der Zwanzigerjahre gehörte neben dem Kino der stürmische Aufschwung, den *Presse* und *Rundfunk* nahmen. Neben den florierenden Tageszeitungen eroberten sich Illustrierte und Boulevardblätter ihre Leser. Noch stärker in die Lebensgewohnheiten der Bürger griffen die neuen Rundfunksender ein. Seit der ersten Radiosendung am 29. Oktober 1923 stieg die Zahl der Empfänger unentwegt an. Neun Jahre später besaß bereits jeder vierte Haushalt einen Rundfunkapparat. In der *Musik* dominierte mit dem Jazz und dem Charleston Musik aus den USA. Populär gemacht wurden die neuen Hits in ausverkauften Kabaretts und Revuen und bald auch durch Schallplatten.

Große internationale Anerkennung fand die *Architektur*, verkörpert durch das *„Bauhaus"* in Weimar, später Dessau. Unter der Leitung von *Walter Gropius* war das Bauhaus eine gemeinsame Ausbildungsstätte für Handwerker und Künstler. Durch das Herausarbeiten der Funktionalität in der Architektur oder bei Gegenständen des täglichen Gebrauchs versuchten sie, Formschönheit mit den Erfordernissen der Technik zu verbinden.

Sessel „Wassily" von Marcel Breuer, 1925/26.
Nach einer Tischlerlehre am Weimarer Bauhaus war Breuer einige Jahre Mitarbeiter von Walter Gropius. 1925 wurde er Leiter der Möbelwerkstatt am Bauhaus Dessau. Dort entstanden auch seine berühmten Stahlrohrsessel, die im Möbelbau als revolutionär galten.

Sport – ein neues Phänomen | Überall in der Welt wurden nach dem Ersten Weltkrieg Sportveranstaltungen zu einem bisher unbekannten Phänomen, das die Massen begeisterte. Der *Deutsche Fußballbund* (*DFB*) hatte 1914 rund 190 000 Mitglieder, 1931 waren es bereits mehr als eine Million. Neue Sportarten wie Handball entstanden. Nicht nur die Tageszeitungen und der Rundfunk berichteten, allein über 500 Sportzeitungen konkurrierten beim Aufbau von Stars um die Gunst ihrer Leser. Nicht mehr Militärführer, sondern Leichtathleten, Schwimmer oder Boxer genossen die Verehrung des Publikums. Beliebte Sportler wurden von Wirtschaftsunternehmen als Werbeikonen inszeniert. *Rudolf Caracciola*, der mit einem Mercedes-Rennwagen mehrfach den Großen Preis von Deutschland auf dem Nürburgring gewann, personifizierte wie kein Zweiter die „roaring Twenties" in Deutschland. Nach der Niederlage im Weltkrieg gab der Sport Gelegenheit, mit anderen Nationen wieder auf Augenhöhe zu konkurrieren.

Frauen wurden zunächst nur zaghaft als Teilnehmerinnen an Sportveranstaltungen geduldet. Der Begründer der modernen Olympischen Spiele, der Franzose *Pierre de Coubertin*, war strikt gegen eine aktive weibliche Beteiligung: „Olympische Spiele sind ein Ausdruck männlicher Athletik, und der Beifall der Frauen sind deren Lohn." Gegen seinen Willen wurden im Jahr 1900 die ersten 22 Sportlerinnen zu den zweiten Olympischen Spielen eingeladen – in Golf und Tennis. Später kamen Eiskunstlauf und Schwimmen dazu. Leichtathletik und Turnen folgten erst 1928, nachdem der *Internationale Frauensportverband* zuvor in Paris 1922 durch eigene Wettkämpfe das *International Olympic Committee* (*IOC*) unter Druck gesetzt hatte. Die Goldmedaille, die die Karlsruherin *Lina Radke* über 800 m 1928 in Amsterdam gewann, war die erste einer deutschen Frau und zugleich die erste für die deutsche Leichtathletik (→M3). Und es sollte noch bis 1981 dauern, ehe die beiden ersten Frauen ins IOC gewählt wurden. Die gleichberechtigte gesellschaftliche Anerkennung von Frauensport ist ein Prozess, der auch heute noch nicht abgeschlossen ist.

Wissenschaft und Technik | Deutsche Wissenschaftler wurden nach 1918 von ihren ausländischen Kollegen zunächst meist boykottiert. Doch angetrieben von staatlichen Förderprogrammen konnten sie alsbald verlorenes Prestige zurückgewinnen. Von den naturwissenschaftlichen Nobelpreisen zwischen 1919 und 1933 wurde jeder dritte an deutsche Chemiker, Physiker oder Mediziner verliehen. *Albert Einstein* erhielt 1921 den Preis in Physik für seine Entdeckung des Gesetzes des photoelektrischen Effekts – und nicht etwa für die Relativitätstheorie.

Von der bahnbrechenden Grundlagenforschung profitierten deutsche Unternehmen mit weltweit anerkannten Spitzenleistungen. Das Luftschiff „Graf Zeppelin" umrundete 1929 erstmals die Erde. Ein von Pulverraketen angetriebenes Fahrzeug der

Jahr	Preisträger
1921	Albert Einstein (Physik)
1922	Otto Meyerhof (Medizin)
1926	Gustav Stresemann (Friedensnobelpreis)
1929	Thomas Mann (Literatur)
1931	Carl Bosch (Chemie)

Eine kleine Auswahl deutscher Nobelpreisträger zur Zeit der Weimarer Republik.
Im Zeitraum von 1918 bis 1933 kamen insgesamt 18 Nobelpreisträger aus Deutschland. Zum Vergleich: Von 2005 bis 2020 waren es nur neun deutsche Preisträger.

„Laubfrosch."
Foto von 2009.
Besucher können sich im Verkehrszentrum des Deutschen Museums in München das Modell Opel 4/12 PS „Laubfrosch" aus dem Jahre 1924 ansehen.

Firma *Opel* beschleunigte in acht Sekunden von 0 auf 100 km/h. Neben einem solchen Weltrekord konnte Opel aber auch durch Fließbandproduktion den Preis für seinen Kleinwagen „*Laubfrosch*" von 45 000 Reichsmark auf 1930 Reichsmark senken; damit wurde er für größere Käuferschichten erschwinglich. Andere Neuerungen hielten zunächst nur in die einkommensstärkeren Haushalte Einzug: Die Firma *Miele* stellte die erste elektrische Geschirrspülmaschine her, Musik konnte man erstmals zu Hause auf eigenem Plattenspieler hören, und der Kommunikation diente das erste Selbstwähltelefon (1926), mit dem man nicht mehr auf die Vermittlung „des Fräuleins vom Amt" angewiesen war.

Die Großstadt | Mit dem Wachstum der Städte veränderte sich auch das städtische Leben, der „Mythos Großstadt" entstand. Elektrische Straßenbeleuchtung, bunte Reklame, Trambahnen, Automobile, über die Straßen eilende Menschenmassen, Warenhäuser, Cafés und Theater standen für einen neuen, urbanen Lebensstil. Die Veränderungen wurden dabei sehr unterschiedlich wahrgenommen. Für die einen galten Großstädte als Inbegriff der Moderne, als dynamische Zentren des Fortschritts und der kulturellen Vielfalt, die dem Einzelnen Freiheit und Individualität ermöglichten. Andere wiederum kritisierten die Städte als Orte des sittlichen Verfalls, des dekadenten Massenkonsums und der politisch-sozialen Gefährdung. In Großstadtfaszination und Großstadtkritik bündelten sich die widersprüchlichen Tendenzen der Zeit, die sich auch in der Malerei, in Literatur, Musik, Fotografie oder Film widerspiegelten.

Zugleich wurde die Bedeutung des Heimatbegriffes immer mehr mit der romantischen Vorstellung ländlicher Gegenden gleichgesetzt, die es als nationales Kulturgut vor den Veränderungen der Industrialisierung und Amerikanisierung zu bewahren galt. In der vermeintlichen Überschaubarkeit des ländlichen Lebens sahen die Modernitätskritiker einen Ansatzpunkt für ihre Ablehnung der Großstädte. Verschiedene Bewegungen propagierten die Rückkehr zu einer naturnahen Lebensweise, vegetarischer Ernährung, Reformkleidung, Naturheilkunde, ökologischer Landwirtschaft und Freikörperkultur.

Der Potsdamer Platz in Berlin.
Foto um 1930.
Um den rasant wachsenden Verkehr zu steuern, wird an der verkehrsreichsten Stelle von Berlin Ende 1924 die erste Ampelanlage in Deutschland errichtet. Bis dahin regelten ein Polizist mit Trompete und elf Kollegen die Verkehrsströme an der fünfarmigen Kreuzung. Jetzt bedient ein einziger Beamter den Ampelturm in der Mitte des Platzes.

So bleibt von den hoffnungsvollen „Goldenen Zwanzigern" alles in allem ein ambivalentes Bild. Technische Neuerungen, die Nutzung von Medien und von bis dahin unbekannten Formen einer Massenkultur wurden allgemein begrüßt. Doch was die einen als Aufbruch in einen neuen Lebensstil feierten, war für andere Anlass zu kulturpessimistischen Stimmungen. Wille zur Modernität und Angst vor der Modernität waren zwei Seiten derselben Medaille – sowohl in der Gefühlslage einzelner Personen als auch innerhalb gesellschaftlicher Gruppen.

„Josephine Baker in München."
Karikatur von Thomas Theodor Heine aus der satirischen Wochenzeitschrift „Simplicissimus" vom 4. März 1929. Einen geplanten Auftritt der Tänzerin Josephine Baker (1906–1975) in München verbietet im Jahre 1929 die Stadtverwaltung, weil sie den „öffentlichen Anstand" in Gefahr sieht.

- Beschreiben Sie die dargestellte Szene.
- Charakterisieren Sie die drei Figuren.
- Arbeiten Sie heraus, was der Karikaturist mit seiner Zeichnung aussagen wollte. Berücksichtigen Sie dabei auch die Bildunterschrift. | F

Die Rolle der Frau – moderne Akzente und alte Abhängigkeiten | In den Zwanzigerjahren setzte sich in der Öffentlichkeit ein neues Frauenleitbild durch. Die „Neue Frau" war berufstätig und finanziell unabhängig, trat mit kurzer Bubikopffrisur und elegantem Kostüm selbstbewusst auf, rauchte in der Öffentlichkeit, schminkte sich und ging alleine in Restaurants und Bars. Die emanzipierte Frau stand für eine neue Epoche, ein positives Lebensgefühl und für eine konsumorientierte Gesellschaft. Doch blieb sie letztlich eine Kreation der Konsum- und Unterhaltungsindustrie, die perfekt die geheimen Wünsche einer neuen Frauengeneration ansprach. Trotz der großen öffentlichen Wirkung blieb die „Neue Frau" eine Randerscheinung, die man allenfalls in den Städten antraf. Auf dem Land und in konservativen Milieus galt weiterhin die Hausfrau und Mutter als weibliches Ideal.

Auch wenn der Anteil der weiblichen Erwerbstätigkeit schon während des Ersten Weltkrieges stark gestiegen war und sich für Frauen neue Berufsfelder wie das der Verkäuferin, Stenotypistin, Sekretärin in Büros oder der Telefonistin eröffneten, war für viele junge Frauen die Erwerbstätigkeit nur ein Übergangsstadium bis zur Heirat. Zudem verschlechterten sich die beruflichen Chancen für Frauen in den Zwanzigerjahren erneut. Sobald es ein Arbeitskräfte-Überangebot gab, wie in den Krisenjahren um 1923 und ab 1929, wurde von den Frauen vielfach erwartet, dass sie ihre Erwerbstätigkeit freiwillig aufgaben.

Im öffentlichen Dienst geschah dies sogar unter Zwang. So wurde 1923 der 1919 schon einmal abgeschaffte *„Lehrerinnenzölibat“* wiedereingeführt und darüber hinaus generell auf Angestellte im öffentlichen Dienst ausgedehnt. Dies bedeutete, dass Lehrerinnen im Falle einer Heirat entlassen wurden und alle Pensionsansprüche verloren. Der Beruf sollte nur der kurzfristigen Versorgung unverheirateter junger Frauen dienen. Eine Doppelbelastung durch Familie und Beruf traute das herrschende Rollenbild den Frauen nicht zu. Die Erneuerung des Lehrerinnenzölibats während der Wirtschaftskrise 1923 sollte natürlich auch die Arbeitsplätze für Männer erhalten. Erst 1957 erklärte das Bundesarbeitsgericht Zölibatsklauseln in Arbeitsverträgen für verfassungswidrig.

Studieren durften Frauen seit der Jahrhundertwende, und bis 1931 war tatsächlich knapp ein Fünftel der Studierenden weiblich. Allerdings studierten zu dieser Zeit nicht einmal fünf Prozent aller 19- bis 26-jährigen Frauen an deutschen Universitäten. Aber selbst mit bestandenen Examina standen den Jungakademikerinnen nicht alle Berufswege offen. Beispielsweise wurden Juristinnen grundsätzlich nicht in den Staatsdienst übernommen und blieben auf eine Beschäftigung in einer Kanzlei oder in der freien Wirtschaft angewiesen.

„Bildnis der Journalistin Sylvia von Harden.“
Gemälde von Otto Dix, 1926.

- Analysieren Sie die hier dargestellten Merkmale der „modernen Frau“.
- Diskutieren Sie, ob sich der Maler durch die Art der Darstellung von diesem Frauenbild distanziert.

Jugend zwischen Kontrolle und Fürsorge | Der Krieg und die Krisen der Nachkriegszeit schufen für die heranwachsenden Jugendlichen denkbar widrige Bedingungen. Viele mussten ohne ihre Väter, die sie im Krieg verloren hatten, aufwachsen. Soziale Not, Elend und Orientierungslosigkeit ließen die Jugendkriminalität ansteigen. Der Staat versuchte, der hohen Kriminalität gegenzusteuern. Die *Reformpädagogik* löste die bisherige, auf Drill und „Paukschule“ ausgerichtete Erziehung ab und wollte Jugendliche zu demokratisch und sozial denkenden Staatsbürgern erziehen. Dem *Reichsjugendwohlfahrtsgesetz* von 1922, durch das die ersten Jugendämter eingerichtet wurden, und dem 1923 eingeführten *Jugendstrafrecht* lag die Überzeugung zugrunde, dass Jugendliche anders zu behandeln seien als Erwachsene und Schutz und Hilfe benötigten. Zudem sollten Jugendorganisationen, wie etwa Turn- und Sportvereine, die Jugendlichen unter geregelte Aufsicht bringen.

Doch viele Jugendliche lasteten die drohende oder tatsächliche Arbeitslosigkeit der Republik an, die sie als feindlich gesinntes System empfanden. Dies galt sowohl für Volksschulabsolventen als auch für Jungakademiker. Ausgehend von der unpolitischen *Wandervogelbewegung*, die sich noch im Kaiserreich gebildet hatte, politisierten und radikalisierten sich viele Jugendliche zunehmend. Auf der einen Seite stand die organisierte Arbeiterjugend. Auf der anderen Seite formierte sich die „bündische“ Jugend, die nach und nach alle politisch und konfessionell unabhängigen Jugendverbände, so auch die Wandervögel und die Pfadfinderverbände, in sich aufnahm. Nicht von ungefähr kam 1932 eine Studie über die deutsche Jugend zu dem Ergebnis: „Diese jungen Menschen haben nur unsagbare Verachtung für die ‚liberale Welt‘ übrig [...]; sie wissen, dass Kompromisse im Geistigen aller Laster und Lügen Anfang sind“ (Jonas Lesser). Die Kompromisslosigkeit, mit der die intellektuellen Eliten in der Öffentlichkeit aufeinanderprallten, zeigte hier ihre Wirkung. Am Ende profitierten die radikalen Parteien auf beiden Seiten des Parlaments von der deprimierenden Arbeitsmarktlage, die ihnen zu ungebrochenem Zulauf verhalf.

M1 Eine denkwürdige Feier

Harry Graf Kessler (1868–1937), Diplomat, Kunstsammler und Publizist, verkehrt als eine der schillerndsten Figuren der wilhelminischen und Weimarer Zeit mit einer Vielzahl prominenter und intellektueller Zeitgenossen. In seinen Tagebüchern blickt er hinter den Spiegel seiner Epoche. Am 15. November 1922 wohnt Kessler der Feier zum 60. Geburtstag des Literaturnobelpreisträgers Gerhart Hauptmann bei:

Hauptmann saß zwischen Ebert u. Löbe[1] vorne vor dem Rednerpult. Irgendein Literaturprofessor, ich glaube er hieß Petersen, hielt eine farblose, langweilige Ansprache, der noch einige weitere Professorenaufsätze folgten […]. Die einzigen Redner, die etwas zu sagen wussten, waren ein Student und Löbe. Der Student sprach mit so viel Feuer und jugendlicher Frische, dass er die Versammlung hinriss. Nur ein neben mir stehender Professor mit goldener Brille und auch sonst dem Urbilde des „boche"[2] entsprechend, der während der ganzen Zeremonie nicht aus einer kaum zu meisternden Wut herauskam, gab auch hier sein Missfallen murmelnd kund. Hauptmann las eine kurze nicht sehr tiefe Ansprache vor, die sich aber erfreulich entschieden für Humanität und Versöhnung aussprach. Das Denkwürdigste an der Feier ist das grotesk bornierte Verhalten der Studenten und Professoren gewesen. Die Berliner Studentenschaft hat mit einer Mehrheit von ich glaube 4 zu 2 feierlich beschlossen an der Hauptmannfeier nicht teilzunehmen, weil Gerhart Hauptmann, nachdem er sich als Republikaner bekannt hat, nicht mehr als charakterfester Deutscher zu betrachten sei! Und von Sam Fischer[3] höre ich, dass der genannte Petersen, der die Festrede hielt, vor zwei Tagen bei ihm war, um ihn zu bitten, Ebert wieder auszuladen, da es der Universität nicht angenehm sein werde, wenn das republikanische Reichsoberhaupt bei ihr erscheine. Und als Fischer das ablehnte, hat ihn Petersen gebeten, dann doch wenigstens Löbe auszuladen, denn zwei Sozialdemokraten auf einem Male sei doch etwas viel!

Zitiert nach: Harry Graf Kessler, Das Tagebuch 1880–1937. Online-Ausgabe, hrsg. von Roland S. Kamzelak, Marbach 2019; www.dla-marbach.de/edview/?project=HGKTA&document=8745 (Zugriff: 3. Februar 2021)

1. Fassen Sie M1 nach einer kurzen Vorstellung zusammen. In der Vorstellung sollten Autor, Publikation, Erscheinungsjahr ebenso erwähnt werden wie Textart, Inhalt und Intention des Autors.
2. Charakterisieren Sie das Vorgehen der universitären Elite gegenüber den Repräsentanten des Staates. | F
3. Setzen Sie sich mit dem Wert, den die Freiheit der Wissenschaft und die Freiheit der Rede in unserer Gesellschaft einnehmen, auseinander. Sind sie auch heute Gefährdungen ausgesetzt?

M2 Italienischer Diktator oder demokratischer Reichskanzler?

Obwohl ihre Auflage nie über 15 000 Exemplare hinausgeht, übt die deutsche Wochenzeitschrift „Die Weltbühne" seit 1918 größten Einfluss auf den intellektuellen Diskurs aus. „Die Weltbühne" überzieht zwar Politik, Militär und Justiz mit oft beißender Kritik, versteht sich aber dennoch als republikanisches Presseorgan. Regelmäßige Beiträge liefert der pazifistische Publizist Kurt Hiller (1885–1972). Im Januar 1926 schreibt er:

Mussolini[4] – was ich zunächst nicht kann, ist: Einstimmen in das Wutgeheul der Weltdemokratie über diesen Mann, der, wie mir scheint, keineswegs nur der Antipode[5], sondern auch die lebende Widerlegung des Demokratismus ist. Demokratie heißt: Herrschaft jeder empirischen Mehrheit; wer wollte bestreiten, dass die Mehrheit des italienischen Volkes seit Langem treu hinter Mussolini steht? Dass die Begeisterung breitester Teile der Massen seines Volkes diesen Kraftkerl trägt? Damit ist nicht die Richtigkeit seiner Politik bewiesen: Aber hätte der Demokratismus recht, wäre sie's damit. […] Warum kommt die Weltdemokratie, kommt die sozialistische Internationale nicht auf den Gedanken, dass tiefe Enttäuschung der Massen über die Impotenz der Demokratie und des Sozialismus es ist, was den Faschismus erzeugt, was seinen Sieg ermöglicht hat? An allen Dingen der Welt übt der Demokratismus Korrektur, nur an sich selbst nicht. Kein Vorgang, keine Erscheinung, kein System bleibt in den Parlamenten unkritisiert, nur der Parlamentarismus bleibt es. Hat der demokratische Parlamentarismus den Krieg verhindert? Hat er ihn auch nur um eine Minute abgekürzt? Hat er die Lage der Arbeiterschaft gehoben? […] Schließlich ist der Duce selbst aus der demokratisch-sozialistischen Bewegung hervorgewachsen; deren Spießigkeit ihm nicht Genüge tat. Er ist ein Kraftkerl (kein Pathet nur); und Kraftkerle kann die demokratisch-sozialistische Bewegung – Bewegung? – nicht gebrauchen. […] Es fehlt dem Faschismus eines: die Heuchelei. Er ist so ehrlich wie brutal. Und hat Schwung, Eleganz, Vitalität. Mussolini, man sehe sich ihn an, ist kein Kaffer, kein Mucker, kein Sauertopf, wie die Prominenten der linksbürger-

[1] **Paul Löbe** (1875–1967): SPD-Politiker und Präsident des Reichstages von 1920 bis 1932, von 1949 bis 1953 Mitglied des Bundestages; siehe auch Seite 78, M4

[2] **tête de boche** (frz.): so viel wie Dickkopf oder Holzkopf; seit der zweiten Hälfte des 19. Jahrhunderts in Frankreich häufig verwendete herablassende Bezeichnung für Deutsche

[3] **Samuel Fischer** (1859–1934): Gründer und Verleger des S. Fischer Verlages

[4] **Benito Mussolini** (1883–1945): Siehe hierzu die biografischen Informationen auf Seite 45.

[5] **Antipode**: Gegner mit entgegengesetzten, unvereinbaren Ansichten

lichen und bürgerlich-sozialistischen Parteien Frankreichs und Deutschlands und andrer Länder des Kontinents es in der Mehrzahl der Fälle sind; er hat Kultur. Er sieht aus wie jemand, der Kraft hat, aber etwas von Kunst versteht und Philosophen gelesen hat. Die Reichskanzler der Republik Deutschland, zum Beispiel, mögen sie dem Zentrum oder der Sozialdemokratie angehört haben, sahen durch die Bank nicht so aus. Das Aufgeschlossene fehlte ihren Zügen; denen des Duce eignet es. [...] Wenn ich mich genau prüfe, ist mir Mussolini, dessen Politik ich weder als Deutscher noch als Pazifist noch als Sozialist ihrem Inhalte nach billigen kann, als formaler Typus des Staatsmanns deshalb so sympathisch, weil er das Gegenteil eines Verdrängers ist. Ein weltfroh-eleganter Energiekerl, Sportskerl, Mordskerl, Renaissancekerl, intellektuell, doch mit gemäßigt-reaktionären Inhalten, ist mir lieber, ich leugne es nicht, als ein gemäßigt-linker Leichenbitter, der im Endeffekt auch nichts hervorbringt, was den Mächten der Beharrung irgend Abbruch tut.

Zitiert nach: Die Weltbühne, 12. Januar 1926, XXII. Jahrgang, Nr. 2, S. 45 ff.

1. Arbeiten Sie aus M2 heraus: Was imponiert dem Autor an Benito Mussolini? Was wirft er den demokratischen Politikern vor? Beachten Sie dabei die politische Grundeinstellung des Publizisten. | F
2. Präsentation: Wählen Sie eine der nachstehend genannten Persönlichkeiten aus und recherchieren Sie im Internet über deren Leben und Wirken – der Schwerpunkt sollte auf der Zeit der Weimarer Republik liegen. Stellen Sie anschließend Ihre Ergebnisse in einer kurzen Präsentation der Klasse vor. Folgende Personen dieses Kapitels stehen zur Auswahl: Josephine Baker, Bertolt Brecht, Rudolf Caracciola, Marlene Dietrich, Otto Dix, Albert Einstein, Harry Graf Kessler, Walter Gropius und Kurt Hiller.

M3 Frauensport?

Der 800-m-Lauf ist bei den Olympischen Spielen von 1928 eine von fünf leichtathletischen Disziplinen für Frauen. Einige Läuferinnen lassen sich nach Passieren der Ziellinie ins Gras sinken. In einem anonymen Bericht heißt es damals:

Was den 800-m-Lauf betrifft, so kann aus eigener Anschauung und unter dem Gesichtswinkel des Arztes berichtet werden, dass die Athletinnen, die sich freiwillig auf den Rasen hingestreckt hatten, vom Erschöpfungszustand weit entfernt waren und auf alle Fälle keine deutlicheren Ermüdungserscheinungen kundgaben, als sie gewöhnlich auch bei den Männern nach derartigen Anstrengungen aufzutreten pflegen. Die Japanerin und die beiden Amerikanerinnen dürften sich mehr aus Nervosität und unter dem Eindruck ihrer Niederlage zu jener Geste veranlasst gesehen haben, die so viele Kommentare im Gefolge trug. Es handelt sich hier unserer Ansicht nach hauptsächlich um eine Frage der Erziehung, und man darf mit Sicherheit annehmen, dass sich derartige für den Anfang entschuldbare Szenen bei kommenden Spielen nicht mehr erneuern werden. Im Übrigen haben die Damen bei den Amsterdamer Spielen einen wundervollen Kampfgeist bewiesen; sie machten sich den Sieg bis ins Ziel hinein streitig, und gerade nach dieser Richtung hin war der 800-m-Lauf typisch. Wir glauben behaupten zu dürfen, dass man bei dieser Gelegenheit einem der schönsten Kämpfe der Olympischen Spiele überhaupt beigewohnt hat, einem jener Kämpfe, die unvergessliche Erinnerungen zu hinterlassen pflegen.

Ekkehard zur Megede, Die Geschichte der olympischen Leichtathletik, Bd. 1, München/Berlin/Frankfurt am Main 1968, S. 215 f.

Lina Radke läuft zu Gold.
Im 800-m-Lauf siegt die 24-jährige Lina Radke (1903–1983) bei den Olympischen Spielen 1928 in Amsterdam mit einer neuen Weltrekordzeit von 2:16,8 Minuten.

1. Geben Sie den Text mit eigenen Worten wieder.
2. Der deutsche Sportfunktionär Karl Ritter von Halt äußerte in den 1920er-Jahren: „Der Kampf verwirrt das Mädchenantlitz, er gibt der weiblichen Bewegung einen harten, männlichen Ton. [...] Er wirkt beim Weibe unschön." Charakterisieren Sie das zugrundeliegende „Frauenbild" des Sportfunktionärs und stellen Sie es dem anonymen Bericht gegenüber.
3. Tatsächlich wurde der 800-m-Lauf für Frauen nach 1928 aus dem olympischen Programm gestrichen und erst 1960 wieder aufgenommen. Diskutieren Sie über die Gründe, die zu einer Neubewertung des Frauensports führten.

Der Aufstieg der NSDAP – Ideologie und Propaganda

Internettipp
Zur Geschichte der NSDAP siehe den Code 32036-51.

Gründe für den Aufstieg der NSDAP | Als sich die NSDAP 1920 ihr Parteiprogramm gegeben hatte, war sie eine unter zahllosen radikalen Splitterparteien (➔M1). Bis Januar 1933 wuchs die Zahl ihrer Mitglieder auf 849 000 an. Was machte die Partei für so viele Menschen attraktiv?

Nährboden für die Entwicklung von einer Splitter- zu einer Massenpartei war nicht nur die Wirtschaftskrise, sondern eine deutsche Gesellschaft, die seit Beginn der Republik wirtschaftlich und mental gespalten war. Der Schock der Kriegsniederlage mit dem als nationale Demütigung empfundenen Versailler Vertrag, die Revolution mit ihren blutigen Auseinandersetzungen sowie die negativen psychologischen Folgen von Massenarbeitslosigkeit, Inflation und Währungsreform ließen die radikal-nationalistischen Parolen eines Adolf Hitler[1] auf fruchtbaren Boden fallen. Seine antisemitische, antiliberale und antimarxistische, die Bolschewismusangst schürende Agitation traf bei großen Teilen der Bevölkerung den Nerv der Zeit. Viele von der Republik enttäuschte Bürger erhofften sich einen starken Mann, einen Führer und „Erlöser", der die Nation vor dem drohenden Untergang retten und sie endlich wieder zu nationaler Größe führen würde.

Viele suchten die Geschlossenheit einer Gemeinschaft, die stark genug schien, durch Protest gegen die bestehende Ordnung die Welt nach ihrer Vorstellung neu zu gestalten. Die Furcht vor dem sozialen Abstieg einte Menschen ganz unterschiedlicher Herkunft. Viele waren auf der Suche nach einem „dritten Weg" zwischen Kapitalismus und Sozialismus. Dies gilt vor allem für Angehörige des Mittelstandes, die sich durch linke Bewegungen bedroht sahen. Außerdem zogen Tatkraft und Durchsetzungsvermögen der NSDAP Mitglieder und Wähler an. Emotionale Bezüge wie „Ehre, Größe, Heroismus, Opferbereitschaft, Hingabe", nicht wirtschaftliche Versprechungen, führten der „Bewegung" ihre Wähler und Sympathisanten zu. Viele von ihnen wollten mit ihrem Wahlverhalten nur ihre Unzufriedenheit mit den gegenwärtigen Verhältnissen ausdrücken. Dies erklärt auch die starken Schwankungen der NSDAP in der Gunst der Wähler.

Die „Eroberung der Straße" | Der Aufstieg der NSDAP basierte dabei jedoch nicht allein auf Agitation und Propaganda. Die Ausübung und die Heroisierung von Gewalt gehörten von Anfang an dazu. 1920 war die **Sturmabteilung (SA)** für den Straßenkampf und den Schutz von Parteiversammlungen gegründet worden. Zunächst unabhängig, wurde sie 1925 in die NSDAP eingegliedert. Im gleichen Jahr schuf sich Hitler mit der **Schutzstaffel (SS)** seine persönliche Schutztruppe, die ab Ende der 1920er-Jahre zu einem Eliteorden ausgebaut wurde.

Doch nicht nur die NSDAP, sondern auch andere Parteien bildeten paramilitärische Kampfverbände, die die eigenen Veranstaltungen schützen und die des politischen Gegners massiv stören sollten. Die Kampfverbände waren meist in Parteiuniformen gekleidet, sodass ihr Aufeinandertreffen den Eindruck militärischer Konflikte erweckte, der die Bürgerkriegsängste in der Bevölkerung verstärkte. Die Mitglieder der SA trugen braune Uniformen mit Koppel und Schulterriemen, dazu Schaftstiefel und eine Armbinde mit Hakenkreuz.

Am aggressivsten und gewalttätigsten gegen die Republik ging neben der SA der zur KPD gehörige *Rote Frontkämpferbund (RFB)* vor; beide lieferten sich untereinander blutige Saal- und Straßenschlachten. Auch der **Stahlhelm**, der „bewaffnete Arm" der DNVP, radikalisierte den politischen Kampf. Das **Reichsbanner Schwarz-Rot-Gold**, hauptsächlich von der SPD gestützt, aber auch von DDP und Zentrum, sah sich als

Sturmabteilung (SA): 1920 gebildete, militärisch organisierte und uniformierte Saalschutz- und Kampftruppe der NSDAP

Schutzstaffel (SS): 1925 gegründete Parteiformation zum persönlichen Schutz Hitlers, ab 1934 „selbstständige Organisation" der NSDAP mit polizeilicher Machtbefugnis

Stahlhelm: im Dezember 1918 gegründete Organisation ehemaliger Soldaten des Ersten Weltkrieges. Der Verband entwickelte eine republikfeindliche Einstellung und hatte um 1930 etwa eine halbe Million Mitglieder.

Reichsbanner Schwarz-Rot-Gold: im Februar 1924 gegründeter Bund aktiver Demokraten, der um 1930 etwa drei Millionen Mitglieder zählte

[1] Zu Adolf Hitler siehe auch Seite 45.

Verteidiger der Republik. Die Mitgliederzahlen der Kampfverbände stiegen rasch. Der RFB hatte 1927 etwa 130 000, die SA im Jahre 1932 etwa 400 000 Mitglieder.

Bei der NSDAP-Führung stieß der „braune Terror" auf den Straßen von Anfang an auf hohe Akzeptanz; erreichte die Partei doch so ein großes Maß an Aufmerksamkeit und Außenwirkung. Weitere Aktionen, etwa groß angelegte Massenaufmärsche, sollten darüber hinaus die Geschlossenheit und Stärke der nationalsozialistischen „Bewegung" nach außen demonstrieren.

SA-Aufmarsch in Braunschweig. Foto vom Oktober 1931.

Mitglieder und Wähler der NSDAP | Diejenigen, die in den Zwanzigerjahren der Partei beitraten, stammten vor allem aus der unteren Mittelschicht, waren Handwerker, Gewerbetreibende und Angestellte. Daneben wuchs der Anteil der Arbeiter, vor allem der Heim- und Landarbeiter, erheblich an. Seit 1930 traten Angehörige der oberen Mittelschicht der „Bewegung" bei. Agrarkrise und Depression trieben selbstständige Bauern und kleine Geschäftsleute sowie die Beamten und Angestellten der neuen Mittelschicht in die Reihen der NSDAP (➔M2). Die alten Eliten und Kreise der Großindustrie blieben meist reserviert. Sie neigten eher zu einer autoritären Regierung im Stile der letzten Weimarer Präsidialkabinette.

Das Mitgliederprofil der NSDAP entsprach weitgehend dem anderer faschistischer Parteien in Europa. Der Anteil der Frauen war gering, denn die Partei, militaristisch, wie sie sich gab, glich eher einem „Männerbund". Auffallend war die Dominanz der jungen Generation. Viele Mitglieder hatten noch keine feste Anstellung. Jugendlichkeit und Dynamik zählten zu den Charakteristika der NSDAP, auf die sie großen Wert legte.

Erst als die NSDAP ihre Macht im Staat gefestigt hatte, setzte der große Ansturm all derer auf die Hitlerpartei ein, die sich in Politik, Verwaltung und Gesellschaft eine angesehene oder zumindest gesicherte Position versprachen, wenn sie ihre Zugehörigkeit zum neuen Regime dokumentierten. Auch Industrie und Großfinanz waren darauf bedacht, sich schnell mit dem Regime zu arrangieren, zumal ein starker Staat und die Beseitigung einer selbstständigen Gewerkschaftsbewegung der Wirtschaft günstige Rahmenbedingungen verhießen. Die NSDAP wurde eine „Integrationspartei" für alle sozialen Schichten, eine Bewegung mit „Volksparteicharakter", die das ganze Volk vertreten wollte. Nicht umsonst bezeichnete sie sich selbst als „Bewegung". Einmal, um sich gegenüber den von ihr verachteten Parteien der Weimarer Republik abzugrenzen. Zum anderen, um sich als dynamische und verändernde Kraft darzustellen.

Elemente der NS-Ideologie: Nationalismus und Rassismus | Die in der ersten Hälfte des 19. Jahrhunderts in Deutschland populär gewordene Idee des Nationalismus hatte hohe Erwartungen für die Zukunft geschaffen, die von der Politik nicht eingelöst werden konnten. 1871 war der deutsche Nationalstaat als kleindeutsches Reich entstanden, das viele Deutsche ausschloss. Durch die demografische und industrielle Entwicklung gewann das Deutsche Reich an Stärke und betrieb nach der Thronbesteigung Kaiser *Wilhelms II.* 1888 verstärkt Weltmachtpolitik.[1] Nationalistische Forderungen wurden immer aggressiver vorgetragen und waren mit rassistischen Vorstellungen gepaart. Unter anderem der Alldeutsche Verband vertrat eine rücksichtslose Verfolgung deutscher

Alldeutscher Verband: 1891 gegründet, setzte sich die nationalistische Organisation für eine Stärkung und Verbreitung des Deutschtums ein und befürwortete eine imperialistische Politik.

[1] Siehe dazu Seite 92 im Wahlmodul „Der Erste Weltkrieg".

Interessen. Der Verband griff antijüdische Ressentiments in Deutschland und Österreich auf und propagierte sie in den „Alldeutschen Blättern“ (1894–1939). Im Ersten Weltkrieg setzte er sich vehement für überzogene Kriegsziele, vor allem für mehr „Lebensraum“ für das „Herrenvolk“ ein. Diese Forderungen übernahm die NS-Bewegung.

Europäische und koloniale Großmachtpläne waren nach 1918/19 durch die Gebietsabtretungen Deutschlands und die Auflösung der Donaumonarchie zerronnen. In den Nachbarstaaten der Weimarer Republik lebten nun deutschsprachige Minderheiten, die sich auch durch Zwangsmaßnahmen nicht integrieren ließen. Der Kriegsschuldartikel im Versailler Vertrag, die vermeintliche Härte der Friedensbedingungen und der Sturz der Monarchie gaben extrem nationalistischen Tendenzen zusätzlich Nahrung. An die Spitze der Republikgegner stellten sich die Nationalsozialisten. Ihrer Meinung nach sollten nicht so sehr gemeinsame Kultur und Geschichte das Band einer Nation sein, sondern die Rassengleichheit. Die biologische Substanz bestimme Menschen und Völker nicht nur körperlich, sondern auch geistig-seelisch. Von allen Rassen sei die „nordische“ oder **„arische“** die wertvollste. Sie allein sei im eigentlichen Sinne kulturfähig.

Adolf Hitler und seine Anhänger griffen dabei auch auf die Lehre des *Sozialdarwinismus*[1] zurück. Unter Missachtung geistiger, sittlicher und religiöser Werte diente die Verfälschung der Darwin'schen Ideen einer menschenverachtenden Ideologie, die bald zur praktischen Politik wurde. Demnach sollte es Aufgabe des Nationalsozialismus sein, der „arischen Herrenrasse“ in Mitteleuropa ein Machtzentrum zu schaffen. Ihr gebühre, so Hitler, wegen ihrer Bedeutung für die Weltgeschichte ein angemessener „Lebensraum“. Da dieser zurzeit nicht vorhanden sei, müsse er durch Krieg erobert und langfristig gesichert werden. Der angestrebte Lebensraum müsse zudem genügend Ressourcen umfassen, denn die Nation der Zukunft solle wirtschaftlich unabhängig sein und sich an einer bäuerlichen Lebensweise orientieren (**Blut-und-Boden-Ideologie**). Auch eine strategische Erwägung spielte eine wichtige Rolle: Eine Weltmacht der Zukunft brauchte in seinen Augen ein entsprechend großes Gebiet als Basis für Angriff und Verteidigung.

Das Streben nach einem Großreich im Osten und die bedingungslose Befürwortung von Gewalt und Krieg unterschieden den Nationalismus Hitlers von den herkömmlichen nationalen Ideen des Bürgertums.

„Volksgemeinschaft“ | Für die Nationalsozialisten bildete die *Volksgemeinschaftsideologie* ein Kernstück ihrer Weltanschauung. „Volksgemeinschaft“ war für sie in erster Linie durch gemeinsames „deutsches Blut“ und einen einheitlichen „Rassekern“ bestimmt. Diese zum Mythos erhobene deutsche „Bluts- und Schicksalsgemeinschaft“ führten die Nationalsozialisten bis auf die Germanen zurück, in deren Stammesgesellschaften es keine Klassen und sozialen Schranken gegeben habe. Seither sei die Geschichte des deutschen Volkes durch innere Kämpfe und Spaltungen geprägt gewesen. Daher galt es, alle Klassen-, Gruppen- und Parteieninteressen zu beseitigen und die Einheit der Volksgenossen in einem „sozialen Volksstaat“ herzustellen. In ihm sollten alle Unterschiede zum Wohl der Gemeinschaft eingeebnet werden.

Damit war jedoch keine soziale Gleichheit gemeint. Im Gegenteil: Die Nationalsozialisten traten für eine klare Schichtung des Volkes in oben und unten, für politische, gesellschaftliche und geschlechtsspezifische Hierarchien ein. Vor allem aber stützten sich die Nationalsozialisten auf die Lehre von der angeblichen Ungleichheit der Rassen. Nur ein von „Minderwertigen“, „Fremdrassigen“ und „Gemeinschafts-

„Arier“: im ethnologisch-sprachwissenschaftlichen Sinne Völker der indogermanischen Sprachfamilie. Im 19. Jh. wurde der Begriff in eine Überlegenheit der „weißen“, dann der germanischen Rasse umgedeutet. In der NS-Rassenideologie bezeichnete „Arier“ die überlegene „Herrenrasse“.

Blut-und-Boden-Ideologie: basierte auf der Vorstellung, „dass ein gesunder Staat im eigenen Volk (Blut) und im eigenen Boden seinen Schwerpunkt haben muss“ (Meyers Lexikon von 1936). Dabei sollte das Bauerntum (die germanisch-nordische Rasse) für die Lebensgrundlagen des Volkes sorgen und einen Gegenpol zur urbanen Moderne und zum „Nomadentum“ der Juden bilden.

Veranstaltung der NSDAP im Zirkus Krone in München.
Plakat von 1923.

[1] Siehe dazu die Erklärung auf Seite 21 (M1, Fußnote 1).

Hitler beim Einüben von Rednerposen.
Fotos von Heinrich Hoffmann, um 1927.
Die in Hoffmanns Atelier aufgenommenen Fotos erschienen als Bildpostkartenserie.

▶ Diskutieren Sie, inwieweit heute Rhetorik und Körpersprache für eine Rede von Bedeutung sind.

fremden" gereinigtes Volk könne „Volksgemeinschaft" sein. Rassismus und Antisemitismus wurden damit zum Instrument der Ausgrenzung und Verfolgung von Minderheiten, zu denen besonders die Juden sowie die Sinti und Roma zählten.

Damit die NSDAP ihre Ziele überhaupt erreichen konnte, sollte die nationalsozialistische „Volksgemeinschaft" auch eine Gesinnungsgemeinschaft sein, in der sich jeder Einzelne widerspruchslos zur nationalsozialistischen Weltanschauung bekannte. Wer sich abwartend verhielt, sollte durch Propaganda erzogen werden. Wer sich widersetzte, wer also den „rassischen", politischen oder moralischen Werten und Normen und den Leistungsanforderungen der Partei nicht genügte, wurde als „Volksschädling" oder „Gemeinschaftsfremder" ausgeschlossen und bekämpft. „Rassereinheit" und politisches Wohlverhalten bestimmten darüber, wer zur „Volksgemeinschaft" gehörte und wer nicht.

„Führer" und Volk | Die „Volksgemeinschaft" bestand nicht aus freien Individuen, sondern war durch das Verhältnis von „Führer" und „Gefolgschaft" bestimmt. Der Einzelne hatte seine Interessen dem Gemeinwohl unterzuordnen. Was dem Gemeinwohl diente, darüber entschied allein Hitler. Herausragende Persönlichkeiten sollten, so Hitler, eine führende Rolle innerhalb der „Volksgemeinschaft" einnehmen. Die Auswahl wurde nicht auf demokratische Weise, sondern durch Berufung von oben vorgenommen. „Autorität jedes Führers nach unten und Verantwortung nach oben" lautete die von Hitler aufgestellte Maxime. Das System gipfelte in dem „Führer" Adolf Hitler. Er sollte nur der von ihm häufig zitierten „Vorsehung" verantwortlich sein.

Emotional untermauerte die NSDAP das Ganze durch die Inszenierung eines *Führerkultes*, der das italienische Vorbild nachahmte. Ein Führerbild hing später in allen Amts- und Schulräumen und sollte in jeder Wohnung einen Ehrenplatz erhalten. „Heil Hitler" war der offiziell geforderte „Deutsche Gruß" für jeden. Die Person Adolf Hitlers wurde zum Bindeglied zwischen Führerstaat und „Volksgemeinschaft" und zum Idealbild stilisiert. Hier flossen Ideen der obrigkeitsstaatlichen Ordnung des 18. und 19. Jahrhunderts ein, die Hitler zum verehrungswürdigen Ersatzmonarchen emporhoben und den Einzelnen in widerspruchslose Unterordnung zwangen.

Statt Parteienkonflikt und Klassenkampf propagierte die NSDAP eine „Volksgemeinschaft der Arbeiter der Faust und Stirn". Auch der Interessengegensatz zwischen Arbeitgeber und Arbeitnehmer, die sich als Glieder desselben Volkes fühlen sollten, wurde für aufgehoben erklärt.

Julius Streicher (1885–1946, hingerichtet): 1922 Beitritt zur NSDAP, 1923 Gründung der antisemitischen Wochenzeitung „Der Stürmer" und Teilnahme am Hitler-Putsch, seit 1928 Gauleiter in Franken, 1933–1945 Mitglied des Reichstages, seit 1933 Leitung des „Zentralkomitees zur Abwehr der jüdischen Gräuel- und Boykotthetze", 1940 wegen Korruption und Parteizwist aller Ämter enthoben

Gegen Liberale und Marxisten | Liberalismus und Marxismus bezeichnete Hitler als „jüdische Erfindungen" zum Verderben der „Herrenrasse". Für den Liberalismus sind individuelle Freiheit und Selbstverwirklichung grundlegende Werte. Demgegenüber forderte die NS-Regierung unter Missbrauch und Verfälschung alter preußisch-deutscher Traditionen den totalen Einsatz des Volksgenossen. „Treue", Dienstbereitschaft und absoluter Gehorsam standen über den durch die Weimarer Verfassung garantierten Grundrechten. Die allgegenwärtige Ordnungsmacht des Staates dürfe nicht durch liberale Verfassungsgrundsätze eingeschränkt werden. Das politische System der Weimarer Republik, das sich um die Verwirklichung des liberalen Rechts- und Verfassungsstaates bemüht hatte, wurde als Epoche undeutscher westlicher Überfremdung interpretiert.

Darüber hinaus nahm Hitler für sich in Anspruch, der Zerstörer des Marxismus zu sein. Die Propaganda einer Klassenversöhnung, bei der alte Sozialstrukturen und Klassenschranken überwunden wurden, hatte großen Erfolg. „Volksgemeinschaft" und „Sozialismus der Tat" waren Prinzipien, die auch weite Kreise der Arbeiterschaft an den Nationalsozialismus banden.

Antisemitismus: vom Vorurteil zur Ideologie | Der Antisemitismus in der Weimarer Republik war nicht neu, jedoch radikalisierte sich sein Inhalt (→M3). Er lehnte den im 19. Jahrhundert erreichten wirtschaftlichen und sozialen Status der Juden ab und wollte ihn rückgängig machen. Eine pseudowissenschaftliche Rassentheorie unterstellte die Überlegenheit „arischen Blutes" und die Minderwertigkeit der „Semiten" und baute alte Vorurteile und Sündenbocktheorien aus. Bücher, Broschüren und weit über 500 antisemitische Zeitungen verbreiteten eine zunehmend radikalere Propaganda. Seit 1923 tat sich der von Julius Streicher gegründete „Stürmer" mit judenfeindlichen Hetzkampagnen hervor. Zu den erfolgreichsten und am weitesten verbreiteten Schriften zählten die „Protokolle der Weisen von Zion". Mit diesen Fälschungen sollte eine angebliche jüdische Weltverschwörung bewiesen werden.

Zu Beginn der Weimarer Republik gab es rund 400 völkische Organisationen. Ein Zentrum für antisemitische Kampagnen war der „Deutschvölkische Schutz- und Trutzbund". In seinem Gründungsjahr 1919 zählte er etwa 5000 Mitglieder, 1922 waren es bereits fast 200000, darunter Angestellte, Beamte, Lehrer und Akademiker, Ärzte und Anwälte sowie Handwerker und Händler. Unter dem Motto „Deutschland den Deutschen" agierte der Bund gegen die Demokratie, gegen linke Bewegungen und gegen Juden. Nach der Ermordung Walther Rathenaus im Jahre 1922 wurde zwar seine Tätigkeit in den meisten Ländern des Deutschen Reiches verboten, jedoch unterstützte er weiterhin gewalttätige Aktionen, so die Attentate der „Organisation Consul" auf Matthias Erzberger und Philipp Scheidemann.[1]

Auch politische Parteien, allen voran die NSDAP, propagierten den Antisemitismus. Die DNVP verpflichtete sich 1920 in ihrem Programm zum Kampf gegen die „Vorherrschaft des Judentums in Regierung und Öffentlichkeit". Zwar konnten diese Parteien zwischen 1924 und 1929 nicht mehr als acht Prozent der Wähler gewinnen, doch die Zustimmung zu antisemitischen Anschauungen in der Bevölkerung wuchs. Der Antisemitismus war längst gesellschaftsfähig.

Publikationen aus dem Parteiverlag der NSDAP.
In ihren Büchern verbreiteten der NS-Politiker Hermann Esser und der führende NS-Ideologe Alfred Rosenberg die rechtsextreme Theorie der „jüdischen Weltverschwörung".

[1] Lesen Sie hierzu nochmals Seite 43.

M1 Was will die NSDAP?

Auf der ersten großen Massenversammlung der NSDAP am 24. Februar 1920 verkündet Adolf Hitler (siehe Seite 45) im Münchener Hofbräuhaus das Parteiprogramm:

1. Wir fordern den Zusammenschluss aller Deutschen aufgrund des Selbstbestimmungsrechts der Völker zu einem Großdeutschland.

2. Wir fordern die Gleichberechtigung des deutschen Volkes gegenüber den anderen Nationen, Aufhebung der Friedensverträge von Versailles und St. Germain[1].

3. Wir fordern Land und Boden (Kolonien) zur Ernährung unseres Volkes und Ansiedlung unseres Bevölkerungsüberschusses.

4. Staatsbürger kann nur sein, wer Volksgenosse ist. Volksgenosse kann nur sein, wer deutschen Blutes ist, ohne Rücksichtnahme auf Konfession. Kein Jude kann daher Volksgenosse sein. [...]

6. Das Recht, über Führung und Gesetze des Staates zu bestimmen, darf nur dem Staatsbürger zustehen. Daher fordern wir, dass jedes öffentliche Amt, gleichgültig welcher Art, gleich ob im Reich, Land oder Gemeinde, nur durch Staatsbürger bekleidet werden darf.
Wir bekämpfen die korrumpierende Parlamentswirtschaft einer Stellenbesetzung nur nach Parteigesichtspunkten ohne Rücksicht auf Charakter und Fähigkeiten. [...]

8. Jede weitere Einwanderung Nichtdeutscher ist zu verhindern. Wir fordern, dass alle Nichtdeutschen, die seit dem 2. August 1914 in Deutschland eingewandert sind, sofort zum Verlassen des Deutschen Reiches gezwungen werden. [...]

13. Wir fordern die Verstaatlichung aller (bisher) bereits vergesellschafteten (Trusts) Betriebe.

14. Wir fordern Gewinnbeteiligung an Großbetrieben.

15. Wir fordern einen großzügigen Ausbau der Altersversorgung.

16. Wir fordern die Schaffung eines gesunden Mittelstandes und seine Erhaltung. Sofortige Kommunalisierung der Groß-Warenhäuser und ihre Vermietung zu billigen Preisen an kleine Gewerbetreibende, schärfste Berücksichtigung aller kleinen Gewerbetreibenden bei Lieferung an den Staat, die Länder oder Gemeinden. [...]

18. Wir fordern den rücksichtslosen Kampf gegen diejenigen, die durch ihre Tätigkeit das Gemeininteresse schädigen. Gemeine Volksverbrecher, Wucherer, Schieber usw. sind mit dem Tode zu bestrafen, ohne Rücksichtnahme auf Konfession und Rasse. [...]

23. Wir fordern den gesetzlichen Kampf gegen die bewusste politische Lüge und ihre Verbreitung durch die Presse. Um die Schaffung einer deutschen Presse zu ermöglichen, fordern wir, dass [...] sämtliche Schriftleiter und Mitarbeiter von Zeitungen, die in deutscher Sprache erscheinen, Volksgenossen sein müssen [...]. Zeitungen, die gegen das Gemeinwohl verstoßen, sind zu verbieten. Wir fordern den gesetzlichen Kampf gegen eine Kunst- und Literaturrichtung, die einen zersetzenden Einfluss auf unser Volksleben ausübt, und die Schließung von Veranstaltungen, die gegen vorstehende Forderungen verstoßen.

24. Wir fordern die Freiheit aller religiösen Bekenntnisse im Staat, soweit sie nicht dessen Bestand gefährden oder gegen das Sittlichkeits- und Moralgefühl der germanischen Rasse verstoßen. Die Partei [...] bekämpft den jüdisch-materialistischen Geist in und außer uns und ist überzeugt, dass eine dauernde Genesung unseres Volkes nur erfolgen kann von innen heraus auf der Grundlage: Gemeinnutz vor Eigennutz.

25. Zur Durchführung alles dessen fordern wir die Schaffung einer starken Zentralgewalt des Reiches. Unbedingte Autorität des politischen Zentralparlaments über das gesamte Reich und seine Organisationen im Allgemeinen.

Zitiert nach: Günter Wollstein (Hrsg.), Das „Dritte Reich" 1933–1945, Darmstadt 2013, S. 69–71

Parteizeichen der NSDAP.
Das Hakenkreuz war ab 1935 Hoheitszeichen des Deutschen Reiches.

1. Das Programm nennt mehrere Ziele. Ordnen Sie diese bestimmten Politikfeldern zu.
2. Erläutern Sie, welche Programmpunkte sich direkt aus dem verlorenen Krieg erklären.
3. Arbeiten Sie heraus, welche Programmpunkte mit dem Vertrag von Versailles unvereinbar waren.
4. Weisen Sie nach, welche Bevölkerungsgruppen mit diesem Programm angesprochen und welche ausgeschlossen werden. | H

[1] **Vertrag von St. Germain**: Friedensvertrag der Alliierten mit Österreich vom 10. September 1919

M2 Wer wählte Hitler?

a) Die soziale Zusammensetzung der NSDAP-Wähler nach Berufsgruppen in Prozent, unabhängig von einer tatsächlichen Erwerbstätigkeit:

	1928	1930	1932[1]	1932[2]	1933	Alle[3]
Selbstständige/ Mithelfende	26	27	31	30	31	24
Angestellte/ Beamte	12	13	11	12	12	15
Arbeiter	30	26	25	26	26	32
Berufslose[4]	13	17	17	17	16	13
Hausfrauen etc.	17	17	16	16	16	17
Alle[5]	98	100	100	100	101	101

Nach: Jürgen Falter, Hitlers Wähler, München 1991, S. 288

b) Die nationalsozialistischen Hochburgen
Die Zahlen (Anteil der Wähler in Prozent) ermöglichen einen Vergleich der Sozialstruktur jener Kreise, in denen die NSDAP bei der Reichstagswahl im November 1932 überdurchschnittlich viele Stimmen bekommen hat, mit der Sozialstruktur des Deutschen Reiches insgesamt:

	NSDAP-Hochburgen	Reich
Katholiken	9	32
Stadtbewohner	22	54
in der Landwirtschaft tätig	51	31
in der Industrie tätig	31	41
Selbstständige, mithelfende Angehörige	41	28
Beamte	3	4
Angestellte	5	12
Arbeiter	26	27
arbeitslose Angestellte	1	2
arbeitslose Arbeiter	9	13

Nach: Jürgen Falter, a.a.O., S. 353

1. Erläutern Sie die Entwicklung der Wählerschaft der NSDAP zwischen 1928 und 1933. Berücksichtigen Sie die wirtschaftliche Entwicklung sowie die Wahlbeteiligung. | F
2. Interpretieren Sie die Abweichungen zwischen den NSDAP-Hochburgen und dem Reichsdurchschnitt in Tabelle b).

Wahlplakat der NSDAP von 1930.

- Beschreiben Sie das Plakat: Was zeigt es? Wie ist es aufgebaut? Welche Gestaltungsmittel werden verwendet?
- Arbeiten Sie die Aussage des Plakates heraus. Gehen Sie dabei auch auf die Bedeutung der Schlange ein.

[1] Reichstagswahlen vom 31. Juli 1932
[2] Reichstagswahlen vom 6. November 1932
[3] Anteil der Berufsgruppe an allen Wahlberechtigten
[4] davon ca. 90 Prozent Rentner und Pensionäre (1933)
[5] Summe der NSDAP-Wähler in dem jeweiligen Jahr; Abweichungen von 100 sind die Folge von Rundungen

Wahlplakat der NSDAP von 1932.

- Erläutern Sie die suggestive Wirkung des Plakates.
- Vergleichen Sie die Wahlplakate von 1930 (Seite 68) und 1932 unter folgenden Gesichtspunkten miteinander:
  a) Gestaltung
  b) Aussage

M3 Vom „Drückeberger" zum „wurzellosen Kosmopoliten"

*Der Historiker Christoph Jahr (*1963) zeigt in einem Artikel, wie der Antisemitismus im Ersten Weltkrieg und in der Weimarer Republik politisch instrumentalisiert wird:*

Seit Ende 1915 überschwemmten die Antisemiten das Preußische Kriegsministerium mit anonymen Eingaben. Am 11. Oktober 1916 ordnete der Preußische Kriegsminister Wild von Hohenborn schließlich unter dem aktenstaubtrockenen Titel „Nachweisung der beim Heere befindlichen wehrpflichtigen Juden" eine von den Zeitgenossen schlicht „Judenzählung" genannte Statistik an. Zwar lautete deren offizielle Begründung, man wolle den Vorwurf der „Drückebergerei" lediglich nachprüfen, um ihm „gegebenenfalls entgegentreten zu können". Doch alle gegenteiligen Beteuerungen halfen nichts: Mit diesem Erlass übernahm das Ministerium antisemitische Stereotype. [...]

Seit der Oktoberrevolution in Russland gewann auch die Behauptung der Identität von Revolution und Judentum durch den Hinweis auf führende Revolutionäre jüdischer Herkunft wie Leo Trotzki[1] eine scheinbare Plausibilität im verunsicherten Bürgertum. 1941 diente der „Kampf gegen den jüdischen Bolschewismus" als Propagandafanfare für den Überfall auf die Sowjetunion und half, Hemmungen vor dem systematischen Judenmord abzubauen. [...]

So kamen im Krieg all jene Zutaten zusammen, aus denen die Antisemiten nach 1918 einen Giftcocktail mischten. Das uralte Motiv des „jüdischen Schmarotzers" entstand in Gestalt des „Kriegsgewinnlers" neu. Der vermeintlich „zersetzende", liberal-individualistische Jude des 19. Jahrhunderts wandelte sich in den „bolschewistischen Revolutionär". Und einmal mehr galten die Juden als national illoyale, „wurzellose Kosmopoliten". Die deutsch-nationalen Kräfte verhöhnten die erste deutsche Demokratie daher als angeblich „undeutsch" und als „Judenrepublik". Viele Deutsche akzeptierten diesen Wahn als Realität. Der Schriftsteller Jakob Wassermann schrieb 1921 verbittert über seine Mitbürger: „Es ist vergeblich, in das tobsüchtige Geschrei Worte der Vernunft zu werfen ... Es ist vergeblich, für sie zu leben und für sie zu sterben. Sie sagen: Er ist ein Jude."

Christoph Jahr, Sündenböcke der Niederlage. Warum der deutsche Antisemitismus im Ersten Weltrieg immer radikaler wurde, in: Spiegel Special 1/2004, S. 88 f.

1. Analysieren Sie den Wandel des „Judenbildes" nach dem Ersten Weltkrieg. Ergänzen Sie weitere gegen die Juden verwendete Stereotype und Vorurteile.
2. Erläutern Sie, wie diese Vorurteile eingesetzt wurden.

[1] **Leo Trotzkij** (1879–1940): russischer Revolutionär und Theoretiker, floh 1929 in die Türkei, später nach Frankreich, Norwegen und Mexiko, wo er von einem sowjetischen Agenten ermordet wurde

Die Zerstörung der Weimarer Republik

Geschichte In Clips
Zum New Yorker Börsencrash und der Wirtschaftskrise im Deutschen Reich siehe die Codes 32036-52 und 32036-53.

Ursachen der amerikanischen Wirtschaftskrise | Der wirtschaftliche Aufschwung der Zwanzigerjahre hatte an der New Yorker Aktienbörse ein hektisches Spekulationsfieber ausgelöst. Viele Anleger kauften Wertpapiere auf Kredit, um sie nach einem Kursanstieg gewinnbringend zu veräußern. In wenigen Jahren vervierfachte sich der Wert vieler Aktien und übertraf damit den tatsächlichen Wert der Unternehmen bei Weitem.

Erste Anzeichen einer beginnenden Wirtschaftskrise (Überproduktion in der Industrie und in der Landwirtschaft) wollte man nicht wahrhaben. Vom 24. auf den 25. Oktober 1929 („*Schwarzer Freitag*") und noch einmal am 29. Oktober stürzten die Aktienkurse ab, manche Papiere verloren bis zu 90 Prozent ihres Wertes. Durch Panikreaktionen von Anlegern, die aus Angst um ihre Ersparnisse die Geldinstitute stürmten oder ihre Aktien verkauften, gerieten die Banken in Zahlungsschwierigkeiten. Das gesamte amerikanische Wirtschaftssystem brach zusammen. In den folgenden Monaten mussten in den USA über 9000 Banken und mehr als 100000 Betriebe Konkurs anmelden. 1932/33 waren rund 15 Millionen Menschen arbeitslos, das war ein Viertel der arbeitsfähigen Bevölkerung.

Auswirkungen der Weltwirtschaftskrise auf Deutschland | Die Wirtschaftskrise in den USA wirkte sich angesichts der internationalen Verflechtungen und der wichtigen Stellung der USA in der Weltwirtschaft unmittelbar auch auf andere Länder aus. Um zahlungsfähig zu bleiben, zogen die amerikanischen Banken ihre kurzfristigen Kredite aus Europa ab. Außerdem erhöhte die amerikanische Regierung zum Schutz der eigenen Industrie drastisch die Importzölle. Die dadurch ausgelöste Drosselung des Welthandels sowie das in Europa fehlende Kapital für Neuinvestitionen entfachten einen Flächenbrand. Die *Weltwirtschaftskrise*, die daraus entstand, war der schwerste ökonomische Einbruch seit Beginn der „Industriellen Revolution".

Im Deutschen Reich war die Konjunktur bereits seit Ende 1928 rückläufig, die Zahl der Arbeitslosen stieg auf 1,89 Millionen im Jahresdurchschnitt. Ein Jahr später griff die Weltwirtschaftskrise auf Deutschland über. Die Lage verschlechterte sich rapide. Steigende Arbeitslosenzahlen senkten die Kaufkraft der Bevölkerung und die Steuereinnahmen des Staates. Die geringere Nachfrage führte zur weiteren Drosselung der Produktion und – wie in anderen Industriestaaten – zu neuen Entlassungen. So verschärfte die verhängnisvolle Spirale die Krise (→M1 und M2).

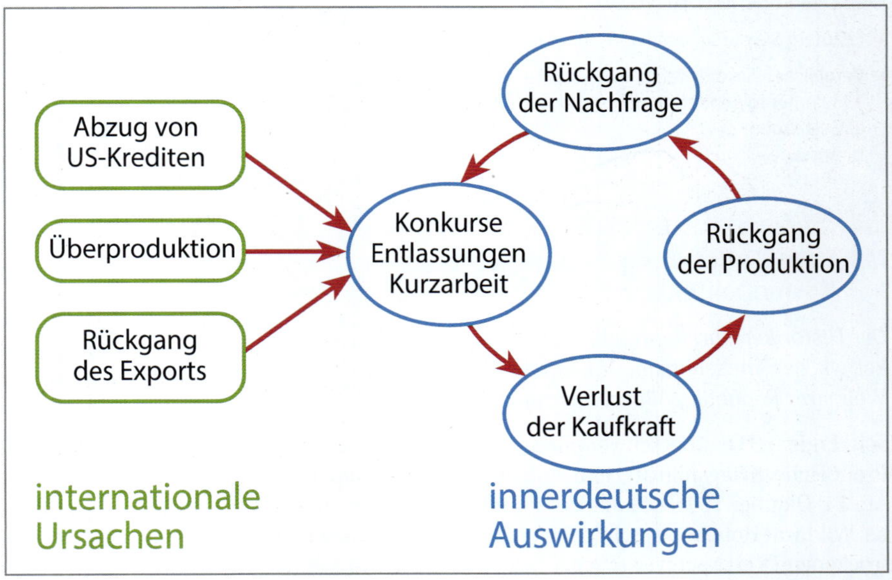

Folgen der Weltwirtschaftskrise für Deutschland.
▶ Erklären Sie die Auswirkungen der Weltwirtschaftskrise für die Wirtschaft in Deutschland.

Deutschland war wegen der Folgekosten des Ersten Weltkrieges in hohem Maße auf den Export und auf ausländische Kredite angewiesen. Deshalb traf die weltweite Depression das Deutsche Reich besonders heftig, als das Ausland 1931 verstärkt seine kurzfristigen Kredite zurückzog. Viele deutsche Banken, die längerfristige Investitionsprogramme der Industrie finanziert hatten, kamen in Zahlungsschwierigkeiten. Nach dem Zusammenbruch der zweitgrößten deutschen Bank, der *Darmstädter und Nationalbank (Danat)*, zahlten alle Banken nur noch in begrenztem Umfang Geld aus.

1932 erreichte die Krise ihren Höhepunkt. Die industrielle Produktion ging auf die Hälfte des Standes von 1928 zurück. Im Februar waren 6,12 Millionen Beschäftigte arbeitslos gemeldet. Wahrscheinlich lag die tatsächliche Zahl noch höher, sodass in Deutschland nahezu jede zweite Familie von der Wirtschaftskrise betroffen war. Viele kleine und mittlere Unternehmer verloren ihre Betriebe durch Konkurs. Angestellte und Arbeiter gerieten durch die Arbeitslosigkeit in große Not. Ein Gefühl der Unsicherheit machte sich breit, das über die unmittelbar Betroffenen hinaus die gesamte Bevölkerung erfasste. Die existenzbedrohende Not und allgemeine Krisenstimmung erhöhten die Anfälligkeit für radikale Ideen von rechts und links.

Arbeitslosenschlange beim Stempeln im Hof des Arbeitsamtes Hannover.
Foto von Walter Ballhause, Frühjahr 1932.

Grenzen des Sozialstaates | Der Ausbau des Sozialstaates war in Art. 151 der Weimarer Verfassung verankert: „Die Ordnung des Wirtschaftslebens muss den Grundsätzen der Gerechtigkeit mit dem Ziel der Gewährleistung eines menschenwürdigen Daseins für alle entsprechen." Auf der Grundlage der in der Kaiserzeit eingeführten Sozialversicherungen wurden die staatlichen Leistungen erweitert. 1918 führte der Rat der Volksbeauftragten den Rechtsanspruch auf Erwerbsfürsorge ein. Sie löste die auf karitativen Vorstellungen beruhende Armenfürsorge ab und erhöhte die Zuwendungen.

Die Beiträge für die 1927 eingeführte *Arbeitslosenversicherung* legten den Grundstein zu unserem heutigen System. Sie wurden paritätisch von Arbeitgebern und Arbeitnehmern getragen und durch staatliche Zuschüsse gesichert.

Mit der Massenarbeitslosigkeit in der Weltwirtschaftskrise 1929 war der Staat jedoch überfordert. Da die Sozialausgaben stiegen und gleichzeitig die Steuereinnahmen sanken, wurde die Unterstützung für Arbeitslose gekürzt und im Juni 1932 die Bezugsdauer zusätzlich von 26 auf sechs Wochen gesenkt. Bedürftige Arbeitslose bekamen anschließend für maximal ein Jahr die zum Teil noch geringeren Sätze der Krisenfürsorge. Sogenannte „Wohlfahrtserwerbslose" waren schließlich auf die Unterstützung durch die Gemeinden angewiesen. 1932 erhielten nur noch 800000 Menschen Arbeitslosenunterstützung, 1,4 Millionen waren in der Krisenfürsorge, 2,2 Millionen zählten zu den Wohlfahrtserwerbslosen und gut eine Million bekam überhaupt keine Leistungen mehr.

Hermann Müller (1876–1931): 1919/20 Reichsaußenminister; 1920–1928 Vorsitzender der sozialdemokratischen Reichstagsfraktion; 1928–1930 Reichskanzler

Der Parlamentarismus auf dem Prüfstand | Im Januar 1927 hatte sich unter Reichskanzler *Wilhelm Marx* (Zentrum) eine national-konservative Regierungskoalition („Bürgerblock", bestehend aus Zentrum, DDP, DVP, BVP und DNVP) gebildet, die jedoch bereits im Frühjahr 1928 wieder auseinandergebrochen war. Nach den Wahlen vom 20. Mai 1928, bei denen die Parteien der bürgerlichen Mitte zum Teil erhebliche Stimmenanteile eingebüßt hatten, bildete die SPD als stärkste Fraktion mit Zentrum, DDP, DVP und BVP eine Große Koalition (→M3). Reichskanzler wurde der Sozialdemokrat Hermann Müller. Die unterschiedlichen programmatischen Ziele dieser Parteien führten von Anfang an zu Spannungen. So wurde der Young-Plan[1], als er in Kraft treten sollte, von der rechten Opposition heftig bekämpft. DNVP, Stahlhelm[2] und NSDAP bezeichneten ihn als „Versklavung des deutschen Volkes" und initiierten ein Volksbegehren dagegen. Zwar scheiterten sie beim Volksentscheid Ende 1929, jedoch profitierten Hitler und die NSDAP von der monatelangen aggressiven Agitation und der Emotionalisierung der Bevölkerung, die damit einherging. Die bisherige Splitterpartei wurde dadurch einer breiten Öffentlichkeit bekannt.

Außenminister Stresemann, eine integrative Persönlichkeit, hatte die Regierungskoalition zusammengehalten. Als er im Oktober 1929 starb, war deren Auseinanderbrechen nur eine Frage der Zeit. Insbesondere auf dem Gebiet der Wirtschafts- und Sozialpolitik ließen sich die Unterschiede zwischen SPD und DVP kaum mehr überbrücken. Die Parteien glaubten, eine „Politik schädlicher Kompromisse" vor den eigenen Anhängern nicht länger vertreten zu können. Die Große Koalition zerbrach letztlich an der Frage, wie die Arbeitslosenversicherung saniert werden könne. Eine Beitragserhöhung – wie von den Sozialdemokraten gefordert – lehnte die DVP ab, die den Unternehmern nahe stand. Als die SPD-Reichstagsfraktion einen Kompromissvorschlag zurückwies, trat Reichskanzler Hermann Müller am 27. März 1930 zurück. Damit war in jedem Fall die Koalition, nach der Meinung des Historikers *Hans-Ulrich Wehler* auch „die parlamentarische Republik gescheitert".

Kurt von Schleicher (1882–1934): 1932 Reichswehrminister, von Dezember 1932 bis Januar 1933 Reichskanzler

Regieren ohne Mehrheit | Für Reichspräsident Paul von Hindenburg, seinen antidemokratischen Beraterstab und die Reichsführung ergab sich nun die Gelegenheit, schon länger erwogene außerparlamentarische Lösungen zur Bewältigung der ständigen Krisen umzusetzen. Unterstützung fand dieser Plan in den rechten Kreisen des Bürgertums und bei den großen Interessenverbänden der Industrie und der Agrarwirtschaft. Das Parlament sollte entmachtet und die SPD, die mit Abstand stärkste Fraktion im Reichstag, aus den politischen Entscheidungsprozessen herausgehalten werden. Die Regierung sollte nur dem Reichspräsidenten verantwortlich sein (*Präsidialkabinett*).

Hindenburg wollte mit dieser Regierungsbildung neuen Stils die alten Eliten wieder an die Macht bringen: Das waren die Repräsentanten der konservativ-bürgerlichen Parteien, der Reichswehr sowie der adligen Gutsherren und Industriellen. Einer der Repräsentanten dieses Kurses war General Kurt von Schleicher, Chef des Ministeramtes im Reichswehrministerium.

[1] Über den „Young-Plan" informiert Seite 50.

[2] Zur Begriffserklärung siehe Seite 62.

Ihre Handlungsfähigkeit garantierte der Präsident durch die Verfassungsartikel 48 (*Notverordnungsrecht*) und 25 (*Reichstagsauflösung*).[1] Hindenburg stimmte zu und ernannte am 29. März 1930 den konservativ-nationalen Fraktionsvorsitzenden des Zentrums, **Heinrich Brüning**, zum Reichskanzler. Dieser nahm mit einer rigiden Sparpolitik die anhaltend hohe Arbeitslosigkeit und das Elend verarmter Schichten in Kauf, um den Alliierten die Unerfüllbarkeit ihrer Reparationsforderungen vor Augen zu führen. Gehaltskürzungen im öffentlichen Dienst, Leistungsabbau im sozialen Bereich und Steuererhöhungen führten allerdings dazu, dass die Kaufkraft der Bevölkerung sank und die Einnahmen des Staates weiter zurückgingen.

Als sich der Reichstag im Juli 1930 weigerte, einem Bündel einschneidender sozialpolitischer Maßnahmen der Regierung zuzustimmen, löste der Reichspräsident das Parlament auf und setzte für den 14. September Neuwahlen fest. In der Zwischenzeit regierte Brüning mit Notverordnungen weiter.

Heinrich Brüning (1885–1970): 1930–1932 Reichskanzler; 1934 Emigration in die USA. Der 1885 in Münster geborene Brüning war Volkswirt und hatte als Frontoffizier am Ersten Weltkrieg teilgenommen. Seit 1924 war er Reichstagsabgeordneter des Zentrums und hatte sich als Steuer- und Finanzexperte einen Namen gemacht.

Das Verhalten der Parteien in der Krise | Die radikalen Parteien führten einen Wahlkampf, wie man ihn bisher in Deutschland noch nicht erlebt hatte. NSDAP und KPD schürten die Angst der Menschen vor einem sozialen Abstieg und versprachen „Arbeit und Brot". Die NSDAP verbreitete ihre nationalistisch-antisemitischen Parolen lautstark mit Wahlkampfmethoden wie organisierten Massenaufmärschen mit Uniformen, Marschmusik, Fahnen und Plakaten, Flugblättern und geschulten Rednern. Die Partei mobilisierte vor allem Bürger, die zwei Jahre zuvor noch nicht gewählt hatten. Ihre Stimmenzahl wuchs von 800 000 (1928) auf nun 6,4 Millionen – ein in der Geschichte des deutschen Parlamentarismus beispielloser Aufschwung, der die NSDAP hinter der SPD zur zweitstärksten Fraktion im Reichstag machte. Der Verfall der bürgerlichen Mitte setzte sich rapide fort. In den Augen der Öffentlichkeit hatten Demokratie und Parlamentarismus versagt.

Noch bedeutender für den Wahlerfolg war der Wählerzustrom von anderen Parteien. So wurden die Nationalsozialisten auch von Mitgliedern der Mittel- und Oberschicht gewählt, die bisher die DNVP oder die liberalen Parteien bevorzugt hatten. Die NSDAP konnte nun sogar gewerkschaftlich nicht organisierte SPD-Wähler für sich gewinnen.

Von Brüning zu Papen | Nach den „Erbitterungswahlen" von 1930 war im Reichstag eine parlamentarische Mehrheitsbildung nahezu unmöglich geworden. Der Verfall des Parlamentarismus setzte sich rapide fort (➔M4). Während der Reichstag 1930 immerhin noch 94 Sitzungen abhielt, sank die Zahl bis 1932 auf lediglich 13. Waren es 1930 noch 98 Gesetze, die der Reichstag verabschiedete, so blieben 1932 gerade fünf. Im Gegenzug steigerte sich die Anzahl der Notverordnungen von fünf (1930) auf 66 (1932). Der Reichstag musste tatenlos zusehen, wie die politische Macht in die Hände der Regierung und der Bürokratie überging. Trotz fehlender Mehrheit im Parlament konnte Reichskanzler Brüning nach der Wahl seine Notverordnungspraxis fortsetzen. Denn die SPD tolerierte seinen Kurs, aus Gründen der Staatsräson und aus Furcht vor einer weiteren Radikalisierung bei Neuwahlen, die zu einem Kabinett unter Beteiligung der Nationalsozialisten führen konnten.

Brüning hatte sich mehrfach bemüht, die Nationalsozialisten in die Regierungsverantwortung einzubinden, um sie zu „zähmen" und ihre Unterstützung für die Wiederwahl Hindenburgs 1932 zu erlangen. Als die NSDAP jedoch mit Hitler einen eigenen Kandidaten für die Reichspräsidentenwahl stellte, war Hindenburg auf die Stimmen der Anhänger von SPD und Zentrum angewiesen. Er gab Brüning die Schuld dafür, dass sich die nationale Rechte nicht für ihn aussprach. Dies führte zwischen beiden Politikern zu einer Entfremdung. Brüning gelang es nicht mehr, Hindenburgs Vertrauen wiederzugewinnen. Als er Bauern auf überschuldeten landwirtschaftlichen Gütern ostpreußi-

[1] Siehe dazu Seite 37 und M1 auf Seite 38.

scher Großgrundbesitzer ansiedeln wollte, lief die ostelbische Agrarlobby bei Hindenburg Sturm gegen diesen „Agrarbolschewismus". Hindenburg stoppte das Vorhaben. Am 30. Mai entließ er Brüning und sein Kabinett. Nachfolger wurde **Franz von Papen**. Er bildete ein neues Kabinett, in dem von elf Ministern sieben adlig waren (*Kabinett der Barone*).

Franz von Papen (1879–1969): 1932 Reichskanzler; im Nürnberger Prozess gegen die Hauptkriegsverbrecher 1946 freigesprochen

„Notverordnung."
Karikatur von Erich Schilling aus dem „Simplicissimus" vom 16. Februar 1931.
Sie trägt folgende Unterschrift: „Nach den Erfahrungen der letzten Wochen ist verfügt worden, dass jeder Demonstrationszug seinen eigenen Leichenwagen mitzuführen hat."

- Beschreiben Sie, auf welches Problem die Karikatur anspielt.
- Erläutern Sie die Gefahren für ein demokratisches Staatswesen, wenn das Gewaltmonopol nicht mehr beim Staat liegt.

Der Weg in die Diktatur | Am 20. Juli 1932 ließ der Reichskanzler verfassungswidrig die sozialdemokratische Regierung Preußens durch Verordnung des Reichspräsidenten absetzen (*Preußenschlag*). Für die Rechte war die SPD-geführte Regierung in Preußen seit jeher ein Ärgernis gewesen. Damit war die bisher stabilste Stütze der Demokratie in Deutschland gefallen. Papen übernahm zusammen mit weiteren Reichskommissaren die Regierungsgeschäfte in Preußen. Das Urteil des Reichsgerichts, nach dem der preußischen Regierung nur vorübergehend Befugnisse entzogen werden durften, blieb wirkungslos.

Während sich Brüning als Chef des ersten Präsidialkabinetts noch bemüht hatte, mit dem Reichstag zusammenzuarbeiten, suchte Papen, gestützt auf eine breite antiparlamentarische, republikfeindliche Allianz, die offene Auseinandersetzung mit dem Reichstag (→M5). Am 4. Juni 1932 wurde dieser aufgelöst, die zwischenzeitlich verbotene SA am 14. Juni wieder zugelassen und Neuwahlen für den 31. Juli ausgeschrieben. Hitler verweigerte auch dieser Regierung die Zusammenarbeit und attackierte sie schonungslos.

Die Neuwahlen am 31. Juli 1932 brachten der NSDAP einen sensationellen Erfolg. Sie verdoppelte ihre Mandatszahl auf mehr als 230 und wurde stärkste Fraktion. Nach diesem Wahlerfolg forderte Hitler für sich das Amt des Reichskanzlers. Hindenburg lehnte seine Forderung nach einer Neubildung des Kabinetts unter nationalsozialistischer Führung jedoch ab und beließ Papen im Amt.

Gleich in der ersten Sitzung des neu gewählten Reichstages am 30. August sprach eine deutliche Mehrheit Papen das Misstrauen aus (512 gegen 42). Trotz dieser vernichtenden parlamentarischen Niederlage blieb er im Amt und löste den Reichstag am 12. September auf. Am 6. November fanden abermals Neuwahlen statt. Die KPD konnte wiederum ihren Stimmenanteil steigern, während die NSDAP überraschend zwei Millionen Wähler verlor. Die Partei steckte seit Wochen in einer schweren finanziellen Krise. Hitler sah, dass ihm nicht mehr viel Zeit blieb, sein Ziel zu erreichen, zumal vieles auf eine Verbesserung der Wirtschaftslage hindeutete.

Papen beabsichtigte, zur Überwindung der parlamentarischen Blockade den Staatsnotstand auszurufen. Mit Zustimmung des Reichspräsidenten sollten dabei einige Bestimmungen der Verfassung, wie die sofortige Ausschreibung von Neuwahlen nach der Auflösung des Reichstages, außer Kraft gesetzt werden. Auf Druck der Reichswehrführung, die einen unkontrollierbaren Bürgerkrieg befürchtete, verweigerte Hindenburg diesen Plänen die Zustimmung und entließ Papen am 3. Dezember.

Papens Nachfolger, General Kurt von Schleicher, scheiterte mit seinem Versuch, für seine Wirtschafts- und Beschäftigungspolitik einen Teil der NSDAP, die Gewerkschaften und die SPD zu gewinnen. Reichspräsident Hindenburg wurde nun von seinem engsten Beraterkreis, von führenden Unternehmern aus Wirtschaft und Industrie sowie vor allem durch Papen bedrängt, Hitler zum Reichskanzler zu ernennen (→M6 und M7). Papen sollte Vizekanzler werden. Zusammen mit den anderen konservativen Ministern glaubte er, die nationalsozialistischen Minister ausreichend unter Kontrolle zu haben (→M8 und M9). Am 28. Januar 1933 trat Schleicher zurück, zwei Tage später ernannte der Reichspräsident Hitler zum Reichskanzler.

„Der Reichstag wird eingesargt."
Collage von John Heartfield (eigentlich Helmut Herzfeld) aus der „Arbeiter Illustrierten Zeitung" (AIZ) vom 4. September 1932.

- Erläutern Sie, wofür bei John Heartfield der Reichstag steht. | H
- Analysieren Sie, warum der Künstler die SPD ins Blickfeld rückt.
- Erörtern Sie, inwiefern die Collage Heartfields Haltung gegenüber der politischen Entwicklung ausdrückt.

M1 Arbeitslosigkeit in ausgewählten Ländern 1925–1933 (in Prozent)

Jahr	Deutsches Reich[1]	Frankreich[2]	Groß-britannien[3]	USA[4]
1925	3,4	3,0	11,3	5,9
1926	10,0	3,0	12,5	2,8
1927	6,2	11,0	9,7	5,9
1928	6,3	4,0	10,8	6,4
1929	8,5	1,0	10,4	4,7
1930	14,0	2,9	16,1	13,0
1931	21,9	6,5	21,3	23,3
1932	29,9	15,4	22,1	34,0
1933	25,9	14,1	19,9	35,3

Nach: Dietmar Petzina u.a., Sozialgeschichtliches Arbeitsbuch III, München 1978, S. 119 und Dietmar Petzina, Die deutsche Wirtschaft in der Zwischenkriegszeit, Wiesbaden 1977, S. 16f.

► Vergleichen Sie die Entwicklung der Arbeitslosigkeit in den einzelnen Ländern. Lassen sich daraus allgemeingültige Aussagen über das Wahlverhalten (M3) ableiten?

Die Arbeitslosen.
Ölgemälde (167 x 172 cm) von Karl Hofer, 1932.

► Beschreiben Sie die Stimmung, welche das Gemälde ausdrückt.

► Erklären Sie, welche Gründe den Maler zur Wahl dieses Motives bewogen haben könnten.

M2 „Herausgerissen"

1932 erscheint in Hamburg eine „Stempelchronik" mit dokumentarischen Aufzeichnungen über Arbeitslosenschicksale. Der Herausgeber der Sammlung, Bruno Nelissen-Haken (1901–1975), schreibt in der Einleitung:

Alle diese [Arbeitslosen] sind ja herausgerissen aus: Familie, Zuhause [...]. Bei vielen gehen die kleinen Hemmungen sehr schnell verloren, Scheu, Abstand, Erinnerung; das sind die großen Hemmungen im Leben des Volkes. Männer und Frauen und Kinder bleiben von ihrem Zuhause und von ihren Familien fort, weil sie die Öde nicht mehr ertragen können, die seit so viel arbeitslosen Jahren zwischen Mann und Frau und Kind gesetzt ist. Verbitterung setzt sich fest, die nie wieder auszutreiben sein wird, selbst wenn, nach gewisser Zeit vielleicht, doch noch einmal wieder Arbeit gefunden werden sollte. Der Abstand geht verloren, zwischen den Menschen, immer wieder zwei Menschen; Abstand zu Vergangenheit, Zukunft, Leben, Schicksal. Familie, kleine Familie, aber millionenfach Familie in Deutschland geht kaputt, nichts weiter. Die Stufen nach unten gehen sich schnell und von selber; die Vielen sinken ab und merken es nicht einmal. Eine neue Umschichtung der Klassen und der Herzen setzt ein. Ja, und nicht einmal ausgesprochene Schuld auf irgendeiner Seite. Hier verändert sich etwas in der Seele des Volkes; nicht nur dieser einen Generation – vielen Generationen wird von dieser Zeit der Arbeitslosigkeit auch ihr inneres Schicksal bestimmt.

Bruno Nelissen-Haken, Stempelchronik. 261 Arbeitslosenschicksale, Hamburg 1932, S. 8

► Charakterisieren Sie die Folgen der Krise für das gesellschaftliche Zusammenleben. | F

[1] abhängige Erwerbspersonen
[2] abhängige Erwerbspersonen in Bergbau, Bau und Industrie
[3] Arbeitslose, ermittelt auf der Grundlage der Erwerbslosenversicherung
[4] nichtagrarische Erwerbspersonen

M3 Staatsfeindliche und staatstragende Parteien (1919–1932)

Vereinfachte Übersicht über den prozentualen Stimmenanteil der Parteien:

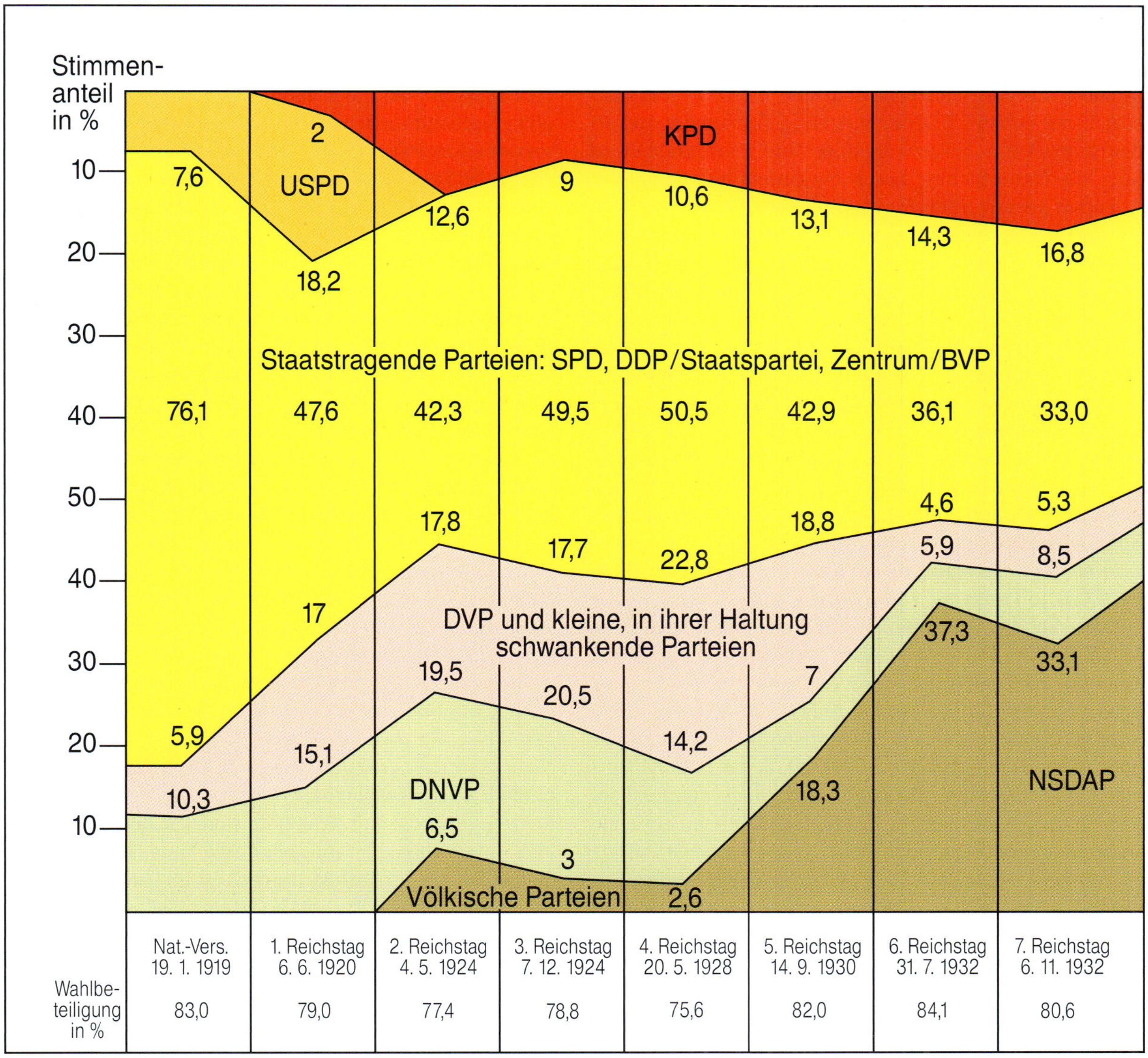

Nach: Karlheinz Dederke, Reich und Republik. Deutschland 1917–1933, Stuttgart [8]1996, S. 327
(die Angaben zur Wahlbeteiligung wurden hinzugefügt)

1. Beschreiben Sie die Entwicklung der Parteien.
2. Ordnen Sie die Parteienentwicklung in die politische Entwicklung der Weimarer Republik ein. | H

Internettipp
Zu allen Wahlen und zur Entwicklung des Parteisystems in der Weimarer Republik siehe den Code 32036-54.

M4 „Nicht unser Staat"

Der sozialdemokratische Reichstagspräsident Paul Löbe (1875–1967) berichtet in seinen Lebenserinnerungen von der parlamentarischen Arbeit nach 1930:

Einige Jahre konnte der Reichstag wieder ordnungsgemäß arbeiten. Als aber 1930 das deutsche Volk 107 Nationalsozialisten neben 77 Kommunisten [...] entsandte und 40 deutschnationale Hugenbergianer[1] ihre schützende Hand über die Nazis hielten, brach der Sturm aufs Neue los. Äußerste Rechte und äußerste Linke warfen sich die Bälle zu, unterstützten gegenseitig ihre Obstruktionsanträge[2], begleiteten die jeweiligen Schimpfkonzerte ihrer Antipoden mit tosendem Beifall und versuchten durch unsinnige und demagogische Anträge die Arbeit des Parlaments und der Regierung lahmzulegen. [...]
Bei einer Reichshaushaltsberatung stellten die Kommunisten eine Reihe von Anträgen, unsympathische Steuern und Abgaben aufzuheben oder herabzusetzen, sodass bei Annahme dieser Anträge die Reichseinnahmen von zehn Milliarden auf sechs vermindert worden wären. Bei dem Ausgabenetat kamen dann so viel populäre Anträge auf Rentenerhöhungen, Wohnhausbauten, Erweiterung des Kreises der Versorgungsberechtigten, dass die Ausgaben des Etats von zehn auf 14 Milliarden steigen mussten. Als ich den kommunistischen Wortführer fragte, woher die Mittel für eine solche Wirtschaft kommen, wie das Defizit von acht Milliarden gedeckt werden sollte, erwiderte er kaltschnäuzig, darüber könne sich ja die Regierung den Kopf zerbrechen, „es ist ja nicht unser Staat, sondern der eure". Genauso unehrlich war die Taktik der nationalsozialistischen Fraktion. Sie beantragte, dass niemand im Reich mehr als tausend Mark Monatseinkommen beziehen sollte, dachte aber gar nicht daran, selbst diesen Grundsatz zu befolgen, sondern wollte mit solch demagogischen Anträgen nur die anderen Parteien in Verlegenheit bringen [...].

Zitiert nach: Günter Schönbrunn (Bearb.), Weltkriege und Revolutionen, München [5]1995, S. 249

1. Fassen Sie zusammen, wie Radikale von links und rechts die parlamentarische Arbeit beeinflussten.
2. Analysieren Sie, welche Wirkung diese Art der parlamentarischen Arbeit auf die Öffentlichkeit haben musste.
3. Recherchieren Sie die verfassungsrechtlichen Möglichkeiten, Feinden der Demokratie in der Bundesrepublik entgegenzutreten. Diskutieren Sie anschließend Ihre Ergebnisse.

M5 Verfassungspläne

Noch als Reichskanzler stellt der ehemalige Zentrumspolitiker Franz von Papen am 12. Oktober 1932 bayerischen Industriellen folgende Pläne vor:

Wir wollen eine machtvolle und überparteiliche Staatsgewalt schaffen, die nicht als Spielball von den politischen und gesellschaftlichen Kräften hin- und hergetrieben wird, sondern über ihnen unerschütterlich steht [...]. Die Reform der Verfassung muss dafür sorgen, dass eine solche machtvolle und autoritäre Regierung in die richtige Verbindung mit dem Volke gebracht wird. An den großen Grundgesetzen [...] soll man nicht rütteln, aber die Formen des politischen Lebens gilt es zu erneuern. Die Reichsregierung muss unabhängiger von den Parteien gestellt werden. Ihr Bestand darf nicht Zufallsmehrheiten ausgesetzt sein. Das Verhältnis zwischen Regierung und Volksvertretung muss so geregelt werden, dass die Regierung und nicht das Parlament die Staatsgewalt handhabt.
Als Gegengewicht gegen einseitige, von Parteiinteressen herbeigeführte Beschlüsse des Reichstages bedarf Deutschland einer besonderen Ersten Kammer mit fest abgegrenzten Rechten und starker Beteiligung an der Gesetzgebung. Heute ist das einzige Korrektiv gegen das überspitzte parlamentarische System und gegen das Versagen des Reichstages die Verordnungsgewalt des Reichspräsidenten aufgrund des Artikels 48 der Reichsverfassung.[3] Sobald aber wieder stetige und normale Verhältnisse herrschen, wird auch kein Anlass mehr sein, den Artikel 48 in der bisherigen Weise anzuwenden. [...]
Nichts kann das Vertrauen in den Aufstieg der Nation mehr hindern als die Unstabilität der politischen Verhältnisse, als Regierungen, die nur Treibholz sind auf den Wellen der Partei und abhängig von jeder Strömung. Diese Art der Staatsführung der Parteiarithmetik ist im Urteil des Volkes erledigt.

Zitiert nach: Heinz Hürten (Hrsg.), Weimarer Republik und Drittes Reich 1918–1945, Stuttgart 1995, S. 132ff.

1. Beschreiben Sie das Regierungssystem, das Papen einführen will. | F
2. Der erste Artikel der Weimarer Verfassung lautet: „Das Deutsche Reich ist eine Republik. Die Staatsgewalt geht vom Volke aus." Erläutern Sie, in welchem Verhältnis Papens Überlegungen zu den Bestimmungen der Weimarer Verfassung stehen.

---

[1] **Alfred Hugenberg** (1865–1951): Politiker und Medienunternehmer, von 1928 bis 1933 Vorsitzender der DNVP
[2] **Obstruktion**: Verschleppung, Verhinderung
[3] Zu Artikel 48 der Reichsverfassung siehe Seite 37 und M1 auf Seite 38.

M6 „Zu bejahender Kraft mitreißen"

Mitte November 1932 richten Persönlichkeiten aus Wirtschaft und Industrie sowie aus großagrarischen Kreisen an den Reichspräsidenten die Bitte, Hitler zum Kanzler zu ernennen:

Mit Eurer Exzellenz bejahen wir die Notwendigkeit einer vom parlamentarischen Parteiwesen unabhängigen Regierung, wie sie in dem von Eurer Exzellenz formulierten Gedanken eines Präsidialkabinetts zum Ausdruck kommt. Der Ausgang der Reichstagswahl vom 6. November d. J. hat gezeigt, dass das derzeitige Kabinett [...] für den von ihm eingeschlagenen Weg keine ausreichende Stütze im deutschen Volk gefunden hat.

[...] Gegen das bisherige parlamentarische Parteiregime sind nicht nur die Deutschnationale Volkspartei und die ihr nahe stehenden kleineren Gruppen, sondern auch die Nationalsozialistische Deutsche Arbeiterpartei grundsätzlich eingestellt und haben damit das Ziel Eurer Exzellenz bejaht.

[...] Es ist klar, dass eine des Öfteren wiederholte Reichstagsauflösung mit sich häufenden, den Parteikampf immer wieder zuspitzenden Neuwahlen nicht nur einer politischen, sondern auch jeder wirtschaftlichen Beruhigung und Festigung entgegenwirken muss. Es ist aber auch klar, dass jede Verfassungsänderung, die nicht von breitester Volksströmung getragen ist, noch schlimmere wirtschaftliche, politische und seelische Wirkungen auslösen wird. [...] Die Übertragung der verantwortlichen Leitung eines mit den besten sachlichen und persönlichen Kräften ausgestatteten Präsidialkabinetts an den Führer der größten nationalen Gruppe wird die Schlacken und Fehler, die jeder Massenbewegung notgedrungen anhaften, ausmerzen und Millionen Menschen, die heute abseits stehen, zu bejahender Kraft mitreißen.

Zitiert nach: Wolfgang Michalka und Gottfried Niedhart (Hrsg.), Deutsche Geschichte 1918–1933, Frankfurt am Main 2002, S. 224 f.

1. Fassen Sie die Argumente der Verfasser für eine Berufung Hitlers zum Reichskanzler sowie die Absichten und Hoffnungen, die sie mit dieser Berufung verbinden, zusammen.
2. Setzen Sie sich mit den politischen Einstellungen auseinander.

„Sylvester-Feier. Na dann Prost, Herr Generaldirektor. Auf ein glückliches neues Spiel!"
Karikatur aus der sozialdemokratischen Satirezeitschrift „Der wahre Jacob" vom 31. Dezember 1932.
Hinweis: Bei den beiden älteren Herren mit den Sektgläsern handelt es sich um stereotypische Darstellungen von Vertretern der Großindustrie bzw. der Hochfinanz. In der Mitte ist Adolf Hitler als Schachfigur dargestellt.

▶ Analysieren Sie die politische Rollenverteilung, die der Zeichner hier vornimmt. | F

M7 Ein Blick in die Zukunft

In der Münchener Zeitung „Der gerade Weg" schreibt der in der Jugendseelsorge tätige katholische Priester Ingbert Naab (1885–1935) im Juni 1932:

Hitler und sein bewusster Anhang plädieren für ein völlig neues Haus. Unsere bürgerlichen Politiker sehen das immer noch zu wenig. Sie haben das wahre Wesen der Hitlerbewegung noch gar nicht erfasst, auch die Herren in Berlin nicht. Hitler aber spricht immer von der nationalsozialistischen Weltanschauung und mit dem Blut dieser Weltanschauung will er alle Adern des zukünftigen Staates durchdringen. Er will nicht in der Reichsverfassung einige Änderungen durchdrücken, sondern erstrebt eine völlig neue Verfassung, die mit den Ideen Ernst macht, die er in seinem Buch „Mein Kampf" niedergelegt hat [...].

Es dreht sich nicht darum, dass im zukünftigen Parlament die Hitlerleute in der Mehrzahl sind und die anderen, mit denen die Abgeordneten in langen Redeschlachten herumlaufen, überstimmen. Es dreht sich darum, dass überhaupt kein Parlament mehr da ist, dass kein Zentrum und keine Deutschnationalen und keine Sozialisten mehr existieren. Es dreht sich darum, dass keine Abstimmungen mehr stattfinden, sondern nur noch Beratungen des Ständestaates: Bestimmen wird überall ein Verantwortlicher, der nur nach oben Verantwortung trägt.

Vom obersten Führer bis herunter in die unterste Blockstelle ist alles durchorganisiert. Wahlen werden nicht mehr notwendig sein. Denn jede verantwortliche Stelle wählt sich in ihrem Verantwortungskreis ihre Leute selber aus.

Die jetzige Regierung mag mit derartigen Plänen einige gemeinschaftliche Linien haben, Hitler will trotzdem etwas ganz anderes als die Regierung. Die jetzige Regierung strebt mehr auf frühere Formen zurück, wie es der Tradition ihrer Zusammensetzung entspricht, Hitler hat mit den alten Formen gar nichts zu tun. Die beiden werden sich nur so lange vertragen, als die Regierung Hitler die Wege ebnen hilft und soweit sie ihm dazu hilft. Aber die Regierung hat gar nicht im Sinn abzutreten. Im Grunde genommen möchte sie doch Hitler völlig ausschalten, indem sie ihm den Wind aus den Segeln nimmt durch die Erfüllung seiner Forderungen. Hier freilich irrt sich der Herr von Papen. Das „Baronenkabinett" ist eben doch wesentlich etwas anderes, als sich die zu einem guten Teil revolutionären Anhänger Hitlers unter der künftigen Reichsregierung vorstellen. Und die in neuer Gestalt erscheinende SA wird für andere Ideale kämpfen und sich nicht damit zufriedengeben, den Rechtskurs und die Auffassung der Staatsaufgaben des Herrn von Papen mitzumachen [...].

Ingbert Naab, Der gerade Weg. Deutsche Zeitung für Wahrheit und Recht, vom 19. Juni 1932, zitiert nach: Anton Grossmann und Alfred J. Gahlmann (Hrsg.), Nationalsozialismus. Arbeitsmaterial Sekundarbereich II, München 1983, S. 31 ff.

► Analysieren Sie die Intention des Verfassers.

M8 „Klare Lösung"

In den Aufzeichnungen von Annelies von Ribbentrop (1896–1973), der Ehefrau von Joachim von Ribbentrop (1893–1946, hingerichtet), der 1932 einflussreicher Verbindungsmann zwischen konservativen Gruppen und den Nationalsozialisten gewesen ist, findet sich folgendes Diktat ihres Mannes vom 27. Januar 1933:

Ich habe Hitler noch nie in einem solchen Zustand gesehen; ich schlage ihm und Göring[1] vor, Papen abends allein zu sprechen und ihm die ganze Situation klarzulegen. Abends spreche ich mit Papen und überzeuge ihn schließlich, dass nur die Kanzlerschaft Hitlers, für die er sich ganz einsetzen müsse, einen Sinn hätte. Papen [...] erklärt, dass er sich jetzt voll und ganz zur Kanzlerschaft Hitlers bekenne, was den entscheidenden Wendepunkt in der Haltung Papens bedeutete. Papen wird sich seiner Verantwortung bewusst – drei Möglichkeiten: entweder Präsidialkabinett [...] oder Rückkehr des Marxismus unter Schleicher[2] oder Rücktritt Hindenburgs. Dagegen die wirklich einzige klare Lösung: Kanzlerschaft Hitlers. Papen wird sich nun restlos klar, dass er jetzt unter allen Umständen Hitlers Kanzlerschaft durchsetzen muss und nicht wie bisher glauben darf, sich Hindenburg auf jeden Fall zur Verfügung halten zu müssen. Diese Erkenntnis Papens ist meines Erachtens der Wendepunkt der ganzen Frage. Papen ist am Sonnabend Vormittag für 10 Uhr bei Hindenburg angesagt.

Und zwei Tage später, am 29. Januar 1933, ist notiert:

Um 11 Uhr lange Aussprache Hitler – Papen. Hitler erklärt, dass im großen Ganzen alles im Klaren sei. Es müssten aber Neuwahlen angesetzt werden und ein Ermächtigungsgesetz müsse kommen. Papen begibt sich sofort zu Hindenburg. Ich frühstücke im Kaiserhof mit Hitler. Die Frage der Neuwahlen wird besprochen. Da Hindenburg nicht wählen lassen will, bittet er mich, Hindenburg zu sagen, dass dies die letzten Wahlen seien. Nachmittags gehen Göring und ich zu Papen. Papen erklärt, dass alle Hindernisse beseitigt seien und dass Hindenburg Hitler morgen um 11 Uhr erwartet.

Zitiert nach: Wolfgang Michalka und Gottfried Niedhart, a.a.O., S. 273 f.

1. Beurteilen Sie Papens Bedeutung für die Ernennung Hitlers zum Reichskanzler. Inwiefern kam ihm diese Lösung entgegen (siehe auch M5)?
2. Erörtern Sie, wer die Verantwortung für die Ernennung Hitlers zum Reichskanzler trug.

---

[1] **Hermann Göring** (1893–1946): seit 1933 preußischer Ministerpräsident; 1933–1945 Reichsminister für Luftfahrt; 1937/38 Reichswirtschaftsminister; 1939 von Hitler offiziell zu seinem Nachfolger ernannt; 1946 Selbstmord

[2] **Kurt von Schleicher**: siehe Seite 72. Ribbentrop spielt auf Schleichers Beschäftigungspolitik an.

M9 „Brautvorführung"

Die nachstehende Karikatur wird im Februar 1933 in der Schweizer Satirezeitschrift „Nebelspalter" veröffentlicht.

1. Beschreiben Sie die Karikatur. Gehen Sie dabei auf die dargestellten Personen und die Raumgestaltung ein.
2. Charakterisieren Sie die Personen (Mimik/Gestik, Kleidung und Attribute) und ihre Beziehungen zueinander.
3. Identifizieren Sie die dargestellten Personen. Tipp: Die Person rechts neben der Frauengestalt soll der Unternehmer und Politiker Alfred Hugenberg sein.
4. Arbeiten Sie heraus, was der Zeichner mit dem Schwert über dem Bett aussagen wollte.
5. Ordnen Sie die Karikatur in den historischen Kontext ein.

Methode

Politische Plakate auswerten

Plakate sind öffentliche Aushänge, die meist an stark frequentierten Standorten platziert werden, um möglichst viele Menschen zu erreichen. Plakate können
• informieren (sachlich)
• werben (tendenziös)
• zu Aktionen aufrufen (appellativ).
Ihr Ziel ist es immer, auf den ersten Blick zu wirken und in Erinnerung zu bleiben. Deshalb werden oft auffällig gestaltete Mittel, **wiederkehrende Symbole** und kurze **Slogans** verwendet. Eine Form des Plakates ist das politische Plakat, das es in Deutschland seit Anfang des 19. Jahrhunderts gibt. Verwendungszwecke des politischen Plakates sind unter anderem Bekanntmachungen der Regierung, Protest (z.B. soziale Missstände) oder (Anti-)Kriegspropaganda. Seine Bedeutung als **Massenmedium** erreichte das Plakat erst in der Weimarer Republik mit der demokratischen Parteienvielfalt. In dem Maße, wie sich die politischen Auseinandersetzungen der Republik zuspitzten, wurden auch die Texte und Bilder der Parteien radikaler. Politische Gegner wurden diffamiert, Feindbilder aufgebaut und Bedrohungsszenarien heraufbeschworen. Hierbei wurden auch **Allegorien und Übertreibungen** eingesetzt.
Plakate geben keinerlei Auskunft über das Wahlverhalten einer gewissen Epoche, sehr wohl jedoch über die Auseinandersetzungen der Parteien, den Alltag der Menschen, die Probleme und die Grundhaltungen einer Zeit.

Weitere Anwendungsbeispiele finden Sie auf den Seiten 30, 42, 51 und 68 f.

Arbeitsschritt	**Leitfragen**
1. beschreiben	• Um welche Art von Plakat handelt es sich? • Wer hat das Plakat in Auftrag gegeben? • Wann und wo ist es veröffentlicht worden? • Wen oder was zeigt das Plakat? • Was wird thematisiert?
2. erklären	• Auf welche Weise geschieht dies (überdimensioniert, naturgetreu, welche Größenverhältnisse etc.)? • Wie ist das Plakat aufgebaut? • Welche Gestaltungsmittel werden verwendet (Verhältnis von Text und Bild, Perspektive, Farben, Haltung und Position der Figuren, Schriftgröße und -art, Symbole, Verwendung bestimmter Stilmittel)? • Wie sind die Allegorien zu entschlüsseln? Wer steckt hinter den dargestellten Personen/Dingen? • Welche Hauptaussage wird demnach getroffen?
3. beurteilen	• Wie ist das Plakat in seinen historischen Kontext einzuordnen? • An wen wendet sich das Plakat? • Ist es gegen jemanden gerichtet? Werden Feindbilder dargestellt? • Welche Wirkung soll das Plakat beim zeitgenössischen Betrachter erzielen? • Welche Aussageabsichten werden verfolgt? • Inwiefern ist die Gestaltung des Plakates gelungen?

SA-Mann mit Schirmmütze und Hakenkreuz: personifizierter „Feind der Demokratie" von rechts

Schriftzug: Verweis auf politische Gegner („Feinde der Demokratie!") und eigenes demokratisches Selbstverständnis

Kommunist mit rotem Stern auf der Kappe: personifizierter „Feind der Demokratie" von links, symbolisiert Gefahr des Bolschewismus

Farbgebung: Schwarz-Rot-Gold als Nationalfarben und Bekenntnis zur Demokratie

Totenkopf mit Reichswehrhelm: Allegorie auf Gefahr des Militarismus oder die Toten des Ersten Weltkrieges

Dolch: Symbol für Gewalt und Hinterhältigkeit, Verweis auf „Dolchstoßlegende"

Wahlaufruf: Ausschalten politischer Gegner (durch demokratische Mittel ≙ Wahl) als Ziel formuliert

Rot als Farbe der Sozialdemokratie

Verweis auf Auftraggeber und Listenplatz

Wahlplakat der SPD von 1930.

► Analysieren Sie das Plakat mithilfe der Arbeitsschritte auf Seite 82. Ihre Ergebnisse können Sie mit der Beispiellösung auf Seite 169 vergleichen.

Methode

Rollenspiele durchführen

Das **Rollenspiel** ist, anders als der Name es vermuten lässt, kein Spiel, sondern eine anspruchsvolle Methode des historischen Lernens und Verstehens. Beim Rollenspiel geht es nur in einem ersten Schritt um die Auswertung von Quellen, da dies die Basis des späteren Handelns darstellt. Auch und vor allem aber geht es um einen **Perspektivwechsel**. Will man in die Rolle einer anderen, z. B. historischen Person schlüpfen, bedarf es entsprechender Kenntnis ihrer Lebensumstände und -ansichten. Ein erfolgreiches Rollenspiel bewegt sich innerhalb eines Themas, das deutlich macht, welche Aspekte im Besonderen beleuchtet und dargestellt werden sollen. Es muss im Vorfeld klar sein, welche und wie viele Rollen auszufüllen sind, damit die Interaktion während des Spiels gelingen kann. Es gilt, **auf der Basis diverser Quellen** ein möglichst genaues Rollenprofil zu erstellen. Der Rollenwechsel impliziert nicht nur ein Sich-Einfühlen sondern auch ein ganzheitliches Ausfüllen der Rolle. Interessant kann es auch sein, bewusst eine konträre Position einzunehmen. So erschließen sich bislang unbekannte **Verhaltensoptionen**, und **Fremdverstehen** wird ermöglicht. Die besondere Herausforderung besteht darin, die historische Szenerie bei der Darstellung von der eigenen Wirklichkeit abzugrenzen, diese aber im Anschluss, etwa in Form einer Diskussion, sehr wohl beurteilen zu können.

Arbeitsschritt	Was ist zu tun?
1. Vorbereitung (in Einzel-, Partner- oder Gruppenarbeit)	• Sichten Sie das Quellenmaterial und beziehen Sie sowohl Schrift- als auch Bildquellen ein, die Auskunft über Gedanken und Ansichten der darzustellenden Person oder der sozialen Gruppe, der sie zugehörig ist, geben (Tagebuch, Biografie, Reden, Briefe, Karikaturen, Statistiken ...). • Informieren Sie sich über den historischen Kontext und das soziale Milieu Ihres Rollencharakters. Beziehen Sie auch Ihr Vorwissen mit ein.
2. „role-taking" und „role-making"	• Erstellen Sie ein Rollenprofil: Notieren Sie persönliche Informationen der darzustellenden Person (Geschlecht, Herkunft, Beruf, soziale Schicht, Bildung – daraus resultierende politische Ansichten ...). • Überlegen Sie sich auf Basis der Quellenanalyse Argumente und Beispiele, die die Ansichten Ihrer Rolle untermauern. • Setzen Sie Ihre Rolle in Beziehung zu anderen – welche ist konträr zu der Ihren, mit welcher bestehen Gemeinsamkeiten? Wie kann sich dies auf Ihre Interaktion, Mimik, Gestik und Position im Raum auswirken? • Formulieren Sie Fragen, Vorwürfe oder bewusste Provokationen für die Interaktion mit anderen Rollen. • Trennen Sie streng eigene Ansichten von denen Ihres Rollencharakters.
3. Reflexion	• Überprüfen Sie, inwiefern Sie der Rolle gerecht geworden sind: Wurden alle wesentlichen Aspekte bedacht? Kam es zu Konflikten? Konnten diese gelöst werden? • Reflektieren Sie die Interaktion und bewerten Sie die Nachhaltigkeit des Rollenspiels.

Wahlabend in Salzgitter, 1930.

Im Wahllokal kommen Sie ins Gespräch über die aktuelle politische Lage ...

Sie sind ein **ehemaliger ranghoher Offizier**, der seine Karriere dem Krieg und dem Militär zu verdanken hat. Ihre Familie genoss seit jeher Privilegien. Durch die Revolution und die neue Staatsform hat sich einiges für Sie verändert ...

Sie sind eine **junge Frau und Mutter**, die mit ihrem Mann zusammen selbstständig einen kleinen Kaufladen führt. Sie haben sich die Selbstständigkeit hart erwirtschaftet und genießen einen Lebensstandard ohne schwere körperliche Arbeit. Durch die Revolution und die neue Staatsform haben sich für Sie als Frau neue Möglichkeiten ergeben ...

Sie sind ein **Beamter im mittleren Dienst** im örtlichen Finanzamt und mussten durch die politischen Wirren und die staatliche Sparpolitik Gehaltssenkungen hinnehmen. Ihre Ausbildung haben Sie im Kaiserreich absolviert, aber durch die Revolution und die neue Staatsform hat sich für Sie einiges verändert ...

Sie sind ein **Arbeitsloser**, der früher als Fabrikarbeiter in der Stahlindustrie tätig war. Sie wurden vom Fabrikbesitzer aufgrund allgemeiner Sparmaßnahmen entlassen, da durch das Kriegsende die Rüstungsindustrie nicht mehr gefragt ist. Sie sind mit Ihrer Situation sehr unzufrieden. Die Villa des Fabrikbesitzers sehen Sie jeden Tag aus der Ferne, wenn Sie auf dem Weg zur Suppenküche sind ...

1. Arbeiten Sie für eine der genannten Rollen ein Rollenprofil mithilfe des Leitfadens auf Seite 84 heraus. Sie können anschließend Ihre Ideen mit den Rollenprofilen auf Seite 170 vergleichen.
2. Interagieren Sie in Ihrer Rolle: Machen Sie Ihre Position deutlich und erklären Sie, inwiefern Sie mit der aktuellen Politik und Staatsform (un)zufrieden sind.

Warum scheiterte die Weimarer Republik?

Bei der Frage nach den Gründen für den Untergang der Weimarer Republik und den Machtantritt der Nationalsozialisten ist es nahezu einhellige Ansicht der Geschichtswissenschaft, dass nicht eine einzelne Ursache ausschlaggebend war. Für Zeitgenossen wie Otto Braun, den ehemaligen sozialdemokratischen Ministerpräsidenten von Preußen, waren der Vertrag von Versailles und die Radikalität der deutschen Kommunisten entscheidend. Amerikanische Historiker legten den Schwerpunkt auf die autoritären Traditionen der Deutschen. Andere sehen im Versagen führender Persönlichkeiten aus Politik, Wirtschaft und Militär zwischen 1930 und 1933 eine wesentliche Ursache des Zusammenbruchs, da die alten Eliten Hitler unterschätzten. Allerdings bleibt trotz der abwägenden Gewichtung einzelner Ursachen heute die Erkenntnis, dass beim Scheitern der Republik unterschiedliche Ereignisse und Prozesse zusammenspielten.

M1 „Die antirepublikanischen Tendenzen […] waren grundsätzlich beherrschbar"

Der Historiker Hagen Schulze (1943–2014) versucht die Frage zu beantworten, woran Weimar gescheitert ist. Er schreibt 1982:

Woran ist also Weimar gescheitert? Die Antwort ist nicht mit letzter wissenschaftlicher Präzision zu geben, aber einiges lässt sich doch ausmachen: Die wichtigsten Gründe liegen auf dem Feld der Mentalitäten, der Einstellungen und des Denkens. In der Mitte des Ursachenbündels finden sich eine Bevölkerungsmehrheit, die das politische System von Weimar auf die Dauer nicht zu akzeptieren bereit war, sowie Parteien und Verbände, die sich den Anforderungen des Parlamentarismus nicht gewachsen zeigten. Die Ursachen für diese Defekte dürften überwiegend in langfristigen, aus den besonderen Bedingungen der preußisch-deutschen Geschichte zu erklärenden Zusammenhängen zu suchen sein, verstärkt durch die Entstehungsbedingungen des Weimarer Staatswesens und seiner außenpolitischen Belastungen. Die Übertragung dieser ungünstigen Gruppenmentalitäten auf das Weimarer Regierungssystem wurde durch den Wahlrechtsmodus erheblich begünstigt; andere Merkmale der formalen Verfassungsordnung, wie ihr mangelnder normativer Charakter oder der Föderalismus, wirkten nur in zweiter Linie destabilisierend, während das starke präsidiale Moment daneben auch stabilisierende Komponenten enthielt, die allerdings letzten Endes nicht zum Zuge kamen. Die antirepublikanischen Tendenzen in Armee, Bürokratie und Justiz waren grundsätzlich beherrschbar, eine Frage des Machtbewusstseins von Parteien und Regierung. Die gesellschaftlichen und wirtschaftlichen Rahmenbedingungen waren hauptsächlich langfristig wirksam, indem sie auf die Mentalitäten von Bevölkerung und einzelnen Gruppen einwirkten; aktuelle ökonomische Krisen verstärkten die destabilisierenden Momente, verursachten sie aber nicht.

Lapidar lässt sich also schließen: Bevölkerung, Gruppen, Parteien und einzelne Verantwortliche haben das Experiment Weimar scheitern lassen, weil sie falsch dachten und deshalb falsch handelten. Auch auf dem Umweg über die Strukturanalyse gelangt man so zu dem Schluss, dass Weimar nicht schicksalhaft oder bedingt durch anonyme Sachzwänge scheitern musste – die Chance der Gruppen wie der Einzelnen, sich für Weimar zu entscheiden und dem Gesetz der parlamentarischen Demokratie zu gehorchen, nach dem man angetreten war, hat immer bestanden.

Hagen Schulze, Weimar. Deutschland 1917–1933, Berlin 1994, S. 425

M2 Weder Zwang noch Zufall

*Der Historiker Heinrich August Winkler (*1938) äußert sich 2011 folgendermaßen über die Ursachen des Scheiterns der Weimarer Republik:*

Die Ernennung Hitlers zum Reichskanzler war nicht der unausweichliche Ausgang der deutschen Staatskrise, die mit dem Bruch der Großen Koalition am 27. März 1930 begonnen und sich seit der Entlassung Brünings am 30. Mai 1932 dramatisch zugespitzt hatte. Hindenburg musste sich von Schleicher so wenig trennen, wie er genötigt gewesen war, Brüning durch Papen auszuwechseln. Er hätte Schleicher nach einem Misstrauensvotum des Reichstages als Chef einer geschäftsführenden Regierung im Amt halten oder durch einen nicht polarisierenden „überparteilichen" Kanzler ersetzen können. Die neuerliche Auflösung des Reichstages innerhalb der verfassungsmäßigen Frist von sechzig Tagen war ihm nicht verwehrt; der Aufschub von Neuwahlen bis in den Herbst 1933 war hingegen nach den entsprechenden Erklärungen aus der politischen Mitte und vonseiten der Sozialdemokratie kaum weniger riskant als im Jahr zuvor. Nichts zwang den Reichspräsidenten dazu, Hitler zum Reichskanzler zu machen. Hitler war zwar immer noch, trotz seiner Niederlage in der Reichstagswahl vom 6. November 1932, der Führer der stärksten Partei, aber eine Mehrheit im Reichstag gab es für ihn nicht.

Bis in den Januar 1933 hinein hatte sich der Reichspräsident, um eine Parteidiktatur der Nationalsozialisten zu verhindern, der Kanzlerschaft Hitlers widersetzt. Hindenburg änderte seine Haltung, weil ihn nun auch seine engsten Berater dazu drängten und weil er das Risiko der Diktatur durch das Übergewicht konservativer Minister im

Kabinett Hitler verringert, wenn nicht beseitigt sah. […] Auf Schleichers Entlassung und Hitlers Ernennung arbeiteten einflussreiche Kreise der seit Bismarcks Zeiten vom Staat subventionierten ostelbischen Großlandwirtschaft hin, sowie, vorzugsweise auf dem Weg über Papen, der rechte Flügel der rheinisch-westfälischen Schwerindustrie. Entsprechenden Druck übten zuletzt fast alle Personen aus, die Zugang zum Reichspräsidenten hatten. Diesem Druck zu widerstehen, war der Greis nicht mehr stark genug. Das Machtzentrum um Hindenburg hatte sich im Januar 1933 für das Wagnis mit Hitler entschieden, und Hindenburg als Person war nur ein, wenn auch der wichtigste, Teil des Machtzentrums.

Der 30. Januar war also weder ein zwangsläufiges Ereignis der vorangegangenen politischen Entwicklung noch ein Zufall. Hitlers Massenrückhalt machte seine Ernennung möglich, aber erst durch den Willen Hindenburgs und des Milieus, das er verkörperte, wurde er Kanzler. Die politische Stärke jener „alten Eliten“, die auf eine „Regierung der nationalen Konzentration“ unter Hitler drängten, war ebenso wie der Zulauf zu seiner Partei eine soziale Tatsache mit langer Vorgeschichte. Zu dieser Vorgeschichte gehörte auch die Erosion des Vertrauens in den demokratischen Staat. Dass der „Legitimitätsglaube“, Max Weber zufolge die wichtigste immaterielle Herrschaftsressource, in Weimar von Anfang an schwach war, hatte Gründe, die mit der Geburt der Republik aus der Niederlage im Ersten Weltkrieg zusammenhingen und zugleich weit hinter diesen Krieg zurückreichten. Wenn es eine Ursache „letzter Instanz“ für den Zusammenbruch der ersten deutschen Demokratie gibt, liegt sie in der historischen Verschleppung der Freiheitsfrage im 19. Jahrhundert – oder, anders gewendet, in der Ungleichzeitigkeit der politischen Modernisierung Deutschlands: der frühen Demokratisierung des Wahlrechts und der späten Parlamentarisierung des Regierungssystems.

Heinrich August Winkler, Geschichte des Westens. Die Zeit der Weltkriege 1914–1945, München 2011, S. 631 f.

„Stützen der Gesellschaft."
Ölgemälde (200 x 108 cm) von George Grosz, 1926.
Das Gemälde wurde von dem Kunsthistoriker Hans Hess als eine „große Allegorie des deutschen Staates in der Weimarer Republik" bezeichnet.

- ▶ Beschreiben Sie die abgebildeten Figuren und ordnen Sie sie aufgrund ihrer Attribute bestimmten Gesellschaftsschichten zu.
- ▶ Analysieren Sie die Aussageabsicht des Künstlers. Gehen Sie dazu auch erläuternd auf den Bildtitel und die oben zitierte Aussage von Hans Hess ein. | F

1. Geben Sie die Kerngedanken der Historiker wieder (M1 und M2).
2. Vergleichen Sie die Auffassungen der Historiker hinsichtlich der Ursachen des Scheiterns der Weimarer Republik, indem Sie auf die angesprochenen Konflikte und Probleme näher eingehen (M1 und M2). | F
3. Das Scheitern der Weimarer Republik: Zwang – Zufall – Schicksal? Nehmen Sie Stellung.

Die Weimarer Republik (1918 – 1933)

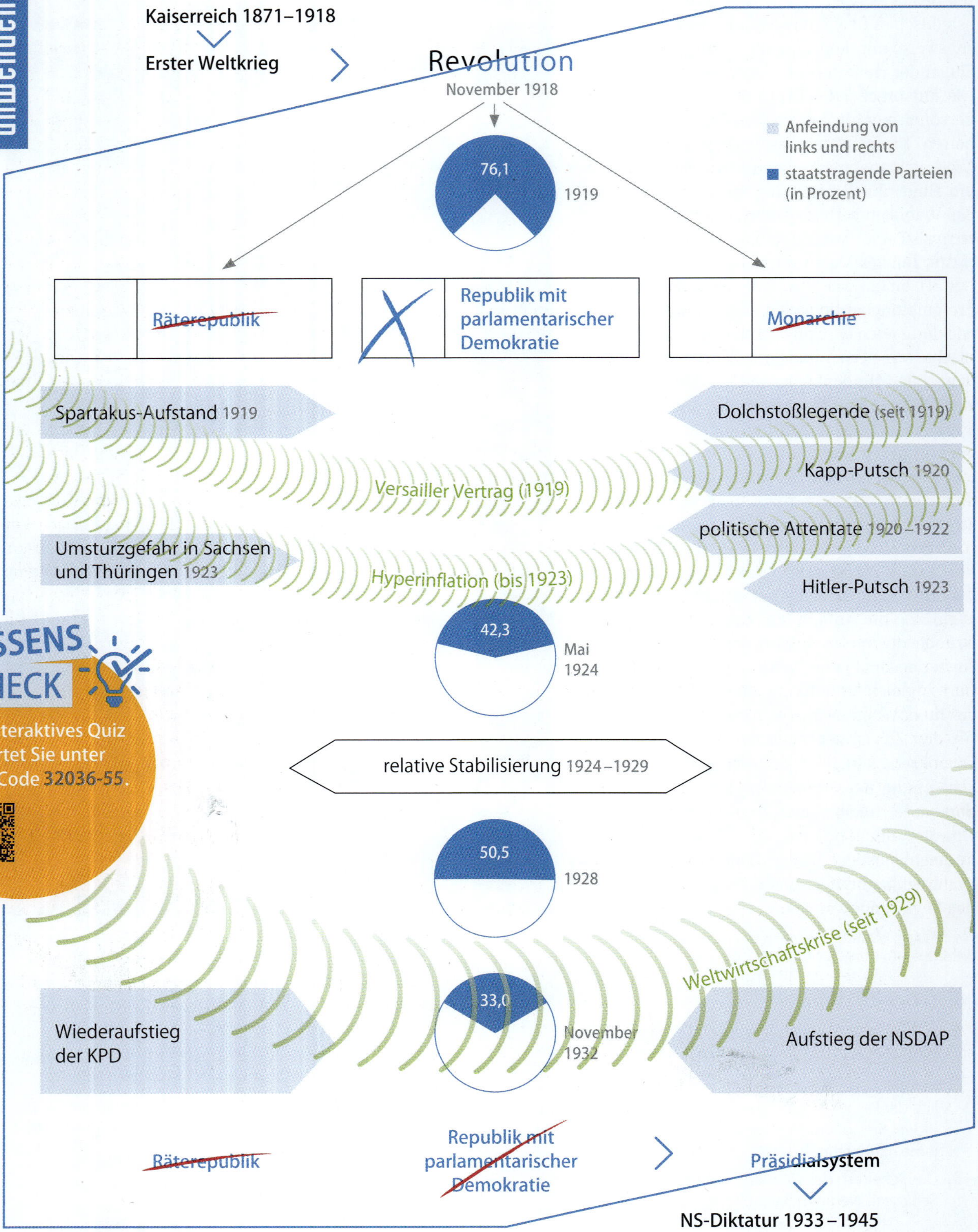

WISSENS CHECK

Ein interaktives Quiz erwartet Sie unter dem Code 32036-55.

M „Es lebe die deutsche Republik!“

*Frank-Walter Steinmeier (*1956) ist seit dem 19. März 2017 der zwölfte Bundespräsident der Bundesrepublik Deutschland. Bei einer Gedenkstunde des Deutschen Bundestages zum 9. November 2018 hält er anlässlich des 100. Jahrestages der Revolution folgende Rede:*

Die Revolution, so ungeplant und improvisiert sie auch war, steht für eine tief greifende Zäsur in der deutschen Geschichte, für einen Aufbruch in die Moderne.

Viele ihrer Errungenschaften prägen heute unser Land, auch wenn uns das nicht jeden Tag bewusst ist. Die Revolution brachte allen deutschen Parlamenten das allgemeine und gleiche Wahlrecht – endlich, zum ersten Mal auch für die Frauen! Sie bahnte den Weg zur Weimarer Nationalversammlung, zu einer republikanischen Verfassung, zur parlamentarischen Demokratie, der ersten in der Geschichte unseres Landes. Auch Grundsteine des modernen Sozialstaates legte diese Revolution: Acht-Stunden-Tag, Tarifpartnerschaft, Mitbestimmung durch Betriebsräte – all das steht für den sozialen Fortschritt, der damals inmitten der Nachkriegswirren begann.

Aber trotz alledem hat die Revolution bis heute kaum Spuren im Gedächtnis unserer Nation hinterlassen. [...]

Manchmal scheint mir, als sei jene Zeitenwende auf ewig überschattet vom Scheitern der Republik, als sei der 9. November 1918 diskreditiert und entwürdigt durch den 30. Januar 1933. Ja, das Ende der Weimarer Republik führte hinab ins furchtbarste Kapitel der deutschen Geschichte. Aber: Historisch gescheitert ist nicht die Demokratie – historisch gescheitert sind die Feinde der Demokratie. [...]

Ja, diese Revolution war auch eine Revolution mit Irrwegen und enttäuschten Hoffnungen. Aber es bleibt das große Verdienst der gemäßigten Arbeiterbewegung, dass sie – in einem Klima der Gewalt, inmitten von Not und Hunger – den Kompromiss mit den gemäßigten Kräften des Bürgertums suchte, dass sie der parlamentarischen Demokratie den Vorrang gab. [...]

In der Weimarer Republik hat der 9. November nie die symbolische Kraft eines Gründungsmythos gewinnen können. [...] Statt Einheit zu stiften, verschärfte die Erinnerung an den 9. November sogar die ideologische Spaltung der Gesellschaft: Für Teile der radikalen Linken stand das Datum für den vermeintlichen Verrat an der Arbeiterklasse, für die Republikfeinde von rechts für ihre Lüge vom „Dolchstoß“, den angeblichen Verrat an den Frontkämpfern. Es war kein Zufall, dass Adolf Hitler ausgerechnet am 9. November 1923 in München den ersten Anlauf zum Sturz der Republik unternahm, jenes „undeutschen Systems“, dessen Repräsentanten die völkische Rechte mit mörderischem Hass überzog. [...]

Und es war vor allem die lange Tradition antiliberalen Denkens, die die politische Kultur der Republik vergiftete: Intellektuelle wie Carl Schmitt zogen gegen den Interessenpluralismus der „modernen Massengesellschaft“ zu Felde und schmähten die „taktischen Kompromisse und Koalitionen“ einer sogenannten politischen „Klasse“. Vertreter der radikalen Linken geißelten Parlamente und Regierungen als Herrschaftsinstrumente der „bürgerlichen Klasse“. [...]

Das Denken und Handeln der Weimarer Demokraten wirkte über die erste Republik hinaus. Die Mütter und Väter der Bundesrepublik, von denen viele in der Weimarer Zeit geprägt worden waren, konnten nach 1945 auf deren Kenntnissen aufbauen und auch aus ihren Irrtümern lernen. In den Worten von Heinrich August Winkler: „Dass Bonn nicht Weimar wurde, verdankt es auch der Tatsache, dass es Weimar gegeben hat.“ [...]

So wenig der Demokratie am 9. November 1918 ihr Scheitern schon vorherbestimmt war, so wenig ist heute, einhundert Jahre später, ihr Gelingen garantiert. Wir beobachten ein wachsendes Unbehagen an der Parteiendemokratie, bis hinein in die Mitte unserer Gesellschaft. Wir erleben, wie manche die Parlamente gar nicht mehr als Orte für politische Lösungen ansehen wollen. Nicht alle diese Menschen sind Gegner der Demokratie – aber sie fehlen der Demokratie. Gerade die Geschichte der Weimarer Republik zeigt doch, wie sehr wir Bürgerinnen und Bürger brauchen, die bereit sind, Verantwortung zu übernehmen, die sich den Mühen demokratischer Politik aussetzen – weil sie an ihren Wert glauben. [...]

Trauen wir uns, die Hoffnung, die republikanische Leidenschaft jener Novembertage auch in unserer Zeit zu zeigen. Trauen wir uns, den Anspruch zu erneuern: Es lebe die deutsche Republik! Es lebe unsere Demokratie!

www.bundespraesident.de/SharedDocs/Reden/DE/Frank-Walter-Steinmeier/Reden/2018/11/181109-Gedenkstunde-Bundestag.html (Zugriff: 21. Juni 2019)

1. Fassen Sie die Leistungen zusammen, die wir nach Steinmeier der Revolution von 1918 verdanken.
2. Charakterisieren Sie den Zwiespalt, mit dem in Deutschland seit jeher auf die Ergebnisse von 1918 geblickt wird.
3. Diskutieren Sie, inwiefern sich der 9. November als nationaler Gedenktag eignen würde.

1.5 Wahlmodul: Der Erste Weltkrieg

Das Kapitel beschäftigt sich inhaltlich mit …

den Ursachen und dem Anlass des Ersten Weltkrieges

dem Verlauf und Ende des Krieges

der nationalen und internationalen Erinnerung an den Ersten Weltkrieg

Im Jahre 2018 jährte sich das Ende des Ersten Weltkrieges zum hundertsten Mal. Anlässlich des Jubiläums fanden im In- und Ausland zahlreiche öffentliche Gedenkfeiern und -veranstaltungen statt. Bereits im Gedenkjahr 2014 präsentierten Museen in aller Welt Ausstellungen zur „Urkatastrophe des 20. Jahrhunderts". Auch Hollywood nahm sich dem Thema in den zurückliegenden Jahren an. Der neuseeländische Regisseur Peter Jackson setzte beispielsweise mit seinem 2018 erschienenen Dokumentarfilm „They Shall Not Grow Old" neue Maßstäbe. In Zusammenarbeit mit dem Imperial War Museum in London ließ er historisches Filmmaterial kolorieren und vertonen. Ein bis dahin einmaliges Projekt.

In dem von August 1914 bis November 1918 andauernden Krieg fanden über neun Millionen Soldaten den Tod. Allein bei der als „Knochenmühle" bezeichneten Schlacht von Verdun (1916) starben schätzungsweise über 700 000 Soldaten. Auch bekannte Künstler – wie die deutschen Maler Franz Marc und August Macke oder der französische Bildhauer Raymond Duchamp-Villon – ließen ihr Leben im Ersten Weltkrieg. Der Masseneinsatz von Soldaten, neue Waffensysteme (U-Boote, Flugzeuge, Panzer, Flammenwerfer, Giftgas) und eine bis dahin unvorstellbare Erhöhung der Feuerkraft waren schreckliche Erfahrungen für die Menschen. In vielen Ländern litt ebenso die Zivilbevölkerung unter den Folgen des Krieges. Aufgrund von Versorgungsengpässen wurden Abertausende unterernährte Menschen in der Heimat Opfer von Epidemien und Krankheiten. In den Kampfgebieten zeugten zerstörte Städte und Dörfer sowie durch Granattrichter völlig verwüstete frühere Kulturlandschaften von der neuen Dimension des Krieges im industriellen Zeitalter.

Aber der Krieg brachte nicht nur millionenfache Todesopfer und traumatisierte Kriegsverwundete. Er begünstigte letztlich auch den Umsturz traditioneller Herrschaftsformen in Europa und führte den Zusammenbruch des alten europäischen Staatensystems herbei.

Der Toten gedenken.
Foto vom November 2018, Berlin. Anlässlich des 100. Jahrestages des Endes des Ersten Weltkrieges legt der belgische König Philippe einen Kranz zu Ehren der Kriegsopfer vor der Skulptur „Mutter mit totem Sohn" in der Neuen Wache nieder, der Zentralen Gedenkstätte der Bundesrepublik Deutschland für die Opfer von Krieg und Gewaltherrschaft. Bei der Skulptur der Bildhauerin und Grafikerin Käthe Kollwitz handelt es sich um eine vergrößerte Kopie. Das kleinformatige Original befindet sich im Kollwitz-Museum in Köln.

► Recherchieren Sie, wann Käthe Kollwitz die Plastik fertigte und wem sie gewidmet ist.

Vorgeschichte des Ersten Weltkrieges

1880 - 1914 — Der Zeitraum gilt als Phase des **Hochimperialismus**, in dem die nicht-europäische Welt von der europäischen Zivilisation sowie dem westlich-industriellen System durchdrungen wird.

ab Ende des 19. Jhs. — Es kommt zum **Flottenwettrüsten** zwischen Großbritannien und dem Deutschen Reich.

1912/13 — **Balkankriege**: Die Türkei wird vom Balkan verdrängt, Serbien kann sich vergrößern.

Juli 1914 — **Julikrise**: Nach der Ermordung des österreichisch-ungarischen Thronfolgers am 28. Juni in Sarajewo eskaliert die politische Lage. Der Konflikt zwischen Österreich-Ungarn und Serbien weitet sich durch Bündnisverpflichtungen zum europäischen Krieg aus.

Kriegsbeginn und Verlauf

1. 8. 1914 — Das Deutsche Reich erklärt Russland den Krieg. Zwei Tage später folgt die Kriegserklärung an Frankreich. Am 4. August tritt Großbritannien in den Krieg ein.

26. - 30. 8. 1914 — Deutsche Truppen siegen unter der Führung des Generals **Paul von Hindenburg** über die russische Armee in der Schlacht bei Tannenberg (Ostpreußen), die einen Heldenmythos („**Tannenberg-Mythos**") begründet.

bis Nov. 1914 — Der deutsche Vormarsch in Belgien und Frankreich kommt zum Stillstand, der Krieg wird zum **Stellungskrieg**.

2. 11. 1914 — Großbritannien erklärt die gesamte Nordsee zum Kriegsgebiet und verhängt eine Seeblockade.

Februar 1915 — Das Deutsche Reich beginnt den **uneingeschränkten U-Boot-Krieg** und bricht damit internationale Seekriegsregeln. Handels- und Passagierschiffe werden ohne Vorwarnung versenkt, auch aus neutralen Staaten.

April 1915 — Die deutsche Armee verwendet in der zweiten Ypern-Schlacht erstmals Chlorgas.

21. 2. 1916 — Die Schlacht um **Verdun** beginnt. Sie bringt Frankreich und dem Deutschen Reich hohe Verluste. Insgesamt sterben über 700 000 Soldaten.

Sept. 1916 — Die britische Armee setzt erstmals „tanks" (Panzer) im Kampfgeschehen ein.

Winter 1916/17 — Infolge der britischen Seeblockade und kriegswirtschaftlicher Probleme verschärft sich die Lebensmittelnot der Zivilbevölkerung im Deutschen Reich („**Steckrübenwinter**"). Zwischen 1914 und 1918 sterben Hunderttausende an Hunger und Unterernährung.

6. 4. 1917 — Die USA erklären dem Deutschen Reich den Krieg.

8. 1. 1918 — US-Präsident **Woodrow Wilson** verkündet eine Friedensordnung für Europa in 14 Punkten.

Beendigung des Krieges

3. 3. 1918 — Deutschland schließt in **Brest-Litowsk** einen Separatfrieden mit Russland, wo in der **Oktoberrevolution** 1917 die Bolschewiki unter Wladimir I. Lenin die Herrschaft übernommen hatten.

3./4. 10. 1918 — Der neue Reichskanzler Prinz **Max von Baden** richtet an den US-Präsidenten ein Waffenstillstandsangebot.

11. 11. 1918 — Nach dem Sturz des Kaisers und der deutschen Fürsten (**Novemberrevolution**) unterzeichnet die neue Reichsregierung in **Compiègne** den Waffenstillstand.

18. 1. 1919 — Die **Pariser Friedenskonferenz** beginnt ohne Beteiligung der besiegten Mittelmächte.

28. 6. 1919 — Es kommt zur Unterzeichnung des **Versailler Vertrages** durch Deutschland. Der Vertrag tritt am 10. Januar 1920 in Kraft. Er legt u.a. die Alleinschuld Deutschlands und seiner Verbündeten im Ersten Weltkrieg fest (Artikel 231).

Imperialismus: Vom lateinischen Wort Imperium abgeleitet, bedeutet der Begriff „Herrschaft" oder „Großreichspolitik" und kann als die territoriale Ausdehnung eines Staates über andere Länder und Völker verstanden werden. Im weiten Sinne umfasst der „Imperialismus" das gesamte 19. und frühe 20. Jahrhundert bis zum Ausbruch des Ersten Weltkrieges. Als „klassisches Zeitalter des Imperialismus" oder als Periode des Hochimperialismus gelten jedoch die Jahre zwischen 1880 und 1914, in denen die gesamte nichteuropäische Welt von der europäischen Zivilisation sowie dem westlich-industriellen System durchdrungen wurde. Das Gleichgewicht der Mächte wich einem allgemeinen Prestige- und Rüstungswettlauf.

Nationalismus: weltanschauliches Bekenntnis (Ideologie) zur eigenen Nation und dem Staat, dem man angehört. Auf der einen Seite stand die Überzeugung, dass alle Völker einen Anspruch auf nationale Selbstbestimmung haben, auf der anderen die Hochschätzung des eigenen Volkes. Die Abwertung anderer Nationen trug seit der Mitte des 19. Jahrhunderts zu einem übersteigerten Nationalbewusstsein (Chauvinismus) bei, einem Kennzeichen des Imperialismus und später des Nationalsozialismus.

Panslawismus: Bewegung, die die kulturelle Einheit aller slawischen Völker betont. Daraus entstand die Forderung nach staatlicher Einigung.

Nationalismus und Imperialismus | Die Außenpolitik der großen Staaten war seit etwa 1860 geprägt vom **Imperialismus**. Am weitesten fortgeschritten war die Entwicklung des britischen Weltreiches; um 1910 gehörte etwa ein Viertel der Erde zum „Empire". Frankreich konkurrierte in Afrika und Südostasien mit Großbritannien um den Erwerb von Land, Russland dehnte seine Herrschaft nach Mittelalsien, Japan in den pazifischen Raum aus. Das Deutsche Reich als „späte Nation" nahm nach 1880 an der Aufteilung der Welt teil und musste sich mit vergleichsweise unbedeutenden Kolonien begnügen.

Territoriale Expansion und militärische Stärke waren Schlüsselkonzepte des **Nationalismus**, der in allen Staaten eine Blüte erlebte. Er überhöhte die eigene Nation und grenzte sie qualitativ von anderen, als minderwertig empfundenen Völkern ab. In Deutschland gehörten dazu Vorstellungen von einer besonderen „Sendung" der Deutschen und von ihrem „Sonderweg" in der Geschichte. Besonders Kaiser *Wilhelm II.*[1] erhob lautstark Anspruch auf einen Platz in der Welt, der dem deutschen Status als Großmacht Rechnung trüge. Nationalismus erfasste alle Schichten, vor allem jedoch das Bürgertum, führte zu einer Identifikation mit dem eigenen Staat und lenkte von sozialen und politischen Schwierigkeiten im Innern ab.

Nationalismus mobilisierte auch zahlreiche Menschen im Vielvölkerstaat Österreich-Ungarn und im Osmanischen Reich gegen die Obrigkeit. Die slawische Bevölkerung wurde sich ihrer sprachlichen und kulturellen Eigenständigkeit bewusst und sah sich durch die fremden, fernen Herrschaften bevormundet und benachteiligt. Immer lauter wurden Stimmen, die nach der Sammlung aller Südslawen in einem autonomen Staat verlangten (**Panslawismus**).

Flottenwettrüsten | Neben der Gewinnung von Territorien gehört auch deren Sicherung und Erhalt zum Imperialismus. Deutschlands Übergang zur Weltpolitik war begleitet von Anstrengungen zum Aufbau einer starken deutschen Kriegsmarine.

Grundprinzip des Flottenbauprogramms war der „Risikogedanke": Für Großbritannien – den mutmaßlichen Hauptgegner einer deutschen Weltmachtstellung – sollte das Risiko eines Krieges gegen das Deutsche Reich so hoch werden, dass es angesichts des drohenden Verlustes seiner Seemachtstellung zu einer Annäherung oder zu kolonialen Zugeständnissen gezwungen sein würde. Das Gegenteil trat ein: Großbritannien ging auf Distanz zum Deutschen Reich. Ein Wettrüsten zur See begann, das auch Frankreich und selbst Österreich-Ungarn erfasste. Aus der allgemein empfundenen Bedrohungslage erwuchs auch eine gewaltige Aufrüstung der Heere sowie der Aufbau erster Luftstreitkräfte (→M1).

Machtvakuum auf dem Balkan | Seit Beginn des 19. Jahrhunderts wurde das früher mächtige Osmanische Reich, das auch Türkei genannt wurde, durch Aufstände in seinen europäischen Gebieten geschwächt. Drei Jahrhunderte hatte der Balkan unter osmanischer Herrschaft gestanden, nun waren dort selbstständige oder teilselbstständige Staaten entstanden. Das zerfallende Osmanische Reich wurde im 19. Jahrhundert von vielen Europäern als „Kranker Mann am Bosporus" verspottet.

Die europäischen Mächte hatten auf dem Balkan unterschiedliche Interessen: Russland wollte seinen Einfluss in Europa stärken und den Bosporus und die Dardanellen, die Meerengen zwischen Mittelmeer und Schwarzem Meer, unter eigene Kontrolle bekommen. Großbritannien und Frankreich sperrten sich gegen solche Expansionspläne. Sie wollten verhindern, dass eine so wichtige Seestraße in russische Hände fiel. Den Briten ging es außerdem darum, die Verbindungswege nach Indien zu kontrollieren und die Ausdehnung Russlands in Asien zu stoppen.

Besonders in Serbien träumten viele von der Errichtung eines großen slawischen Einheitsstaates mit Zugang zur Adria (→M2). Russland, ebenfalls slawisch und orthodox, betrachtete sich als Schutzmacht der Völker auf dem Balkan. Dagegen mussten Öster-

[1] Siehe Seite 94.

reich-Ungarn die nationalen Unabhängigkeitsbewegungen beunruhigen, denn der Vielvölkerstaat sah die Gefahr einer „Ansteckung" seiner eigenen Minderheiten.

Das Deutsche Reich schließlich pflegte gute Beziehungen zum Osmanischen Reich, 1898 hatte sich Kaiser Wilhelm II. zum „Freund aller Muslime" erklärt. Ab 1903 wurde mit deutscher Unterstützung die Bagdadbahn gebaut, die von der europäischen Türkei bis zum Persischen Golf führen sollte. Großbritannien, Frankreich und Russland beobachteten die Beziehungen zwischen dem Deutschen und dem Osmanischen Reich mit Misstrauen.

Der Balkan 1913.

Imperialistischer Vorstoß Österreich-Ungarns | Solche gegensätzlichen Interessen machten den Balkan in den Jahren vor dem Ersten Weltkrieg zu einem „Pulverfass". Eine große Krise löste Österreich-Ungarn aus, als es 1908 die ehemals osmanischen Provinzen Bosnien und Herzegowina, über die es seit 1878 ein Protektorat ausübte, dem eigenen Staatsgebiet zuschlug. Die Annexion verstieß gegen geltendes Recht und erschien vor allem für Serbien als Bedrohung. Die Regierung in Belgrad forderte die Rücknahme des Schrittes, mindestens müsse Österreich-Ungarn aber zu einer Entschädigung an Serbien bereit sein. Als die Doppelmonarchie diesen Forderungen nicht entgegenkam, mobilisierte Serbien seine Armee. Russland hatte gehofft, als Ausgleich für den Machtzuwachs Österreich-Ungarns endlich freie Fahrt durch die beiden Meerengen zu bekommen. Als diese Rechnung nicht aufging, unterstützte es die Position Serbiens nachdrücklich. Serbien war eigentlich zum Krieg bereit, aber Russland wollte und konnte sich nicht zu militärischer Hilfe entschließen, daher musste Serbien die österreichische Gebietsvergrößerung hinnehmen. Serben und Russen fühlten sich gedemütigt, und in beiden Ländern wuchs die Stimmung gegen Österreich-Ungarn und das verbündete Deutschland.

Zwei Balkan-Kriege | Nicht nur Österreich-Ungarn schlug aus der Schwäche der Türkei Gewinn: 1912 nutzten Bulgarien, Serbien, Montenegro und Griechenland die Gunst der Stunde und eroberten in wenigen Wochen fast das gesamte von ihren slawischen Landsleuten besiedelte Gebiet. Die Türkei war fortan keine europäische Macht mehr.

Der Krieg flammte 1913 noch einmal auf, denn Bulgarien konnte sich mit den übrigen Balkanstaaten nicht über die Verteilung des in Makedonien eroberten Gebietes einigen. Bulgarien wollte plötzlich mehr als ursprünglich vereinbart – und wurde von seinen bisherigen Verbündeten sowie Rumänien und der Türkei geschlagen. Es musste sich mit bescheideneren Gebietsgewinnen zufriedengeben.

Die Kriegsereignisse 1912/13 stärkten die russische Position auf dem Balkan. Serbien konnte sein Staatsgebiet fast verdoppeln. Trotzdem fühlte es sich um den Sieg betrogen, weil es nicht den ersehnten Zugang zur Adria gewann. Denn um Serbiens künftige Machtstellung zu begrenzen, hatte Österreich-Ungarn die Bildung des selbstständigen Staates Albanien durchgesetzt. Russland unterstützte Serbien weiterhin, um das weitere Vordringen Österreich-Ungarns aufzuhalten und seinen eigenen Einfluss zu erweitern (→M3).

Wilhelm II. (1859–1941): seit 1888 König von Preußen und Deutscher Kaiser. Seine Vorstellungen von Gottesgnadentum und Weltmacht sowie seine Einstellung zum Militär (Militarismus) prägten die „Wilhelminische Gesellschaft". Nach seiner Abdankung im Jahre 1918 lebte er im Exil im niederländischen Doorn.

Schlieffen-Plan: Er ist benannt nach dem ehemaligen Chef des deutschen Generalstabs, Alfred Graf von Schlieffen. Der bereits 1905 von ihm für einen Zweifrontenkrieg gegen Frankreich und Russland entwickelte Plan sah vor, dass die deutsche Armee mithilfe moderner Transportmittel durch die neutralen Staaten Niederlande, Belgien und Luxemburg vorstößt. Nach einem schnellen Sieg über Frankreich sollten die Armeen dann gegen Russland marschieren.

Ein Mordanschlag mit Folgen | In dieser hochsensiblen Situation stürzte ein Ereignis auf dem Balkan Europa völlig überraschend in eine Krise. Mitglieder eines serbischen Geheimbundes verübten in Sarajewo ein Attentat auf den österreichisch-ungarischen Thronfolger, Erzherzog *Franz Ferdinand*, und seine Frau *Sophie*. Beide waren zum Abschluss eines Manövers nach Bosnien gereist. Die Täter waren heimlich von einflussreichen Kreisen Serbiens unterstützt worden.

Der Friede in Europa war erneut gefährdet, zumal der Rüstungswettlauf inzwischen ein beängstigendes Tempo angenommen hatte und alle Versuche, den Frieden sicherer zu machen, erfolglos geblieben waren (→M4). Am 28. Juni 1914 verbreiteten die Nachrichtenagenturen die Blitzmeldung aus Sarajewo: Der österreichische Thronfolger und seine Frau waren an den Folgen des Anschlags gestorben. Attentäter war der 19-jährige Serbe *Gavrilo Princip*, der der terroristischen Geheimorganisation „Schwarze Hand" angehörte.

Reaktionen in Wien und Berlin | Das Attentat eröffnete Österreich-Ungarn eine willkommene Möglichkeit, gegen Serbien vorzugehen, denn das Land war offenbar in den Mordanschlag verwickelt (→M5). Der deutsche Kaiser **Wilhelm II.** und Reichskanzler *Theobald von Bethmann Hollweg* sagten dem österreichischen Zweibundpartner bereits am 5. Juli uneingeschränkte Rückendeckung für eine militärische Aktion gegen Serbien zu. Die Regierung sah auch deutsche Interessen verteidigt, wenn der Partner Österreich-Ungarn den aufstrebenden Balkanstaat Serbien nicht mehr zu fürchten habe und die Gefahr einer nationalen Sammlung aller Südslawen gebannt wäre. Die Rückendeckung des Deutschen Kaisers wird oft als „Blankoscheck" bezeichnet (→M6).

Die Julikrise | Trotz der Rückendeckung legte die österreichische Regierung erst vier Wochen nach dem Attentat, am 23. Juli, Serbien ein Ultimatum vor, das international als überzogen betrachtet wurde (→M7). Österreich-Ungarn forderte unter anderem die Beteiligung eigener Beamter an der Verfolgung der serbischen Verschwörer. Dies sollte Serbien als unfähig zur Aufklärung des Verbrechens hinstellen. Dass Serbien dieses Ultimatum, das seine Souveränitätsrechte infrage stellte, gänzlich annehmen könne, wurde von niemandem ernsthaft erwartet. Vielmehr sollte seine Ablehnung den Vorwand für einen bereits beschlossenen Krieg liefern.

Doch Serbien machte überraschend weitgehende Zugeständnisse. Nur eine direkte Einmischung in seine inneren Verhältnisse lehnte es ab. Trotz mehrerer Vermittlungsversuche Englands brach Österreich-Ungarn die diplomatischen Beziehungen zu Serbien ab und erklärte diesem am 28. Juli 1914 den Krieg. Schon am nächsten Tag wurde Belgrad beschossen. Die Habsburgermonarchie hatte damit einen neuen Balkan-Krieg begonnen.

Russland beantwortete den österreichischen Angriff auf Serbien am 30. Juli mit der *Generalmobilmachung* seiner Truppen. Die deutsche Reichsspitze sah die Mobilmachung Russlands als Bedrohung an. Für einen Krieg gegen Russland und das mit diesem verbündete Frankreich hatte sich Deutschland seit längerem auf ein festes Konzept eingeschworen. Im Fall eines Zweifrontenkrieges sollte erst Frankreich in einem schnellen Feldzug bezwungen werden, um dann gegen Russland, das seine Truppen wesentlich langsamer mobilisieren würde, den Rücken frei zu haben. Der **Schlieffen-Plan** engte jedoch Deutschlands politischen Spielraum beträchtlich ein, denn jedes Zögern liefe dieser Planung entgegen.

Am 31. Juli richtete Deutschland zwei Ultimaten an Russland und Frankreich: Russland wurde zur Rücknahme der Mobilmachung, Frankreich zur Neutralität im Fall eines deutschen Krieges mit Russland und zur Übergabe von Festungen als Sicherheit aufgefordert. Die Würfel waren zu diesem Zeitpunkt bereits gefallen, denn ein Eingehen auf derartige Forderungen war den Regierungen unmöglich. Deutschland hatte sich für die Ausweitung des Balkan-Krieges zu einem europäischen Krieg entschieden.

Der Krieg beginnt | Da ein weiteres Warten die begonnene Aufstellung deutscher Truppen gefährdet hätte, erklärte das Deutsche Reich am 1. August dem Russischen Reich den Krieg. Zwei Tage später folgte die Kriegserklärung an Frankreich, das inzwischen ebenfalls seine Truppen zu den Waffen gerufen hatte.

Am 2. August wurde in Brüssel ein deutsches Ultimatum überreicht, in dem das neutrale Belgien aufgefordert wurde, einem Durchmarsch deutscher Truppen zuzustimmen. Als die belgische Regierung ablehnte, begannen deutsche Truppen unter Bruch des Völkerrechts mit dem Einmarsch. Dies veranlasste am 4. August auch Großbritannien, in den Krieg einzutreten. Mitte August befanden sich schließlich alle europäischen Großmächte im Krieg; dabei kämpften die **Mittelmächte** gegen die Mächte der **Entente**.

Mit dem Krieg sollte jeder politische Streit im Innern ruhen. Der Kaiser drückte das am 4. August 1914 so aus: „Ich kenne keine Parteien mehr, Ich kenne nur Deutsche." Die Sozialdemokraten ließen sich auf diesen „Burgfrieden" ein. Sie stimmten im Reichstag für die Kriegskredite und stellten ihre Forderungen nach mehr Demokratie zurück.

Nach ersten militärischen Erfolgen besprach die Regierung im September 1914 die Kriegsziele. Deutschland sollte wirtschaftlich, politisch und militärisch dauerhaft gesichert werden. Die Wirtschaft und nationale Verbände drängten darauf, Belgien zu besetzen und Frankreich so zu schwächen, „dass es als Großmacht nicht neu erstehen kann". Russland sollte „von der deutschen Grenze" abgedrängt und „seine Herrschaft über die nichtrussischen Vasallenvölker" gebrochen werden. Außerdem wollte man die deutschen Kolonien auf Kosten anderer Mächte erheblich vergrößern.

Die Ausgangslage | Die Mittelmächte hatten 118 Millionen Einwohner (Deutschland 67 Mio., Österreich-Ungarn 51 Mio.), die Ententestaaten zusammen 258 Millionen Einwohner. Bei Kriegsbeginn umfasste das Feldheer in Deutschland 2,3 Millionen, in Österreich-Ungarn 1,4 Millionen. Diesen 3,7 Millionen Soldaten konnte die Entente 5,8 Millionen gegenüberstellen.

Die Mittelmächte hatten allerdings den Vorteil der zentralen Lage. Das gut ausgebaute deutsche Eisenbahnsystem ermöglichten eine rasche Verschiebung der Truppen. Deutschland und Österreich-Ungarn konnten damit rechnen, dass die russischen und englischen Heere ihre Kräfte nur langsamer entfalten würden.

Die beiden Verbündeten wollten daher den Krieg schnell entscheiden, bevor die Ententemächte ihre Überlegenheit voll zur Geltung bringen konnten. Bei einem längeren Krieg würde vor allem die Macht Englands zur See gefährlich werden. Tatsächlich wurden die Mittelmächte zu einer belagerten Festung, als Großbritannien am 2. November 1914 die gesamte Nordsee zum Kriegsgebiet erklärte und eine Seeblockade verhängte. Dadurch wurde Deutschland vom Nachschub wichtiger Güter abgeschnit-

„Ausflug nach Paris."
Foto von Anfang August 1914, Fotograf unbekannt.
Zur deutschen „Kriegsbegeisterung" siehe auch die Methode „Fotografien als Quellen deuten" auf Seite 113.

- Beschreiben Sie die dargestellte Szene. Wer ist auf dem Foto abgebildet? Was wird thematisiert?
- Arbeiten Sie heraus, welche Botschaft das Foto vermittelt.

Mittelmächte: Deutsches Reich und Österreich-Ungarn, denen sich das Osmanische Reich und Bulgarien anschlossen

Entente (frz. „Bündnis, Eintracht"): Frankreich, Großbritannien und das Russische Reich mit ihren Verbündeten

Animierte Karten
Eine animierte Karte zum Thema „Ausbruch des Ersten Weltkrieges" können Sie unter dem Code **32036-56** abrufen.

Internettipp
Dokumente und Fotos aus dem Ersten Weltkrieg finden Sie unter dem Code **32036-57**.

In Trauer vereint.
Foto vom 22. September 1984, Beinhaus von Douaumont.
Der französische Staatspräsident François Mitterrand und Bundeskanzler Helmut Kohl begehen den 68. Jahrestag der Schlacht von Verdun. Anders als in Deutschland ist die Schlacht in der französischen Erinnerungskultur zentral. Hier fand 1916 eine der größten und längsten Materialschlachten des Ersten Weltkrieges statt. Im Beinhaus von Douaumont sind die Überreste von etwa 130 000 nicht identifizierten deutschen und französischen Soldaten aufbewahrt.

- Präsentation: Versetzen Sie sich in die Rolle eines deutschen Journalisten, der für eine Tageszeitung über die Gedenkfeier am 22. September 1984 berichtet. Recherchieren Sie im Vorfeld im Internet weitere Informationen über die Feierlichkeiten. Gehen Sie in Ihrem Artikel auch darauf ein, was die symbolische Geste zwischen Mitterrand und Kohl (Foto) über das deutsch-französische Verhältnis aussagt.
- An den Ersten Weltkrieg wird auf vielfältige Art und Weise erinnert. Im Buch finden Sie auf den Seiten 6, 90, 96 und 107 einige Beispiele dazu. Arbeiten Sie Gemeinsamkeiten und Unterschiede des Erinnerns auf den Fotos heraus.
- Gruppenarbeit/Präsentation: Bilden Sie Gruppen und wählen Sie einen der nachstehend genannten Feier- und Gedenktage aus. Recherchieren Sie zu den Hintergründen im Internet und stellen Sie anschließend Ihre Arbeitsergebnisse in einer PowerPoint-Präsentation vor. Zur Auswahl stehen: 25. April (ANZAC Day), 18. März (Gedenktag der Gefallenen) und 11. November (Remembrance Day, L´Armistice, Veterans Day).

ten, während Großbritannien mehrere Hunderttausend Soldaten auf die europäischen Kriegsschauplätze entsenden konnte.

Die Türkei war schon bald nach Kriegsbeginn auf die Seite der Mittelmächte getreten, 1915 folgte Bulgarien diesem Schritt. Die meisten übrigen Länder der Welt schlossen sich im Verlauf des Krieges jedoch dem Lager der Entente an, 1915 sogar das ehemals mit Deutschland und Österreich-Ungarn im „Dreibund" verbündete Italien, 1916 auch Rumänien.

Der Krieg im Westen | Deutschland wollte Frankreich in einem schnellen Feldzug besiegen und sich dann gegen Russland wenden. Es nahm keine Rücksicht auf die Neutralität Belgiens und Luxemburgs (*Schlieffen-Plan*). Der Vormarsch der deutschen Truppen in Belgien und Nordfrankreich schien 1914 tatsächlich unaufhaltsam (➔M8). Die Militärs glaubten, dass ihr Plan aufginge. Schon wurden im Stadtgebiet von Paris Gräben für den erwarteten Verteidigungskampf ausgehoben, die Regierung war bereits aus Paris geflohen. Da kam es zu einer überraschenden Wende: Der deutsche Generalstabschef Helmuth von Moltke befürchtete einen Durchbruch der Gegner und gab den Befehl zum Rückzug nach Norden. Der Schlieffen-Plan, der eine weiträumige Umfassung der französischen Armeen vorgesehen hatte, war gescheitert.

Krieg in den Schützengräben | Nach furchtbaren Schlachten in Flandern endete im November 1914 der *Bewegungskrieg* an der gesamten Westfront. Von der Küste bis zur Schweizer Grenze entstanden Grabensysteme, Drahtverhaue und Unterstände – zuletzt insgesamt 24 000 Kilometer. In ihnen gruben sich die Armeen regelrecht ein (➔M9). Alle Durchbruchsversuche blieben, von winzigen Geländegewinnen abgesehen, bis zum Frühjahr 1918 erfolglos. Die Angriffe und Gegenangriffe an der Westfront waren zu „Schlächtereien mit immer wirksameren Mitteln der Massenvernichtung" geworden – so der Historiker Golo Mann.

Vom Februar bis Dezember 1916 dauerten die Kämpfe vor der französischen Festung *Verdun*. An dieser Stelle, die aus psychologischen Gründen unaufgebbar war, sollte Frankreich nach den Vorstellungen des deutschen Generalstabschefs *von Falkenhayn* „verbluten". In monatelanger Zermürbung standen sich auf engstem Raum anderthalb Millionen Soldaten gegenüber. Über 700 000 Männer beider Seiten ließen ihr Leben, bevor der sinnlose Kampf endete. Hier veränderte der Krieg sein Gesicht: Die großen Materialschlachten des Ersten Weltkrieges hatten begonnen. In ihnen wurde versucht, durch den massenhaften Einsatz von Kriegsgerät, Muniton und Menschen den Sieg zu erzwingen.

Kämpfe im Osten | Die Hoffnungen der Entente, die Mittelmächte nach Kriegsbeginn durch „russische Massenheere" in Bedrängnis zu bringen, erfüllten sich nicht. Zwei in Ostpreußen eingedrungene russische Armeen wurden – trotz ihrer zahlenmäßigen Überlegenheit – im August und September 1914 unter der Führung des Generals *Paul von Hindenburg*[1] und seines Stabschefs *Erich Ludendorff* geschlagen. Die Siege von Tannenberg und den Masurischen Seen verhalfen beiden Offizieren zu riesiger Popularität (→M10). Ab 1916 führten diese beiden Generäle die Oberste Heeresleitung (OHL) an und übten eine gewaltige Macht über die Armee und das ganze Land aus.

Die Kämpfe an der Ostfront verliefen wechselvoller als im Westen. Teile Galiziens mussten 1914 der russischen Armee überlassen werden. Die österreichisch-ungarische Armee verlor in diesen Kämpfen etwa ein Drittel ihrer Feldstärke. Jedoch konnte die gefürchtete „russische Dampfwalze" gestoppt werden. 1915 musste Russland sich aus Galizien zurückziehen und auch Teile des Baltikums und Polen räumen. Dann erstarrte auch dieser Kampf im Grabenkrieg. Das Jahr 1916 brachte nochmals russische Erfolge, aber die Angriffskraft der überanstrengten russischen Armeen war damit erschöpft.

Der Seekrieg | Die deutschen Schlachtschiffe wurden in den Häfen zurückgehalten, da man ihre Vernichtung durch die überlegene englische Flotte nicht riskieren wollte. Die *Seeschlacht im Skagerrak* (1916), bei der den Engländern großer Schaden zugefügt wurde, blieb eine Ausnahme. Dank britischer Überlegenheit bestand die *Seeblockade* fort.

Militärisch und politisch folgenreicher wurde der Einsatz der neuen *Unterseeboote*. Als Reaktion auf die Blockade hatte Deutschland die Gewässer um England im Februar 1915 zum Sperrgebiet erklärt. Man wollte im Gegenzug auch England aushungern. U-Boote versenkten Schiffe, auch neutrale und zivile, und dies zur eigenen Sicherheit oft ohne Vorwarnung („*uneingeschränkter U-Boot-Krieg*"). Die neutralen Staaten waren empört. Im Mai 1915 wurde der britische Passagierdampfer *Lusitania* torpediert und 1 200 Menschen kamen um. Darunter waren über 100 amerikanische Staatsbürger. Deshalb drohte der Bruch mit den USA. Nach scharfen Drohungen der USA wurde der uneingeschränkte U-Boot-Krieg vorerst (bis 1917) eingestellt.

Zur selben Zeit wurden in Deutschland die Folgen der englischen Seeblockade immer spürbarer: Die Lebensmittelnot der Zivilbevölkerung verschärfte sich. Im „*Steckrübenwinter*" 1916/17 gab es bereits Hungertote. Trotz der ungeheuren Opfer beider Seiten war aber auch Ende 1916 ein baldiges Ende des Krieges nicht in Sicht.

Technik des Todes | Der Erste Weltkrieg unterschied sich von früheren Kriegen vor allem durch die Masse an Soldaten und Kriegsmitteln sowie die Größe des Kriegsgebietes. Etwa 64 Millionen Soldaten wurden weltweit mobilisiert, mehr als in jedem Krieg zuvor. Wissenschaftliche Fortschritte und technische Neuerungen wurden umfassend genutzt. Zu Beginn der Kämpfe verfügten die Mittelmächte und die Entente-Staaten zusammen über knapp 600 Flugzeuge. Am Ende des Krieges sollte das Deutsche Reich 48 000, Frankreich 52 000 und Großbritannien 55 000 Flugzeuge gebaut haben. Das Fluggerät wurde zur spezialisierten

Massenherstellung von Granaten.
Foto aus der Munitionsfabrik Chilwell (Großbritannien), um 1916.

[1] Biografische Informationen über Paul von Hindenburg finden Sie auf Seite 28.

Sturmangriff.
Foto von 1916.
Das Vorwärtsstürmen auf gegnerische Stellungen war wegen verbesserter Artilleriewaffen besonders verlustreich.

Waffe, etwa zum Bomber, zum Aufklärer oder zum Jagdflugzeug. Jagdflieger wurden von der Propaganda zu „Rittern der Lüfte“ verklärt und sammelten als „Flieger-Asse“ gegnerische Abschüsse. 28 deutsche Unterseeboote waren zu Beginn des Krieges fertiggestellt; 1918 hatte Deutschland fast 400 Stück gebaut. Um die erstarrten Fronten zu durchbrechen und wieder zum Bewegungskrieg zu kommen, setzte die britische Armee ab 1916 Panzer („tanks“) ein.

Die Suche nach immer wirkungsvolleren Waffen führte zur Entwicklung chemischer Kampfstoffe. Frankreich hatte 1914 erstmals Tränengas verschossen. Deutschland setzte im April 1915 bereits tödliches Chlorgas ein, das aus Tausenden Gasflaschen abgelassen wurde (→M11). Nach diesem Tabubruch verwendeten alle großen Mächte spezielle Kampfstoffe, die mit Granaten verschossen wurden. Chemische Waffen töteten nicht nur, sondern hinterließen vor allem Verwundete, darunter zahlreiche Kriegsblinde, deren Pflege Kräfte binden sollte. Giftgas wird als die schrecklichste Waffe des Ersten Weltkrieges angesehen.

Der Krieg war bereits 1914 zum Weltkrieg geworden, als Großbritannien die deutschen Kolonien in Afrika und im Pazifik angriff. Mit dem Eingreifen der Vereinigten Staaten von Amerika aufseiten der Entente war 1917 auch die letzte bislang neutrale Großmacht am Krieg beteiligt.[1]

Das „Fronterlebnis“ | Viele junge Männer waren 1914 in den Krieg gezogen, um „deutsche Kultur“ gegen die „dekadente Demokratie“ im Westen und die „asiatische Gefahr“ im Osten zu verteidigen. Die Propaganda nutzte viele Mittel, um den Kriegsausbruch als ein alle Schichten verbindendes, nationales Erwachen darzustellen.

Was folgte, war jedoch ein jahrelanger Stellungskampf, der riesige Verluste forderte, ohne erkennbar zu einem Kriegsende zu führen. Dies hinterließ tiefe seelische Spuren bei den Soldaten, die sich immer drängender die Frage nach dem Sinn des Kampfes stellten. Besonders die an vorderster Front in den Schützengräben kämpfenden Soldaten entwickelten ihre eigene Sicht auf den Krieg. Sie lagen in Erde und Schlamm eingegraben, bewegten sich meist gebückt und waren Tag und Nacht den Bildern und Geräuschen des Krieges ausgesetzt. Ihre Aufgabe bestand darin, nach Artilleriebeschuss der feindlichen Stellungen vorwärtszustürmen, um den gegenüber-

[1] Zum Eintritt der USA in den Krieg siehe die nächste Seite.

liegenden Graben einzunehmen. Beim Ansturm starben Tausende durch Maschinengewehrsalven, Handgranaten oder Flammenwerfer. Viele Soldaten begannen, sich als Teil einer großen Kriegsmaschine zu fühlen. Auf die in ihrer männlichen Kampfgemeinschaft vollbrachten Taten waren sie stolz. Dazu mussten sie aber eine Abstumpfung gegenüber den Leiden des Krieges entwickeln. Der Tod konnte jederzeit über sie hereinbrechen und selbst noch ihren Leichnam zerstören. Werte des zivilen Lebens und Maßstäbe der Friedenszeit verblassten und eine kriegerische Moral entwickelte sich. Vielen dieser Männer fiel es schwer, sich nach dem Krieg wieder in die bürgerliche Gesellschaft einzugliedern. Sie wurden als „verlorene Generation" angesehen.

Kriegswirtschaft und „Heimatfront" | Der Krieg wurde auch hinter den Fronten geführt. Da die Alliierten die Zufuhr von Rohstoffen in das Deutsche Reich blockierten, herrschte bald eine spürbare Knappheit von Materialien für die Rüstungsindustrie. Glocken wurden von den Kirchtürmen geholt, Eisengitter abmontiert und eingeschmolzen. Die gesamte Industrie wurde unter staatliche Aufsicht gestellt und weitgehend auf die Produktion von Kriegsgütern umgestellt (→M12). Wo männliche Arbeitskräfte fehlten, übernahmen Frauen deren Arbeit. Darüber hinaus mussten etwa 900 000 Kriegsgefangene Zwangsarbeit im Deutschen Reich leisten. Um die ständig steigenden Kriegskosten bezahlen zu können, nahm die Regierung außerdem Anleihen bei der Bevölkerung auf (*Kriegsanleihen*) und brachte immer mehr Geld in den Umlauf. Eine inflationäre Entwicklung begann.

Es fehlten nicht nur die Rohstoffe für die Industrie, sondern auch Nahrungsmittel wie Getreide, Kaffee und Kakao. Schon 1915 konnte die Bevölkerung nicht mehr beliebig viel Brot kaufen. Seit dem Winter 1915/16 gehörte Hunger zum Alltag der Menschen. Immer häufiger mussten die Menschen auf Ersatzstoffe zurückgreifen (→M13). Im „Steckrübenwinter" 1916/17 waren viele Menschen froh, wenn sie sich mit Rüben am Leben erhalten konnten. Etwa 500 000 Deutsche verhungerten während des Krieges.

Das Epochenjahr 1917: Der Eintritt der USA ... | Trotz formaler Neutralität bevorzugten die USA die Entente-Staaten durch Sachlieferungen und Anleihen. Der deutsche U-Boot-Krieg hatte wiederholt das Leben von US-Bürgern gekostet, außerdem entsprach die parlamentarische Regierungsform den amerikanischen Demokratievorstellungen. Die deutsche Admiralität hoffte 1917, durch die Wiederaufnahme des uneingeschränkten U-Boot-Krieges das importabhängige England zu einer Beendigung des Krieges zu zwingen. Dies führte dazu, dass die USA am 6. April Deutschland den Krieg erklärten.

Der Krieg wurde in den USA als Kreuzzug für Frieden und Gerechtigkeit gegen autokratische Macht verstanden. Er sollte nicht der eigenen machtpolitischen Expansion dienen, sondern der Verhinderung weiterer Kriege („*war to end all wars*"). US-Präsident **Woodrow Wilson** war der Meinung, eine künftige Friedensordnung könne auf Dauer nur zwischen „wirklich freien und sich selbst regierenden Völkern" Bestand haben. So war es ein weiteres programmatisches Ziel der USA, die Ideen der Demokratie durchzusetzen. Bei Amerikas Kriegseintritt war die Zarenherrschaft bereits beseitigt[1], daher galten nur noch Deutschland und Österreich-Ungarn als autokratisch regierte Großmächte.

Die idealistischen Ziele des amerikanischen Präsidenten kamen in seinem *14-Punkte-Programm* zum Ausdruck, das er im Januar 1918 vorlegte. Er forderte die Errichtung eines *Völkerbundes*[2], die Abschaffung der Geheimdiplomatie, Rüstungsbeschränkungen, das Selbstbestimmungsrecht der Völker, die Freiheit der Meere und die Aufhebung von Handelsschranken (→M14).

[1] Siehe dazu die Seite 100.
[2] Über den Völkerbund informiert Seite 41.

Woodrow Wilson (1856–1924): Jurist, Historiker und Politiker; 1913 bis 1921 Präsident der USA (Demokrat). Wilson verfolgte soziale Reformen, war im Ersten Weltkrieg um die Neutralität der USA bemüht und engagierte sich für die Errichtung des Völkerbundes. 1920 erhielt er den Friedensnobelpreis für das Jahr 1919.

„The Navy Needs You! ..."
Plakat von James Montgomery Flagg, um 1917.

▸ Analysieren Sie das Plakat. Beachten Sie dafür folgende Aspekte: Aufbau, Farbgebung, Verhältnis von Bild und Text, grafische Gestaltung der Textteile und Selbstdarstellung.

... und das Ausscheiden Russlands | Die Mittelmächte schöpften Hoffnung aus Vorgängen in Russland, das unter den Kriegslasten und enormen sozialen Gegensätzen litt. 1917 brachen Streiks und Aufstände unter Arbeitern und Bauern aus, denen sich auch meuternde Soldaten anschlossen. Die *Februarrevolution* führte zum Rücktritt des Zaren und zur Bildung einer bürgerlichen „Provisorischen Regierung". Sie hatte in den Arbeiter- und Soldatenräten (*Sowjets*), die sich in Fabriken und Kasernen bildeten, eine entschieden radikalere Konkurrenz. Während die Regierung eine Fortsetzung des Krieges an der Seite der Entente beabsichtigte, forderten viele Sowjets ein schnelles Ende.

Um die auf ein Kriegsende drängenden Kräfte zu stärken, verhalfen deutsche Behörden dem im Schweizer Exil lebenden Revolutionär *Wladimir Iljitsch Uljanow*, genannt *Lenin*[1], zur Rückkehr nach Russland. Mitte April kam er nach Petersburg und arbeitete mit Entschlossenheit auf den Sturz der bisherigen Ordnung und den Aufbau einer sozialistischen Gesellschaft hin. Lenins Parteigänger, die *„Bolschewiki"*, erlangten im September in wichtigen Sowjets die Mehrheit, da sie mit dem Ruf nach unverzüglicher Beendigung der Kämpfe ein entscheidendes Anliegen vieler Russen vertraten.

Am 7. November (25. Oktober russischer Zeitrechnung, daher *Oktoberrevolution*) wurden in der Hauptstadt Petersburg alle strategisch wichtigen Punkte besetzt und der Sitz der Provisorischen Regierung gestürmt. Ein „Rat der Volkskommissare" unter Vorsitz Lenins erklärte sich zur neuen Regierung. Wie angekündigt schloss sie einen Waffenstillstandsvertrag und trat in Friedensverhandlungen ein. Im März 1918 unterzeichneten die Machthaber den *Frieden von Brest-Litowsk*. Russland musste darin die Unabhängigkeit der Ukraine und Finnlands anerkennen sowie auf seine westlichen Randgebiete verzichten. Große deutsche Truppenmassen blieben trotz des Friedensvertrages zur politischen und militärischen Sicherung im Osten gebunden.

Der militärische Zusammenbruch | An einen deutschen Sieg war dennoch nicht mehr zu denken, zumal das Kräfteverhältnis immer ungleicher wurde. Bei Beginn der deutschen Frühjahrsoffensive 1918 waren 300 000 amerikanische Soldaten in Frankreich gelandet, ihre Zahl erhöhte sich bis Oktober auf 1,8 Millionen.

Aus Furcht, gegnerischen Kräften könne ein Durchbruch an der Westfront gelingen, drängten Ludendorff und Hindenburg nach Wochen des Schwankens seit dem 29. September auf das sofortige Angebot eines Waffenstillstands. Die Erkenntnis, dass die OHL jetzt offenbar fest mit einer drohenden Niederlage rechnete, traf Politiker und Öffentlichkeit wie ein Schock. Am 4. Oktober beugte sich der neue Reichskanzler Prinz *Max von Baden*[2] dem Drängen der Militärs und richtete an den amerikanischen Präsidenten ein Waffenstillstandsangebot. Verhandlungen aufgrund der 14 Punkte Wilsons schienen die beste Chance für einen Frieden zu bieten, der trotz der sich abzeichnenden Niederlage die Besiegten nicht zur totalen Kapitulation zwang. Allerdings musste Deutschland mit dem Verlust Elsass-Lothringens und polnisch besiedelter Gebiete im Osten rechnen.

Deutschland muss sich unterwerfen | Mit Unterzeichnung des Waffenstillstands am 11. November 1918 in einem Eisenbahnwaggon im Wald von Compiègne musste Deutschland dann tatsächlich seine linksrheinischen Gebiete samt einigen rechtsrheinischen Brückenköpfen räumen. Die Ablieferung großer Mengen von Kriegsmaterial und Transportmitteln machte die Wiederaufnahme der Kämpfe unmöglich. Auf englischen Wunsch sollten alle U-Boote ausgeliefert, die Hochseeflotte abgerüstet und in ausländischen Häfen interniert werden.

Österreich-Ungarn befand sich schon seit Oktober im Zerfall. Nach den Tschechen trennten sich auch Polen, Ukrainer, Rumänen und Südslawen vom Habsburgerreich, Ungarn erklärte seine Selbstständigkeit. Das Osmanische Reich verlor seine Herrschaft über die arabischen Völker, zurück blieb ein türkischer Nationalstaat.

Animierte Karten
Eine animierte Geschichtskarte zum Thema „Europa am Ende des Ersten Weltkrieges" können Sie unter dem Code 32036-58 abrufen.

[1] Zu Lenin siehe Seite 49.
[2] Zu Max von Baden siehe auch Seite 29 im Kapitel über die Novemberrevolution von 1918/19.

Die Unterzeichnung des Versailler Vertrages.
Am 28. Juni 1919 unterzeichneten im Spiegelsaal des Schlosses von Versailles Außenminister Hermann Müller (SPD) und Verkehrsminister Johannes Bell (Zentrum) den Friedensvertrag.

▶ Der französische Ministerpräsident Georges Clemenceau hatte veranlasst, dass die deutschen Vertreter zuvor an einer Delegation französischer Soldaten mit schwersten Gesichtsverletzungen vorbeigehen mussten. Interpretieren Sie die Absicht hinter diesem protokollarischen Detail und schätzen Sie seine Wirkung ab.

Ohne Beteiligung der besiegten Mittelmächte begann im Januar 1919 die Pariser Friedenskonferenz. Vier Monate später wurde der deutschen Delegation das fertige Vertragswerk mit insgesamt 440 Artikeln vorgelegt. Ende Juni kam es schließlich zur Unterzeichnung des *Versailler Vertrages*, am 10. Januar 1920 trat er in Kraft. Der Vertrag legte u. a. die Alleinschuld Deutschlands und seiner Verbündeten am Ersten Weltkrieg fest (➜M15).[1]

Internettipp
Die Bestimmungen des Versailler Vertrages finden Sie unter dem Code **32036-59**.

Körperlich und seelisch Versehrte | In 52 Monaten hat der Erste Weltkrieg insgesamt etwa 17 Millionen Menschenleben gekostet, darunter sechs Millionen Soldaten der Entente, vier Millionen der Mittelmächte und sieben Millionen Zivilisten. Etwa 20 Millionen Menschen wurden im Krieg verwundet.

Allein in Deutschland gab es bei Kriegsende rund 2,7 Millionen physisch und psychisch versehrte Kriegsteilnehmer. Kein Körperteil war von Waffeneinwirkungen verschont geblieben. Die meisten Verwundungen gingen auf die wahllos einschlagenden Artilleriegeschosse zurück. Sie waren aber auch für seelische Verheerungen verantwortlich. Soldaten, die verschüttet wurden oder in ein Sperrfeuer gerieten, brachen oftmals nervlich zusammen und stellten nach dem Krieg ein Heer von sogenannten „Kriegsneurotikern". Der Anblick von Entstellten und Verstümmelten mit Prothesen gehörte zum Alltag der Nachkriegszeit. Er erinnerte die Öffentlichkeit ständig daran, dass dieser Krieg kein edles, heldenhaftes Kräftemessen, sondern ein vierjähriges „Menschenschlachthaus" (Wilhelm Lamszus) gewesen war (➜M16).

[1] Über den Versailler Vertrag und seine Folgen informiert das Kapitel auf den Seiten 41 ff. Dort finden Sie zudem einen Hinweis auf eine animierte Geschichtskarte zum Thema „Deutschland und der Vertrag von Versailles".

M1 Aufforderung zur Mäßigung im Flottenbau

Kaiser Wilhelm II. gibt am 13. August 1908 in einem Telegramm an Reichskanzler Bernhard von Bülow den Inhalt eines Gesprächs wieder, das er mit dem Unterstaatssekretär im Foreign Office, Sir Charles Hardinge, geführt hat. Dieser bezweifelt die im Jahrbuch „Nauticus“ veröffentlichten Daten über das deutsche Flottenbauprogramm:

Er: „Dieser Konkurrenzbauerei muss ein Ende gemacht werden, es muss ein Arrangement getroffen werden, wonach das Bautempo verlangsamt wird. Denn unsere Regierung muss sonst im nächsten Jahr ein großes Programm für Neubauten einbringen, für die bei dem Mangel an Mitteln neue Steuern ausgeschrieben werden müssen. Das wird sehr unpopulär sein, das Volk wird murren, und kann vielleicht der Regierung den Hals kosten.“

Ich: „Wenn Sie die Tabellen des Nauticus, statt sie für Fantasie zu halten, als richtig akzeptieren, dann würden Sie daraus ersehen, dass ein solches Extrabauprogramm zur Erhaltung Ihres Vorsprungs völlig überflüssig ist. Konkurrenzbau treiben wir nicht, unser Tempo ist gesetzlich festgelegt, die Anzahl der Schiffe desgleichen und Ihnen bekannt. Sie treiben Konkurrenzbau, und zwar eine Konkurrenz, die nur einseitig englisch ist und von Ihrer Admiralität erfunden ist.“

Er: „Can't you put a stop to your building? Or build less ships?“

Ich: „Das Maß der maritimen Rüstung Deutschlands richtet sich nach seinen Interessen und Bündnissen, ist ein defensives und bestimmt nicht gegen eine Nation, am wenigsten gegen England gerichtet. Sie sind keine Drohung für Sie, die Sie augenblicklich alle miteinander an Gespensterfurcht leiden.“

Er: „Aber ein Arrangement müsste doch getroffen werden, um den Bau einzuschränken. You must stop or build slower.“

Ich: „Then we shall fight, for it is a question of national honour and dignity.“ Und dabei sah ich ihm fest und scharf in die Augen. Sir Charles bekam einen feuerroten Kopf, machte mir einen Diener, bat mich um Entschuldigung für seine Worte und ersuchte mich ausdrücklich, dieselben als versehentlich im Privatgespräch gemachte Bemerkungen zu betrachten, welche ich vergeben und vergessen möchte. Das Gespräch war von ihm in ziemlich gereiztem und fast diktatorischem Ton geführt worden.

Zitiert nach: Michael Behnen, Quellen zur deutschen Außenpolitik im Zeitalter des Imperialismus 1890–1911, Darmstadt 1977, S. 410 f.

1. Charakterisieren Sie die Haltung beider Gesprächspartner, die in M1 zum Ausdruck kommen und erläutern Sie den jeweiligen Hintergrund für diese Haltung. | H
2. Beurteilen Sie, inwiefern die hier mitgeteilte Episode als kennzeichnend für die deutsch-britischen Beziehungen gelten kann. | H

M2 Großserbischer Nationalismus

Die großserbische Propaganda zielt auf die Vereinigung aller Südslawen in einem großserbischen Reich. Zum fünften Jahrestag der österreichischen Aneignung Bosniens und der Herzegowina und kurz nach dem Sieg der Balkanvölker über die Türkei schreibt die serbische Zeitung „Piemont“ am 3. Oktober 1913:

Heute sind es fünf Jahre, dass mittels eines kaiserlichen Dekretes die Souveränität des Habsburger Zepters über Bosnien und die Herzegowina ausgebreitet wurde. Den Schmerz, der an diesem Tage dem serbischen Volke zugefügt wurde, wird das serbische Volk noch durch Jahrzehnte fühlen. [...] Das Volk legt das Gelübde ab, Rache zu üben, um durch einen heroischen Schritt zur Freiheit zu gelangen. Dieser Tag hat die bereits eingeschlafene Energie geweckt, und der wiederbelebte Held wird eines Tages die Freiheit suchen. Heute, wo serbische Gräber die alten serbischen Länder zieren, wo die serbische Kavallerie die Schlachtfelder von Mazedonien und Altserbien betreten hat, wendet sich das serbische Volk, nachdem es seine Aufgabe im Süden beendet hat, der entgegengesetzten Seite zu, von wo das Stöhnen und Weinen des serbischen Bruders gehört wird, wo der Galgen haust. Serbische Soldaten [...] legen heute das Gelübde ab, dass sie gegen die „zweite Türkei“ ebenso vorgehen werden, wie sie mit Gottes Hilfe gegen die Balkan-Türkei vorgegangen sind. Sie legen dieses Gelübde ab und hoffen, dass der Tag der Rache naht. Eine Türkei verschwand. Der gute serbische Gott wird geben, dass auch die „zweite Türkei“ verschwindet.

Zitiert nach: Österreich-Ungarns Außenpolitik von der Bosnischen Krise 1908 bis zum Kriegsausbruch 1914. Diplomatische Aktenstücke des österreichisch-ungarischen Ministeriums des Äußern, Bd. VIII, 1930. S. 679

1. Analysieren Sie mit welchen Mitteln der Zeitungsartikel versucht, eine gemeinsame „serbisch-slawische“ Identität zu schaffen. | H
2. Erläutern Sie, was mit „zweite Türkei“ gemeint ist und warum dieser Begriff gewählt wurde.
3. Ein solcher Zeitungsaufruf darf nicht mit der Politik der serbischen Regierung gleichgesetzt werden. Beurteilen Sie, was man aus Berichten dieser Art ableiten darf.

M3 Die Balkan-Krise 1912/13 – Vorspiel zum Weltkrieg?

*Wie stark der europäische Friede schon durch die Balkan-Krise 1912/13 gefährdet gewesen ist, macht der Historiker Michael Stürmer (*1938) deutlich:*

Die Großmachtkonflikte, wenn Angst und Friedenswille einander die Waage hielten und verhandelt wurde, erwiesen sich 1912/13 als noch begrenzbar. Damals begannen Serbien und Bulgarien einen Stellvertreterkrieg für Russland. Griechenland und Montenegro wollten an der türkischen Beute beteiligt sein. Der Balkan sollte für den Panslawismus[1] gewonnen und zur russischen Interessensphäre gemacht werden. Es begann der vorletzte der osmanischen Erbfolgekriege: Der letzte war der Weltkrieg. Die Siege der kleinen Balkanmächte 1912 alarmierten sofort die Wiener Regierung. Denn in Wien konnte man ausrechnen, dass Österreich-Ungarn nach der Türkei der Feind Nummer eins sein werde. Österreich-Ungarn ordnete Teilmobilisierung der Truppen an, Russland erklärte Kriegsbereitschaft. […] Bethmann Hollweg[2] warnte deshalb am 2. Dezember 1912 in einer großen Reichstagsrede die Russen, dass sie mit dem Feuer spielten. Darauf erging eine englische Warnung an Berlin, dass die Briten einem großen europäischen Krieg, der zur deutschen Hegemonie führe, nicht tatenlos zuschauen würden: „Die Wurzeln der englischen Politik … lägen in der hier allgemein verbreiteten Empfindung, dass das Gleichgewicht der Gruppen einigermaßen aufrechtzuerhalten sei. England würde daher unter keinen Umständen eine Niederwerfung der Franzosen dulden können" – so gab der deutsche Botschafter die Warnung des britischen Kriegsministers wieder.

Europa stand am Rande des Weltkriegs, und die Deutschen hielten den Schlüssel in der Hand, der ihn auslösen würde. Jede Ermutigung der Österreicher, denen ein Adriahafen für Serbien der Casus belli[3] war, hätte in Europa den Großbrand entzündet. Obwohl die Öffentlichkeit in Deutschland eine Politik hart am Rande des Krieges guthieß und die Sozialdemokraten im Reichstag den Atem anhielten, wurde der Schlüssel nicht gedreht. Stattdessen trat eine Botschafterkonferenz zusammen, die im Frühjahr 1913 durch die Errichtung des Staates Albanien dem serbischen Drang zur Adria einen Riegel vorschob. Damit war den österreichischen Interessen Genüge getan. Die Chance der kollektiven Sicherheit war bewiesen. Aber das Resultat ließ sich auch anders lesen: Russland wollte das Erbe der Türkei, die Wiener Politik setzte auf Krieg oder Untergang und forderte deutsche Unterstützung, und England würde vor der Entscheidung stehen, gegen die Mittelmächte zu fechten. Hatte sich der Schlüssel zum Krieg doch bewegt? […]

Der Balkankrieg 1912/13 blieb begrenzt. Und doch hat er, ungeachtet des gemeinsamen deutsch-britischen Krisenmanagements, Europa ein Stück näher an den Großen Krieg geführt. Denn der Großmachtstatus der Donaumonarchie stand, von Russland provoziert, auf dem Spiel, damit aber die Existenz des letzten deutschen Bündnispartners, der zählte. Wenn Österreich zusammenstürzte, das an seinen ungelösten und unlösbaren Nationalitätenfragen dahinsiechende „Kakanien"[4], dann war die Lage Deutschlands auf dem Kontinent bedrängt. Also musste die Donaumonarchie im Kampf um das Erbe der Osmanen gestützt werden, um Prestige zu sammeln und ihre Großmachtrolle weiterhin zu spielen. Zwar wollte die politische Führung in Berlin das Rapprochement[5] mit England, aber gleichzeitig brachten Militärs und Politiker sich selbst in Zugzwang. Statt Optionen zu öffnen für den Ernstfall, und sei es die von Bismarck[6] als Ultima ratio[7] durchdachte Komplizenschaft mit Russland zur Aufteilung der Donaumonarchie, wurde die Existenz des Reiches militärisch und diplomatisch an ein Bündelreich gekettet, das der Mehrzahl seiner Bewohner verhasst war, das dem modernen Nationalismus hilflos gegenüberstand und das von der russischen Weltmacht als sichere Beute betrachtet wurde.

Michael Stürmer, Das ruhelose Reich. Deutschland 1866–1918, Berlin 1983, S. 359 ff.

1. Arbeiten Sie aus dem Text die leitenden Interessen Österreich-Ungarns und Russlands während der Balkan-Krise heraus.
2. Erörtern Sie mögliche Reaktionen der anderen Mächte für den Fall, dass Deutschland Österreich-Ungarn Rückendeckung für ein Vorgehen gegen Serbien gegeben hätte.
3. Beurteilen Sie den Vorschlag, Deutschland hätte als Ultima ratio eine Aufteilung des habsburgischen Vielvölkerstaates in Komplizenschaft mit Russland in Erwägung ziehen sollen.

[1] Siehe die Begriffserklärung auf Seite 92.
[2] Gemeint ist Theobald von Bethmann Hollweg, Reichskanzler von 1909 bis 1917.
[3] **Casus belli** (lat.): Anlass zum Krieg, Kriegsgrund
[4] **„Kakanien"**: nach dem Ersten Weltkrieg geprägter, spöttischer Ausdruck für die „k. u. k." Monarchie, die „kaiserliche und königliche" Doppelmonarchie Österreich-Ungarn
[5] **Rapprochement** (frz.): Annäherung, Verständigung
[6] **Otto von Bismarck** (1815–1898): von1862 bis 1890 preußischer Ministerpräsident; 1871 bis 1890 deutscher Reichskanzler und Außenminister
[7] **Ultima ratio** (lat.): letztes Mittel, letzter Ausweg in einem Konflikt

„Wie sollen wir uns da die Hand geben?"
Zeichnung aus dem „Simplicissimus" von 1912.

- Beschreiben Sie die beiden Personen (Mimik/Gestik, Kleidung, Attribute).
- Arbeiten Sie heraus, wen die beiden Personen symbolisieren.
- Ordnen Sie die Karikatur in den historischen Kontext ein.

M4 Rüstungsanstrengungen

Ein Historiker stellt die militärische Aufrüstung der Staaten am Vorabend des Weltkrieges gegenüber:

Trotz der räumlichen Begrenzung des Balkan-Krieges und der Erhaltung des allgemeinen Friedens verstärken alle Mächte ihre Rüstungsanstrengungen. Vor allem Österreich muss seine personell wie technisch zurückgebliebenen Streitkräfte auf eine neue Grundlage stellen. Bis 1914 wird die Friedensstärke von 385 000 Mann auf 470 000 gebracht. Die Artillerie-Kraft wird um 60 Prozent angehoben. Russland erhöht die Friedensstärke von 1,2 auf 1,42 Millionen Mann, ergänzt sein Militärabkommen mit Frankreich durch ein Marineabkommen und erhält französische Finanzhilfen. Während England nur unwesentliche Heeresverstärkungen vornimmt, aber [...] Teile der Mittelmeerflotte in die Nordsee verlegt, führt Frankreich die 3-jährige Dienstzeit ein, verlegt das Einberufungsalter vom 21. auf das 20. Lebensjahr und verstärkt das Landheer auf 750 000 Mann. [...]
Am 30. Juni 1913 stimmen die bürgerlich-konservativen Parteien im Reichstag der Wehrvorlage zu. Sie sieht eine Erhöhung der Friedensstärke des Heeres von 666 000 Mann auf 748 000 im Frühjahr 1914, auf 800 000 im Herbst 1914 und auf rund 900 000 Ende 1915 vor. Zur Finanzierung wird eine einmalige Abgabe von fast 1 Milliarde Mark sowie eine neue laufende Steuer („Reichsbesitzsteuer") erhoben.

Jochen Schmidt-Liebich, Deutsche Geschichte in Daten, Bd. 2: 1770–1918, München 1981, S. 321

1. Arbeiten Sie heraus, durch welche Maßnahmen die Mächte ihre Kriegsfähigkeit zu steigern suchten.
2. Bei vielen Menschen wuchs angesichts der hohen Rüstungsanstrengungen der europäischen Staaten das Gefühl, dass ein Krieg auf die Dauer unvermeidbar ist. Beurteilen Sie die Berechtigung und die Gefahr einer solchen Schlussfolgerung.

M5 Österreich plant einen Schlag gegen Serbien

In einem Brief an den deutschen Kaiser Wilhelm II. erklärt der österreichische Kaiser Franz Joseph am 2. Juli 1914, vier Tage nach dem Attentat von Sarajewo, die Ziele seiner Regierung:

Das gegen meinen armen Neffen verübte Attentat ist die direkte Folge der von den russischen und serbischen Panslawisten [= Anhänger eines slawischen Großreiches] betriebenen Politik, deren einziges Ziel die Schwächung des Dreibundes und die Zertrümmerung meines Reiches ist.
Nach allen bisherigen Erhebungen hat es sich in Sarajewo nicht um die Bluttat eines Einzelnen, sondern um eine wohlorganisierte Verschwörung gehandelt, deren Fäden nach Belgrad reichen. Wenn es auch vermutlich unmöglich sein wird, die Mitwisserschaft der serbischen Regierung nachzuweisen, so kann man wohl nicht im Zweifel darüber sein, dass ihre auf die Vereinigung aller Südslawen unter serbischer Flagge gerichtete Politik solche Verbrechen fördert. Die Andauer dieses Zustandes bildet eine dauernde Gefahr für mein Haus und für meine Länder. [...]
Das Bestreben meiner Regierung muss in Zukunft auf die Vereinzelung und Verkleinerung Serbiens gerichtet sein. [...]
Auch Du wirst nach dem jüngsten furchtbaren Geschehen in Bosnien die Überzeugung haben, dass an eine Versöhnung des Gegensatzes, der Serbien von uns trennt, nicht mehr zu denken ist. Die erhaltende Friedenspolitik aller europäischen Monarchen wird bedroht sein, solange dieser Herd von verbrecherischer Agitation in Belgrad ungestraft fortlebt.

Zitiert nach: Günter Schönbrunn, Weltkriege und Revolutionen 1914–1945. Geschichte in Quellen, München 1961, S. 13

1. Fassen Sie zusammen, was der österreichische Kaiser zu diesem Zeitpunkt über das Attentat zu wissen glaubt und welche Schlussfolgerungen er für die Politik zieht.
2. Weisen Sie anhand der Quelle nach, dass die Einschätzung Franz Josephs zu Serbien nicht erst in den Tagen nach dem Attentat entstanden ist.

M6 Der deutsche „Blankoscheck"

Der Botschafter Österreich-Ungarns in Berlin berichtet am 5. Juli dem Wiener Außenminister Leopold Graf Berchtold über seine Unterredung mit dem deutschen Kaiser anlässlich der Überreichung des Briefes von Kaiser Franz Joseph (vgl. M5):

Das Allerhöchste Handschreiben und das beigeschlossene Memorandum habe ich Seiner Majestät überreicht. In meiner Gegenwart las Kaiser mit größter Aufmerksamkeit beide Schriftstücke. Zuerst versicherte mir Höchstderselbe, dass er eine ernste Aktion unsererseits gegenüber Serbien erwartet habe, doch müsse er gestehen, dass er infolge der Auseinandersetzungen unseres Allergnädigsten Herrn eine ernste europäische Komplikation im Auge behalten müsse und daher vor einer Beratung mit Reichskanzler keine definitive Antwort erteilen wolle. Nach dem Déjeuner[1], als ich nochmals Ernst der Situation mit großem Nachdruck betonte, ermächtigte mich Seine Majestät, unserem Allergnädigsten Herrn zu melden, dass wir auch in diesem Falle auf die volle Unterstützung Deutschlands rechnen können. Wie gesagt, müsse er vorerst Meinung des Reichskanzlers anhören, doch zweifle er nicht im Geringsten daran, dass Herr von Bethmann Hollweg vollkommen seiner Meinung zustimmen werde. Insbesonders gelte dies betreffend eine Aktion unsererseits gegenüber Serbien. Nach seiner[2] Meinung muss aber mit dieser Aktion nicht zugewartet werden. Russlands Haltung werde jedenfalls feindselig sein, doch sei er hierauf schon seit Jahren vorbereitet, und sollte es sogar zu einem Krieg zwischen Österreich-Ungarn und Russland kommen, so könnten wir davon überzeugt sein, dass Deutschland in gewohnter Bundestreue an unserer Seite stehen werde.
Russland sei übrigens, wie die Dinge heute stünden, noch keineswegs kriegsbereit und werde es sich gewiss noch sehr überlegen, an die Waffen zu appellieren. Doch werde es bei den anderen Mächten der Tripelentente[3] gegen uns hetzen und am Balkan das Feuer schüren. Er begreife sehr gut, dass es Seiner k. und k. Apostolischen Majestät bei seiner bekannten Friedensliebe schwerfallen würde, in Serbien einzumarschieren; wenn wir aber wirklich die Notwendigkeit einer kriegerischen Aktion gegen Serbien erkannt hätten, so würde er es bedauern, wenn wir den jetzigen, für uns so günstigen Moment unbenützt ließen.

Zitiert nach: Winfried Baumgart (Hrsg.), Die Julikrise und der Ausbruch des Ersten Weltkrieges 1914, Darmstadt 1983, S. 50f.

1. Erklären Sie, warum die hier wiedergegebene Haltung des deutschen Kaisers als „Blankoscheck" zugunsten Österreich-Ungarns bezeichnet worden ist.
2. Überlegen Sie, welche Gründe Deutschland zu so weitgehenden Zusagen an seinen Bündnispartner Österreich-Ungarn veranlasst haben könnten. | F
3. Entwickeln Sie die Begründung einer möglichen ablehnenden Antwort Deutschlands auf das Handschreiben des österreichischen Kaisers (M5).

M7 Ein Ultimatum, das abgelehnt werden soll

Am 14. Juli 1914 berichtet der deutsche Botschafter in Wien dem Reichskanzler über ein Gespräch mit dem Ministerpräsidenten Ungarns, Graf István Tisza. Dieser hat zu Beginn der Krise noch starke Bedenken gegen einen Krieg gegen Serbien vorgetragen, tritt inzwischen aber dafür ein:

Glücklicherweise herrsche jetzt unter den hier maßgebenden Persönlichkeiten volles Einvernehmen und Entschlossenheit. [...] Graf Tisza fügte hinzu, die bedingungslose Stellungnahme Deutschlands an der Seite der Monarchie sei entschieden für die feste Haltung des Kaisers von großem Einfluss gewesen. [...]
Die Note werde so abgefasst sein, dass deren Annahme so gut wie ausgeschlossen sei. Es komme besonders darauf an, nicht nur Versicherungen und Versprechungen zu fordern, sondern Taten. Bei der Abfassung der Note müsse [...] auch darauf Rücksicht genommen werden, dass sie für das große Publikum – besonders in England – verständlich sei und das Unrecht klar und deutlich Serbien zuschiebe.

Zitiert nach: Günter Schönbrunn, Weltkriege und Revolutionen 1914–1945. Geschichte in Quellen, München 1961, S. 16f.

1. Geben Sie wieder, welche Aufgaben das geplante Ultimatum Österreich-Ungarns an Serbien erfüllen sollte.
2. Das am 23. Juli 1914 überreichte Ultimatum verlangte nicht nur die Auflösung großserbischer Organisationen, die Unterdrückung der gegen Österreich-Ungarn gerichteten Propaganda und Maßnahmen gegen Waffenschmuggel. Die serbische Regierung sollte auch erlauben, dass österreichisch-ungarische Behörden die Aufspürung, Verhaftung und Aburteilung der Terroristen übernehmen. Der russische Außenminister nannte diese Forderungen eine „Herabdrückung Serbiens zum Vasallenstaat Österreichs". Nehmen Sie zu dieser Einschätzung Stellung.

[1] **Déjeuner**: Mittagessen
[2] Gemeint ist Kaiser Wilhelm II.
[3] **Tripelentente**: Bündnis zwischen England, Frankreich und Russland

M8 Die Schrecken des Bewegungskrieges …

Der 20-jährige Leutnant Leopold von Stutterheim schreibt am 4. August 1914 an seine Mutter:

Mutter, wir siegen. Das weiß ich jetzt, wo ich diesen heiligen Ernst, diese einmütige Ruhe sehe. Auch für Euch, wenn es anders kommen sollte, gilt das Wort: Lieber ein Ende mit Schrecken, als ein Schrecken ohne Ende. Denn der Tod ist der Übel größtes nicht. Es kann der Tod neues Leben erwecken, und erst recht kann er das in diesen Zeiten. Aber wir wollen nicht sterben, denn noch mehr Nutzen hat das Vaterland von uns, wenn wir leben bleiben und danach wieder einen schönen, herrlichen Frieden genießen. Doch wenn es mich trifft, so ist es auch gut. Für Eure Sicherheit, dass Ihr ein ruhiges Leben führt, würde ich gern bleiben. Aber daran denke ich nicht, ich will leben bleiben, um möglichst viel meinem Vaterland dienen zu können. Also als Sieger werde ich wieder Euch umarmen. Tut Eure Pflicht, seid ruhig, ernst! Und wenn dies nicht so kommt, so seid glücklich in ernster, stiller, einsamer Arbeit an unserem Volk. Und nun noch eine Fabel. Als eine Äffin, die viele Kinder hatte, einer Löwin sagte voll Hohn, die nur einen Sohn hatte: „Wie viel Kinder hast Du?“ Da sagte die Löwin: „Eins, aber einen Löwen.“
Der Löwe will ich sein.
Und nun mit Gott für Euch, für mein Volk!

Am 30. August, keine vier Wochen später, schreibt Hauptmann von Frobel, Kompanie-Chef im Braunschweiger Infanterie-Regiment 92, an Stutterheims Mutter:

In der Nacht vom 21. auf den 22. August waren wir für wenige Stunden in dem Dorfe Bouillet untergebracht. Morgens um 2 Uhr am 22. 8. traten wir den Vormarsch an, um bald die Sombre zu überschreiten. Nicht lange nachdem wir den Fluss überschritten hatten, kamen wir in ein Dorf, wie wir später erfuhren, Roselies. Als die Kompanien des Bataillons in Marschkolonnen im Dorfe waren – die Spitze hatte das Dorf schon fast durchschritten – erhielten wir plötzlich rasendes Feuer aus allen Häusern, Gärten, Hecken und wo sonst sich eine Gelegenheit für den Feind bot. Es herrschte vollkommene Dunkelheit, sodass man immer nur das Aufblitzen der feindlichen Schüsse sah. Ich ordnete an, dass sich die Kompanie in dem freien Raum zwischen den Häusern hinlegen sollte. Hier lagen wir etwa eineinhalb Stunden, immerfort vom Feind beschossen. […] Als es endlich langsam hell wurde, erhielt die Kompanie Feuer aus einem einsam gelegenen weißen Hause und bekam den Befehl vorzugehen. Ich schickte den 3. Zug dagegen vor. Inzwischen hatten sich auf dem auf der Höhe halbrechts vor uns liegenden Walde Franzosen entwickelt und nahmen das Feuer gegen den Ort auf. Ich entwickelte den Zug Ihres Herrn Sohnes, der […] das Feuer erwiderte. Im Verein mit anderen Kompanien und dem gegen das weiße Haus angesetzten Zug wurde nun der Angriff gegen die auf der Höhe liegenden Franzosen angesetzt. Unter Benutzung der zahllosen Hecken, die das Gelände durchzogen, arbeiteten sich die Schützen bis an einen kleinen, vor uns liegenden Steilabfall heran. Hier fanden sie vollkommene Deckung, konnten aber selbst im Augenblicke nicht schießen. Ihr Herr Sohn, der inmitten seiner Leute in voller Deckung lag, richtete sich einen Augenblick etwas auf, um […] nach dem Feinde Ausschau zu halten. In dem Augenblick, den er dazu benötigte, traf ihn das feindliche Geschoss. Die Kugel traf ihn in den Hals und gewiss die Schlagader. Ihr Herr Sohn sagte in dem Augenblick: „Grüßen Sie meine guten Eltern.“ Dann sank er in sich zusammen und war sofort tot.

Erster und zweiter Text: Zitiert nach: www.dhm.de/lemo/zeitzeugen/leopold-von-stutterheim-kriegsbegeisterung-sommer-1914.html (Zugriff: 4. März 2021)

1. Analysieren Sie, mit welchen Erwartungen Leutnant von Stutterheim in den Krieg zieht. Was will er mit der Fabel von der Äffin und der Löwin aussagen? | F
2. Analysieren Sie die Intention, die der Kompanie-Chef mit seinem Brief verfolgt.
3. Bereits seit den ersten Kriegsmonaten durften Soldaten oft nur offene Briefe abschicken, die von ihren Vorgesetzten gelesen und teilweise zensiert wurden. Erläutern Sie die Gründe und die Wirkung dieser Zensur.

M9 … und die Schrecken des Stellungskrieges

Vizefeldwebel Arthur Goldstein, der am 7. April 1916 ums Leben kommt, berichtet in einem Brief:

Allmähliches Durchsickern von Nachrichten über die Kriegslage. Franzosen auf einer Front von 15 km Breite in Tiefe von 3 km durchgebrochen. […] Die Grabenbesatzung, die alles eingebüßt hatte, was sie nicht auf dem Leib trug, kaum noch menschenähnlich. […] Gräben. Keine Unterstände. Eifriges Auswühlen von Erdlöchern. Vor Morgen aufwachen, vor Nässe und Frösteln. Bei Tagesanbruch setzt das Grauenhafte ein: „Trommelfeuer!“ Ich halte mit Unteroffizier Schulte in einem Erdloch. Unaufhörlich erzittert die Erde. Unaufhörlich klingen Abschüsse und Einschläge zusammen, wie zu einem ungeheuren Trommelwirbel. Was 20 bis 30 Meter weiter vor sich geht, kümmert uns bald nicht mehr. Immer wieder platzen die Granaten der Batterien, die unser kurzes Grabenstückchen zum Ziel genommen hatten, in nächster Nähe mit entsetzlichem Dröhnen. Dabei bröckelt jedes Mal der Dreck von der Decke unserer Höhle. […] Gegen Mittag steigert sich das Feuer zu wahrer Raserei; höchstens dem Tosen des aufgewühlten Meeres zu vergleichen. Wir harren, auf dem Bauche liegend, dem Boden und der Wand angeschmiegt, in Ergebung der Dinge, die da kommen müssen. Endlich um 5 Uhr legt sich der Sturm. […] Unsere Ruhe bedeutet keine Untätigkeit des Feindes. Er versucht jetzt, durch wildes Feuer die Artillerie niederzukämpfen und das Herankommen von Reserven zu verhindern. Endlich ruht die Artillerie ganz. Jetzt heißt's scharf beobachten. […] Dichte Kolonnen stürmen über das braune Feld in und hinter den Tannenstreifen. Mit Erbitterung schießen meine Leute. […] Jetzt erwacht auch die Artillerie. Ganze Scharen der Gegner werden von den platzenden Granaten […] der Mörser begraben. […] Sie fluten unter Verlusten zurück. Die Nacht war ruhig. Am folgenden Morgen strahlte der Himmel wolkenlos. Aber die feindlichen Fesselballons und ebenso die Flieger, die uns in früher Stunde umkreisten, kündeten nichts Gutes an. Bald setzte das Trommelfeuer ein, aber heute war der Beschuss durch die Flieger vorzüglich geleitet. Schlag auf Schlag platzen Granaten in nächster Nähe. Ein Schrapnellhagel geht über dem Graben nieder. […] Verwundete stürzen in mein Loch, um sich verbinden zu lassen. Es waren grauenhafte Stunden. […] Alles deutet auf einen großen Angriff.

Zitiert nach: Kriegsbriefe gefallener deutscher Juden, Stuttgart 1961, S. 50 ff.

▶ Charakterisieren Sie die Merkmale der Kriegsführung und die Auswirkungen auf das Erleben der Soldaten.

M10 Das Tannenberg-Denkmal

Von 1924 bis 1927 wird bei Hohenstein (heute: Olsztynek in Polen) ein monumentales Denkmal zum Gedenken an die siegreichen Schlachten bei Tannenberg und an den Masurischen Seen errichtet. „Tannenberg" wird zum Symbol für den größten Erfolg deutscher Truppen im Ersten Weltkrieg und trägt zur Heldenverehrung des Generalfeldmarschalls Paul von Hindenburg bei. Am 18. September 1927 weiht Hindenburg, seit 1925 Reichspräsident der Weimarer Republik, das Kriegsdenkmal ein. In seiner Rede heißt es u. a.:

Die Anklage, dass Deutschland schuld sei an diesem Kriege, weisen wir, weist das deutsche Volk in allen seinen Schichten einmütig zurück! Nicht Neid, Hass oder Eroberungslust gaben uns die Waffen in die Hand. Der Krieg war uns vielmehr das äußerste, mit dem schwersten Opfer verbundene Mittel der Selbstbehauptung einer Welt von Feinden gegenüber. Reinen Herzens sind wir zur Verteidigung des Vaterlandes ausgezogen und mit reinen Händen hat das deutsche Heer das Schwert geführt. Deutschland ist jederzeit bereit, dies vor unparteiischen Richtern nachzuweisen. In den zahllosen Gräbern, welche Zeichen deutschen Heldentums sind, ruhen ohne Unterschied Männer aller Parteifärbungen. Sie waren damals einig in der Liebe und in der Treue zum gemeinsamen Vaterlande. Darum möge an diesem Erinnerungsmale stets innerer Hader zerschellen; es sei eine Stätte, an der sich alle die Hand reichen, welche die Liebe zum Vaterlande beseelt und denen die deutsche Ehre über alles geht.

Hindenburg gegen die Kriegsschuldlüge. Einweihung des Tannenberg-Denkmals, in: Coburger Zeitung Nr. 219 vom 20. September 1927

1. Erläutern Sie ausgehend von der Quelle, welche Rolle Propaganda und Mythenbildung bei der Weltkriegserinnerung spielten.
2. Die Namensgebung der Schlacht geschah in Anlehnung an ein anderes historisches Ereignis. Recherchieren Sie, um welches es sich handelt, und analysieren Sie vor dem Hintergrund Ihrer Ergebnisse, warum die Schlacht von 1914 den Namen „Tannenberg" erhielt.

Trauerfeier für Paul von Hindenburg.
Foto vom 7. August 1934.
Nach Hindenburgs Tod verfügte Adolf Hitler, dass das Denkmal zu einem Mausoleum für den toten Helden von Tannenberg werden sollte. Das Tannenberg-Nationaldenkmal wurde in ein Reichsehrenmal umgetauft. 1945 sprengten es deutsche Soldaten vor dem Anrücken der Roten Armee. Steine des Denkmals wurden später für den Wiederaufbau der polnischen Hauptstadt Warschau verwendet.

▶ Erörtern Sie, ob das Foto Ausdruck einer Mythisierung von Tannenberg beziehungsweise der Person Paul von Hindenburgs ist.

M11 Der erste deutsche Gasangriff bei Ypern 1915

In der zweiten Schlacht vor Ypern setzt die Deutsche Armee erstmals Chlorgas gegen französische Truppen ein. Ein Augenzeuge dieses Angriffs am 22. April 1915 berichtet:

Völlig unvorbereitet auf das, was noch kommen sollte, blickten die [französischen] Divisionen für eine kurze Weile wie verhext auf das seltsame Phänomen, das sie langsam auf sich zukommen sahen. Wie eine Flüssigkeit ergoss sich der schwere, intensiv gefärbte Nebel unerbittlich in die Gräben, füllte sie und zog weiter. Für ein paar Sekunden passierte nichts. Das süßlich duftende Zeug kitzelte nur in der Nase. Sie erkannten nicht die Gefahr, in der sie schwebten. Dann, mit unbegreiflicher Schnelligkeit, begann das Gas zu wirken, und blinde Panik breitete sich aus. Nach einem schrecklichen Kampf um Luft wurden Hunderte bewusstlos und starben, wo sie gerade lagen – ein Tod in abscheulichen Qualen, mit gurgelndem Schaum in ihren Kehlen und übler Flüssigkeit in ihren Lungen. Mit geschwärzten Gesichtern und verdrehten Gliedmaßen ertranken sie einer nach dem anderen – nur kam das, was sie ertränkte, von innen und nicht von außerhalb.

Zitiert nach: Charles Francis Horne, Source Records of the Great War, Bd. 3, Washington 1923, S. 116 (übersetzt von Markus Sanke)

1. Diskutieren Sie, welche Erwartungen die Erfinder der Giftgase an deren Einsatz geknüpft haben könnten. | F
2. Giftgas wurde 1914 von manchen Militärs und Soldaten als menschlicher Fortschritt in der Kriegsführung angesehen. Nehmen Sie Stellung zu dieser These. | H

Ersatzstoffe.
Foto aus Berlin, 1917.
Weil alle kriegswichtigen Stoffe vorrangig dem Militär zugeteilt wurden, blühten im Zivilleben die sonderbarsten „Ersatzlösungen“. Bei diesem Auto sind Gummireifen durch Spiralfedern ersetzt worden.

M12 Kriegsgewinner

Die folgende Tabelle zeigt die offiziell bekanntgegebenen Reingewinne verschiedener Rüstungsfirmen in jeweiliger Landeswährung (in Millionen):

	Vorkriegsschnitt	1914/15	1915/16	1916/17
Krupp	31,6	33,9	86,5	79,7
DWM[1]	5,5	8,2	11,5	12,7
Rheinmetall	4,3	6,5	14,5	14,7
Škoda-Werke	5,6	6,4	9,4	8,2
Steyr-Werke	2,7	6,7	17,7	18,3
Schneider-Creusot	6,9	9,2	10,8	11,2
Hotchkiss	–	–	2,0	14,0

Nach: Gerd Hardach, Der Erste Weltkrieg 1914–1918 [Wolfram Fischer (Hrsg.), Geschichte der Weltwirtschaft im 20. Jahrhundert, Bd. 2], München 1973, S. 117

1. Recherchieren Sie, in welchem Land die Firmen arbeiteten, was sie hauptsächlich herstellten und welche Entwicklung sie nach dem Ersten Weltkrieg nahmen.
2. Diskutieren Sie die Entwicklung der Gewinne vor dem Hintergrund des Kriegsverlaufs und der erzeugten Güter. | F

M13 Überall Ersatz

*Der Historiker und Schriftsteller Peter Englund (*1957) erzählt auf der Grundlage von Quellen die Erlebnisse von Elfriede Kuhr an der „Heimatfront“. Sie ist bei Kriegsausbruch zwölf Jahre alt. Zum 28. Juli 1918 heißt es:*

Sie tun ihr Bestes. Wenn die Kleinkinder ihre Milch nicht bekommen können, geben sie ihnen gekochten Reis oder Haferbrei oder nur Tee. Und wenn es nicht genug echte Windeln gibt, benutzen sie eine neue Sorte, aus Papier. Das Papier klebt an der Haut der Kinder fest, es tut weh, wenn die Pflegerinnen es abziehen.
Ersatz überall. Ersatzkaffee, falsches Aluminium, imitiertes Gummi, Verbände aus Papier, Knöpfe aus Holz. Der Erfindungsreichtum ist zwar beeindruckend, aber vom Resultat kann man das nicht behaupten: Stoff, der aus Nesselfasern und Zellulose besteht; Brot aus Getreide, das mit Kartoffeln, Bohnen, Erbsen, Buchweizen und Rosskastanien vermischt ist (und das erst ein paar Tage nach dem Backen wirklich genießbar erscheint); Kakao, der aus gerösteten Erbsen und Roggen unter Zusatz chemischer Geschmacksstoffe besteht; Fleisch, das aus gepresstem Reis gemacht ist, der in Schaf-

[1] DWM: „Deutsche Waffen- und Munitionsfabriken“ in Berlin

talg gekocht wurde (abgerundet durch einen Scheinknochen aus Holz); Tabak aus getrockneten Wurzeln und Kartoffelschalen, Schuhsohlen aus Holz. Es gibt 837 zugelassene Fleischersatzpräparate für die Wurstherstellung, 511 registrierte Ersatzprodukte für Kaffee. Münzen aus Nickel sind ersetzt worden durch Münzen aus Eisen, Pfannen aus Eisen durch Pfannen aus Blech, Dächer aus Kupfer durch Dächer aus Blech, und die Welt von 1914 wird ersetzt durch die Welt von 1918, in der alles etwas dünner, hohler, kleiner ist. Ersatz: Scheinprodukte für eine Scheinwelt.

Elfriede Kuhr arbeitet in einem Kinderkrankenhaus in Schneidemühl. Es hat eine Weile gedauert, bis sie sich an die Arbeit dort gewöhnt hat, daran, den Ekel beim Anblick von Blut oder Eiter, wund gelegenen Stellen oder Schädeln, die mit Schorf bedeckt sind, zu unterdrücken. Fast alle Kinder leiden an Unterernährung oder an einer Krankheit, die irgendwie auf Unterernährung zurückzuführen ist. (Die Unterernährung ist zum Teil auf die wirksame britische Blockade Deutschlands zurückzuführen, zum Teil darauf, dass Deutschlands Landwirtschaft und das hiesige Transportsystem durch die heftigen Kriegsanstrengungen mehr und mehr verschleißen – wo es noch Lebensmittel gibt, gibt es keine Züge, um sie zu transportieren.) Diese Kinder sind natürlich ebenso sehr Kriegsopfer wie die Gefallenen an der Front. […] Im Laufe der letzten Jahre hat sich die Kindersterblichkeit in Deutschland verdoppelt.

Peter Englund, Schönheit und Schrecken. Eine Geschichte des Ersten Weltkriegs, erzählt in neunzehn Schicksalen, Reinbek bei Hamburg 2013, S. 579 f.

- Beurteilen Sie die Verhältnisse an der „Heimatfront". Welche Bedeutung haben sie für die Innenpolitik?

M14 Die „14 Punkte" Präsident Wilsons

Während der deutsch-russischen Friedensverhandlungen von Brest-Litowsk verkündet der amerikanische Präsident Woodrow Wilson am 8. Januar 1918 in einer Rede vor dem US-Kongress die Grundzüge einer Friedensordnung, die als das 14-Punkte-Programm bekannt wird:

I. Öffentliche Friedensverträge, öffentlich beschlossen, nach denen es keine privaten internationalen Abmachungen irgendwelcher Art geben darf. Vielmehr soll die Diplomatie stets frei und vor aller Öffentlichkeit sich abspielen.

II. Absolute Freiheit der Schifffahrt auf der See außerhalb der territorialen Gewässer sowohl im Frieden wie im Kriege […].

III. Soweit als möglich die Aufhebung sämtlicher wirtschaftlicher Schranken und die Fortsetzung gleichmäßiger Handelsbeziehungen zwischen sämtlichen Nationen […].

IV. Angemessene Garantien, […] dass die nationalen Rüstungen auf den niedrigsten Grad, der mit der inneren Sicherheit vereinbar ist, herabgesetzt werden.

V. Eine freie, offenherzige und absolut unparteiische Ordnung aller kolonialen Ansprüche […].

VI. Die Räumung des gesamten russischen Gebietes.

VII. Belgien, dem wird die ganze Welt zustimmen, muss […] geräumt und wiederhergestellt werden. […]

VIII. Das gesamte französische Gebiet muss befreit und die verwüsteten Teile wiederhergestellt werden. Ebenso müsste das Frankreich durch Preußen 1871 in Sachen Elsass-Lothringen angetane Unrecht, das den Weltfrieden nahezu fünfzig Jahre bedroht hat, berichtigt werden, um dem Frieden im Interesse aller wieder Sicherheit zu verleihen.

IX. Eine Berichtigung der Grenzen Italiens sollte gemäß den klar erkennbaren Nationalitätenlinien bewirkt werden.

X. Den Völkern Österreich-Ungarns […] sollte die freieste Möglichkeit autonomer Entwicklung gewährt werden.

XI. Rumänien, Serbien und Montenegro sollten geräumt werden[1] […].

XII. Dem türkischen Teil des gegenwärtigen osmanischen Reiches sollte eine gesicherte Souveränität gewährleistet werden, […] und die Dardanellen sollten dauernd als freier Durchgang für die Schiffe und den Handel aller Nationen unter internationalen Garantien geöffnet werden.

XIII. Ein unabhängiger polnischer Staat sollte errichtet werden, der die von unbestreitbar polnischer Bevölkerung bewohnten Gebiete umfassen soll, denen ein freier und sicherer Zugang zum Meere gewährleistet und dessen politische und ökonomische Unabhängigkeit sowie dessen territoriale Integrität durch internationalen Vertrag garantiert werden sollen.

XIV. Eine allgemeine Gesellschaft der Nationen muss aufgrund eines besonderen Bundesvertrages gebildet werden zum Zwecke der Gewährung gegenseitiger Garantien für politische Unabhängigkeit und territoriale Integrität in gleicher Weise für die großen und kleinen Staaten.

Zitiert nach: Günter Schönbrunn, Weltkriege und Revolutionen 1914–1945. Geschichte in Quellen, München 1980, S. 104 ff.

1. Analysieren Sie Wilsons 14-Punkte-Programm: Welche nationalen und internationalen Ziele verfolgte er damit?
2. Die Reichsregierung ersuchte Wilson am 3./4. Oktober 1918 um die Vermittlung eines Friedens auf der Grundlage dieser 14 Punkte. Arbeiten Sie heraus, zu welchen Zugeständnissen das Deutsche Reich bereit sein musste.

[1] Montenegro hatte seit 1914, Rumänien seit 1916 zu den Kriegsgegner der Mittelmächte gehört.

M15 Der Erste Weltkrieg – die Schuldfrage

Nach dem Ende des Ersten Weltkrieges bemühen sich deutsche Historiker um den Nachweis, Deutschland habe keine Schuld am Krieg. Eine objektivere Beschäftigung mit den Verantwortlichkeiten setzt erst nach dem Zweiten Weltkrieg ein. In diesem Prozess finden bemerkenswerte Verschiebungen und heftige Kontroversen statt. Hier eine Auswahl:

a) Der deutsche Historiker Fritz Fischer (1908–1999), dessen Buch „Griff nach der Weltmacht. Die Kriegszielpolitik des kaiserlichen Deutschland 1914/18" im Jahr 1961 einen Streit zwischen älteren und jüngeren Historikern ausgelöst hat (sog. Fischer-Kontroverse), fasst seine Position 1965 in einem Zeitungsartikel so zusammen:

Ich selbst habe noch auf dem Historikertag in Berlin im Oktober 1964 die Ansicht vertreten, Deutschland habe im Juli 1914 bewusst das Risiko eines großen europäischen Krieges auf sich genommen, weil ihm die Situation so günstig wie nie zuvor schien. In Verschärfung meiner damaligen Ausführungen stelle ich heute fest, gestützt auf allgemein zugängliches wie auch auf unveröffentlichtes Material: Deutschland hat im Juli 1914 nicht nur das Risiko eines eventuell über den österreichisch-serbischen Krieg ausbrechenden großen Krieges bejaht, sondern die deutsche Reichsleitung hat diesen großen Krieg gewollt, dementsprechend vorbereitet und herbeigeführt.

*b) Der in Großbritannien lehrende australische Historiker Christopher Clark (*1960) schreibt in seinem 2012 in Großbritannien und 2013 in Deutschland veröffentlichten Werk:*

Der Kriegsausbruch von 1914 ist kein Agatha-Christie-Thriller, an dessen Ende wir den Schuldigen im Konservatorium über einen Leichnam gebeugt auf frischer Tat ertappen. In dieser Geschichte gibt es keine Tatwaffe als unwiderlegbaren Beweis, oder genauer: Es gibt sie in der Hand jedes einzelnen wichtigen Akteurs. So gesehen war der Kriegsausbruch eine Tragödie, kein Verbrechen. Wenn man dies anerkennt, so heißt es keineswegs, dass wir die kriegerische und imperialistische Paranoia der österreichischen und deutschen Politiker kleinreden sollten, die zu Recht die Aufmerksamkeit Fritz Fischers und seiner historischen Schule auf sich zog. Aber die Deutschen waren nicht die einzigen Imperialisten, geschweige denn die einzigen, die unter einer Art Paranoia litten. Die Krise, die im Jahr 1914 zum Krieg führte, war die Frucht einer gemeinsamen politischen Kultur. Aber sie war darüber hinaus multipolar und wahrhaft interaktiv – genau das macht sie zu dem komplexesten Ereignis der Moderne, und eben deshalb geht die Diskussion um den Ursprung des Ersten Weltkrieges weiter, selbst ein Jahrhundert nach den tödlichen Schüssen Gavrilo Princips an der Franz-Joseph-Straße.

*c) Die deutsche Historikerin Annika Mombauer (*1967) fasst ihre Forschungen zum Thema so zusammen:*

Historiker sprechen […] heute nur noch selten von Kriegsschuld. Es wird auch kaum noch die Verantwortung einer einzigen Regierung hervorgehoben. Stattdessen wissen wir heute, dass in allen Hauptstädten der Großmächte wichtige und zum Teil verhängnisvolle Entscheidungen getroffen wurden. Wir wissen auch, dass vor allem den Militärs überall ein Krieg nicht ungelegen kam und es dem militärischen Denken der Zeit entsprach, einen solchen führen zu wollen. Dennoch muss der Hauptteil der Verantwortung für den Kriegsausbruch nach wie vor in den Entscheidungen Österreich-Ungarns und Deutschlands verortet werden. Die Dokumente, auf die wir uns stützen können, beweisen eindeutig, dass diese beiden Großmächte es auf einen Krieg abgesehen hatten, bevor die Regierungen der anderen Großmächte überhaupt wussten, dass ein europäischer Konflikt bevorstand. […]
Der Krieg war kein „Unfall", er war nicht das Resultat von Fehlern oder Versäumnissen, und die Verantwortlichen von 1914 waren keine „Schlafwandler" (Christopher Clark), sondern sie wussten im Gegenteil ganz genau, was sie taten. Der Krieg brach aus, weil einflussreiche Kreise in Wien und Berlin ihn herbeiführen wollten und ihn absichtlich riskierten und weil man in Paris und Petersburg bereit war, diesen Krieg zu führen, wenn er denn käme. Gewiss, es gab auch in Paris und Petersburg und zu einem viel geringeren Teil sogar in London im Juli 1914 Befürworter des Krieges, vor allem unter den Militärs. Aber die Entscheidung, im Sommer 1914 einen Krieg zu führen, war in Wien und Berlin getroffen worden. Hier übten die kriegslustigen Militärs den größten Einfluss auf ihre politischen und diplomatischen Kollegen aus.

Erster Text: Fritz Fischer, Vom Zaun gebrochen – nicht hineingeschlittert. Deutschlands Schuld am Ausbruch des Ersten Weltkriegs, in: Die Zeit vom 3. September 1965, Nr. 36, S. 30; zweiter Text: Christopher Clark, Die Schlafwandler. Wie Europa in den Ersten Weltkrieg zog, München [14]2013, S. 716 f. (übersetzt von Norbert Juraschitz); dritter Text: Annika Mombauer, Die Julikrise. Europas Weg in den Ersten Weltkrieg, München [2]2014, S. 117–119

1. Arbeiten Sie die zentralen Aussagen der Historiker heraus.
2. Vergleichen Sie die Aussagen und erläutern Sie die kontroversen Positionen.
3. Nehmen Sie zu den Aussagen der Historiker Stellung.

M16 Körperliche und seelische Verheerungen

Erich Kuttner (1887–1942) ist Soldat im Ersten Weltkrieg. 1917 gründet er den „Bund der Kriegsteilnehmer und Kriegsbeschädigten“ und wird später Landtagsabgeordneter der SPD in Preußen. 1920 schildert er in einem Zeitungsbericht einen Besuch in einer Berliner Spezialklinik für Gesichtsverletzte:

Wie viele Berliner ahnen eigentlich, dass es noch ca. 20 Lazarette in Berlin mit über 20000 Insassen gibt, gefüllt mit Opfern des nun schon seit fast zwei Jahren beendeten Krieges? Und wie viele von denen, die es wissen, haben sich jemals die Frage vorgelegt, wie der Körper eines Menschen aussehen muss, der nach zwei-, nach drei-, nach fünf- und sechsjähriger Behandlung noch immer nicht entlassen werden kann, obwohl bei der Entlassung der Kriegsbeschädigten alles andere als zimperlich verfahren wird. Das sind keine Kriegsbeschädigten mehr, das sind die Kriegszermalmten! [...] Die Lazarettkommission, die von den Berliner Lazarettinsassen als ihre Vertretung gewählt worden ist, hatte mich zu einem Besuch mehrerer Lazarette eingeladen. [...] Die Studienreise begann in dem Versorgungslazarett Thüringer Allee, das in einsamer Verlassenheit weit draußen in Westend liegt. Dort liegen die Menschen, denen der Krieg das edelste und schönste des menschlichen Aussehens genommen hat – so schaurig es sich ausspricht: Menschen ohne Gesicht.

Auf die Bitte der Lazarettkommission tritt in das kleine Geschäftszimmer [...] ein Mann, der quer über die Mitte des Gesichts eine Binde trägt. Er nimmt sie ab und ich starre in ein kreisförmiges Loch von der Größe eines Handtellers, das von der Nasenwurzel bis zum Unterkiefer reicht. Das rechte Auge ist zerstört, das linke halb geschlossen. Während ich mit dem Mann rede, sehe ich das ganze Innere seiner Mundhöhle offen vor mir liegen: Kehlkopf, Speiseröhre, Luftröhre wie bei einem anatomischen Präparat. [...]

[Seine Behandlung] wird noch fünf Jahre dauern. Einstweilen hat der Mann seine achtzehnte Operation überstanden. Bald darauf lerne ich Leute mit 30 und 36 Operationen kennen.

Man hat die unbequeme Existenz dieser Kriegsopfer vergessen. Im Westend zeigt man mir eine Sammlung von Gipsmasken, die von den Kieferverletzten bei ihrer Einlieferung angefertigt wurden. Das zusammengeflickte Gesicht wird dann später ebenfalls abgegipst und zum Vergleich aufgehoben. Warum versteckt man diese Denkmäler des Schreckens?

Im Weltkrieg nehmen seelische Erkrankungen in erschreckendem Maße zu. Die Psychiatrie hat kaum Erfahrung mit schwer traumatisierten Personen. Auszug aus einer Krankenakte:

Fall 421. 25-jähriger Offizier. 1915 Oberarmdurchschuss. Unterstand durch Volltreffer verschüttet (1917). Versucht sich mit seinen Kameraden auszugraben. Letztere verlässt allmählich die Kraft. Sie starben wohl an Erstickung; der Kranke kann nichts darüber angeben. Auch er fühlt zunehmenden Luftmangel. Eine zweite Granate öffnet den verschütteten Unterstand. Dadurch gerettet. Seither nervöse Angstzustände, Schlaflosigkeit, Schreckträume, Erregbarkeit. „Fühlt immer wieder Atemnot, glaubt ersticken zu müssen“, dreimonatige Behandlung bringt keinen Erfolg, daher Verlegung in das Nervenlazarett. Starker, früher stets gesunder, intelligenter, strebsamer Mann.

Erster Text: Erich Kuttner, Vergessen! Die Kriegszermalmten in Berliner Lazaretten, in: Vorwärts, 8. September 1920, zitiert nach: Bernd Ulrich und Benjamin Ziemann (Hrsg.), Frontalltag im Ersten Weltkrieg. Wahn und Wirklichkeit. Quellen und Dokumente, Frankfurt am Main 1994, Dok. 20 i, S. 92 f.; zweiter Text: ebda, Dok. 21 d, S. 103

1. Entwickeln Sie mögliche Antworten auf die Frage am Ende des Zeitungsberichts (Zeile 39 f.).
2. Diskutieren Sie mögliche Folgen für eine Gesellschaft, die solche Kranke integrieren muss. Beziehen Sie das Männerbild der Zeit in Ihre Überlegungen ein. | H

Künstliche Gliedmaßen. Für die zahlreichen Kriegsverletzten wurden neue Prothesen entwickelt, z. B. die „Sauerbruch-Hand“.

Methode

Fotografien als Quellen deuten

Das Buch bietet verschiedene Anwendungsbeispiele. Hier eine Auswahl geeigneter Fotografien: Siehe Seite 65, 71, 95 f., 123 und 125.

Fotografien prägen unser Bild von der jüngeren Geschichte mehr als jedes andere Medium. Sie halten politische und gesellschaftliche Ereignisse für die Nachwelt fest und geben uns eine Fülle von Informationen über den Lebensalltag. In der ersten Hälfte des 20. Jahrhunderts wurde Fotografieren für breite Bevölkerungskreise erschwinglich. Fotos wurden dadurch für den Historiker zu einer immer wichtigeren Quelle.

Fotografien haben eine sehr starke suggestive Kraft, weil sie scheinbar die Welt so wiedergeben, „wie sie ist", sie vermitteln den Eindruck von Authentizität. Mit dem Druck auf den Auslöser wird aber kein „objektives" Bild der Wirklichkeit hergestellt. Fotos sind **Momentaufnahmen** und zeigen immer nur einen ausgewählten und bearbeiteten Ausschnitt aus der Realität. Bereits durch die Wahl des Motivs, des Bildausschnitts und der Perspektive stellt der Fotograf ein subjektives, **„komponiertes" Bild der Wirklichkeit** her. Retuschen, Montagen und andere Manipulationen, etwa das Wegschneiden oder Vergrößern bestimmter Bildteile, machen die Fotografie zu einer schwer zu beurteilenden Quelle.

Bereits während des Amerikanischen Bürgerkrieges (1861–1865) wurden in amerikanischen Zeitungen Fotos von den Schlachtfeldern abgedruckt, die häufig als schockierend empfunden wurden. Erst später wurde aber bekannt, dass der Fotograf die Leichen „arrangiert" hatte, das heißt nach dem Ende der Schlacht neu und anders hingelegt hatte, sodass eine Wirkung entstand, die sonst nicht vorhanden gewesen wäre.

Fotos müssen deshalb als Quelle besonders **vorsichtig bewertet** werden. Sie müssen unter bestimmten Fragestellungen interpretiert und in einen historischen Gesamtzusammenhang eingeordnet werden.

Arbeitsschritt	Leitfragen
1. beschreiben	• Wer hat das Foto gemacht, in Auftrag gegeben und veröffentlicht? • Wann, wo und aus welchem Anlass ist das Foto gemacht bzw. veröffentlicht worden? • Wer oder was ist auf dem Foto abgebildet? Was wird thematisiert? • Welche Darstellungsmittel werden verwendet (Schwarzweiß- oder Farbbild, Kameraperspektive, Aufbau, Schnappschuss oder gestellte Szene, Profi- oder Amateuraufnahme)? • Sind Hinweise auf Bildbearbeitung oder nachträgliche Veränderungen erkennbar (Retusche, Montage, Beschnitte bzw. Ausschnittvergrößerungen)?
2. erklären	• Auf welches Ereignis oder welche Person bezieht sich das Foto? • Wie lässt sich das Foto in den historischen Kontext einordnen? • Für wen und in welcher Absicht wurde das Foto gemacht bzw. veröffentlicht? • Welche Botschaft, welche Deutung vermittelt das Foto beabsichtigt oder unbeabsichtigt? • Welche Wirkung soll beim Betrachter erzielt werden?
3. beurteilen	• Wie lässt sich das Foto insgesamt einordnen und bewerten? • Welche Auffassung vertreten Sie zu dem Bild?

Ort und Zeitpunkt:
Berlin (Unter den Linden) am 31. Juli 1914
(Foto erschienen in: Berliner Illustrirte Zeitung, Nr. 32, 1914)

Bekanntgabe des Zustandes der drohenden Kriegsgefahr durch einen Offizier.

Ort und Zeitpunkt:
Pariser Platz in Berlin am 1. August 1914

Kriegsbegeisterte Jugend.

► Analysieren Sie die beiden Fotos mithilfe der Arbeitsschritte auf Seite 112.
Ihre Ergebnisse können Sie mit der Lösungsskizze auf Seite 171 vergleichen.

Der Erste Weltkrieg (1914–1918)

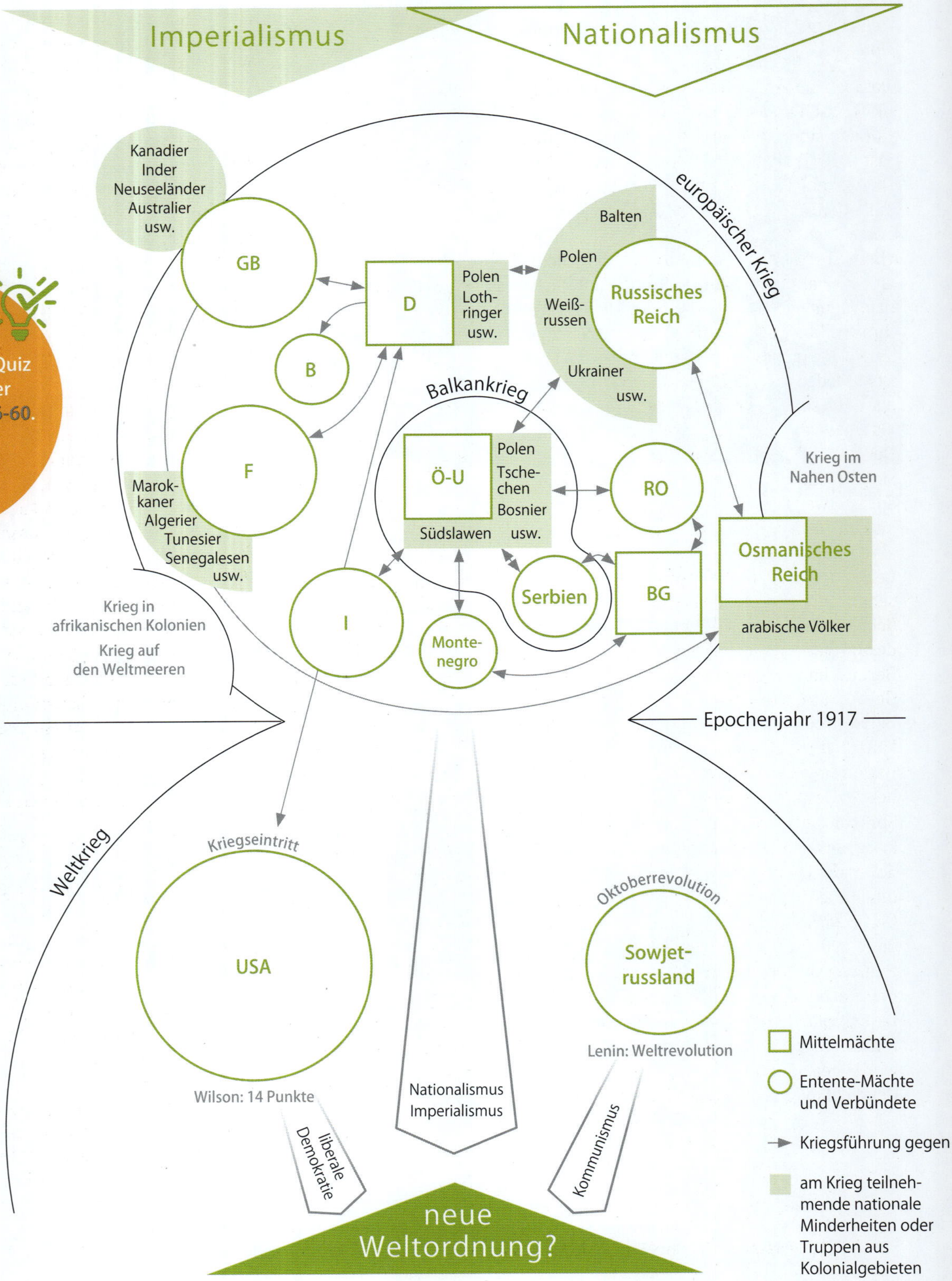

WISSENS CHECK

Ein interaktives Quiz erwartet Sie unter dem Code 32036-60.

M Frieden ist nicht selbstverständlich

*Am 11. November 2018 spricht Angela Merkel (*1954) zur Eröffnung des „Pariser Friedensforums" vor Staats- und Regierungschefs und Vertretern internationaler Organisationen:*

Dass ich heute hier als Bundeskanzlerin der Bundesrepublik Deutschland stehe, ist eine Ehre für mich. [...] Bis vor Kurzem stand in Compiègne, wo der Waffenstillstand vor fast 100 Jahren geschlossen wurde, „die Arroganz der Deutschen" geschrieben; und an sie wurde erinnert. Diese Zeilen wurden jetzt durch „die Freundschaft", durch „die Partnerschaft" von uns ersetzt. Das ist ein großartiges Zeichen. Aber das ist natürlich auch Verpflichtung. Denn das ist heute alles andere als selbstverständlich, insbesondere nach dem Leid, das die Deutschen in zwei Weltkriegen über ihre Nachbarn, über Europa und die Welt gebracht haben. Es ist eine großherzige Einladung unter Freunden.

Der Friede, den wir heute haben, den wir zum Teil schon als allzu selbstverständlich wahrnehmen, ist alles andere als selbstverständlich, sondern dafür müssen wir arbeiten. Deshalb möchte ich auch von meinen Sorgen sprechen, die sich für mich in unser heutiges Gedenken mischen – die Sorge etwa, dass sich wieder nationales Scheuklappendenken ausbreitet, dass wieder so gehandelt werden könnte, als könne man unsere wechselseitigen Abhängigkeiten, Beziehungen und Verflechtungen einfach ignorieren. Wir sehen doch, dass internationale Zusammenarbeit, friedlicher Interessenausgleich, ja, selbst das europäische Friedensprojekt wieder infrage gestellt werden. Wir sehen die Bereitschaft, Eigeninteressen schlimmstenfalls auch mit Gewalt durchzusetzen. [...]

Liebe Freunde, mangelnde Bereitschaft und mangelnde Fähigkeit zum Dialog – genau daraus haben sich das Misstrauen und die Kriegslogik genährt, die 1914 eine ungeheure Gewaltmaschinerie in Gang gesetzt haben. Die Sprachlosigkeit – es gibt ein Buch über den Ersten Weltkrieg, das von „Schlafwandlern"[1] spricht –, war im Wesentlichen der Grund des kollektiven Versagens, das in die Krise und Katastrophe führte.

Genau diesen Schluss hat damals der amerikanische Präsident Wilson gezogen. Mit seinen berühmten vierzehn Punkten sprach er sich unter anderem für einen allgemeinen Verbund von Nationen aus.[2] Ein institutionalisierter Dialog sollte heilsamen Druck erzeugen, um künftigen Konflikten vorzubeugen. Wir alle wissen: Der Völkerbund wurde gegründet – und er scheiterte. Die Welt erlebte, wie Deutschland den Zweiten Weltkrieg entfesselte, den Zivilisationsbruch der Shoa verübte und den Glauben an die Menschlichkeit erschütterte.

Danach war nichts mehr wie vorher. Es konnte und durfte ja auch nicht so sein. Die Antwort war die Gründung der Vereinten Nationen. Die Staatengemeinschaft schuf eine Rechtsordnung, einen Rahmen für internationale Zusammenarbeit. Beides wurde untermauert von der Allgemeinen Erklärung der Menschenrechte, die die UN-Generalversammlung vor 70 Jahren verkündete. [...]

Der Erste Weltkrieg hat uns gezeigt, in welches Verderben Isolationismus führen kann. Und wenn Abschottung vor 100 Jahren schon keine Lösung war, wie könnte sie es heute sein – in einer vielfach vernetzten Welt mit fünfmal so vielen Menschen auf der Welt wie damals? [...] Eine enge internationale Zusammenarbeit auf der Grundlage gemeinsamer Werte, wie sie uns die UN-Charta vorgibt – das ist die einzige Möglichkeit, die Schrecken der Vergangenheit zu überwinden und eine vernünftige Zukunft zu gestalten. [...]

Ich möchte Emmanuel Macron und den Initiatoren dieses Friedensforums dafür danken, dass es nicht nur Politiker sind, die hier mitmachen, sondern auch Nichtregierungsorganisationen, Verbände, Vereinigungen, Forscher, Bürgerinnen und Bürger. Denn Frieden kann kein Projekt nur von Politik sein, Frieden muss von den Menschen in unseren Ländern erarbeitet werden. [...] Deshalb hoffe ich aus ganzem Herzen, [...] dass daraus ein Prozess wird, dass aus diesem 100. Jahrestag des Waffenstillstands nach dem Ersten Weltkrieg ein Prozess für mehr Frieden wird. Ich mache mir keine Illusionen, dass dies ein komplizierter Weg ist. Aber wenn wir alle daran glauben, dass wir es gemeinsam anpacken müssen, dann haben wir eine Chance, eine bessere Welt zu gestalten. Und diese Chance müssen wir nach dem, was wir erlebt haben, nutzen.

Zitiert nach: www.bundeskanzlerin.de/bkin-de/aktuelles/rede-von-bundeskanzlerin-merkel-zur-eroeffnung-des-forum-de-paris-sur-la-paix-am-11-november-2018-1548456 (Zugriff: 2. März 2021)

[1] Gemeint ist die Publikation „Die Schlafwandler. Wie Europa in den Ersten Weltkrieg zog" von Christopher Clark. Siehe dazu M15 auf Seite 110.

[2] Zu den „14 Punkten" von US-Präsident Woodrow Wilson siehe M14 auf Seite 109.

1. Fassen Sie die Kernaussagen des Redeauszugs in eigenen Worten zusammen.
2. Charakterisieren Sie die Rede. Gehen Sie dabei auf folgende Aspekte ein: Argumentation, Sprach- und Wortwahl, Stil, Umgangs- oder Hochsprache.
3. Angela Merkel macht in ihrer Rede deutlich: „Frieden kann kein Projekt nur von Politik sein, Frieden muss von den Menschen in unseren Ländern erarbeitet werden" (Zeile 66–68). Nehmen Sie dazu Stellung.
4. Präsentation: Recherchieren Sie über das erwähnte Friedensforum und stellen Sie Ihre Ergebnisse in einem Kurzreferat vor. Gehen Sie dabei auf die Frage ein, weshalb das Forum seinen Sitz in Paris hat.

Orientierung

1.6 Wahlmodul: Deutsches und europäisches Selbstverständnis nach 1945

Das Kapitel beschäftigt sich inhaltlich mit…

- der Auseinandersetzung mit der NS-Vergangenheit in beiden deutschen Staaten
- dem Selbstverständnis der Bundesrepublik und der DDR in der bipolaren Welt
- dem Selbstverständnis und der kulturellen Identität des wiedervereinigten Deutschlands im europäischen Kontext
- den Versuchen der Herausbildung einer europaweiten Erinnerungsgemeinschaft

Das deutsche Selbstverständnis nach 1945 hatte sich zunächst an den Ereignissen der jüngsten Vergangenheit abzuarbeiten. Durch die Teilung der Welt in ideologische Blöcke, deren Grenze mitten durch Deutschland verlief, entwickelten sich in der DDR und in der Bundesrepublik jeweils völlig unterschiedliche politische Systeme und damit auch unterschiedliche „Aufarbeitungskulturen“. Einig waren sich beide Staaten in der historischen Bewertung des NS-Staates als furchtbares Unrechtssystem. Unterschiedlich fielen jedoch die Antworten auf die beiden Fragen aus, wie es zu diesem im Holocaust gipfelnden Zivilisationsbruch kommen konnte und welche Lehren ein Staat daraus ziehen muss. Die Art und Weise, wie beide Staaten die Vergangenheit „bewältigten“, ist ein Spiegel der beiden politischen Systeme und diente jeweils zu deren Legitimation.

Die Systemkonkurrenz erleichterte es der Bundesrepublik bzw. der DDR zunächst, sich in die jeweiligen militärischen und wirtschaftlichen Bündnisse (NATO, OEEC/OECD bzw. Warschauer Pakt, RGW) zu integrieren. Im Westen wurde man Teil der europäischen Integration, die nach 1990 mit der Ausweitung um Staaten in Osteuropa vertieft wurde. In den beiden deutschen Staaten entfalteten sich auch sehr unterschiedliche historische Anknüpfungspunkte und Wertesysteme. Diese trugen neben den Leistungen in Wirtschaft, Sport und Kultur zum jeweiligen Selbstverständnis bei und wirken bis heute nach. Die Wiedervereinigung 1990 und der Wandel zur „Berliner Republik“ stellte daher nicht nur eine gewaltige wirtschaftliche Herausforderung dar, sondern auch eine gesellschaftliche. Sie ging einher mit einer gewandelten ökonomischen, europäischen und zum Teil auch militärischen Rolle der Bundesrepublik.

Aktuell zeigen die politischen Entwicklungen in Ost- und Westdeutschland, dass ein gemeinsames Selbstverständnis noch lange nicht vorhanden ist. Die Krise des Euro und der EU, aber auch die Flüchtlingskrise, haben Verlustängste in wirtschaftlicher wie kultureller Hinsicht hervorgerufen. Als Reaktion darauf ziehen sich viele Menschen auf die eigene nationale und kulturelle Identität zurück, was eine gemeinsame europäische Erinnerungskultur erschwert.

Installation „Die Tore der Deutschen“ von Horst Hoheisel.
Foto vom 27. Januar 1997.
In der Nacht vom 26. auf den 27. Januar 1997, dem Tag der Befreiung des KZ Auschwitz und Tag des Gedenkens an die Opfer des Nationalsozialismus, projizierte Hoheisel Fotos des geschlossenen und geöffneten Auschwitz-Tores mit der Inschrift „Arbeit macht frei“ auf das Brandenburger Tor in Berlin.

► Das Brandenburger Tor gilt als Symbol nationaler Identität. Mit seinem „Denkbild“ wollte Hoheisel zum Nachdenken über die symbolische und erinnerungskulturelle Funktion des Tores anregen. Erläutern und beurteilen Sie Aussage und beabsichtigte Wirkung der Installation.

Deutschland nach 1945

5. 6. 1945 — Die Siegermächte des Zweiten Weltkrieges übernehmen die Regierungsgewalt in Deutschland, das in vier Besatzungszonen geteilt ist.

1945/46 — Im Nürnberger Prozess werden die Hauptkriegsverbrecher verurteilt.

1945 - 1950 — Die Alliierten führen eine **Entnazifizierung** durch (in der SBZ nur bis 1948).

1949 — Mit der Unterzeichnung des Grundgesetzes am 23. Mai wird die Bundesrepublik gegründet; am 7. Oktober folgt die Gründung der DDR. Die Westdeutsche Regierung erkennt sie nicht als Staat an (**Alleinvertretungsanspruch**).

seit 1950 — In der DDR ist der **8. Mai** als „Tag der Befreiung" bis 1966 gesetzlicher Feiertag; in ganz Deutschland wird das Datum bis heute mit besonderen Gedenkveranstaltungen begangen.

10. 9. 1952 — Im **Luxemburger Abkommen** verpflichtet sich die Bundesrepublik zu „Wiedergutmachungszahlungen" an Israel und den verfolgten Juden.

17. 6. 1953 — Der Volksaufstand in der DDR gegen das SED-Regime wird von sowjetischen Militärs niedergeschlagen. In Westdeutschland wird der **17. Juni** zum Nationalfeiertag.

6. 11. 1958 — In Ludwigsburg wird die Zentralstelle zur Aufklärung von NS-Gewaltverbrechen eingerichtet.

1961 — Die SED lässt in Berlin eine Mauer errichten.

1963 - 1965 — In Frankfurt am Main finden die **Auschwitz-Prozesse** statt.

26. 6. 1969 — Der Bundestag hebt die Verjährungsfrist für Völkermord auf.

21. 12. 1972 — Im Rahmen der sozial-liberalen Ostpolitik von Bundeskanzler Willy Brandt erkennt die Bundesrepublik die DDR als gleichberechtigten Staat an (**Grundlagenvertrag**).

18. 9. 1973 — Beide deutsche Staaten werden Mitglieder der Vereinten Nationen (UN).

Deutschlands Wiedervereinigung

9. 11. 1989 — Die Mauer fällt; die innerdeutschen Grenzen sind offen

3. 10. 1990 — Die Wiedervereinigung wird vollzogen: **„Tag der deutschen Einheit"**.

Aufarbeitung nach 1990

1992 - 1999 — Führende DDR-Funktionäre werden wegen ihrer Verantwortung für die Tötungen an der innerdeutschen Grenze angeklagt und verurteilt.

1996 — Der **27. Januar** wird zum Tag des Gedenkens an die Opfer des Nationalsozialismus erklärt; 2005 erhebt ihn die UNO zum **Internationalen Holocaustgedenktag**.

2. 8. 2000 — Die **Stiftung „Erinnerung, Verantwortung und Zukunft"** zur Entschädigung von NS-Zwangsarbeitern wird gegründet.

10. 5. 2005 — In Berlin wird das **Denkmal für die ermordeten Juden Europas** eingeweiht.

2008 — Die EU beschließt den **„Europäischen Tag des Gedenkens an die Opfer von Stalinismus und Nationalsozialismus"** (23. August).

Schuld und Sprachlosigkeit | Nach dem Ende des „Dritten Reiches" hätten sich Millionen Deutsche die bittere Frage stellen können, welchen Anteil sie selbst an der jüngsten Vergangenheit hatten. In den ersten Nachkriegsjahren schien sich in der deutschen Bevölkerung jedoch eine Verweigerungshaltung durchzusetzen. Nur eine Minderheit war dazu bereit, über die persönliche oder kollektive Mitverantwortung nachzudenken (→ M1). Für Scham und Trauer über das schuldhafte Verhalten und die Massenverbrechen fehlte es vielfach an Einsicht, aber auch an Kraft. Nach Krieg, Flucht und Vertreibung waren die Menschen bemüht, das eigene Schicksal und den Alltag zu bewältigen. Zudem war der zeitliche Abstand für eine selbstkritische Betrachtung oder Infragestellung zu gering (→M2 und M3). Viele Menschen täuschten Unkenntnis vor. Sie hätten nichts von den Verbrechen in den Konzentrationslagern gewusst. Die meisten sahen sich selbst als Opfer der nationalsozialistischen Ideologie und der bis zuletzt funktionierenden Propaganda. Andererseits gab es aber auch einige Intellektuelle und Politiker, die ein Eingeständnis der Schuld und eine „Wiedergutmachung" forderten. Im August und Oktober 1945 bekannten sich die beiden großen Kirchen in offenen Briefen zu ihrer Verantwortung.

„Er hat mir's doch befohlen!"
Karikatur von 1946.

▶ Interpretieren Sie die Aussage der Karikatur. | **H**

Zwei Staaten – zwei Haltungen | Mit der doppelten Staatsgründung im Jahr 1949 zeigten sich bereits grundsätzliche Unterschiede in der Auseinandersetzung der Bundesrepublik und der *Deutschen Demokratischen Republik* (DDR) mit der NS-Zeit.

Die Bundesrepublik Deutschland verstand sich als Gegenmodell zum nationalsozialistischen Regime. Die freiheitlich-demokratischen und rechtsstaatlichen Prinzipien des Grundgesetzes untermauerten dies. Andererseits sah sich der westdeutsche Teilstaat aber auch als Rechtsnachfolger des Deutschen Reiches, dessen Erblast er nun tragen musste.

Gegenüber dem Ausland beanspruchte Bundeskanzler *Konrad Adenauer* (CDU) einen *Alleinvertretungsanspruch* der demokratischen Bundesrepublik für ganz Deutschland. Die DDR erkannte er nicht als eigenständigen Staat an. Sein Staatssekretär im Auswärtigen Amt, *Walter Hallstein*, entwickelte daraus folgende Doktrin (*Hallstein-Doktrin*): Erkannte ein Land die DDR als selbstständigen Staat an, drohte die Bundesrepublik, die diplomatischen Beziehungen zu ihm abzubrechen. Davon war nur die Sowjetunion ausgenommen, die ja zu den vier Siegermächten zählte. Doch die DDR ließ sich auf Dauer nicht vollständig isolieren. Im Zuge der **Entspannungspolitik** der 1960er-Jahre wurde die Hallstein-Doktrin schließlich aufgegeben.

Von Anfang an grenzte sich die DDR gegenüber der Bundesrepublik ab und begriff sich als der „bessere" der beiden deutschen Staaten. Die herrschende Staatspartei – die *Sozialistische Einheitspartei Deutschlands* (SED) – verstand die DDR als „antifaschistisches Bollwerk", als Friedensstaat und als sozialistischen Staat, der damit in besonderem Maße als Wohlfahrtsstaat den Menschen diente. In der kommunistischen Weltanschauung galt der „Faschismus" als letzte Stufe einer kranken kapitalistischen Gesellschaft. Das SED-Regime übernahm dieses Geschichtsbild. Der Sozialismus würde demnach den Kapitalismus und somit auch den Faschismus überwinden. Damit konnte auch die im Zuge der Bodenreform durchgeführte Enteignung von rund 7 000 Großgrundbesitzern gerechtfertigt werden, indem diese zu Wegbereitern des Faschismus deklariert wurden. Mit dem Abschluss der „antifaschistisch-demokratischen Umwälzung" und der Gründung der DDR sah man die strukturellen und ideologischen Wurzeln des Nationalsozialismus „ein für alle Mal ausgerissen" (→M4). Die DDR lehnte daher jede Verantwortung für die NS-Verbrechen ab. Sie überließ es der Bundesrepublik, die deutsche Vergangenheit aufzuarbeiten.

Entspannungspolitik: Der Begriff beschreibt eine Phase des Kalten Krieges von Ende der 1960er- bis Anfang der 1980er-Jahre. In diesem Zeitraum versuchten die USA und die UdSSR sowie ihre jeweiligen Verbündeten Konflikte vorwiegend auf diplomatischem Weg zu lösen und gegenseitiges Vertrauen aufzubauen.

Außenpolitisch rang die DDR jahrzehntelang um internationale Anerkennung. Erst 1955 wurde sie von der Sowjetunion für souverän erklärt und Anfang 1956 als „gleichberechtigtes" Mitglied in den *Warschauer Pakt* aufgenommen. Mit ihrer zweiten Verfassung von 1968, in der die führende Rolle der Partei festgeschrieben wurde, schloss die DDR den Aufbau der sozialistischen „Volksdemokratie" auch rechtlich ab. Aber erst der *Grundlagenvertrag* von 1972, mit dem sich Bundesrepublik und DDR als gleichberechtigte Staaten anerkannten, sowie die Aufnahme beider deutscher Staaten in die Vereinten Nationen (18. September 1973) brachte der DDR breitere internationale Anerkennung.

Propaganda für den Volksentscheid in Sachsen zum „Gesetz über die Übergabe von Betrieben von Kriegs- und Naziverbrechern in das Eigentum des Volkes".
Foto aus Leipzig, 1946.
1946 wurden die Bürger in Sachsen zu einem Volksentscheid über die Enteignung wichtiger Industrie- und Gewerbebetriebe aufgerufen. Zwei Drittel der Bevölkerung stimmten zu. Dies genügte der SED, um die Enteignung auch in allen übrigen Gebieten Ostdeutschlands durchzuführen.

Amnestie und Integration | In den westlichen Besatzungszonen hatten trotz aller Entnazifizierungsbemühungen der Alliierten große Teile der führenden Elite des NS-Staates neben den vielen Mitläufern im großen Vergessen untertauchen, ihre Karrieren in der Bundesrepublik fortsetzen und erneut in Schlüsselpositionen aufsteigen können. In der bundesdeutschen Öffentlichkeit regte sich zunächst kaum Kritik. Mehr noch: 1949 und 1954 verabschiedete der Deutsche Bundestag – ihm gehörten in der zweiten Legislaturperiode 129 ehemalige NSDAP-Mitglieder an – einstimmig „Straffreiheitsgesetze", die viele verurteilte NS-Täter begnadigten. Seit 1951 durften aus politischen Gründen entlassene Beamte und Berufssoldaten in den öffentlichen Dienst zurückkehren. Beim Aufbau des Wiesbadener Bundeskriminalamtes seit 1945 waren NS-Beamte maßgeblich beteiligt. Damit wurden nahezu alle, die von alliierten Militärgerichten verurteilt worden waren, wieder frei.

Die westdeutsche „Vergangenheitspolitik" entsprach der in der Gesellschaft der 1950er-Jahre weit verbreiteten „Schlussstrich"-Mentalität. Die „Gnadenwelle" sollte der Stabilisierung der jungen Bundesrepublik dienen. Integration und Aufbau schienen wichtiger als Gerechtigkeit. Auf diese Weise konnten sich auch die Millionen „Mitläufer" des NS-Systems entlastet fühlen. Es gab jedoch auch Politiker, die gegen diesen Hang zur Schuldabwehr auftraten.

Die Sowjets führten die *Entnazifizierung* sehr viel konsequenter als die Westalliierten durch. Aber auch in der SBZ wurden bereits frühzeitig ehemalige NS-Parteigenossen von einer Bestrafung ausgenommen, um ihnen eine Brücke in den neuen sozialistischen Staat zu bauen. Wer sich aktiv am Aufbau des Sozialismus beteiligte, dem winkte eine rasche politische und soziale Integration. Das am 9. November 1949 verabschiedete „Gleichberechtigungsgesetz" der Volkskammer rehabilitierte alle, die allein wegen der Mitgliedschaft in der NSDAP bestraft worden waren. 1952 wurden schließlich auch geringfügig Belastete integriert. Der Bereich der Justiz und der Exekutive blieb ihnen jedoch verschlossen. Die NS-Opferverbände liefen gegen diese Politik Sturm. Weil sich vor allem die Vereinigung der Verfolgten des Naziregimes nicht mit der Politik der Staatsführung abfinden wollte, musste sie 1953 ihre Auflösung bekannt geben.

Entschädigung für NS-Opfer | 1950 entstand in Deutschland der Zentralrat der Juden. Er setzte sich für die Rechte der Juden ein und forderte Wiedergutmachung für das erlittene Unrecht. Bundeskanzler Konrad Adenauer ging, nicht zuletzt auf Druck der Amerikaner, auf die jüdischen Forderungen ein. Ende September 1951 bot er im Bundestag dem 1948 in Palästina gegründeten Staat Israel Wiedergutmachungsverhandlungen an. Am 10. September 1952 wurde in Luxemburg mit Israel und jüdischen

Leistungen der Bundesrepublik für NS-Opfer (in Mrd. Euro)	
Bundesentschädigungsgesetz (BEG)*	44,54
Weitere gesetzliche Regelungen	1,94
Härtefallregelungen	2,78
Leistungen an den Staat Israel	1,76
Globalverträge mit Staaten u.a. (z.B. Claims Conference**)	1,46
Rückerstattung geraubten Vermögens	2,02
Sonderfonds der Bundesländer außerhalb des BEG	1,53
Sonstige Leistungen	4,63
Stiftung „Erinnerung, Verantwortung und Zukunft"	12,56
Gesamt:	**63,22**

Süddeutsche Zeitung vom 15. Juli 2008, S. 6

* Das Gesetz von 1956 entschädigte alle Verfolgten, die bis zum 31. Dezember 1952 in der Bundesrepublik oder in West-Berlin wohnten bzw. vor ihrer Auswanderung dort gelebt hatten.

** Jewish Claims Conference: 1951 gegründeter Zusammenschluss von Verbänden, die jüdische Opfer des Nationalsozialismus in Entschädigungsfragen vertreten

▶ Erläutern Sie, wen das Bundesentschädigungsgesetz ausschloss.

▶ Nehmen Sie Stellung zu der Frage, ob es gerechtfertigt ist, dass die Bundesrepublik heute noch Entschädigungsleistungen aufbringt.

Bundeskanzler Konrad Adenauer (rechts) und der israelische Ministerpräsident David Ben Gurion in New York.
Foto vom 14. März 1960.
Es war das erste deutsch-israelische Treffen führender Politiker nach 1945.

Organisationen ein Wiedergutmachungsabkommen geschlossen (*Luxemburger Abkommen*). Es stellte unter anderem drei Milliarden DM (1,53 Mrd. Euro) für die Eingliederung von etwa einer halben Million Holocaust-Überlebender in Aussicht. Im Bundestag konnte Adenauer die Ratifizierung des Vertrages nur mithilfe der Opposition durchsetzen, da er in den eigenen Reihen keine Mehrheit für das Abkommen fand.

Auch anderen NS-Opfern stellte die Bundesrepublik Entschädigungen in Aussicht. Über zwei Millionen Anträge zur Wiedergutmachung wurden anerkannt. Allerdings waren die Leistungen für den Einzelnen eher bescheiden: Für einen Monat KZ-Haft gab es einen einmaligen Betrag von 150 DM, für nachgewiesene Gesundheitsschäden waren Renten vorgesehen. Andere Opfergruppen gingen lange Zeit leer aus, etwa die Zwangsarbeiter aus Osteuropa, die erst ab dem Jahr 2000 durch die Stiftung „Erinnerung, Verantwortung und Zukunft" entschädigt wurden.

Vergleichbare Wiedergutmachungen leistete die DDR nicht. Entsprechende Forderungen Israels wies die SED-Führung rigoros zurück, zumal sie den jungen Staat Israel als Teil des kapitalistischen Weltsystems begriff.

Antitotalitärer Basiskonsens in der Bundesrepublik | Die Bundesregierung bekämpfte sowohl rechts- als auch linksextreme Parteien. Politik und Bürger in der Bundesrepublik fühlten sich jedoch vor allem von „links" bedroht, vom Kommunismus der DDR und der Sowjetunion. Der Kalte Krieg verschaffte dem Antikommunismus immer neue Nahrung. Eine Neigung zur Schwarz-Weiß-Malerei in der bundesdeutschen Gesellschaft – hier die heile Welt des Westens, dort die böse kommunistische Welt des Ostens – war weit verbreitet. In der Bundesrepublik etablierte sich ein „antitotalitärer" Basiskonsens, in den frühere nationalsozialistische, antibolschewistische Kräfte integriert werden konnten (➔M5). In der immer wieder verwendeten Formel von der „Verteidigung der Freiheit gegen den Bolschewismus" trafen sich Konservative, Liberale und Sozialdemokraten ungeachtet ihrer sonstigen parteipolitischen Gegensätze. So wurde der Antikommunismus zur tragfähigen Integrationsideologie für die noch ungefestigte Demokratie in Westdeutschland.

In der frühen Nachkriegszeit galt in Westdeutschland die Formel „Rechtsradikalismus = Linksradikalismus". Auf diese Weise konnte nicht nur die DDR-Diktatur mit der NS-Diktatur gleichgesetzt, sondern auch manche kritische Frage zur eigenen Geschichte abgewehrt werden. So blieben in der westdeutschen Öffentlichkeit lange Zeit die Verbrechen der Wehrmacht in Polen oder in der Sowjetunion ebenso unbeachtet wie das Schicksal der Millionen ausgebeuteten osteuropäischen Zwangs- oder Fremdarbeiter.

Verordneter Antifaschismus in der DDR | Die DDR beanspruchte für sich den absoluten Bruch zum „Dritten Reich" und zu allen anderen vorangegangenen „Klassen-Herrschaften". Daher musste sie eine vollkommen neue Traditionslinie erfinden. Auf der Suche nach Legitimität machte die Parteiführung den kommunistischen Widerstand gegen den Nationalsozialismus, in dessen Nachfolge sie den SED-Staat stellte, zum „Gründungsmythos". Der *Antifaschismus* wurde zur Staatsideologie. Aus ehemals kommunistischen Verfolgten und Widerstandskämpfern wurden moralisch unangreifbare politische Führer. Die von diesen verordnete antifaschistische Geschichtsdeutung besagte, dass „der Aufbau des Sozialismus die einzig richtige Konsequenz aus dem Faschismus" sei, denn nur mit der Abschaffung des Kapitalismus sei auch die Grundlage für den Faschismus für immer beseitigt. Somit konnten sich alle, die sich mit dem Sozialismus identifizieren, auch als „Sieger der Geschichte" verstehen. Gerade junge Menschen und Intellektuelle befürworteten den Staat, weil sie so deutlich Abstand zur NS-Vergangenheit wahren konnten. Auch außenpolitisch versuchte sich die DDR mit ihrer antifaschistischen Staatsdoktrin zu legitimieren.

Nicht zuletzt nutzte die DDR den Verweis auf die nationalsozialistische Vergangenheit aus, um den Konkurrenten im Westen, dessen Elite und Beamtenschaft eine kaum gebrochene personelle Kontinuität zum „Dritten Reich" aufwiesen, als „braunes System" darzustellen. Die aufwändigste und folgenreichste Kampagne hierzu startete im Mai 1957 in Ost-Berlin. Während der internationalen Pressekonferenz „Gestern Hitlers Blutrichter – Heute Bonner Justizelite" wurde die NS-Vergangenheit von 118 bundesdeutschen Richtern und Staatsanwälten enthüllt. Im Laufe der folgenden drei Jahre identifizierte die DDR etwa alle sechs Monate weitere 200 Juristen des „Dritten Reiches". Das erregte auch im Ausland Aufmerksamkeit, sodass die bundesdeutsche Politik unter Handlungsdruck geriet. Letztlich beschloss die Ende 1958 tagende Konferenz der Justizminister, die Zentrale Stelle der Landesjustizverwaltungen zur Aufklärung nationalsozialistischer Verbrechen zu gründen. Sie trug zwar nicht die Hypothek der NS-belasteten Juristen ab, ließ jedoch die systematische Ermittlung gegen Nazi-Täter, die Anfang der 1950er-Jahre nahezu zum Erliegen gekommen war, wieder Fahrt aufnehmen. Eine vergleichbare Institution gab es in der DDR nicht.

Umgang mit Widerstand und Opfern | Die Antifaschismus-Ideologie verlieh den kommunistischen Widerstandskämpfern Heldenstatus, darunter vor allem dem ehemaligen KPD-Vorsitzenden *Ernst Thälmann*, den die Nationalsozialisten 1944 im KZ Buchenwald ermordet hatten. Andere Widerstandsgruppen, etwa aus den Kirchen, dem Bürgertum oder dem Militär, fanden in der DDR ebenso wenig Beachtung wie die vielen Millionen Menschen, die der NS-Rassenideologie zum Opfer fielen (→M6). Nicht Antisemitismus und Rassismus, sondern der Kampf gegen „die Arbeiterklasse" und gegen die Sowjetunion sei das wesentliche Element des „Hitler-Faschismus" gewesen, lautete die immer wieder propagierte Doktrin der SED-Führung. Eine eingehende Auseinandersetzung mit

Wahlplakat der CDU zur Bundestagswahl 1953.

Plakat der Nationalen Front von 1960.

Im Vordergrund: die Skulpturengruppe an der 1958 eingeweihten Mahn- und Gedenkstätte des ehemaligen Konzentrationslagers Buchenwald. Das Denkmal fand erst die Zustimmung der Partei, als der Künstler Fritz Cremer Figuren mit Parteibanner und Waffen hinzufügte.

▶ Analysieren Sie Aussage und Wirkung des Plakats.

dem Holocaust, wie sie in der Bundesrepublik in den 1970er-Jahren einsetzte, gab es in der DDR nicht. Die Juden, die Sinti und Roma und andere Verfolgte erfuhren daher auch keine besondere Anerkennung als Opfer.

Erst Ende der 1980er-Jahre rückte die politische Führung der DDR den Holocaust stärker in den Fokus. Den Feierlichkeiten zum Gedenken an den 50. Jahrestag der „Reichspogromnacht" 1988 kam daher eine nie dagewesene Bedeutung zu. So stieg die DDR, resümiert der Historiker *Peter Bender*, erst kurz vor ihrem Ende herunter „vom hohen Ross des ‚Siegers der Geschichte' und wurde, was die Bundesrepublik war: ein Nachfolgestaat des Nazi-Reiches".

Ehrenmal im Innenhof der Gedenkstätte Deutscher Widerstand in Berlin.
Foto (Ausschnitt) von 2011. Die von dem Bildhauer Richard Scheibe geschaffene Bronzefigur wurde am 20. Juli 1953 eingeweiht.

In der späteren Bundesrepublik galt die Haltung zum Widerstand gegen das NS-Regime, vor allem die Erinnerung an das Hitler-Attentat vom 20. Juli 1944, als entscheidendes Kriterium dafür, wie die deutsche Bevölkerung ihre Vergangenheit „bewältigte". Die Verschwörer des 20. Juli bezeugten stellvertretend für die vielen anderen mutigen Frauen und Männer des deutschen Widerstandes, dass es auch in der NS-Zeit ein anderes, besseres Deutschland gegeben hatte. Dies sah jedoch in den ersten Nachkriegsjahren anders aus: Bei vielen Menschen stieß das Thema „20. Juli" auf Ablehnung, denn es erinnerte an eigene Versäumnisse und die persönliche Schuld. Manche verurteilten die Männer des 20. Juli sogar als Verräter. Im offiziellen Gedenken hatte der 20. Juli jedoch bereits seit 1946 seinen Platz. Nach außen diente er dazu, die Kollektivschuldthese zu widerlegen, nach innen sollte er eine neue Identität in einer freiheitlichen Tradition stiften. Je größer der zeitliche Abstand, desto positiver wurde das Datum bewertet. Zum 60. Jahrestag 2004 erfuhren die Protagonisten des gescheiterten Attentats eine intensive Würdigung durch Politik, Medien und Öffentlichkeit.

Geschichts- und Gedenkkultur | Die große Bedeutung der geschichtskulturellen Beglaubigung im Staats- und Gesellschaftssystem der DDR zeigt sich auch in der „gründungsmythischen Dreieinigkeit" der DDR-Gedenk- und Feiertage: So wurde am 15. Januar der Ermordung von *Karl Liebknecht* und *Rosa Luxemburg* gedacht[1], 1950 der 8. Mai als arbeitsfreier Feiertag („Tag der Befreiung des deutschen Volkes vom Hitlerfaschismus", ab 1967 nicht mehr arbeitsfrei) und der 7. Oktober, der Gründungstag der DDR („Tag der Republik"), als Staatsfeiertag eingeführt. Der 8. Mai galt auch als „Tag des Dankes an die Sowjetunion" und der 7. Oktober als „Tag des Stolzes auf die eigene Leistung". Damit fügten sich die Feiertage zu einer Erzählung, in der auf den Kampf und die Opfer, die Erlösung und der Dank an die Befreier sowie schließlich die stolze Feier des Bestehenden folgte.

Völlig anders ging die Bundesrepublik mit ihrer symbolischen Repräsentation und geschichtskulturellen Selbstdeutung um. Hier herrschte nach 1945 in dieser Hinsicht eine große Verunsicherung. In erster Linie wollte sich die Bundesrepublik sowohl gegen das „Dritte Reich" als auch gegen die DDR abgrenzen. In der westdeutschen Bevölkerung wurde der 8. Mai lange eher als „Tag des Zusammenbruchs" als ein Tag der Befreiung angesehen. Er fand erst nach Jahren Eingang in die offizielle *Gedenkkultur*. Auch ein Gründungsdatum, an dem die Bundesrepublik sich hätte feiern können, gab es nicht. Die Bundesrepublik verstand sich als „Provisorium", welches – wie das Grundgesetz – nur so lange Bestand haben sollte, bis sich alle Deutschen in freier Selbstbestimmung eine Verfassung geben und einen Staat bilden würden.

Einen wichtigen Schub für die westdeutsche Identitätsbildung brachte der ostdeutsche Volksaufstand vom **17. Juni 1953**. Kurz darauf erklärte der Bundestag den 17. Juni als „Tag der deutschen Einheit" zum ersten und einzigen Staatsfeiertag der alten Bundesrepublik. Der Aufstand habe ein für alle Mal die Behauptung widerlegt, „dass das deutsche Volk nicht die innere Kraft aufbringe, sich gegen Diktatur und Will-

17. Juni 1953: Nachdem die SED-Führung die Arbeitsnormen heraufgesetzt hatte, kam es in Ost-Berlin und 700 weiteren Städten der DDR zu Aufständen. Diese wurden mithilfe sowjetischer Truppen blutig niedergeschlagen.

[1] Vgl. im Pflichtmodul „Die Gesellschaft der Weimarer Republik" Seite 30.

kür zur Wehr zu setzen". Der 17. Juni wurde damit zum Bestandteil der Nach-Geschichte des Nationalsozialismus und der *Aufarbeitung*. Noch weiter geht der Historiker *Edgar Wolfrum* in seiner Bewertung: „Pointiert ausgedrückt war das Datum der eigentliche Gründungsakt der Bundesrepublik – und durfte es zugleich offiziell gar nicht sein."

Lebensstandard als Legitimation: das „Wirtschaftswunder" | Nicht nur die gegensätzlichen politischen Kurse, die beide deutsche Staaten einschlugen, auch der Wohlstand der Bevölkerung entwickelte sich unterschiedlich.

Feier für den einmillionsten „Käfer" im Wolfsburger Volkswagenwerk.
Foto vom 5. August 1955.
Der VW-Käfer wurde zum Symbol des deutschen Wirtschaftsaufstiegs. Er wurde insgesamt 21,5 Millionen Mal gebaut.

In Westdeutschland förderten die Alliierten den raschen wirtschaftlichen Wiederaufbau. Zunächst musste die durch den Krieg verursachte Inflation beseitigt werden. Am 20. Juni 1948 wurde in den Westzonen eine *Währungsreform* durchgeführt und die Deutsche Mark als neues Zahlungsmittel eingesetzt. Was sich anschließend ereignete, grub sich als Gründungsmythos der Bundesrepublik tief ins Bewusstsein der Menschen ein (➔ M8): Über Nacht füllten sich die Geschäfte mit Waren, die bislang nur mit Mühe auf dem Schwarzmarkt erhältlich gewesen waren. Die Händler hatten ihre Güter bis zur Einführung einer stabilen Währung zurückgehalten.

Die Währungsreform und die 1948 von dem späteren Wirtschaftsminister *Ludwig Erhard* mit Unterstützung der Amerikaner durchgesetzte Einführung der Sozialen Marktwirtschaft schufen die Grundlagen für einen beispiellosen Wirtschaftsaufschwung, der für die Zeitgenossen einem „Wirtschaftswunder" gleichkam. Die internationale Nachfrage nach deutschen Produkten wuchs, die Industrieproduktion, die Kaufkraft der Bevölkerung und die Einkommen stiegen an, bereits Ende der 1950er-Jahre herrschte Vollbeschäftigung. Ein spezifisches Lebensgefühl bildete sich aus: das Streben nach bürgerlicher Normalität, Erfolg und materiellem Wohlstand. Auf die „Fresswelle" der frühen 1950er-Jahre folgte eine „Kaufwelle", eine „Reisewelle", die viele Deutsche in ihr Traumland Italien führte, und schließlich die „Motorisierungswelle". Trotz bleibender sozialer Ungleichheit prägte kaum etwas anderes das *Selbstverständnis* der Westdeutschen so sehr wie der wirtschaftliche Erfolg in den ersten beiden Jahrzehnten nach der Gründung der Bundesrepublik.

„Von der Wiege bis zur Bahre" | Die sowjetische Besatzungsmacht verzichtete nicht auf Reparationen und Demontage. Hunderte Industrieanlagen wurden in Ostdeutschland abgebaut. Die Einführung der sozialen Planwirtschaft, die Verstaatlichung der Industrie, die Kollektivierung der Landwirtschaft und Enteignung vieler kleiner Handels- und Handwerksbetriebe sowie die zentral von der Regierung geplante Güterproduktion – all diese von Moskau verordneten Maßnahmen lähmten die Wirtschaft. Das starre System führte zu ständigen Engpässen in der Industrie und der Versorgung der Bevölkerung mit Gütern des täglichen Lebens. Trotz hoher Arbeitsleistungen blieb der Lebensstandard deutlich niedriger als in der Bundesrepublik. Gerade junge, gut ausgebildete DDR-Bürger zog es in den kapitalistischen Westen. Erst die Abriegelung durch den Bau von Mauer und Selbstschussanlagen 1961 setzte der Massenflucht ein Ende. Die Grenze war jedoch nicht ganz undurchlässig. Von 1961 bis 1988 flohen über 40 000 Personen – teilweise unter spektakulären Umständen – in den Westen.

Soziale Marktwirtschaft: Wirtschaftsordnung der Bundesrepublik Deutschland, in der sich der Staat, anders als in der reinen freien Marktwirtschaft, durch gesetzliche Rahmenbedingungen um einen möglichst gerechten Ausgleich zwischen wirtschaftlich stärkeren und schwächeren Gruppen der Gesellschaft bemüht.

Planwirtschaft: Wirtschaftsordnung, in der die Produktion von Gütern sowie deren Verteilung nach staatlich festgelegten Plänen vorgenommen wird.

Käuferschlange in Ost-Berlin.
Foto aus den 1970er-Jahren.
Weil es an so vielem fehlte, bekamen die DDR-Bürger selten das, was sie kaufen wollten, sondern sie kauften das, was es gerade gab. Schlangestehen gehörte zum Alltag.

In den folgenden Jahren verbesserte sich der Lebensstandard. Trotz aller Propaganda blieb die Bundesrepublik aber der einzige von den Bürgern akzeptierte Maßstab. Mit sozialen Vergünstigungen versuchte die SED-Führung, die Bevölkerung positiv zu stimmen und ihre Herrschaft zu sichern. Letztlich akzeptierten die meisten Bürger den „Sozialstaat DDR", der sie „von der Wiege bis zur Bahre" begleitete. Die staatliche Subventionierung von Konsum und Sozialleistungen bei geringer Arbeitsproduktivität der staatlichen Betriebe und dem im Vergleich zum Export wesentlich höheren Import von Waren führte die DDR jedoch in den Bankrott, den die Parteiführung bis zum Schluss zu verheimlichen suchte.

Amerikanisierung im Westen – Zensur im Osten | Die von der Bundesregierung verfolgte Westorientierung fand ihre Entsprechung in der persönlichen Lebenswelt der Bürger (➔M9). Amerikanische Kultur und Lebensart hielten in der Bundesrepublik Einzug, besonders geprägt durch Coca-Cola, Kaugummi und Burger, Jeans, Rock'n'Roll, Hollywood-Filme und Massenmotorisierung. Gleichzeitig machte die von den USA ausgehende Massenkultur die Werte der amerikanischen Demokratie populär: Liberalismus, Pluralismus und Rechtsstaatlichkeit stellten obrigkeitliches Denken und patriarchalische Strukturen infrage. Überall in Westeuropa ging dies mit dem Protest und einem veränderten Lebensgefühl vieler Jugendlicher einher, die nach Freiräumen von Arbeitsethos und Bürgerlichkeit verlangten. Viele der älteren Generation sahen diese Entwicklung als Anzeichen des kulturellen Verfalls, andere wiederum begriffen die Amerikanisierung als historisch längst überfälligen Prozess der kulturellen Demokratisierung und Emanzipation.

Durch diese Entwicklung vollzog sich die deutsche Teilung auch im kulturellen Bereich. Die DDR bot ihren Bürgern keine vergleichbaren Konsummöglichkeiten. Die für den „Westen" stehenden Wertvorstellungen wie Individualismus und Freiheitsdrang standen den Idealen des „real existierenden Sozialismus" entgegen und wurden unterdrückt. Da die westliche Kultur vom „Klassenfeind" propagiert und gelebt wurde, musste sie in der DDR umso negativer bewertet und streng sanktioniert werden. Die Partei versuchte, alle westlichen Einflüsse zu verhindern, Beat-Musik und Jeans wurden viele Jahre verboten.

Demgegenüber erhob die DDR den Anspruch, eine „Kulturgesellschaft" zu sein. Die Staatsführung war stolz, ihren Bürgern kostenlosen Zugang zu Bibliotheken, Theatern und Museen zu bieten. Viele zeitgenössische Autoren wurden von Ost- und Westdeutschen gelesen. Zahlreiche Schriftsteller übten in ihren Werken Kritik an der deutschen Vergangenheit und Gegenwart, die sich oft gegen beide deutsche Staaten richtete. Obwohl Zensur und Publikationsverbot drohten – beides stritt die DDR-Führung offiziell ab –, entstand seit den späten 1960er-Jahren ein Milieu regimekritischer Schriftsteller. Manche von ihnen verließen die DDR, wie etwa *Sarah Kirsch, Jurek Becker* oder *Monika Maron*. Der ostdeutsche Schriftsteller und Liedermacher *Wolf Biermann* wurde wegen kritischer Veröffentlichungen 1976 ausgebürgert (➔M10). Bis in die 1980er-Jahre blieben Künstler und Autoren der Willkür des SED-Regimes ausgesetzt, das entweder über Kritik hinwegsah oder mit harten Maßnahmen reagierte.

Wettstreit der Systeme im Sport | Die materiellen Anreize, welche die DDR ihren Bürgern bieten konnte, waren gemessen an westlichen Standards gering. Sie musste daher auf andere Felder ausweichen, auf denen sie die Loyalität der Bevölkerung gewinnen und zugleich der kapitalistischen Konkurrenz erfolgreich Paroli bieten konnte. Sportliche Glanzleistungen sollten die Bürger mit nationalem Stolz erfüllen und dem Land die zunächst verwehrte internationale Anerkennung bringen.

Im Kalten Krieg wurden internationale Sportveranstaltungen zu Arenen im Wettstreit der Systeme (→M11). In diesem Sinne sah die DDR ihre Spitzensportler als „Diplomaten im Trainingsanzug". Kein anderes Land der Welt gab anteilsmäßig so viel Geld für die Förderung des Sports aus. Bereits in den Kindergärten und Grundschulen wurden begabte Kinder gefördert. Zudem wurde systematisch gedopt. Die internationalen Erfolge der ostdeutschen Spitzensportler trugen zur Identifikation der Bürger mit ihrem Land bei.

Bedeutend für das Selbstverständnis der westdeutschen Nachkriegsgesellschaft war der Sieg bei der Fußballweltmeisterschaft 1954 in Bern. Durch das „Wunder von Bern" konnten die Deutschen wieder stolz auf ihre Nation sein. Als die DDR bei den Olympischen Spielen von 1968 erstmals mit eigener – und nicht mehr in einer gesamtdeutschen – Mannschaft antrat und von da an im Medaillenspiegel jeweils vor der Bundesrepublik lag, sah sich diese genötigt, die staatliche Sportförderung ihrerseits zu forcieren. Auch im Westen war Doping nicht unbekannt. Im Jahr vor den Olympischen Spielen 1972 in München erklärte Bundesinnenminister *Hans-Dietrich Genscher* in einer Beratung: „Von ihnen als Sportmediziner will ich nur eines: Medaillen für München."

Deutsches Turn- und Sportfest.
Foto vom 15. August 1959, Leipzig. „Jedermann an jedem Ort – einmal in der Woche Sport", so die Losung von DDR-Staatschef Walter Ulbricht. In diesem Sinne betätigte er sich wie hier auf dem III. Turn- und Sportfest in Leipzig als begeisterter Vorturner.

Skandal und Wandel in der Bundesrepublik | In den 1960er-Jahren spitzte sich in der Bundesrepublik die Auseinandersetzung um die Vergangenheit zu. Die jüngere Generation kritisierte die Selbstverständlichkeit, mit der ehemalige Mitläufer nach 1945 die Entwicklung der Bundesrepublik bestimmten, und forderte dazu auf, das Schweigen zu brechen. Die meist sehr persönlich geführte Auseinandersetzung der Jugend mit der Vergangenheit ihrer Eltern, Lehrer und Professoren führte oftmals zu einer pauschalen Verurteilung der älteren Generation und ging mit einem inflationären Gebrauch des Faschismus-Vorwurfs einher.

Im Mai 1968 erklärte der Bundestag „Beihilfe zum Mord aus niederen Beweggründen" rückwirkend seit 1960 als straffrei. Da im bundesdeutschen Rechtsverständnis als Haupttäter immer Hitler, Himmler, Heydrich u. a. galten, wurde die Masse der Schreibtisch-Täter stets nur wegen Beihilfe zum Mord angeklagt. Aufgrund der Novelle mussten viele Prozesse und Ermittlungsverfahren gegen NS-Täter eingestellt werden. Was in der offiziellen Sprachregelung als „Panne des Gesetzgebers" galt, nannte die kritische Öffentlichkeit „kalte Amnestie".

Frankfurter Auschwitz-Prozess: Mit 22 Angeklagten und 183 Verhandlungstagen handelte es sich um einen der größten und meistbeachteten Prozesse in der Geschichte der deutschen Justiz. Durch die Aussagen der mehreren hundert Zeugen – größtenteils KZ-Überlebende – sahen sich viele Deutsche gezwungen, sich mit der eigenen Rolle während der NS-Zeit und der mangelnden Aufarbeitung nach 1945 auseinanderzusetzen.

Der von 1963 bis 1965 dauernde **Frankfurter Auschwitz-Prozess** hatte das Ausmaß des NS-Völkermordes, aber auch die Schwierigkeit gezeigt, den Verantwortlichen ihre individuellen Mordtaten nachzuweisen. Mord und Beihilfe zum Mord verjährten bis dahin nach 20 Jahren – so wäre in absehbarer Zeit eine Strafverfolgung von NS-Tötungsverbrechen nicht mehr möglich gewesen. Schließlich handelte der Gesetzgeber: Der Deutsche Bundestag verschob zunächst die Verjährungsfrist, nach weiteren intensiven Debatten im Jahr 1979 entschied er, die Verjährung von Völkermord und Mord ganz aufzuheben. So konnten in den 1960er-Jahren noch zahlreiche Prozesse gegen NS-Täter durchgeführt werden.

Auf politischer Ebene belebte sich vor allem im Zuge der Neuen Ostpolitik unter Bundeskanzler *Willy Brandt* der Diskurs über die NS-Vergangenheit von Neuem. Die Bundesrepublik bemühte sich erfolgreich um eine Verbesserung der deutsch-deutschen Beziehungen und der Verhältnisse zu den Staaten, die die DDR anerkannt hatten. Dazu gehörten auch Bemühungen um eine Aussöhnung mit den Opfern im Osten, die der berühmte Kniefall Brandts vor dem Mahnmal für die Opfer des Warschauer Ghettos im Dezember 1970 symbolisch ausdrücken sollte.

Stillstand und Ritualisierung in der DDR | Eine solche auf den Nationalsozialismus zentrierte Auseinandersetzung der jungen Generation mit der älteren blieb in der DDR aus. Der ritualisierte antifaschistische Bezug auf den Nationalsozialismus wandelte sich nur in Nuancen. Öffentliche Kontroversen waren ohnehin nicht möglich. Neben der diktatorischen Verfasstheit des Staates war das einerseits durch die „antifaschistische Herkunft" der Herrschenden bedingt. „Wir fühlten eine starke Hemmung, gegen Menschen Widerstand zu leisten, die in der Nazi-Zeit im KZ gesessen hatten", kommentierte die Schriftstellerin *Christa Wolf* rückblickend. Andererseits war in der DDR die Auseinandersetzung mit dem „Hitler-Faschismus" ein Dauerthema in Politik, Bildung und Medien. Seit Gründung des Landes war die Bevölkerung durch dutzende Romane, Fernseh- und Kinoproduktionen, die zum Teil auch zum zentral vorgegebenen Schulstoff gehörten, „antifaschistisch" beeinflusst (z. B. *Bruno Apitz* „Nackt unter Wölfen").

Begegnung mit Zeitzeugen.
Foto vom 16. April 2005.
Ein früherer Häftling erläutert Schülerinnen und Schülern in der Gedenkstätte des ehemaligen KZ Sachsenhausen bei Berlin Fotos und Dokumente.

Nach 1990: Die Aufarbeitung geht weiter | Die Wiedervereinigung löste bei den deutschen Nachbarstaaten zunächst altes Misstrauen gegenüber einem politisch wie militärisch starken Deutschland aus. Durch das Bekenntnis zur NATO-Mitgliedschaft und die Zustimmung zur weiteren Vertiefung der europäischen Integration konnte Bundeskanzler *Helmut Kohl* diese Befürchtungen aber letztlich zerstreuen. (➔M12).

Seit der Deutschen Einheit hat sich Deutschland auch einer „doppelten Vergangenheit" zu stellen. Die Fehler, die bei der ersten „Diktaturbewältigung" gemacht wurden – vor allem bei der strafrechtlichen Verfolgung der NS-Verbrechen – sollten sich bei der zweiten nicht wiederholen. Das vereinte Deutschland wandte sich, anders als nach 1945, unverzüglich der Aufarbeitung der Vergangenheit zu. Die Verbrechen der DDR-Diktatur wurden öffentlich gemacht, den Opfern wurde materiell und symbolisch Genugtuung verschafft, die Täter wurden bestraft. Für die Geschichtswissenschaft gilt das Thema DDR inzwischen als „überforscht". Geschichtskulturell aber hat das Thema, vor allem in den Facetten „Repression und Mangel", weiter Konjunktur.

Seit 1990 gibt es auch eine gesamtdeutsche Erinnerung an den Nationalsozialismus. Befürchtungen, das Thema könnte zu den Akten gelegt werden, erwiesen sich als falsch. Das Bekenntnis zur Verantwortung für die deutschen Gewalttaten steht unverändert. In Wissenschaft, Medien und Kunst ist das Interesse an der NS-Zeit größer denn je. Das Bild jener Epoche wird immer differenzierter. Unternehmensgeschichten etwa klären den Beitrag der deutschen Wirtschaft an der Judenverfolgung sowie an der Ausbeutung von Zwangsarbeitern während des Krieges. Mit der im Jahr 2000 gegründeten *Stiftung „Erinnerung, Verantwortung und Zukunft"* wurden die vielen Millionen ehemaliger Zwangsarbeiter entschädigt und endlich als Opfer anerkannt.

Darüber hinaus widmet sich die Geschichtswissenschaft verstärkt dem Thema „Aufarbeitung der Aufarbeitung" und damit der Frage, wie in Deutschland, aber auch in anderen europäischen Staaten, mit der NS-Vergangenheit von 1945 bis heute umgegangen worden ist.

Alles neu in der „Berliner Republik"? | Im politischen Sprachgebrauch ist seit der deutschen Einheit von der „Berliner Republik" die Rede (→ M13). Diese Bezeichnung bezieht sich nicht nur auf die neue, modernisierte Hauptstadt, sondern vielmehr auf ein verändertes deutsches Selbstverständnis im europäischen und internationalen Kontext.

Hat sich die deutsche Politik nach 1990 verändert? Dafür sprechen einige Indizien: Die Bundesrepublik drängt auf einen Sitz im Weltsicherheitsrat der UNO. Sie beteiligt sich an internationalen militärischen Kriegseinsätzen im Rahmen der NATO und der UNO, wobei sie sich vehement gegen den Kriegseinsatz im Irak und gegen Libyen aussprach. Sie richtet „Gipfelkonferenzen" zur Klärung internationaler Konflikte aus. Und auch bei der Bewältigung der Euro- und Schuldenkrise seit dem Jahr 2008 spielt die Bundesrepublik eine dominierende Rolle.

Der Wandel von der Bonner zur in „neuer alter Größe" gewachsenen Berliner Republik hat im In- und Ausland auch Unbehagen ausgelöst. Um das Ansehen Deutschlands in der Welt und das Vertrauen des Auslands zu bewahren, knüpft die Berliner Republik an die antirituellen Traditionen der Bundesrepublik an. Dies betrifft auch die alljährliche Ausrichtung der Feier zum „Tag der Deutschen Einheit" am 3. Oktober. Bremens Oberbürgermeister *Klaus Wedemeyer* empfahl 1994 auf der zentralen Einheitsfeier: „Rücksichtnahme und Aufrichtigkeit, Behutsamkeit und Realitätssinn nach innen und nach außen sollten uns auch leiten, wenn wir über die deutsche Nation und die kollektive Identität der Deutschen diskutieren."

Volksfest am Brandenburger Tor zum Tag der Deutschen Einheit in Berlin.
Foto vom 3. Oktober 2011.

Innenpolitisch hat sich die Situation von einem Dreiparteiensystem (CDU/CSU, SPD, FDP) zu einem Sechsparteiensystem (CDU/CSU, SPD, Grüne, Linke, FDP, AfD) entwickelt, das vielfältigere politische Konstellationen ermöglicht. Von allen Parteien wird heute eine größere ideologische Beweglichkeit und Kompromissfähigkeit eingefordert. Nicht zuletzt sorgen die vielfältigen internationalen Anforderungen – Globalisierung, Terrorismus, Ökologie, Demografie – dafür, dass sich die deutsche Politik stets neu definieren muss.

Ob sich die Orientierung der deutschen Politik am „Zivilisationsbruch Nationalsozialismus" mit wachsendem zeitlichen Abstand halten wird, oder ob dieser historische Bezugspunkt allmählich verblasst, wird sich zeigen. Die politische Auseinandersetzung mit den NS-Verbrechen sollte jedoch nicht beendet werden, weil bis heute Rassismus, Antisemitismus, Ausländerfeindlichkeit und andere rechtsextremistische Auswüchse vielfach auf nationalsozialistischen Vorstellungen gründen. Außerdem hat sich nach 1945 mehrfach gezeigt, dass sich Zivilisationsbrüche in allen Teilen der Welt wiederholen können (z.B. die Massenmorde in Kambodscha oder die Kriegsverbrechen in Jugoslawien und Ruanda).

Ein Land – eine Identität? | Seit der „Wiedervereinigung" nähert sich die politische Kultur in den beiden Teilen Deutschlands allmählich einander an. Obwohl Löhne und Gehälter inzwischen weitgehend angeglichen wurden, fühlte sich ein Teil der Ostdeutschen jedoch durch die radikale politische und wirtschaftliche Umstellung ungerecht behandelt. Orientierungslosigkeit, Rechtsradikalismus und eine nostalgische Verklärung des Sozialismus machten sich breit. Insgesamt sind die Menschen in den neuen Bundesländern mit Demokratie, pluralistischer Gesellschaft und Marktwirtschaft weniger zufrieden als die im Westen. Die überwiegende Mehrheit der Bevölkerung steht aber positiv zum wiedervereinigten Deutschland.

Die Unterschiede in der Lebenserfahrung und im Lebensgefühl zwischen den Deutschen in Ost und West waren doch größer, als man das in den aufregenden Monaten der friedlichen Revolution erwartet hatte. Dies betrifft auch das kollektive Gedächtnis und traditionelle Werthaltungen. Trotz aller wirtschaftlichen und sozialen Probleme: Der Stolz auf die friedliche Revolution in der DDR und die daraufhin erfolgte Deutsche Einheit hat wesentlich zu einem gemeinsamen Selbstverständnis und zur „inneren Einheit" Deutschlands beigetragen.

„Daran müssen wir noch arbeiten."
Karikatur von Rainer Schwalme, 1992.

▶ Erklären Sie die Haltung des Zeichners zur deutschen Einheit. Diskutieren Sie, ob die Aussage der Karikatur auch heute noch Gültigkeit hat.

„Stolpersteine".
Seit 1997 verlegt der Kölner Künstler Gunter Demnig „Stolpersteine". Das sind kleine Betonwürfel mit Messingplatten, auf denen die Namen von NS-Opfern (Juden, Sinti und Roma, politisch und religiös Verfolgte, Homosexuelle, Opfer der „Euthanasie") stehen. Sie werden vor den früheren Wohnhäusern der Opfer in den Gehweg eingelassen. Bis 2012 wurden etwa 35 000 Steine an rund 750 Orten in zehn europäischen Ländern verlegt. Siehe hierzu auch den Code 32036-61.

Eine neue Geschichtskultur | Mit dem Ende der DDR verschwand auch ihre *Geschichtskultur.* Die Symbole des vereinigten Deutschland, die Flagge und Hymne, waren jene der Bundesrepublik. Namen der ostdeutschen Straßen, Plätze und Institutionen, die Denkmäler und symbolträchtigen Gebäude verschwanden, während sich Benennungen, die sich an der Geschichtskultur der alten Bundesländer orientieren, allmählich auch im Beitrittsgebiet verbreiten.

In der Bundesrepublik war die politische Kultur seit Ende der 1970er-Jahre pluraler geworden. Es gab immer mehr bürgergesellschaftliche Initiativen. Das beeinflusste auch die westdeutsche Geschichtskultur. Die (Um-)Benennung von Straßen, Plätzen, Institutionen und Kasernen, die Errichtung, Entfernung oder Umwidmung von Gedenkorten verstand man nun nicht mehr als alleinige Angelegenheit des Staates, sondern als Resultat eines Selbstverständigungsprozesses der Gesellschaft. Auch das 2005 fertiggestellte *Denkmal für die ermordeten Juden Europas* sowie das 2007 vom Bundestag beschlossene *Freiheits- und Einheitsdenkmal* im Zentrum Berlins hatten bürgergesellschaftliche Ursprünge (→M14). Heute gibt es in Deutschland eine Vielzahl von Gedenkstätten, die vom Bund, den Ländern, Kommunen oder von bürgergesellschaftlichen Akteuren errichtet wurden und betrieben werden.

Andererseits versteht es der Staat zunehmend als seine Aufgabe, die Vergangenheit mit einem offiziellen Gedenkwesen zielgerichtet lebendig zu halten. Dagegen erheben sich auch kritische Stimmen, die diese staatlich „verordnete" Gedenkkultur eher als Hindernis für eine wirkliche Auseinandersetzung und ein lebendiges Geschichtsbewusstsein begreifen.

Gleichzeitig wird die Gedenk- und Erinnerungskultur an Nationalsozialismus und Holocaust immer internationaler, was sich heute vor allem an Museen wie dem *United States Holocaust Memorial Museum* in Washington, D.C., oder dem *Jüdischen Museum* in Berlin zeigt. Auch die Entwicklung des 27. Januar von einem nationalen Gedenktag der Deutschen zum „Internationalen Tag des Gedenkens an die Opfer des Holocaust" verweist auf die Tatsache, dass der Holocaust heute Teil einer *transnationalen Erinnerungskultur* geworden ist.

Etwa seit Beginn des neuen Jahrhunderts haben die Themen Nationalsozialismus und Zweiter Weltkrieg auch in Kino- und TV-Produktionen Konjunktur. Eine neue Generation von Autoren und Regisseuren entwickelt hier eine eigene Sichtweise auf die Vergangenheit, welche in der Geschichtswissenschaft, aber auch in den Medien immer wieder kontrovers diskutiert wird.

Gemeinsames europäisches Erinnern | Nach dem Zusammenbruch des Kommunismus und im Zuge der EU-Osterweiterung sahen viele eine politische und wirtschaftliche Vereinigung Europas unter westlichen Vorzeichen in greifbarer Nähe. Damit verbunden war der Wunsch nach Überwindung der Nationalstaaten im Rahmen einer gemeinsamen europäischen Identität. Doch erwies sich dieses Ziel als äußerst schwer zu verwirk-

Befürworter der katalanischen Unabhängigkeit demonstrieren in Barcelona.
Foto vom 27. Oktober 2017.
Bereits 1640 kam es in Katalonien zu einem Aufstand gegen Zentralisierungsbestrebungen des Königs Philipp IV. und seines Beraters Olivares: Alle spanischen Teilreiche sollten sich an den Kriegskosten der Krone beteiligen und Soldaten verpflegen und beherbergen. Erst 1652 konnten königliche Truppen die Macht in Katalonien zurückerobern. Bis heute lebt das Bewusstsein der katalanischen Eigenständigkeit weiter, obwohl die Provinz formell zu Spanien gehört. Nach einem von der Zentralregierung in Madrid für verfassungswidrig erklärten Unabhängigkeitsreferendum in Katalonien stimmte das dortige Parlament im Oktober 2017 für die Loslösung vom spanischen Staat. Daraufhin eskalierte der Konflikt: Die Regionalregierung wurde für abgesetzt erklärt, es erfolgten Anklagen wegen Rebellion gegen führende Separatisten, von denen einige ins Ausland flohen wie der damalige Ministerpräsident Puigdemont, andere wurden inhaftiert. Katalonien wurde zwischenzeitlich unter die Zwangsverwaltung der Zentralregierung gestellt. Der Konflikt schwelt weiter und zeigt, welchen Zündstoff historisch gewachsene Konflikte um Autonomie und kulturelle Identität in einer zunehmend globalen Welt weiterhin liefern.

lichen. Welche gemeinsamen Merkmale und Ziele kann man von Portugal bis Griechenland, von Skandinavien bis Sizilien als gemeinschaftsstiftend erkennen? Zeichnete sich Europa nicht seit dem Mittelalter durch seine Vielfalt der Staatswesen und der Kulturen aus, ja ergab sich daraus nicht sogar die Konkurrenz und Dynamik, die Fortschritt und Expansion ermöglichten (➔ M7)? Für die westliche Wertegemeinschaft, zu der freilich auch die USA und Kanada zählen, kann man Demokratie und Menschenrechte, Säkularisierung, Technologisierung und Kapitalismus als Leitideen festmachen. Gerade in Deutschland sahen viele in einer „europäischen Identität Deutschlands" die Möglichkeit, das kontaminierte deutsche Erbe nach 1945 in einem europäischen Rahmen aufzulösen. Ein Vertreter einer „europäischen Leitkultur" ist der Politikwissenschaftler *Bassam Tibi*, der sie wie folgt definiert: „Primat der Vernunft vor religiöser Offenbarung, d.h. vor der Geltung absoluter religiöser Wahrheiten, individuelle Menschenrechte (also nicht Gruppenrechte), säkulare, auf der Trennung von Religion und Politik basierende Demokratie, allseitig anerkannter Pluralismus sowie ebenso gegenseitig zu geltende Toleranz."

Im Jahr 2008 hat das Europäische Parlament den *„Europäischen Tag des Gedenkens an die Opfer von Stalinismus und Nationalsozialismus"* beschlossen. Er findet am 23. August statt, dem Tag der Unterzeichnung des Hitler-Stalin-Paktes. In Zeiten der Globalisierung suchen allerdings viele Menschen zunehmend Halt in regionalen und nationalen Strukturen. Nationale Opfermythen sind zudem langlebig und können nur durch historische Forschung überwunden werden. Verschiedene Opfergruppen konkurrieren um Anerkennung, und eine ehrliche Auseinandersetzung mit der eigenen Geschichte jenseits der Opfersicht fällt immer noch schwer, wie die Diskussionen in Polen, Ungarn, Tschechien oder Russland zeigen. „Erinnerung erweist sich damit letztlich rückgekoppelt an die Machtfrage. ‚Souverän' ist nicht nur, wer über den Ausnahmezustand entscheidet, sondern auch, wer selbstgenügsam über seine Erinnerungen und nationalen Mythen entscheidet" (*Aleida Assmann*) (➔ M15).

Doch auch in Deutschland gerät im Zuge der Übernahme der Opferperspektive die Täterperspektive zunehmend verloren. Erst wenn die Erinnerung an eigene Schuld und die Anerkennung der Leiden anderer zugleich möglich sind, kann eine gemeinsame europäische Erinnerungsgemeinschaft entstehen. Und auch die jeweiligen regionalen und nationalen Identitäten müssten in die überstaatlichen Gemeinschaften integriert werden. Ansonsten kommt es zu Separationsbestrebungen wie etwa in Katalonien, Norditalien oder Schottland. Die Finanz- und Eurokrise, der Ruf nach autoritären Regierungen, der Brexit und die Angst vor Migration haben nicht nur die EU in eine tiefe Krise gestürzt, sondern auch den Weg zu einer europäischen Erinnerungskultur auf einem gemeinsamen Wertefundament erschwert.

Internettipp
Die Bundeszentrale für politische Bildung hat ein Dossier zum Thema „Geschichte und Erinnerung" veröffentlicht, das noch einmal viele Aspekte dieses Wahlmoduls zusammenfasst. Sie finden es unter dem Code **32036-62**.

M1 „Es ist zum Übelwerden"

Der Schriftsteller und Nobelpreisträger Hermann Hesse (1877–1962) lebt seit 1919 in der Schweiz im Tessin. Während der Zeit des Nationalsozialismus ist sein Haus eine Anlaufstelle für etliche Emigranten aus Deutschland auf ihrem Weg ins Exil. Hesse schreibt einen „Offenen Brief" an die Schriftstellerin Luise Rinser, der am 26. April 1946 unter dem Titel „Ein Brief nach Deutschland" in der National-Zeitung (Basel) veröffentlicht wird. Darin heißt es:

Merkwürdig ist das mit den Briefen aus Ihrem Lande! Viele Monate bedeutete für mich ein Brief aus Deutschland ein überaus seltenes und beinahe immer ein freudiges Ereignis. […]
Dann wurden die Briefe häufiger und länger und unter diesen Briefen waren schon viele, die mir keine Freude machten und die zu beantworten mir bald die Lust verging […].
Ein Gefangener in Frankreich, kein Kind mehr, sondern ein Industrieller und Familienvater, mit Doktortitel und guter Bildung, stellte mir die Frage, was denn nach meiner Meinung ein gut gesinnter anständiger Deutscher in den Hitlerjahren hätte tun sollen? Nichts habe er verhindern, nichts gegen Hitler tun können, denn das wäre Wahnsinn gewesen, es hätte ihn Brot und Freiheit gekostet, und am Ende noch das Leben. […]
Da sind nun zum Beispiel alle jene alten Bekannten, die mir früher jahrelang geschrieben, damit aber in dem Augenblick aufgehört haben, als sie merkten, dass man sich durch Briefwechsel mit mir, dem Wohlüberwachten, recht Unangenehmes zuziehen könne. Jetzt teilten sie mir mit, dass sie noch leben, dass sie stets warm an mich gedacht und mich um mein Glück, im Paradies der Schweiz zu leben, beneidet hätten, und dass sie, wie ich mir ja denken könne, niemals mit diesen verfluchten Nazis sympathisiert hätten. Es sind aber viele dieser Bekenner jahrelang Mitglieder der Partei gewesen. Jetzt erzählen sie ausführlich, dass sie in all diesen Jahren stets mit einem Fuß im Konzentrationslager gewesen seien, und ich muss ihnen antworten, dass ich nur jene Hitlergegner ganz ernst nehmen könne, die mit beiden Füßen in jenen Lagern waren, nicht mit dem einen im Lager, mit dem anderen in der Partei […].
Dann gibt es treuherzige alte Wandervögel, die schreiben mir, sie seien damals, so etwa um 1934, nach schwerem inneren Ringen in die Partei eingetreten, einzig, um dort ein heilsames Gegengewicht gegen die allzu wilden und brutalen Elemente zu bilden und so weiter.
Andere wieder haben mehr private Komplexe und finden, während sie im tiefen Elend leben und von wichtigeren Sorgen umgeben sind, Papier und Tinte und Zeit und Temperament im Überfluss, um mir in sehr langen Briefen ihre tiefe Verachtung für Thomas Mann[1] auszusprechen und ihr Bedauern oder ihre Entrüstung darüber, dass ich mit einem solchen Mann befreundet sei.
Und wieder eine Gruppe bilden jene, die offen und eindeutig all die Jahre mit an Hitlers Triumphwagen gezogen haben, einige Kollegen und Freunde aus früheren Zeiten her. Sie schreiben mir jetzt rührende und freundliche Briefe, erzählen mir eingehend von ihrem Alltag, ihren Bombenschäden und häuslichen Sorgen, ihren Kindern und Enkeln, als wäre nichts gewesen, als wäre nichts zwischen uns, als hätten sie nicht mitgeholfen, die Angehörigen und Freunde meiner Frau, die Jüdin ist, umzubringen und mein Lebenswerk zu diskreditieren und schließlich zu vernichten. Nicht einer von ihnen schreibt, er bereue, er sehe die Dinge jetzt anders, er sei verblendet gewesen. Und auch nicht einer schreibt, er sei Nazi gewesen und werde es bleiben, er bereue nichts, er stehe zu seiner Sache. Wo wäre je ein Nazi zu seiner Sache gestanden, wenn diese Sache schief ging? Ach, es ist zum Übelwerden.

Zitiert nach: Christoph Kleßmann, Die doppelte Staatsgründung. Deutsche Geschichte 1945–1955, Bonn 1991, S. 443 f.

1. Beschreiben Sie, wie sich die Deutschen in ihren Briefen an Hermann Hesse darstellen.
2. Erläutern Sie, welche Gründe es für die Einstellung der Deutschen und ihren Umgang mit dem Nationalsozialismus geben könnte. | F
3. Präsentation: Erörtern Sie die Haltung Hesses, die hier zum Ausdruck kommt. Nehmen Sie selbst Stellung zu den Briefschreibern und verfassen Sie Antworten. | F

M2 Mentalitätsbrüche

Der Historiker Hans-Ulrich Wehler (1931–2014) spricht von einem vierfachen Mentalitätsbruch, der die Ausgangslage der neu gegründeten Bundesrepublik begünstigt habe:

1. Jedes Liebäugeln mit der Diktatur traf nach 1945 in Westdeutschland auf unüberwindbaren Widerstand. Die Erfahrungen mit dem Führerabsolutismus hatten alle Illusionen, die dieses politische System unlängst noch umhüllt hatten, aufgelöst. […]
2. Mit dem Untergang des „Dritten Reiches" wurde außerdem die Fata Morgana eines deutschen „Sonderwegs" in die Moderne endgültig aufgegeben. Zwar hatte Deutschland seit jeher zum Okzident, zum westlichen Kulturkreis und europäischen Staatensystem, gehört – insofern ist die Formel vom „langen Weg nach Westen" irreführend. Doch war es seit der zweiten Hälfte des 19. Jahrhunderts mit fatalen Folgen von dessen Modernisierungspfad abgewichen. Das niederschmetternde Resultat des nationalsozialistischen „Sonderwegs" blieb umso wirkungsvoller, als die Blockkon-

[1] **Thomas Mann** (1875–1955): deutscher Schriftsteller und Nobelpreisträger, der 1933 in die Schweiz und 1938 in die USA emigrierte. Als Gegner der Nationalsozialisten wandte er sich regelmäßig in einer eigenen Radiosendung, gesendet von der BBC, an die deutsche Bevölkerung.

frontation zwischen sowjetischer Diktatur und westlicher Demokratie die vermeintliche Option für einen neuen „Dritten Weg", den einige irrlichternde Schwarmgeister noch immer für begehbar hielten, denkbar unattraktiv machte.

3. Nachdem der Vulkan des deutschen Radikalnationalismus erstickt worden war, erloschen auch die Leidenschaften, die ihn von einer Eruption zur anderen getrieben hatten. Damit verlor der politische Verband der Deutschen einen seiner Tragpfeiler, insbesondere aber eine Antriebskraft, die ihn seit hundert Jahren bewegt hatte. Die große Frage lautet seither, welcher Loyalitätspol an die Stelle der Nation treten kann, da auch moderne westliche Staaten weiterhin einer integrierenden Programmatik bedürfen. [...]

4. Auch der Bann des charismatischen „Führers" war 1945 endgültig gebrochen worden, nachdem der Selbstmörder ein bis dahin unvorstellbares Chaos heraufgeführt hatte. Trotzdem: Da der Hitler-Mythos sozialpsychisch viel tiefer verankert war, als mancher Kritiker der Führerherrschaft später wahrhaben wollte, ist seine Ausstrahlungskraft nicht über Nacht erloschen. Die ersten Meinungsumfragen ergaben, dass Hitlers Leistungen in den sechs Friedensjahren noch rundum auf Anerkennung trafen. Im Sommer 1952 etwa hielt ihn ein Drittel der Befragten für einen „großen Staatsmann", ein weiteres Viertel besaß eine „gute Meinung" von ihm. Auch 1955 glaubte immerhin fast die Hälfte (48 Prozent), dass Hitler ohne den Krieg als einer „der großen deutschen Staatsmänner" dagestanden hätte. Selbst 1967, als die westdeutsche Wirtschaft und die Bonner Republik schon jahrelang florierten, hielten noch immer 32 Prozent an diesem positiven Urteil fest. Heutzutage mag man das mit einem ungläubigen Kopfschütteln registrieren, aber die zuverlässig ermittelten empirischen Befunde beweisen noch einmal die außergewöhnliche Faszination, die Hitlers charismatische Herrschaft auf seine Deutschen ausgeübt hatte.

Hans-Ulrich Wehler, Deutsche Gesellschaftsgeschichte, Bd. 4: Vom Beginn des Ersten Weltkriegs bis zur Gründung der beiden deutschen Staaten 1914–1949, München 2003, S. 981 f.

1. Präsentation: Vergleichen Sie die Aussagen Wehlers mit dem Bericht in M1. Erarbeiten Sie auf dieser Grundlage ein Schaubild zum Selbstverständnis der Deutschen nach dem Krieg.
2. Erörtern Sie, welche integrierende Idee heute im wiedervereinigten Deutschland als Antriebskraft wirken könnte.

Titelblatt der satirischen Nachkriegszeitschrift „Ulenspiegel" von Oktober 1946.
Die LDP (Liberal-Demokratische Partei Deutschlands) war eine 1945 in der Sowjetischen Besatzungszone gegründete liberale Partei, die in der DDR zur einflusslosen Blockpartei wurde.

▶ Analysieren Sie die Aussage des Bildes. | H

M3 Einstellungen im Wandel der Zeit

„Wann im 20. Jahrhundert ist es nach Ihrem Gefühl Deutschland am besten gegangen, in welchen Jahren?"

Zeitraum	Jahr der Umfrage 1959	1963	1970	1980
vor dem Ersten Weltkrieg	28	16	5	4
1918 bis 1933	5	5	2	2
1933 bis 1939	21	10	5	3
während des Krieges (1940–1945)	1	1	–	–
nach 1945	39	62	–	–
heute, jetzt	–	–	81	80
keine Angabe	6	6	7	11

Nach: Allensbacher Jahrbuch der Demoskopie 1984–1992, München 1993, S. 386

▸ „Wann im 20. Jahrhundert ist es nach Ihrem Gefühl Deutschland am besten gegangen ...?" Diese Frage wurde von einem Meinungsforschungsinstitut in seinen Umfragen regelmäßig in der Bundesrepublik Deutschland gestellt. Die Tabelle zeigt, wie die Befragten geantwortet haben. Beschreiben Sie anhand der Daten die Einstellung der Westdeutschen zu ihrer Vergangenheit und Gegenwart bis um 1980. Erläutern Sie, welche Tendenzen erkennbar sind und wie sich diese erklären lassen. Ziehen Sie Ihre Ergebnisse aus M1 und M2 hinzu. | H

M4 Zur „antifaschistischen Umwälzung" in der DDR

Im Geschichtsschulbuch, das an allen 10. Klassen der Polytechnischen Oberschulen der DDR eingesetzt worden ist, heißt es in der Ausgabe von 1984:

Die Entstehung und Entwicklung der Deutschen Demokratischen Republik war das Resultat der siegreichen antifaschistisch-demokratischen Umwälzung. In diesem revolutionären Prozess kämpften Arbeiter, werktätige Bauern und andere demokratische Kräfte unter Führung der SED für eine antiimperialistisch[1]-demokratische Staatsmacht und für die Durchsetzung des gesellschaftlichen Fortschritts. Die Machtgrundlagen der Monopolbourgeoisie und der Großgrundbesitzer wurden in der antifaschistisch-demokratischen Umwälzung beseitigt, die Wurzeln des Faschismus wurden ausgerottet.

Geschichte Klasse 10, Volk und Wissen, Berlin 1984, S. 87

[1] **Imperialismus**: Nach Auffassung des Marxismus-Leninismus ist der Imperialismus die fortgeschrittene Stufe des Kapitalismus, da die Industrieländer, um sich Rohstoffe und Absatzmärkte zu sichern, zur Unterwerfung und Ausbeutung anderer Staaten übergehen.

1. Geben Sie wieder, wie im Schulbuch die „antifaschistisch-demokratische Umwälzung" in der DDR beschrieben wird. Entspricht die Darstellung den historischen Tatsachen?
2. Erläutern Sie mithilfe der Darstellung auf Seite 118 den Faschismus-Begriff, wie ihn die DDR verstand.
3. Erörtern Sie, welche Konsequenzen sich aus dieser Geschichtsdarstellung für den Umgang mit der jüngsten Vergangenheit in Politik und Gesellschaft der DDR – auch gegenüber Westdeutschland – ergaben.

M5 Antikommunismus als Deckmantel?

*Der Politikwissenschaftler Dietrich Thränhardt (*1941) analysiert die Integration ehemaliger Nationalsozialisten in der Bundesrepublik folgendermaßen:*

Als Übergangsideologie für die Bundesrepublik, die in die westliche Gesellschaft hineinwuchs, war der Antikommunismus hervorragend geeignet. In ihm konnte man sich mit den ehemaligen Kriegsgegnern, mit der Demokratie, den „westlichen Werten", dem Christentum, dem „Abendland" identifizieren, die als positives Gegenbild fungierten. Auch wenn man während des „Dritten Reiches" unterschiedlichen politischen Lagern angehört hatte, war auf dieser ideologischen Grundlage eine Versöhnung möglich. Die große Menge der ehemaligen Nationalsozialisten und die noch größere Zahl der ehemaligen Antidemokraten konnte auf diese Weise allmählich eine neue positive Identifikation gewinnen, die aber häufig sehr partiell blieb. Nach dem Urteil der Frankfurter Allgemeinen Zeitung war es 1954 bei Bewerbungen eher eine Empfehlung, „PG" [Parteigenosse, also Mitglied der NSDAP] gewesen zu sein.
Zur Stabilisierung nach innen trug diese neue Dichotomisierung[2] [...] zweifellos bei. Die politische Eingliederung breiter Schichten mit bisher nichtdemokratischer Orientierung gelang in bemerkenswertem Umfang. Die Eingliederung einer so großen Anzahl ehemaliger Nichtdemokraten, vorwiegend in bürgerlichen Kreisen und gesellschaftlich angesehenen Berufsgruppen (Ärzte, Lehrer, Verwaltungsbeamte, Richter), barg andererseits die Gefahr des Eindringens von undemokratischen Einflüssen. [...]
Als die neuen Bundesministerien aufgebaut wurden, waren die Überprüfungen durch die Alliierten aufgegeben worden. Sozialdemokraten wurden wegen der harten innenpolitischen Frontstellung kaum eingestellt. Andererseits erhielten aber alle ehemaligen Beamten des „Dritten Reiches", mit Ausnahme der schwer belasteten, einen Rechtsanspruch

[2] **Dichotomisierung**: Zerlegung einer Gesamtheit in zwei Teilgesamtheiten, die mithilfe eines Merkmals unterschieden werden (z. B. in der Statistik nach Geschlecht: männlich und weiblich)

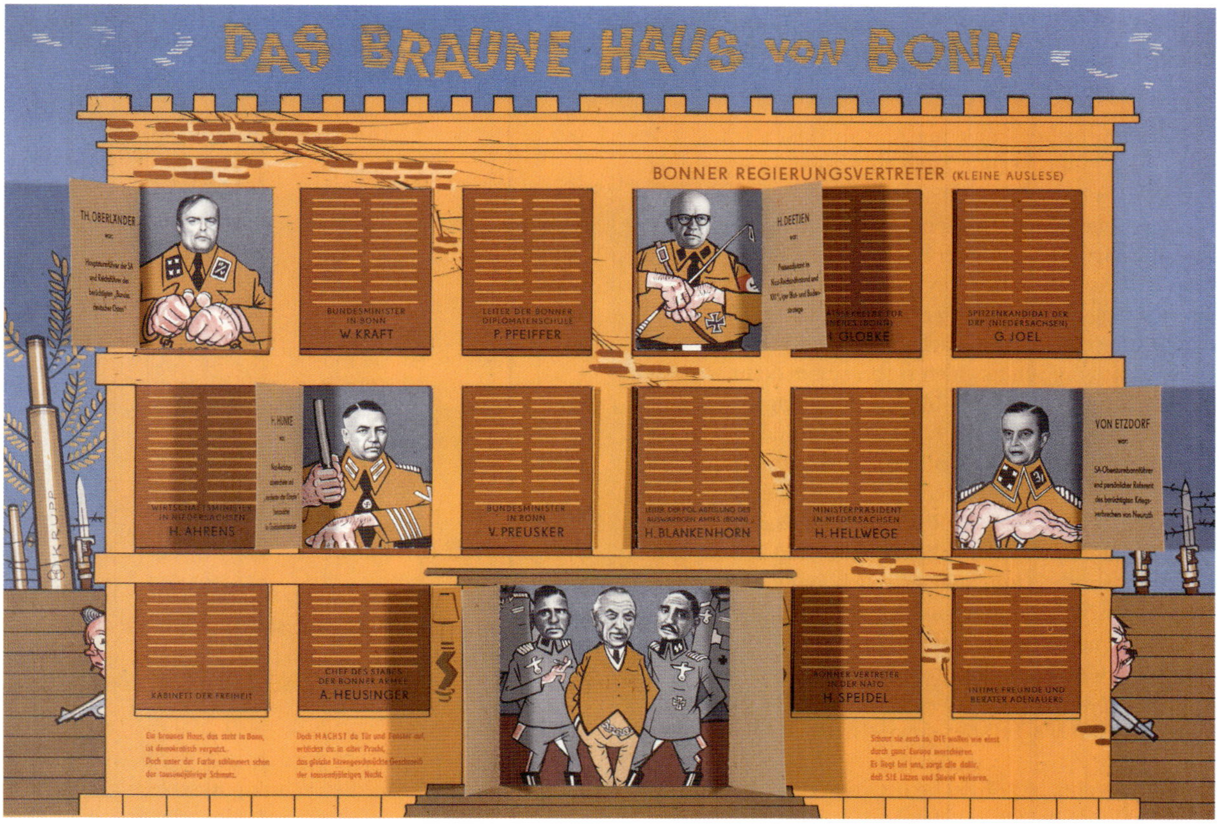

Das Braune Haus von Bonn.
Schautafel, herausgegeben von der SED-Abteilung Agitation, Presse, Rundfunk, Berlin-Ost, 1956.
Als „Braunes Haus" wurde die NS-Parteizentrale in München von 1930 bis 1945 bezeichnet. „Das Braune Haus von Bonn" zeigt führende Politiker der Bundesrepublik, die im NS-Regime aktiv waren. Dazu gehört etwa Minister Theodor Oberländer (oben links).

► Erläutern Sie, warum die SED-Führung an der Aufdeckung der „braunen" Vergangenheit westdeutscher Politiker interessiert war.

auf Beschäftigung (Ausführungsgesetz zu Art. 131 GG). Alle Behörden hatten 20 % der Stellen für diesen Zweck zu reservieren. Da die meisten früheren Spitzenbeamten von den Alliierten entlassen und sogar vorübergehend verhaftet worden waren, standen sie 1949/50 zur Verfügung. Innerhalb der Gruppe der Beamten hatten alte Verbindungen Bestand gehabt: Ein ehemaliger Beamter „zog" den anderen nach. Im Ergebnis kam es zur Wiederherstellung der alten Bürokratie, einschließlich ihrer NSDAP-Mitglieder. Im Auswärtigen Amt waren 1951 66 % der leitenden Beamten ehemalige NSDAP-Mitglieder. Kritik daran wies Adenauer mit dem Appell zurück, „jetzt mit der Naziriecherei Schluss zu machen". Für das Bundesjustizministerium ergab eine amerikanische Untersuchung noch höhere Werte. In anderen Ministerien, für die keine Unterlagen vorliegen, dürfte die Entwicklung ähnlich gewesen sein.
Immer wieder wurden diese Besetzungen mit dem Mangel an „Fachleuten" erklärt. Die Besetzung der Bundesministerien war dabei der spektakulärste und auch greifbarste Fall. Denn es bestand ein Unterschied zwischen einer allgemeinen beruflichen Wiedereingliederung ehemaliger Nationalsozialisten und der Besetzung zentraler Entscheidungspositionen. Insbesondere die Justiz, in der sich der Korpsgeist ihrer Angehörigen bemerkbar machte, wurde weithin restituiert. Erst seit Ende der sechziger Jahre, als breite öffentliche Kritik einsetzte, wurde den schwer belasteten „Blutrichtern" die Möglichkeit gegeben, sich unter Wahrung ihrer Versorgungsansprüche pensionieren zu lassen. Bestraft wurde keiner.

Dietrich Thränhardt, Geschichte der Bundesrepublik Deutschland, Frankfurt am Main 1996, S. 112 ff.

1. Fassen Sie die Aussagen Thränhardts mit eigenen Worten zusammen.
2. Erläutern Sie, inwiefern der Antikommunismus als „Integrationsideologie" wirkte.
3. Erörtern Sie, ob es in unserer heutigen Gesellschaft auch „Integrationsideologien" gibt.

M6 Antifaschismus und Antitotalitarismus

*Der Historiker Martin Sabrow (*1954) vergleicht, wie nach 1945 „Vergangenheitspolitik" betrieben worden ist:*

Der ostdeutsche Legitimationsantifaschismus wies schließlich tabuisierende Züge auf, indem er wesentliche Aspekte des Nationalsozialismus aus dem kollektiven Gedächtnis wie aus der wissenschaftlichen Forschung verbannte, darunter so zentrale Fragen wie die Massenattraktivität des Hitler-Regimes und die Teilhabe der Bevölkerung an Verfolgung und Vernichtung. Nie brachte die DDR-Geschichtswissenschaft eine Hitler-Biografie hervor, und bis zum Schluss hielt sie an einem dogmatisierten Denken fest, das Hitler als bloßen Handlanger der Monopole verstand, die KPD als führende Kraft des Widerstandes und das deutsche Volk als verführtes Opfer der Fremdherrschaft einer kleinen Clique. Die erste Überblicksdarstellung der DDR-Geschichtswissenschaft zur NS-Zeit widmete der Shoah kein Kapitel und keinen Unterabschnitt, sondern konzentrierte sich in den vier von 260 der „faschistische[n] Barbarei in den okkupierten Gebieten" gewidmeten Seiten auf die deutschen Gräueltaten in den besetzten Teilen der Sowjetunion. Juden wurden als Opfergruppe in diesem Zusammenhang nur ein einziges Mal, und zwar als Teil der sowjetischen Bevölkerung erwähnt [...].

Eine vergleichbare politische Instrumentalität und Tabuisierungskraft besaß auf der anderen Seite der Grenze der bundesdeutsche Antitotalitarismus. Sie zeigte sich im Umgang etwa mit dem kommunistischen Widerstand, der in der Bundesrepublik aus der symbolischen wie der materiellen Integration ausgeschlossen blieb. Sie zeigte sich ebenso in der Wiedergutmachungspolitik gegenüber den Opfern der nationalsozialistischen Gewaltherrschaft: Der zur westlichen Hemisphäre zählende Staat Israel erhielt Entschädigungsleistungen, osteuropäische Staaten erhielten sie bis 1989 nicht. [...] Seine tabuisierende Kraft bewies der bundesdeutsche Antitotalitarismus, indem er das Bild des christlichen und konservativen Widerstands ebenso von unwillkommenen Zügen zu reinigen erlaubte, wie es der Antifaschismus in Bezug auf den kommunistischen Widerstand vermochte. Die antidemokratischen und teils sogar antisemitischen Grundüberzeugungen vieler Männer des 20. Juli 1944, die in den Anfangsjahren der NS-Herrschaft oft überzeugte Hitler-Anhänger gewesen waren, blieben ebenso im Verborgenen wie die erst jüngst näher beleuchtete Frage der Verstrickung des militärischen Widerstandsflügels in den nationalsozialistischen Genozid. Diese [...] Haltung belastete die frühe Bundesrepublik mit einer unheilvollen und bis zum Anschein der Komplizenschaft reichenden Symbiose von Amnesie und Amnestie, die aus heutiger Sicht als ein empörender „Triumph des ‚Beschweigens'" vor uns steht, sie erlaubte aber zugleich analog zur staatlich verfolgten und gesellschaftlich verlangten Wiedereingliederungspolitik die unzweideutige Verurteilung des NS-Systems, ohne seine ehemaligen Träger und Anhänger auszugrenzen.

Martin Sabrow, Die NS-Vergangenheit in der geteilten deutschen Geschichtskultur, in: Christoph Kleßmann und Peter Lautzas (Hrsg.), Teilung und Integration. Die doppelte deutsche Nachkriegsgeschichte als wissenschaftliches und didaktisches Problem, Bonn 2005, S. 132–151, hier S. 142–144

1. Geben Sie Gemeinsamkeiten und Unterschiede in der „Vergangenheitsbewältigung" beider deutscher Staaten wieder.
2. Charakterisieren Sie anhand des ostdeutschen Antifaschismus und des bundesdeutschen Antitotalitarismus den Begriff „Vergangenheitspolitik". Wie wirkt sich diese Politik jeweils aus? | F

M7 „Einheit in Vielfalt"

Walter Hallstein (1901–1982) war von 1958 bis 1968 der erste Vorsitzende der Kommission der Europäischen Wirtschaftsgemeinschaft. Anlässlich der Verleihung des Internationalen Karlspreises der Stadt Aachen 1961 hielt er folgende Rede:

[...] Wir blicken vielmehr zurück, weil wir gewiss sind, in der Erinnerung, in der Betrachtung unseres eigenen Werdens den Weg zu uns selbst zu finden, sicherer zu erkennen, was unser wahres Wesen ist, unsere Möglichkeiten, unsere Notwendigkeiten, unsere Verantwortung. Wir blicken zurück, weil wir wissen, dass alles Leben Bewegung ist, auch das Leben der Völker, weil es hieße, die Dynamik unseres eigenen Tuns verleugnen, wenn wir es je anders begriffen als eine unaufhörliche Veränderung, ein ständiges Werden, eine *création continue* – und nicht als einen Zustand, nicht als etwas Statisches. Deshalb ist in allem unserem Handeln, in allem Geschehen der europäischen Einigung immer die Vergangenheit gegenwärtig – ebenso sehr wie es die Zukunft ist; denn alle Politik ist ja ein beständiges In-Form-Bringen für die Aufgaben, die das Morgen bringen wird.

In dieser Vergangenheit nun finden wir Weniges, in dem symbolkräftiger die eigenständige politische Einheit Europas Gestalt gewann, wie den Mann, dessen Namen der Preis trägt, den ich heute empfangen darf. Als das Licht der Geschichte voll über dem nördlichen Europa aufgegangen war, hatte Europa befriedet im Innern und geschützt an seinen Grenzen unter der *Pax Romana* gelebt. Immer wieder hat es beides gesucht: das Ende des Zwists – zu keiner Zeit ist das Gefühl dafür ganz erloschen, dass es ein Bruderzwist war – und die Überwindung der niemals ganz nachlassenden äußeren Gefahr. Von allen geglückten (oder scheinbar geglückten) Versuchen ist der Karls des Großen der glaubhafteste, ohne die Fragwürdigkeiten, ohne das Abenteuerliche anderer Bemühungen. Aber er gelang nur für einen historischen Augenblick,

und dann bereitete sich der lange Prozess vor, an dessen Ende jene nationalstaatliche Verfassung Europas steht, deren Struktur am Wesentlichsten durch den Wiener Kongress bestimmt ist. Diese Struktur Europas dauert bis in unser Jahrhundert, bis in unsere Tage, als ein Staatensystem labilen Gleichgewichts, kunstvoll und mühsam durch das Ab- und Zugeben von Gewichten dirigiert von dem Konzert der Mächte und doch schließlich seiner Legitimität beraubt, weil es die einzige verbindliche Leistungsprüfung für ein europäisches politisches System nicht bestanden hat: In zwei Weltkriegen hat es seine Unfähigkeit bewiesen, den inneren Frieden in Europa zu wahren und seine äußere Sicherheit zu gewährleisten.
[…] Damit sind wir auch beim innersten Kern des europäischen Phänomens. Unter den furchtbaren Erschütterungen, die die europäische Geschichte der ersten Hälfte unseres Jahrhunderts ausmachen, ist eine neue Unbefangenheit gegenüber der traditionellen politischen Struktur erwachsen: Nicht, dass das Nationalbewusstsein erloschen wäre – trotz des entsetzlichen Missbrauchs, der mit ihm getrieben worden ist. Nein: Europa ist die Vielfalt und wird sie immer bleiben. Seine Kraft und Art ist der großartige Reichtum seiner Landschaften, seiner Stämme, seiner Begabungen, seiner Erinnerungen, die wir Geschichte nennen. Aber das Nationalbewusstsein ist verändert. Es ist geläutert. Es hat seine zerstörerischen Eigenschaften abgelegt, seine Erbfeindschaften, seine Rivalitäten, seine hegemonialen Tendenzen.
Denn Europa ist sich innegeworden, dass es nicht nur die Vielfalt ist. Es ist auch die Einheit, die Einheit in der Vielfalt. Es gibt inmitten aller Verschiedenheit eine Grundmasse gleicher, identischer Elemente, Bedingungen, Anlagen, Wertmaßstäbe, seelischer und geistiger Gemeinsamkeiten, ein Gefühl des Aufeinanderangewiesenseins im Guten wie im Bösen, gemeinsamen Tuns und Leidens, großer gemeinsamer Schwächen, aber auch glänzender gemeinsamer Leistungen – kulturell, wirtschaftlich, politisch. Ist nicht sogar Amerika, wenn auch gewiss nicht gleich Europa oder ein Teil davon, doch zu einem guten Stück auch eine europäische Schöpfung? Und ist nicht der Eiserne Vorhang mehr noch als eine tief schmerzende nationale Wunde; geht er nicht durch das Herz Europas selbst? Dieser Einheit in der Vielfalt hat Europa sich angeschickt, politischen Ausdruck, politische Form zu geben. […]

Rede von Walter Hallstein, https://www.karlspreis.de/de/preistraeger/walter-hallstein-1961/rede-von-walter-hallstein (Zugriff: 17. Juni 2019)

1. Fassen Sie die Position Hallsteins in einer These zusammen.
2. Erläutern Sie die historische Begründung für Hallsteins Vorstellung von einem einigen Europa.
3. Diskutieren Sie, was genau Hallstein mit den kulturellen, wirtschaftlichen und politischen Gemeinsamkeiten der Europäer meint.

M8 Mythos und Identität

*Der Politikwissenschaftler Herfried Münkler (*1951) beschreibt, welche Funktion „moderne" Mythen in der Bundesrepublik und der DDR übernommen haben:*

Politische Mythen haben in allen europäischen Nationen eine wichtige Rolle gespielt, Deutschland allerdings war ein regelrechtes Dorado der politischen Mythografie. Das hängt mit der politischen Deutungshoheit des Bildungsbürgertums und mit der verspäteten Staatsbildung zusammen: Bis 1871 waren Mythen und Symbole die einzige Repräsentation der Nation. Das hatte zur Folge, dass die nationalen Erwartungen und Anstrengungen auf das Feld des Symbolischen verwiesen waren. […]
Dafür erfolgte nach dem Zweiten Weltkrieg ein mythenpolitischer Schnitt, wie er radikaler nicht hätte sein können. Fast alle politischen Mythen waren desavouiert: An eine Wiederkehr Barbarossas nach langem Schlaf war nicht mehr zu denken, und die Nibelungen hatten auf ihrem Zug nach Osten allesamt den Tod gefunden. Von der germanischen Identität, auf die man zeitweilig so stolz gewesen war, wollte man nichts mehr wissen, und auch der Preußenmythos war anrüchig geworden.
Im Umgang mit den Trümmern der alten deutschen Mythen gingen DDR und Bundesrepublik unterschiedliche Wege: Während die DDR ein neues Mythensystem errichtete, in dessen Zentrum geschichtliche Ereignisse standen, die sich als Vorgeschichte des Arbeiter-und-Bauern-Staates aufbereiten ließen – vom Bauernkrieg über die antinapoleonischen Befreiungskriege bis zum antifaschistischen Widerstand –, blieben in der Bundesrepublik die mythenpolitischen Trümmerberge zunächst weitgehend unbearbeitet. […]
Aber ganz hat auch die Bundesrepublik auf Sinnstiftung durch mythische Erzählungen nicht verzichten können. Die Konsummythen […] dienten nicht nur als Kaufanreize und Marketinginstrumente einer sich in ihrem neuen Wohlstand einrichtenden Gesellschaft, sondern avancierten auch zu Gegenerzählungen zur Mythik der DDR: Sie bestritten deren Anspruch, der bessere deutsche Staat zu sein, und hielten ihr die notorischen Versorgungsdefizite der Bevölkerung und die Einschränkung der Reisefreiheit als Manko der politischen Ordnung vor. Damit konterkarierten die bundesrepublikanischen Konsummythen den antifaschistischen Gründungsmythos, in dem die DDR den Widerstand gegen Hitler und die Zerschlagung des Nazi-Regimes für sich monopolisiert hatte.

Herfried Münkler, Die Deutschen und ihre Mythen, Berlin [2]2009, S. 17 und 19f.

1. Fassen Sie zusammen, was Münkler unter dem „mythenpolitische[n] Schnitt" (vgl. Zeile 10f.) versteht.
2. Erklären Sie auf der Grundlage von Münklers Ausführungen den Begriff „politischer Mythos". | H

M9 Sonderweg nach Westen: Das Modell Deutschland

*Der Historiker Andreas Rödder (*1967) erklärt, wie sich das westdeutsche Selbstverständnis nach 1945 herausbildete:*

Neben der auf die deutsche Schuld zentrierten Erinnerungskultur wurde die politisch-kulturelle Verwestlichung zum zweiten Spezifikum des bundesdeutschen Selbstverständnisses. Die Westbindung in Verbindung mit der außenpolitischen Kultur der Zurückhaltung schlug sich in der staatlichen Repräsentation nieder – von der Qualität der auf Staatsbanketten ausgeschenkten Weine bis zur Architektur staatlicher Bauten. Bonn war nicht nur wegen seiner überschaubaren Größe als Provisorium und als Manifestation der Bescheidenheit geeignet. [...]
Die alte Bundesrepublik zeigte sich durch und durch westlich: Demokratie und Marktwirtschaft, Pluralismus und Individualismus wurden zu unumstößlichen Grundwerten – die zu Beginn des 20. Jahrhunderts als Inbegriff der verachteten „Zivilisation" gegolten hatten. Die dem seinerzeit gegenübergestellte deutsche „Kultur" war bestenfalls noch Gegenstand von Verlustanzeigen. [...]
Die Bundesrepublik hatte Leitideen und Deutschlandbilder des Westens übernommen, traditionelle Selbstbilder hingegen ebenso aufgegeben wie einen affirmativen Bezug auf die eigene Geschichte. Ebenso verlor die Nation als Leitkategorie an Bedeutung. [...] Stattdessen zeigte sich die Bundesrepublik wie kaum ein anderer europäischer Staat bereit, staatliche Hoheitsrechte auf die europäische Ebene zu übertragen. Die Bundesrepublik vollzog nicht weniger als einen grundlegenden Wechsel der deutschen Identität.
Ersatz stellte das Selbstverständnis als „Modell Deutschland" bereit. Dabei wurde die „Erfolgsgeschichte" der Bundesrepublik in zwei Versionen erzählt, und sie wirkte gerade daher besonders integrativ. Die bürgerliche Version hob auf die Stabilitätsgeschichte der politischen Institutionen, auf eine prosperierende Marktwirtschaft und Massenwohlstand sowie auf Frieden und Freiheit durch die Westbindung ab. Die linke Lesart zielte auf Demokratisierung und Partizipation, Liberalisierung und Emanzipation, Individualisierung und Pluralismus. Beides kam zusammen, als die Bundesrepublik 1989 ihren 40. Geburtstag feierte.

Andreas Rödder, Wer hat Angst vor Deutschland? Geschichte eines europäischen Problems, Frankfurt am Main 2018, S. 156–158

1. Präsentation: Stellen Sie die im Text genannten Elemente des westdeutschen Selbstverständnisses in einer Mindmap dar.
2. Zeigen Sie die Besonderheiten bei der Suche nach einer deutschen Identität nach 1945 auf.
3. Diskutieren Sie die Unterscheidung von Zivilisation und Kultur (vgl. Zeile 11–17) in Zeiten der Westbindung.

Der Kanzlerbungalow.
Der 1963/64 von Architekt Sep Ruf errichtete Bungalow diente als Wohn- und Empfangsgebäude der Kanzler bis zum Regierungsumzug nach Berlin 1999.

▶ Beschreiben Sie die Anlage des Kanzlerbungalows

▶ Geben Sie dem Bauwerk ein Motto und begründen Sie dies.

M10 „Unsere DDR ist ein sauberer Staat"

Im Dezember 1965 spricht Erich Honecker (1912–1994) vor dem Zentralkomitee der SED über die Kulturpolitik:

Unsere DDR ist ein sauberer Staat. In ihr gibt es unverrückbare Maßstäbe der Ethik und Moral, für Anstand und gute Sitte. Unsere Partei tritt entschieden gegen die von den Imperialisten betriebene Propaganda der Unmoral auf, die das Ziel verfolgt, dem Sozialismus Schaden zuzufügen. Dabei befinden wir uns in voller Übereinstimmung mit der Bevölkerung der DDR und der überwiegenden Mehrheit der Menschen in Westdeutschland.

Wir stimmen jenen zu, die feststellen, dass die Ursachen für diese Erscheinungen der Unmoral und einer dem Sozialismus fremden Lebensweise auch in einigen Filmen, Fernsehsendungen, Theaterstücken, literarischen Arbeiten und in Zeitschriften bei uns zu sehen sind. Es häuften sich in letzter Zeit auch in Sendungen des Fernsehfunks, in Filmen und Zeitschriften antihumanistische Darstellungen. Brutalitäten werden geschildert, das menschliche Handeln auf sexuelle Triebhaftigkeit reduziert. Den Erscheinungen der amerikanischen Unmoral und Dekadenz[1] wird nicht offen entgegengetreten. Das gilt besonders für den Bereich der heiteren Muse und der Unterhaltung, für einzelne literarische Arbeiten. [...] Biermann wird systematisch vom Gegner zum Bannerträger einer sogenannten literarischen Opposition der DDR, zur Stimme der „rebellischen Jugend" gemacht. Davon zeugen Sendungen westdeutscher Rundfunkstationen, Berichte in der westdeutschen Presse und Rezensionen zu seinem in West-Berlin erschienenen Gedichtband. Biermann wird dort als ein „äußerst freimütiger und kühner Kritiker des mitteldeutschen Regimes" gefeiert. Biermanns sogenannte Gedichte kennzeichnen sein spießbürgerliches, anarchistisches Verhalten, seine Überheblichkeit, seinen Skeptizismus und Zynismus. Biermann verrät heute mit seinen Liedern und Gedichten sozialistische Grundpositionen. Dabei genießt er wohlwollende Unterstützung und Förderung einiger Schriftsteller, Künstler und anderer Intellektueller. Es ist an der Zeit, der Verbreitung fremder und schädlicher Thesen und unkünstlerischer Machwerke [...] entgegenzutreten.

Zitiert nach: Rolf Steininger, Deutsche Geschichte. Darstellungen und Dokumente in vier Bänden, Bd. 3: 1955–1969, Frankfurt am Main 2002, S. 269f.

Der Liedermacher Wolf Biermann bei seinem Auftritt in der Kölner Sporthalle am 13. November 1976.

Mit der Begründung, er habe die DDR kritisiert, wurde Biermann nach seinem Köln-Konzert am 16. November 1976 ausgebürgert. Zu diesem Zeitpunkt hatte er in der DDR bereits elf Jahre Berufsverbot. Seine Ausbürgerung löste eine Protestwelle aus: Zwölf bekannte Schriftsteller unterschrieben eine Petition, 400 weitere DDR-Bürger solidarisierten sich mit ihnen. Die SED-Führung reagierte mit Festnahmen, Parteiausschlüssen und Berufsverboten. Reihenweise verließen daraufhin prominente Künstler und Schriftsteller die DDR.

1. Charakterisieren Sie das Bild, das Erich Honecker von der Kultur in der DDR zeichnet. Erläutern Sie, was er von der Kulturpolitik der SED erwartet.
2. Erörtern Sie die Begriffe, die Honecker in seiner Kritik verwendet, und finden Sie jeweils Gegenbegriffe.

[1] **Dekadenz:** kultureller Verfall

Kopf-an-Kopf-Rennen der beiden deutschen Mannschaften beim Staffelwettbewerb der Frauen.
Foto von den Olympischen Sommerspielen in München 1972.
Hier siegte die bundesdeutsche Auswahl knapp vor dem DDR-Team. Im Medaillenspiegel lag die DDR am Ende jedoch deutlich vorn. Die Spiele von 1972 waren die ersten, bei denen die Sportler aus der DDR hinter ihrer Landesfahne in das Stadion einziehen durften. Dies war auf bundesdeutschem Boden zuvor verboten. Als das Internationale Olympische Komitee (IOC) beschloss, die Spiele 1972 nach München zu vergeben, entschied das Bundeskabinett schließlich, das Hissen der „Spalterflagge“ zuzulassen.

M11 Kalter Krieg im Sport

*Die Historikerin Uta Andrea Balbier (*1974) zur Bedeutung des Sports in der Systemkonkurrenz:*

Die internationale Sportwelt eröffnete den kalten Kriegern auf beiden Seiten des Eisernen Vorhangs mehrere Möglichkeiten: In der offensichtlichen Wettbewerbssituation um Millimeter und Hundertstelsekunden versuchten beide Blöcke, die Überlegenheit ihres Gesellschaftssystems unter Beweis zu stellen, wie es SED-Generalsekretär Walter Ulbricht der DDR-Sportbewegung bereits zu Beginn der 1950er-Jahre einschärfte. In den 1960er-Jahren wurden im westlichen Lager vergleichbare Stimmen laut, und auch hier schnellte die Sportförderung in die Höhe. Gleichzeitig bot die – ihrem Selbstverständnis nach – unpolitische internationale Sportwelt diplomatisch kaum anerkannten Staaten wie der DDR Manövrierraum: Diese versuchte sich in den Sportstadien der Welt mit eigener Flagge und Hymne in Szene zu setzen, da die Bundesregierung umgekehrt bestrebt war, jede auch nur symbolische Anerkennung des Pankower Regimes zu verhindern.
In einer Welt, in der Leistung, nicht ideologische Überzeugung zählte, mauserten sich die DDR-Sportfunktionäre lange vor der diplomatischen Anerkennung ihres Staates zu ernst zu nehmenden Verhandlungspartnern. Innerhalb des Internationalen Olympischen Komitees […] erreichte sie die Akzeptanz ihrer Existenz Jahre bevor der Grundlagenvertrag 1974 das Verhältnis zwischen der DDR und der Bundesrepublik normalisierte. Die Geschichte des Aufstiegs der DDR im internationalen Sport ist jedoch eng mit der Politisierung der olympischen Bewegung im Kalten Krieg verknüpft. In dem Versuch, politisch neutral zu sein, schuf die olympische Bewegung Tatsachen, die politische Dynamiken auf beiden Seiten des Eisernen Vorhangs freisetzten. Die gesamtdeutsche Olympiamannschaft war von Beginn an – in Ost wie in West – ein Spielball deutschlandpolitischer Interessen.

Uta Andrea Balbier, Kalter Krieg im Stadion, in: Dies. u.a. (Hrsg.), Der Kalte Krieg, Darmstadt 2010, S. 91–96, hier: S. 91 f.

1. Fassen Sie zusammen, inwiefern die beiden Blöcke internationale Sportveranstaltungen in Arenen des Kalten Krieges verwandelten.
2. Erläutern Sie, weshalb die SED-Führung den Sport systematisch förderte. Gab es weitere mögliche Motive?
3. Beurteilen Sie das Verhältnis von Sport und Politik. Nennen Sie Beispiele, in denen der Sport politischen Zwecken diente.

M12 Der Weg zur Souveränität

In seinen Erinnerungen schreibt der damalige Bundeskanzler Helmut Kohl (1930–2017) über die Schwierigkeiten bei den „Zwei-plus-Vier-Verhandlungen" im Frühjahr 1990, die letztlich im „Zwei-plus-Vier-Vertrag" mündeten, der am 12. September 1990 unterzeichnet wurde und dem wiedervereinigten Deutschland die volle Souveränität brachte:

Während die Außenminister der Vereinigten Staaten, Großbritanniens und Frankreichs ohne Wenn und Aber die Position der Bundesregierung unterstützten, endete die Zustimmung der sowjetischen Seite bei der Frage der Bündniszugehörigkeit. Schewardnadse [damals Außenminister der Sowjetunion] wiederholte die Position Moskaus: Die Bevölkerung seines Landes und der Oberste Sowjet stünden der NATO-Mitgliedschaft eines vereinten Deutschlands eindeutig ablehnend gegenüber. Er warnte vor dem Trugschluss, die Sowjetunion würde hier spielen oder bluffen. Für sein Land bleibe die NATO, was sie immer gewesen sei: ein gegnerisches Militärbündnis, dessen Strategie den Ersteinsatz von Nuklearwaffen umfasse. [...]
Als mich Hans-Dietrich Genscher [damals Außenminister der Bundesrepublik] in einer Konferenzpause anrief, sprach er einen brisanten Punkt an: Schewardnadse hatte im Verlauf der Verhandlungen erneut vorgeschlagen, die inneren und äußeren Aspekte der deutschen Einheit zeitlich zu entkoppeln. Das hätte praktisch bedeutet, dass zwar die staatliche Einheit Deutschlands schon bald möglich geworden wäre, nämlich durch einen Beitritt der DDR zur Bundesrepublik. Diese auf den ersten Blick elegant erscheinende Übergangslösung hätte aber den entscheidenden Nachteil, dass uns – und das war ja auch erkennbar der Hintergedanke der sowjetischen Seite – auf unbestimmte Zeit das Recht vorenthalten bliebe, über unsere Bündniszugehörigkeit frei zu entscheiden. Gerade bei der deutschen Linken gab es eine starke national-neutralistische Tradition, und so lag die Vermutung nahe, dass Moskau Zeit gewinnen wollte, um mithilfe dieser Strömung schließlich doch noch eine Neutralisierung der Bundesrepublik Deutschland zu erreichen.
Da gab es nichts zu überlegen: Schewardnadses Vorschlag war für die Bundesregierung inakzeptabel. Entsprechend lautete meine Anweisung, in diesem Punkt keinen Millimeter nachzugeben; denn innere und äußere Aspekte der deutschen Einheit gehörten zusammen. [...]
Mein Optimismus beruhte darauf, dass wir in der Frage der NATO-Mitgliedschaft in einer guten Position waren. Außerhalb der Sowjetunion gab es damals praktisch niemanden mehr, der nicht die Mitgliedschaft Gesamtdeutschlands in der NATO bejaht hätte. Auf der Außenministerkonferenz des Warschauer Pakts hatten sich auch die ČSFR, wie sich die Tschechoslowakei seit dem 20. April nannte, Polen, Ungarn und noch andere Staaten in diesem Sinne erklärt. Der eine oder andere Nachbar mochte dabei natürlich gedacht haben, es gehe hierbei nur um die Sicherheit für Deutschland, sondern auch um Sicherheit vor Deutschland. Aber die Motive waren mir letztlich gleichgültig, wenn wir im Ergebnis in der NATO bleiben konnten.
In beiden Teilen Deutschlands, vor allem aber im Westen, war die Wiedervereinigungseuphorie des Winters 1989/90 unterdessen merklich abgekühlt. Der Weg zur Einheit war steiler und steiniger, als die meisten es sich vorgestellt hatten. Die vielfach geäußerte Enttäuschung über die erste Runde der Zwei-plus-Vier-Verhandlungen war auch Ausdruck dieser Ernüchterung. Dennoch setzten die Menschen in der DDR auf den baldigen Beitritt zur Bundesrepublik. Garant dieser Politik war in ihren Augen nach wie vor der deutsche Bundeskanzler.

Helmut Kohl, Erinnerungen 1990–1994, München 2007, S. 103–106

1. Fassen Sie die im Text von Kohl genannten Ziele der Bundesrepublik bzw. der Sowjetunion zusammen.
2. Partnerarbeit/Präsentation: Verfassen Sie mit Ihrem Sitznachbarn/Ihrer Sitznachbarin einen Dialog zwischen Kohl und Schewardnadse.
3. Recherchieren Sie Inhalt und Bedeutung des Zwei-Plus-Vier-Vertrags.
4. Beurteilen Sie die langfristigen Folgen der „Bündnisfrage" für die Idee eines gemeinsamen Europas.

„Die Siegermächte…".
Zu sehen sind die britische Premierministerin Margaret Thatcher, der amerikanische Präsident George Bush, Bundeskanzler Helmut Kohl, der Ministerpräsident der DDR Lothar de Maizière, der sowjetische Staatschef Michail Gorbatschow sowie der französische Staatspräsident François Mitterand. Die Karikatur von Klaus Stuttmann stammt aus dem Jahre 1990.

▶ Vergleichen Sie die Aussage der Karikatur mit der Einschätzung von Helmut Kohl in M12. | H

M13 Was ist die „Berliner Republik"?

*Der Journalist Ludwig Watzal (*1950) 2001 zu Befürchtungen und Bedenken gegenüber der „Berliner Republik":*

Als der Publizist Johannes Gross Anfang der neunziger Jahre den Begriff der Berliner Republik in die öffentliche Debatte einführte, schlugen die Wellen hoch. Seither geistert er durch die politischen Feuilletons. Gewichtige Bedenken wurden vorgetragen: Das Ende der Bonner Republik ließ Befürchtungen aufkeimen, Deutschland könnte an Traditionen anknüpfen, die es ins Verderben geführt hatten. Neuer deutscher Größenwahn, das Abstreifen seiner NS-Vergangenheit im Sinne eines historischen Schlussstriches oder das Ende der Westbindung wurden befürchtet. Die Befürworter einer Berliner Republik behaupteten, dass sich durch den Umzug an der innen- wie außenpolitischen Ausrichtung Deutschlands nichts Wesentliches ändern werde. Dass die Herausforderungen an das Land von Berlin aus besser bewältigt werden würden, ist bis heute bloße Behauptung. Der unbestreitbare Vorteil Berlins liegt aber darin, dass es nicht nur politische Hauptstadt, sondern auch gleichzeitig kulturelle Metropole ist.

Der Politologe Kurt Sontheimer (1928–2005) beurteilt die „Berliner Republik" im selben Jahr wie folgt:

Von einer Berliner Republik als erneuerter Republik ließe sich reden, wenn durch die Einbeziehung der DDR-Bevölkerung ein politischer Prozess in Gang gekommen wäre, der zu bedeutsamen Änderungen der politischen und wirtschaftlich-sozialen Ordnung der alten Bundesrepublik geführt hätte. Doch dies war nicht der Fall. Nur die Bundesrepublik kam zum Zuge, die andere Seite war geschlagen und hilflos. So konnte die nun von Berlin aus zu regierende Bundesrepublik im Wesentlichen keine andere Republik sein als ihre Vorgängerin mit Regierungssitz in Bonn. Beim Übergang von Bonn nach Berlin hat sich an der Verfassungsordnung und dem politischen System der Bundesrepublik nichts Wesentliches verändert. Die friedliche Revolution der DDR-Bürger kam in der westlichen Bundesrepublik an ihr Ziel und ihr Ende. Auf diese Bundesrepublik hat sie sich nicht verändernd ausgewirkt. Es war ein frommer Wunsch vieler Ostdeutscher zu meinen, auch die Bundesrepublik müsse sich im Vereinigungsprozess ändern. Sie tat es nicht. […]

Es sind diese großen und schwierigen Aufgaben des Zusammenwachsens und der gegenseitigen Anerkennung und Toleranz, die der jetzt von Berlin aus regierten Bundesrepublik von der Geschichte zugewiesen worden sind. Ihre Bewältigung, die auch misslingen oder nur unbefriedigend gelingen kann, unterscheidet die heutige Bundesrepublik von ihrer Bonner Variante. Dazu kommen die außerordentlichen Wandlungsprozesse im wirtschaftlichen und sozialen Bereich, die mit dem Allerweltsbegriff der Globalisierung umschrieben werden und die dem Staat einiges von seiner früheren Gestaltungsmacht entziehen. Kurz: Die Berliner Republik von heute unterscheidet sich hinsichtlich ihrer Probleme und Aufgaben, auch in ihrer Stellung im Rahmen der internationalen Ordnung, doch ganz wesentlich von den Problemen, mit denen es Bonn und seine Politiker vor Jahrzehnten zu tun hatten.

*Die Historikerin Vera Caroline Simon (*1980) äußert sich zum Stil der Einheitsfeiern im vereinigten Deutschland:*

In Anbetracht der im In- und Ausland gezeichneten Renationalisierungsszenarien war es nicht verwunderlich, dass die symbolische Ausgestaltung des neuen Nationalfeiertags so unprovokativ, ja so zurückhaltend wie möglich ausfiel. [...]
Die nichtmilitärische Ausgestaltung entsprach jedoch nicht allein der außenpolitischen Signalfunktion einer sich der internationalen Vorbehalte bewussten Bundesrepublik. Sie etablierte sich auch in dezidierter Abgrenzung zu den mili-

Der Reichstag in Berlin.
Von seiner Fertigstellung 1894 bis 1933 diente der Bau als Parlamentsgebäude. Nach der Wiedervereinigung beschloss der Deutsche Bundestag, den Reichstagsbau als Sitz des gesamtdeutschen Parlaments zu nutzen. Von 1995 bis 1999 wurde das Gebäude saniert; dabei entstand die gläserne Kuppel, die eine Durchsicht auf den darunterliegenden Plenarsaal ermöglicht. Sie ist für Besucher zugänglich und zu einem Wahrzeichen der Republik geworden.

▶ Die „Berliner Republik" versteht sich als bürgernah, transparent, weltoffen, modern und geschichtsbewusst – dies soll auch durch die repräsentativen Regierungsbauten deutlich werden. Beurteilen Sie, ob und inwiefern die Architektur des Reichstages dieses Selbstverständnis wiedergibt. | H tärischen Zeremonien der DDR, die bereits zu Zeiten der Zweistaatlichkeit als Unterschied zwischen der säbelrasselnden, totalitären DDR und der demokratischen Bundesrepublik angeführt wurde. Bereits der Nationalfeiertag der alten Bundesrepublik, der 17. Juni, sollte [...] ein „geläutertes Nationalbewusstsein" präsentieren.

Erster Text: Ludwig Watzal, Editorial, in: Aus Politik und Zeitgeschichte, Heft 1–2/2001, S. 2; zweiter Text: Kurt Sontheimer, Berlin schafft keine neue Republik – und sie bewegt sich doch, in: Aus Politik und Zeitgeschichte, Heft 1–2/2001, S. 3–5; dritter Text: Vera Caroline Simon, Gefeierte Nation. Erinnerungskultur und Nationalfeiertag in Deutschland und Frankreich seit 1990, Frankfurt am Main u.a. 2010, S. 84

1. Fassen Sie zusammen, was unter „Berliner Republik" verstanden wird. | H
2. Erläutern Sie, welche Erwartungen und Befürchtungen mit ihr verknüpft worden sind.
3. „Während sich in Bonn der Verzicht aufs Nationale ausdrückte, wird in Berlin in großem Stil die Nation re-inszeniert. Die Nation will nicht nur imaginiert, sie will auch repräsentiert sein: durch Ideen, Mythen, Erzählungen, Symbole und nicht zuletzt durch die Architektur ihrer neuen Hauptstadt."[1] Nehmen Sie dazu Stellung.
4. Stellen Sie die Berliner Republik jeweils der Bonner und der Weimarer Republik gegenüber. Erörtern Sie Gemeinsamkeiten und Unterschiede.

M14 „Eine Verpflichtung für Gegenwart und Zukunft"

*Am 25. Juni 1999 beschließt der Bundestag die Errichtung eines Denkmals für die ermordeten Juden Europas nach einem Entwurf des amerikanischen Architekten Peter Eisenman. Kurz vor der Eröffnung des Holocaust-Mahnmals in Berlin am 10. Mai 2005 nimmt Bundestagspräsident und zugleich Kuratoriumsmitglied der Denkmal-Stiftung Wolfgang Thierse (*1943) in einem Interview mit der „Jüdischen Allgemeinen" (J.A.) dazu Stellung:*

THIERSE: [...] Mit dieser Entscheidung [für die Errichtung des Denkmals] bekennt sich der Bundestag dazu, sich nicht nur der freundlichen, der großen Seiten unserer Geschichte zu erinnern, sondern auch der entsetzlichen. Im Sinne einer Verpflichtung für Gegenwart und Zukunft. Das ist ein Bekenntnis zur *raison d'être*[2] dieser Republik, die entstanden ist aus den materiellen, geistigen und moralischen Trümmern des nationalsozialistischen Deutschland. Mit der Verpflichtung, immer für Demokratie, Humanität und Toleranz einzustehen, Rassismus, Antisemitismus und Diktatur niemals wieder zuzulassen.

J.A.: Kann ein solches Signal von einer Architektur ausgehen?

THIERSE: Kunstwerke zwingen nicht alle, ja zu sagen. Kunstwerke, das Holocaust-Denkmal ist auch eines, sind eine Einladung. Ich bin überzeugt davon, dass diese Einladung vielfach angenommen werden wird. Sie werden beim Gang durch das Stelenfeld sinnlich und körperlich erfahren können, was das heißt: einsam sein, bedroht sein, bedrängt sein. Wenn die Besucher so emotional berührt in den „Ort der Information" gehen, dort anhand von Einzelschicksalen erfahren, woran erinnert wird – an die millionenfache Vernichtung von Menschen –, dann kann das Denkmal gut gehen und funktionieren. [...]

J.A.: Viele Juden sagen, sie brauchen ein solches Denkmal nicht.

THIERSE: Das ist richtig.

J.A.: Wer braucht dann das Denkmal?

THIERSE: Es ist doch ganz klar: Das ist kein Denkmal für die überlebenden Juden. Es ist ein Denkmal für uns Deutsche, für unser kollektives Gedächtnis. Damit wir uns daran erinnern, was einmal möglich war. Eine solche verpflichtende Erinnerung geschieht dadurch, dass wir der Opfer gedenken. Verdrängen wir damit die Täter? Nein! Ein Kilometer entfernt steht die „Topographie des Terrors"[3], die zeigt, wie dieser Herrschafts- und Unterdrückungsapparat funktionierte. [...]

J.A.: Zieht das Denkmal nicht allein durch seine Existenz einen Schlussstrich unter die Geschichte?

THIERSE: Warum? Wenn es so wäre, wäre es ein Argument gegen jedes Denkmal, das ja immer der „versteinerte" Ausdruck eines Diskussionsprozesses ist, der zu einem Ende gekommen ist. Aber Peter Eisenmans Werk hat eben etwas Anstößiges, Anregendes, Irritierendes. Und das Mahnmal steht ja auch in einem Kontext mit dem „Jüdischen Museum" und der „Topographie des Terrors". Das ist ein Angebot zur historischen Aufklärung im Selbstversuch.

Jüdische Allgemeine Nr. 18/2005, 6. Mai 2005

► Analysieren Sie die Rolle der NS-Zeit im politischen Selbstverständnis der Bundesrepublik, wie sie Thierse hier zum Ausdruck bringt.

[1] Aleida Assmann, Geschichte im Gedächtnis. Von der individuellen Erfahrung zur öffentlichen Inszenierung, München 2007, S. 111

[2] **Raison d'être**: dt. „Daseinsberechtigung"

[3] Projekt zur Dokumentation des NS-Terrors auf dem Gelände zwischen Prinz-Albrecht-Straße (heute Niederkirchnerstraße), Wilhelmstraße und Anhalter Straße im Berliner Stadtbezirk Kreuzberg, wo sich zwischen 1933 und 1945 das Hauptquartier der Gestapo, der Sitz der SS-Führung und das Reichssicherheitshauptamt befanden. Die Dokumentationsstätte in der Niederkirchnerstraße 8 zählt zu den staatlichen Museen in Berlin.

M15 Der lange Schatten der Vergangenheit

*Die Literaturwissenschaftlerin Aleida Assmann (*1947) untersucht, welche Rolle historische Schlüsselereignisse für die Geschichtspolitik spielen:*

Ein klarer Missbrauch, darin sind sich heute die meisten einig, besteht darin, die Toten der Geschichte nachträglich zu Agenten der eigenen Sache und zum politischen Verstärker eigener Zwecke und Ziele zu machen. Von Instrumentalisierung der Geschichte im negativen Sinne können wir aber auch sprechen, wo mit Ad-hoc-Argumenten aus der Geschichte die eigenen Ziele legitimiert werden. Im Februar 2006 hat Angela Merkel zum Beispiel auf der Münchner (!) Sicherheitskonferenz mit Blick auf die Drohungen des iranischen Präsidenten Ahmadinedschad vor „Appeasement" (Beschwichtigung) gewarnt. Mit diesem Stichwort erinnerte sie implizit an die britische und französische Politik der Zugeständnisse gegenüber Nazi-Deutschland 1938, dem Jahr der Annexion der sudetendeutschen Gebiete und der damaligen Tschechoslowakei. Der Golfkrieg im Jahr 1990 und der Irakkrieg im Jahr 2002 waren von Vater und Sohn Bush jeweils mit dem Stichwort „Appeasement" legitimiert worden. Damit wird eine Parallele zwischen dem irakischen bzw. iranischen Präsidenten und Hitler gezogen, die weitere Diskussionen und Verhandlungen unterbindet und den Krieg moralisch zum einzig angemessenen Mittel macht.

Das von Merkel in die Diskussion gebrachte Stichwort war gut gemeint. Es reflektiert die Position deutscher Politik, sich in allen Stücken von der negativen Vorgeschichte der Bundesrepublik absetzen und unterscheiden zu müssen. Der politische Imperativ lautet: nie wieder Appeasement, nie wieder durch Arglosigkeit oder Opportunismus einer entsprechenden Entwicklung Vorschub leisten. Der Imperativ „Nie wieder" suggeriert, dass sich die Geschichte wiederholt und dass man diese Wiederholungen vermeiden kann. „Nie wieder" ist auch der moralische Imperativ der Auschwitz-Pädagogik. So klar diese Direktive ist, so unklar ist jedoch ihre Anwendung im Einzelnen, denn aus der Geschichte heraus sind grundsätzlich keine glasklaren Lehren zu destillieren. So haben mit Berufung auf Auschwitz deutsche Politiker für und gegen den Einsatz der Bundeswehr im Kosovo argumentiert: wegen der deutschen Aggression im Zweiten Weltkrieg nie wieder deutsche Militäreinsätze, und wegen Auschwitz nie wieder deutsche Gleichgültigkeit gegenüber Völkermord. Michael Jeismann hat ernüchternd darauf hingewiesen, dass die feste Entschlossenheit zum „Nie wieder" bisher keine neuen historischen Katastrophen abzuwenden vermochte. 1994, als der Film Schindlers Liste von Steven Spielberg in den Kinos anlief, starrte die Welt voller Entsetzen auf den Völkermord an der Bevölkerungsgruppe der Tutsi in Ruanda; 1995, als die Ausstellung „Verbrechen der Wehrmacht" gezeigt wurde, kam es gleichzeitig in Srebrenica zum Genozid, als bosnische Serben bosnische Muslime abschlachteten.

Das Appeasement-Stichwort ist nur ein idealtypisches Beispiel für Geschichtspolitik. Viele Nationen stehen im Banne von Schlüsselereignissen ihrer Geschichte, durch die hindurch sie die jeweils gegenwärtigen Herausforderungen wahrnehmen und die ihnen die normativen Vorgaben ihres Handelns diktieren. Solche tief eingeprägten und langfristig prägenden historischen Erinnerungen bilden die kulturellen Schemata, durch die hindurch die Wirklichkeit auf eine mehr oder weniger zwanghafte Weise verarbeitet wird. Der Begriff „Instrumentalisierung" ist dabei irreführend, denn diese Assoziationen stellen sich geradezu reflexartig ein und bestimmen, wenn keine distanzierende historische Selbstaufklärung dazwischentritt, die Orientierung. Nationen, die die Herausforderungen der Zukunft immer wieder im Lichte bestimmter neuralgischer[1] Schlüsselereignisse deuten, sind noch nicht aus dem Bann (um nicht zu sagen: Schatten) ihrer Geschichte herausgetreten. Um diese Dynamik zu überwinden, müssen sie sie nicht vergessen, aber doch so umformen, dass die Vergangenheit ihren alles andere überbietenden Appellcharakter und damit die Dominanz über die Gegenwart verliert.

Aleida Assmann, Der lange Schatten der Vergangenheit. Erinnerungskultur und Geschichtspolitik, München 2006, S. 275 f.

1. Fassen Sie zusammen, worin für Assmann die Problematik des Appeasement-Vergleichs liegt.
2. Gruppenarbeit: Setzen Sie sich mit der These auseinander, viele Nationen stünden im Banne von historischen Schlüsselereignissen (vgl. Zeile 52 f.). Überprüfen Sie dies in Gruppen für mehrere Staaten wie etwa die USA, Großbritannien, Frankreich, Spanien, China usw.
3. Diskutieren Sie im Plenum, worin Chancen und Risiken historischer Vergleiche liegen.

[1] **neuralgisch**: problematisch

Methode

Karikaturen interpretieren

Karikaturen (von ital. caricare für „übertreiben“) sind gezeichnete Quellen: Sie nehmen kritisch und stets tendenziös Stellung zu politischen oder gesellschaftlichen Ereignissen, Entwicklungen oder Zuständen sowie individuellen Personen.
Mit den Mitteln der **Parodie** und der **Ironie** werden ausgewählte Aspekte bewusst übertrieben oder verzerrt. Der Betrachter soll auf Missstände aufmerksam gemacht und zu eigenem **Reflektieren** derselben angeregt werden. Eine Karikatur ist stets **Produkt ihres historischen Entstehungskontextes** und kann nur in diesem verstanden werden. Es bedarf bei der Arbeit mit Karikaturen außerdem einer genauen Analyse aller Bildelemente, damit diese aufgeschlüsselt werden können. Zur typischen **Symbolsprache** zählen:

- visualisierte Redensarten („den Gürtel enger schnallen“)
- Tierallegorien (der „gallische/französische Hahn“, der „russische Bär“)
- Symbole (Krone für die Monarchie, Waage für die Gerechtigkeit)
- Allegorien/Personifikationen („Uncle Sam“ für die USA, „Marianne“ für Frankreich, „Germania“ für Deutschland, „der deutsche Michel“ mit Zipfelmütze für die Deutschen, Taube als Friedensbringer)
- innerhistorische Verweise

In der Regel ergänzen Betitelungen oder kurze Texte, die den gezeichneten Personen Worte in den Mund legen, die bildliche Darstellung.
Kritisch bleiben! – Karikaturen verstecken hinter der amüsanten Fassade eine ernste Botschaft!

Weitere Anwendungsbeispiele finden Sie auf den Seiten 43, 48, 58, 74, 118 und 142.

Arbeitsschritt	Leitfragen
1. beschreiben	• Wer hat die Karikatur angefertigt/in Auftrag gegeben? • Zu welchem Anlass ist die Karikatur veröffentlicht worden? • Wie lauten Titel und Thema der Karikatur? • Welche Gestaltungsmittel werden verwendet und wie spielen diese zusammen? (Größenverhältnisse, Farbgebung, Schrift)
2. erklären	• Was wird thematisiert? • Wie sind die Gestaltungsmittel und Symbole in ihrer inhaltlichen Aussage zu deuten? • Auf welche politischen/sozialen/wirtschaftlichen/kulturellen Hintergründe wird angespielt? • An welchen Adressaten wendet sich die Karikatur? • Welchen Standpunkt nimmt der Karikaturist ein? • Welche Aussageabsicht wird verfolgt?
3. beurteilen	• Wie lässt sich die Aussage der Karikatur insgesamt einordnen und bewerten? ------ Ende Sachurteil/Beginn Werturteil ------ • Wurde das Thema aus heutiger Sicht sinnvoll und zutreffend gestaltet und ist die Karikatur insgesamt überzeugend? • Welche Auffassung vertreten Sie insgesamt zu der Karikatur? (gelungen, berechtigte Kritik, übertrieben etc.)

schwarzer Horizont = ungewisse/unglückliche Zukunft

„Deutscher Michel" mit Zipfel-Schlafmütze = allegorische Darstellung des „typischen" Deutschen

Mimik: wachender, wohlwollender Blick von oben, Gesichtszüge: klare Identifikation Adenauers

Kanonenrohr: Hinweis auf NATO-Beitritt/Wiederbewaffnung

katholische Krankenschwestertracht und Kruzifix: Ironisierung typischer Eigenschaften Adenauers (Katholik, autoritär)

VW-Käfer: Symbol für die wirtschaftlich prosperierende BRD

Titel der Karikatur

Konsumgüter und DM-Geldsack: Symbole für den wirtschaftlichen Aufschwung („Wirtschaftswunder")

Gestik: Adenauer hält das Steuer fest in der Hand. ≙ autoritärer Führungsstil

„Nicht wahr, Michelchen – keine Experimente!"
Karikatur von Hanns Erich Köhler in der Frankfurter Allgemeinen Zeitung aus dem Jahre 1957.

- Analysieren Sie die Karikatur mithilfe der Arbeitsschritte auf Seite 146. Ihre Ergebnisse können Sie mit der Beispiellösung auf Seite 172 vergleichen.

Kompetenzen anwenden

Deutsches Selbstverständnis – eine Suche nach Identität?

Bundesrepublik

- antitotalitärer Konsens: Bekämpfung von Links- und Rechtsextremismus
- Antikommunismus als Integrationsstrategie
- Wirtschaftswunder als Basis des westdeutschen Selbstverständnisses

DDR

- verordneter Antifaschismus
- kommunistischer Widerstand als Basis des Gründungsmythos
- Kapitalismus als Quelle des Faschismus

Wiedervereinigung 1990

„Berliner Republik"

- „Tag der deutschen Einheit" am 3. Oktober
- gesamtdeutsche Erinnerung an den Nationalsozialismus
- beginnende Aufarbeitung der DDR-Diktatur
- Entschädigung ehemaliger Zwangsarbeiter (2000)
- Holocaust-Mahnmal im Zentrum Berlins (2005)

ABER:

- weiterhin unterschiedliche Mentalitäten in Ost- und Westdeutschland
- Herausforderung einer gemeinsamen europäischen Erinnerungskultur

WISSENS CHECK

Ein interaktives Quiz erwartet Sie unter dem Code 32036-63.

M Eine europäische Erinnerungsgemeinschaft?

*Die Literaturwissenschaftlerin Aleida Assmann (*1947) beschäftigt sich mit der Möglichkeit der Überwindung nationaler Erinnerungsmythen. 2018 wurde sie mit ihrem Mann zusammen mit dem Friedenspreis des Deutschen Buchhandels ausgezeichnet.*

[...] Der ungarische Schriftsteller Peter Esterhazy hat einen ähnlichen Gedanken geäußert, als er im Oktober 2004 in seiner Friedenspreis-Rede in der Paulskirche sagte: „Die eigenen Verbrechen durch einen Hinweis auf die deutschen Verbrechen abzudecken, ist eine europäische Gewohnheit. Der Hass auf die Deutschen war das Fundament der Nachkriegszeit."

Auf dieser Basis gab es transnational anerkannte und ehrenwerte Haltungen, die die nationalen Kollektive für sich in Anspruch nahmen: Opfer und/oder Widerstand. Für die erste Option, die Opferrolle, kann hier als ein Paradigma die österreichische Opferthese stehen, für die zweite Option, den Widerstand, kann das Beispiel Frankreichs und die Bedeutung der „Résistance" herangezogen werden. Selbstverständlich hat es beides gegeben, Opfer Hitlerdeutschlands und Manifestationen des Widerstands. Deshalb geht es hier auch keineswegs um die unstrittige Rechtmäßigkeit solcher Erinnerungen, sondern allein um die Art und Weise, wie solche Erinnerungen als offizielle Erinnerung verallgemeinert und nach dem Kriege politisch instrumentalisiert wurden. In der Psychoanalyse spricht man in diesem Zusammenhang von „Deckerinnerungen", die das positive Selbstbild schützen: Man erinnert sich an etwas, um etwas anderes umso besser vergessen zu können. Auf die Situation des nationalen Gedächtnisses bezogen heißt das: Man erinnert sich an das eigene Leiden, um sich nicht an die eigene Schuld erinnern lassen zu müssen. Sich in der Opferrolle zu erinnern, kann weiter bedeuten, dass der Blick auf andere Opfer, insbesondere auf die jüdischen Opfer, verstellt ist. Nationale Mythen entstehen dadurch, dass passende partielle Erinnerungen, die durch Erfahrung gedeckt sind, als einheitliche und ausschließliche Erinnerung für das gesamte Kollektiv in Anspruch genommen werden, womit die unpassenden Erinnerungen aus dem nationalen Diskurs und Selbstbild ausgeschlossen bleiben. Diese Selbstentlastungsstrategien der nationalen Mythen wurden in den 1990er-Jahren nach und nach zum Gegenstand von Kontroversen. Überall in Europa haben sich in den letzten zehn Jahren die Koordinaten der nationalen Geschichtsbilder verschoben und komplexeren Darstellungen Platz gemacht. In Frankreich hat die Anerkennung der Vichy-Kollaboration den nationalen „Mythos der Résistance" erschüttert; im post-Waldheim'schen[1] Österreich wurde die offizielle Version vom „ersten Opfer Hitlers" problematisiert, die Polen, die besonders unter der deutschen Verfolgung und Vernichtung zu leiden hatten, müssen sich mit ihrer antisemitischen Geschichte auseinandersetzen, in Italien sind die kommunistischen und faschistischen Erinnerungen nach wie vor gespalten, und selbst die Schweiz, der neutrale Staat und die Zuflucht für so viele Flüchtlinge, ist mit den Banken und der Grenze als ihren aktuellen „Erinnerungsorten" konfrontiert.

Aleida Assmann, Der lange Schatten der Vergangenheit. Erinnerungskultur und Geschichtspolitik, München ³2018, S. 260 f.

1. Fassen Sie die Funktion, die Assmann den nationalen Erinnerungsmythen zuschreibt, in einer These zusammen.
2. Erläutern Sie, auf welchen historischen Ereignissen die deutsche Opferrolle nach dem Zweiten Weltkrieg basierte.
3. Gruppenarbeit/Präsentation: Recherchieren Sie in Gruppen zu den genannten Nationen und ihren Mythen betreffend den Zweiten Weltkrieg: Frankreich, Österreich, Polen, Italien, Schweiz. Präsentieren Sie Ihre Ergebnisse und diskutieren Sie mögliche Formen der Überwindung nationaler Erinnerung.
4. Entwickeln Sie Ideen zur Ausgestaltung des Europäischen Tages des Gedenkens an die Opfer von Stalinismus und Nationalsozialismus am 23. August an Ihrer Schule.

[1] **Kurt Waldheim** (1918–2007): Generalsekretär der Vereinten Nationen (1972–1981) und Bundespräsident Österreichs (1986–1992). Geriet 1985 nach Aufdeckung seiner NS-Vergangenheit, die von ihm geleugnet und relativiert wurde, insbesondere international stark in die Kritik („Waldheim-Affäre").

2.1 Anforderungsbereiche und Operatoren

Anforderungsbereich I (Reproduktion)

Er verlangt in erster Linie die geordnete Wiedergabe von Sachverhalten und die (eventuell chronologische) Auflistung von Kenntnissen ohne Kommentierung. Dabei wird die Anwendung eingeübter Arbeitstechniken, z. B. die Zusammenfassung von Quelleninhalten, sowie die Reduzierung auf wesentliche Aussagen erwartet.

beschreiben

strukturiert und fachsprachlich angemessen Materialien vorstellen und / oder Sachverhalte darlegen

gliedern

einen Raum, eine Zeit oder einen Sachverhalt nach selbst gewählten oder vorgegebenen Kriterien systematisierend ordnen

wiedergeben

Kenntnisse (Sachverhalte, Fachbegriffe, Daten, Fakten, Modelle) und / oder (Teil-)Aussagen mit eigenen Worten sprachlich distanziert, unkommentiert und strukturiert darstellen

zusammenfassen

Sachverhalte auf wesentliche Aspekte reduzieren und sprachlich distanziert, unkommentiert und strukturiert → *wiedergeben*

Anforderungsbereich II (Reorganisation und Transfer)

Er fordert das eigenständige Erklären, Bearbeiten und Ordnen bekannter Inhalte und die Anwendung des Eingeübten auf andere Sachverhalte.

analysieren

Materialien, Sachverhalte oder Räume → *beschreiben*, kriterienorientiert oder aspektgeleitet erschließen und strukturiert darstellen

charakterisieren

Sachverhalte in ihren Eigenarten → *beschreiben*, typische Merkmale kennzeichnen und diese dann ggf. unter einem oder mehreren Gesichtspunkten zusammenführen

einordnen

begründet eine Position / ein Material zuordnen oder einen Sachverhalt begründet in einen Zusammenhang stellen

erklären

Sachverhalte so darstellen – ggf. mit Theorien und Modellen –, dass Bedingungen, Ursachen, Gesetzmäßigkeiten und / oder Funktionszusammenhänge verständlich werden

erläutern

Sachverhalte → *erklären* und in ihren komplexen Beziehungen an Beispielen und / oder Theorien verdeutlichen (auf Grundlage von Kenntnissen bzw. Materialanalyse (→ *analysieren*))

gegenüberstellen

Sachverhalte, Aussagen oder Materialien kontrastierend darstellen und gewichten

herausarbeiten

Materialien auf bestimmte, explizit nicht unbedingt genannte Sachverhalte hin untersuchen und Zusammenhänge zwischen den Sachverhalten herstellen

in Beziehung setzen

Zusammenhänge zwischen Materialien / Sachverhalten aspektgeleitet und kriterienorientiert herstellen und → *erläutern*

nachweisen

Materialien auf Bekanntes hin untersuchen und belegen

vergleichen

Gemeinsamkeiten, Ähnlichkeiten und Unterschiede von Sachverhalten kriterienorientiert darlegen

Anforderungsbereich III (Reflexion und Problemlösung)

Er umfasst den kritischen und reflektierten Umgang mit neuen Problemstellungen, den eingesetzten Methoden und den gewonnenen Erkenntnissen. Ziel sind eigenständige Begründungen, Folgerungen, Deutungen und Wertungen.

beurteilen

den Stellenwert von Sachverhalten oder Prozessen in einem Zusammenhang bestimmen, um kriterienorientiert zu einem begründeten Sachurteil zu gelangen

entwickeln

zu einem Sachverhalt oder zu einer Problemstellung eine Einschätzung, ein Lösungsmodell, eine Gegenposition oder ein begründetes Lösungskonzept darlegen

erörtern

zu einer vorgegebenen Problemstellung eine reflektierte, abwägende Auseinandersetzung führen und zu einem begründeten Sach- und / oder Werturteil kommen

sich auseinandersetzen

zu einem Sachverhalt, einem Konzept, einer Problemstellung oder einer These usw. eine Argumentation → *entwickeln*, die zu einem begründeten Sach- und / oder Werturteil führt

Stellung nehmen

Beurteilung (→ *beurteilen*) mit zusätzlicher Reflexion individueller, sachbezogener und / oder politischer Wertmaßstäbe, die Pluralität gewährleisten und zu einem begründeten eigenen Werturteil führen

überprüfen

Inhalte, Sachverhalte, Vermutungen oder Hypothesen auf der Grundlage eigener Kenntnisse oder mithilfe zusätzlicher Materialien auf ihre sachliche Richtigkeit bzw. auf ihre innere Logik hin untersuchen

Operator, der Leistungen in allen drei Anforderungsbereichen verlangt:

interpretieren

Sinnzusammenhänge aus Quellen erschließen und ein begründetes Sachurteil oder eine Stellungnahme abgeben, die auf einer Analyse beruhen

Operatoren zusammengestellt nach: http://db2.nibis.de/1db/cuvo/datei/ge_go_kc_druck_2017.pdf (Zugriff: 11. November 2019)

Tipps für den richtigen Umgang mit den Operatoren und den Aufgaben im Buch:

- Ausführliche Erklärungen mit Beispielen zu den einzelnen Operatoren bietet die Übersicht auf Seite 152 bis 159.
- Zu Aufgaben, die mit einem **H** (= Helfen) oder **F** (= Fordern) im Schulbuch gekennzeichnet sind, finden Sie auf Seite 173 bis 175 Hinweise und weitere Informationen.

2.2 Hilfen zum richtigen Umgang mit den Operatoren

Anforderungsbereich I (Reproduktion)

Operator	Was ist zu beachten?	Wie ist vorzugehen?
beschreiben	Der Operator wird häufig sowohl bei Bildquellen wie Gemälden, Karikaturen oder Fotografien als auch bei Statistiken verwendet. Als Vorbereitung für eine anschließende Analyse soll das Material in **nachvollziehbarer** und **strukturierter Form** in seinen **Einzelheiten** (in der Regel Bildelemente und deren Beziehungen zueinander) vorgestellt werden. Eine Analyse oder Erklärung ist hier noch nicht vorzunehmen, also was z. B. die einzelnen Elemente einer Bildquelle oder einer Statistik im historischen Kontext für eine Bedeutung haben oder wie die Darstellung zu beurteilen ist. Klar identifizierbare Personen dürfen aber bereits als solche benannt werden.	Kreisen Sie das Ihnen wesentlich erscheinende Element des Materials ein und verfassen Sie ausgehend davon eine Beschreibung. Das zentrale Element ist z. B. bei einer **Bildquelle** daran zu erkennen, dass es oft in klarer Beziehung zu den anderen Bildelementen steht. Davon ausgehend können Sie dann die übrigen Bestandteile des Materials und die Bildebenen (Vordergrund, Hintergrund) in ihrem Inhalt beschreiben. Bei **Statistiken** empfiehlt es sich, auf die dort oft dargestellte Entwicklung einzugehen. Das gilt auch für dynamische **Karten** (z. B. eine Karte, die die Expansion Roms oder die „Entdeckungsfahrten" der Frühen Neuzeit zeigt). **Beispiel**: Im Zentrum des um 1877 entstandenen Historiengemäldes des Künstlers Anton von Werner steht Martin Luther in aufrechter Haltung und legt seine rechte Hand aufs Herz. Sein Blick ist Kaiser Karl V., der auf seinem Thron im Schatten sitzt, zugewandt. Im Bildhintergrund befinden sich ... usw.
gliedern	Der Operator ist dafür gedacht, einen **Sachverhalt vorzustrukturieren** und zu **ordnen**, um ihn leichter greifbar zu machen. Das kann zum Beispiel die Einteilung eines zeitlichen Verlaufes in bestimmte Phasen sein. In Bezug auf einen vorgegebenen Text wird durch die Gliederung die Vorarbeit für eine Zusammenfassung bzw. eine Textwiedergabe geleistet. Oft wird der Operator daher bei Texten verwendet, in denen die zugrunde liegende inhaltliche Struktur zunächst nicht so einfach zu erkennen ist oder sich verschiedene Aspekte überlagern.	Falls keine Gliederungskategorien durch die Aufgabenstellung vorgegeben sind, wählen Sie **prägnante Begriffe** aus, die aus dem Text heraus deutlich werden. Geben Sie dann die **Zeilen** an, in denen Informationen, die zu diesen Begriffen gehören, benannt werden. Die Begriffe können dann jeweils den Ausgangspunkt für eine Textwiedergabe oder Zusammenfassung bilden. Zusätzlich werden auch Wertungen und Einstellungen der Autorin/des Autors wiedergegeben bzw. zusammengefasst. **Beispiel**: In einem Brief an seine Ordensbrüder in Europa berichtet der Franziskaner Pedro de Gante aus Mexiko-Stadt 1529 über die Missionierung der indigenen Bevölkerung. Der Autor schreibt zunächst über den alten Glauben der Einheimischen (Belegstelle: Zeilenangabe). Anschließend thematisiert er die verschiedenen Strategien der Missionierung der indigenen Bevölkerung. Dabei nennt er die Massentaufen (Belegstelle: Zeilenangabe), den Unterricht und die Ausbildung der Einheimischen zu Missionaren (Belegstelle: Zeilenangabe) und deren Vorgehen bei der Missionierung (Belegstelle: Zeilenangabe).
wiedergeben	Ähnlich wie beim Operator „zusammenfassen" (siehe Seite 153) geht es hier darum, zu zeigen, dass Sie den **Inhalt** eines vorgegebenen Textes **verstanden** haben. Allerdings sollen die Inhalte dabei nicht reduziert, sondern **strukturiert** in ihrer Gänze wiedergegeben werden. Meist wird dieser Operator bei Texten verwendet, die einen hohen Informationsgehalt und wenige Wiederholungen aufweisen, oft auch sprachlich anspruchsvoller sind und quasi **„übersetzt"** werden müssen. Dies kann z. B. für Quellen gelten, die aus einer weiter zurückliegenden Epoche stammen. Auch hier soll der Inhalt des vorliegenden Textes weder von Ihnen erläutert noch bewertet werden. Sie verfassen Ihre Textwiedergabe also wie ein **distanzierter Beobachter**.	Teilen Sie den Text, der wiedergegeben werden soll, in **Sinnabschnitte** ein. Notieren Sie an den Rand des jeweiligen Sinnabschnitts einen Satz, der die Inhalte des Abschnitts in die **moderne Fachsprache** „übersetzt". Um die sprachliche Distanz zum Ausdruck zu bringen, verwenden Sie bei der anschließenden Formulierung der Wiedergabe den **Konjunktiv**. **Beispiel**: Der portugiesische Seefahrer Vasco da Gama berichtet, dass bei der Ankunft seiner Flotte an der Küste von Kalikut im Jahre 1498 zunächst Abgesandte in vier Booten zu ihm gekommen seien, die ihn und sein Gefolge nach ihrer Herkunft gefragt hätten.

Operator	Was ist zu beachten?	Wie ist vorzugehen?
zusammenfassen	Der Operator ist oft in der ersten Aufgabe bei schriftlichen Arbeiten anzutreffen. Hier sollen Sie zeigen, dass Sie den **Inhalt** eines Textes **verstanden** haben und damit in der Lage sind, diesen **gekürzt** und **in eigenen Worten** wiederzugeben. Zu beachten ist dabei, dass Sie den Text auf die **wichtigsten Aussagen** reduzieren und diese dann anführen. Die Inhalte des zu untersuchenden Textes sollen weder von Ihnen erläutert noch bewertet werden. Sie schreiben Ihre Zusammenfassung wie ein **distanzierter Beobachter**.	Teilen Sie den Text, der zusammengefasst werden soll, im Vorfeld in **Sinnabschnitte** ein. Schreiben Sie an den Rand des jeweiligen Sinnabschnitts eine **Überschrift** oder einen **Satz**, der den Inhalt des Abschnitts auf den Punkt bringt. Um die sprachliche Distanz zu unterstreichen, verwenden Sie bei der anschließenden Formulierung der Zusammenfassung den **Konjunktiv**. **Beispiel**: Der Historiker Manfred Hettling erläutert in einer Fachpublikation, dass der Begriff „Wende" passender als der Begriff „Revolution" für die Zeit von 1989/90 sei.

Anforderungsbereich II (Reorganisation und Transfer)

Operator	Was ist zu beachten?	Wie ist vorzugehen?
analysieren	Mithilfe dieses Operators soll ein Material auf bestimmte Aspekte hin untersucht werden, um seine **inhaltliche Aussagekraft** thematisch **zielgerichtet zu erfassen**. Die Aspekte sind in der Regel direkt aus dem Material zu ersehen. Bei manchen Materialien bietet es sich auch an, diese in Hinblick auf mehrere Aspekte zu analysieren und dann zu einem Gesamtbild zusammenzufügen. Wichtig ist es, die Untersuchungsergebnisse anschließend zu **ordnen** und **strukturiert darzustellen**. Außerdem muss – zum Beispiel durch ein Zitat mit Zeilenangabe bzw. ein Bildelement oder einen Zahlenwert – das entsprechend erfasste Ergebnis der Untersuchung am Material **belegt** werden. Genau wie bei „charakterisieren" und „herausarbeiten" (siehe Seite 154 und 155 f.) wird der Operator „analysieren" zur **inhaltlichen Erschließung** eines Materials genutzt. Damit werden diese Operatoren seltener in normalen schriftlichen Arbeiten eingesetzt. Allerdings können sie in umfangreicheren schriftlichen Arbeiten (z. B. im Abitur) als **Vorbereitung**, **Nachbereitung** oder **Verbindung** zu einer anderen weiteren Aufgabe aus dem Anforderungsbereich II (wie „erläutern"; siehe Seite 154 f.) genutzt werden. So kann z. B. eine inhaltliche Erläuterung der jeweils erschlossenen Aspekte gefordert sein oder eine Untersuchung eines Materials in Bezug auf zuvor in einer anderen Aufgabe erläuterte Inhalte.	Gehen Sie das Material durch, indem Sie Ihre „Analysebrille" aufsetzen und die Elemente (Textpassagen, Bildelement oder Zahlenwerte) **markieren**, in denen Aussagen zu ihrem Untersuchungsaspekt auftauchen. Fügen Sie diese Elemente zusammen und wählen Sie eine **geeignete Struktur**, mit der Sie Ihre Ergebnisse geordnet darstellen wollen. **Beispiel**: Analysieren Sie die Motive (Kriterium) der handelnden Gruppen, die in der spätmittelalterlichen Chronik in Bezug auf den Umgang mit der jüdischen Bevölkerung genannt werden. Eine denkbare Antwort: In der Chronik wird ein entscheidendes Motiv für die Ermordung der jüdischen Bevölkerung durch die Stadtbevölkerung genannt: „Was man den Juden schuldete, galt als bezahlt" (Belegstelle: Seiten- und/oder Zeilenangabe). Die Pest bot den Stadtbürgern einen Anlass, die Juden als Sündenböcke darzustellen und sich so ihrer Schulden zu entledigen. Dies gilt auch für die „Landesherren", die als „Schuldner" (Belegstelle: Seiten- und/oder Zeilenangabe) erwähnt werden. Die ablehnende Haltung der Stadträte gegenüber den Mordaktionen gegen die jüdische Bevölkerung, die in ... (Belegstelle: Seiten- und/oder Zeilenangabe) nachzulesen ist, erklärt sich daraus, dass die jüdische Gemeinde in den Städten regelmäßig Schutzgeldzahlungen an den jeweiligen Stadtrat leistete.
charakterisieren	Ähnlich wie beim Operator „analysieren" soll auch hier **ein Aspekt** in einem Material **zielgerichtet untersucht** werden. Während bei einer Analyse eher sachorientiert vorzugehen ist, stehen bei einer Charakterisierung **Eigenarten und Merkmale** im Vordergrund, die sich häufig auf einer Werteebene bewegen. Die untersuchten Eigenschaften lassen sich oft mit **Adjektiven** belegen, die die Eigenarten beschreiben und sich im Endergebnis zu einem „Gesamtbild" bzw. einer Gesamtwirkung zusammenfügen. Dazu ist es wichtig, die Untersuchungsergebnisse zu **ordnen** und **strukturiert darzustellen** und auch ein **Fazit** zu ziehen. ▶ nächste Seite	Betrachten Sie das Material durch Ihre „Analysebrille" und **markieren** Sie die Elemente (Textpassagen), in denen Aussagen zu Ihrem Untersuchungsaspekt auftauchen. **Belegen** Sie die Aussagen auch mit passenden Adjektiven, die sich z. B. aus der Bewertung des Autors oder Ihrem eigenen Eindruck ergeben. Fügen Sie anschließend die Elemente zusammen und suchen Sie eine **Struktur**, mit der Sie Ihre Ergebnisse geordnet darstellen wollen. Wichtig ist dabei, auch die **Gesamtwirkung** zu erfassen, die der Sachverhalt nach der Untersuchung entfaltet. **Beispiel**: Charakterisieren Sie die Vorgehensweise (Kriterium) der Franziskaner bei der Missionierung der indigenen Bevölkerung in Spanischamerika. Eine mögliche Antwort: Die Vorgehensweise lässt sich als oberflächlich (Adjektiv) charakterisieren, da in ... ▶ nächste Seite

Operator	Was ist zu beachten?	Wie ist vorzugehen?
charakterisieren	Dabei kann eine erste Bewertung der Ergebnisse erfolgen. Außerdem ist – zum Beispiel durch ein Zitat mit Zeilenangabe – das **Ergebnis** der Untersuchung auf Basis des Materials zu **belegen**.	(Belegstelle: Seiten- und/oder Zeilenangabe) deutlich wird, das Teile der indigenen Bevölkerung, die zuvor mit dem christlichen Glauben noch nicht in Berührung gekommen sind, sehr schnell zu Missionaren ausgebildet werden. Sie gehen wiederum auch gewalttätig (*Adjektiv*) vor, da sie „Götzenbilder" und „Tempel" des alten Glaubens ohne Zögern zerstören (Belegstelle: Seiten- und/oder Zeilenangabe). Insgesamt erscheint die Missionierung eher darauf abzuzielen, möglichst viele Menschen zu erfassen. Die Akzeptanz des christlichen Glaubens durch die einheimische Bevölkerung aus Überzeugung und dessen Durchdringung scheinen eher zweitrangig zu sein.
einordnen	Dieser Operator ist verwandt mit dem Operator „erläutern" (siehe weiter unten), aber von der Aufgabenstellung her enger gefasst. Es geht darum, **Einzelaspekte** in einen größeren **historischen Zusammenhang** zu stellen. Durch eine Erläuterung dieser Zusammenhänge, in den der Aspekt eingeordnet wird, zeigen Sie dann, dass Sie **wissen** und **begründen** können, warum der Aspekt in diesen Zusammenhang passt. Daher wird dieser Operator auch gern für schriftliche Arbeiten gewählt.	Es bietet sich zunächst an, eine **Mindmap** zu erstellen. Gehen Sie dabei von einem Einzelaspekt aus, der sich z. B. in einem vorgegebenen Material findet, und suchen Sie weitere Aspekte, die mit ihm in Beziehung stehen. Oft geht es dabei um historische Ereignisse und Prozesse, die als Ursache des Sachverhalts zeitlich vorher abliefen oder als Wirkungen und Folgen zeitlich danach stattfanden. So ergibt sich der **Gesamtzusammenhang**, den Sie dann umfassend in Ursachen und Folgen erläutern. **Beispiel**: In seiner Schrift „An den christlichen Adel deutscher Nation von des christlichen Standes Besserung" aus dem Jahre 1520 erklärt Martin Luther, dass alle Christen geistlichen Standes seien. Er erkennt damit die Überordnung des geistlichen Standes über den weltlichen Stand nicht mehr an. Für ihn sind alle Getauften Priester (*Ausgangspunkt*). Diese Feststellung ist eine Reaktion auf die Missstände innerhalb der Kirche z. B. in Bezug auf Simonie (Ämterkauf) und kanonische Gerichtsbarkeit, die die folgenden Auswirkungen hatten ... (*Ursachen*). Mit seiner Lehre vom allgemeinen Priestertum erhöht Luther den Status des Laien und verhilft dem weltlichen Stand, sich aus seiner Unmündigkeit zu befreien. Diese Erkenntnis aus Luthers Adelsschrift ermöglicht z. B. den Fürsten des Heiligen Römischen Reiches sich als „Notbischöfe" zu verstehen, die somit die Struktur der Kirche in ihren Territorien ganz neu ordnen konnten ... (*Folgen*).
erklären	Der Operator ist eine **Vorstufe des Erläuterns**, daher sind im Prinzip dieselben Aspekte zu beachten (siehe unten). Allerdings steht der Materialbezug hier weniger im Vordergrund. Gleichwohl geht es aber auch darum, **Wissen gezielt anzuwenden**. Ein Sachverhalt ist so darzustellen, dass seine Voraussetzungen, Ursachen und Folgen verständlich werden. Sie sollen also die **Gründe** oder die **Zusammenhänge** von etwas **aufzeigen**.	Grundsätzlich gelten hier dieselben Anregungen wie beim Operator „erläutern" (siehe unten). Allerdings können die Sachverhalte abgekoppelt von konkreten Materialbezügen dargestellt werden. So kann z. B. die **Gesamtaussage eines Materials** Ausgangspunkt einer Erklärung sein. **Beispiel**: Erklären Sie, was das vom spanischen Kronjuristen Palacios Rubios 1513 entworfene Requerimiento für die Gebietsansprüche anderer europäischer Mächte bedeutet. Eine denkbare Antwort: Der Text des Requerimiento gaukelt vor, die indigene Bevölkerung hätte eine Möglichkeit, sich mit den Spaniern friedlich zu einigen. Dadurch erhielt die spanische Eroberung den Anschein der Rechtmäßigkeit. Das Requerimiento etablierte also ein Verfahren, welches der spanischen Krone gegenüber anderen europäischen Mächten die Behauptung ermöglichte, die Eroberung sei rechtmäßig, weil sie erst nach Unterweisung der Einheimischen vollzogen worden sei.
erläutern	Der Operator taucht häufig in schriftlichen Arbeiten auf. Dabei sollen Sachverhalte, die in Textquellen, aber auch in Materialien wie Statistiken oder Bildern angesprochen werden, in ihren **Hintergründen erklärt** werden. ► nächste Seite	Bei diesem Operator ist es wichtig, *nicht* nur einfach **Wissen** unstrukturiert und aneinandergereiht wiederzugeben. Sie sollen zeigen, dass Sie Ihr Wissen, das zur Bearbeitung der Aufgabe benötigt wird, abrufen können, um dann zielgerichtet die Sachverhalte zu erläutern. ► nächste Seite

Operator	Was ist zu beachten?	Wie ist vorzugehen?
erläutern	Das eigene Sachwissen ist zu nutzen, um zielgerichtet z. B. einzelne relevante Textpassagen, Bildelemente oder Daten in ihrer **tieferen Bedeutung** umfassend darzustellen. Hier zeigen Sie also, dass Sie Ihre **Kenntnisse kompetent anwenden** können. Der Operator beinhaltet zwar auch den Operator „erklären" (siehe Seite 154), geht jedoch über ihn hinaus. So sollen nicht nur **Theorien** (wie z. B. Theorien zu Krisen oder Transformationsprozessen), sondern auch **historische Beispiele** herangezogen werden, um die entsprechenden Sachverhalte zu veranschaulichen.	In einem ersten Schritt ist das vorgegebene Material daraufhin zu untersuchen, zu welchen Textpassagen, Bildelementen oder Daten Sie **Hintergründe** erläutern könnten. Zur Vorstrukturierung bietet es sich an, z. B. eine **Mindmap** zu erstellen und den gewählten Passagen schlagwortartig Sachinhalte zuzuordnen. Diesen Sachinhalten können noch weitere Inhalte zugeordnet werden, sodass sich ein umfassendes Beziehungsgeflecht ergibt. Nach einer von Ihnen gewählten Reihenfolge kann dann ausgehend vom Material die Erläuterung mit **Beispielen und Belegen** formuliert werden. **Beispiel:** Den Ausgangspunkt der Erläuterung bildet eine Textpassage aus dem 1513 verfassten Requerimiento. Dort wird von der indigenen Bevölkerung verlangt, die Kirche als obersten Herrn der gesamten Welt anzuerkennen. Eine mögliche Erläuterung dazu könnte folgendermaßen aussehen: Die spanische Krone will damit eine Rechtsgrundlage für ihre Herrschaft in Amerika schaffen. Sie hatte durch die päpstliche Bulle „Inter caetera divinae" (1493) und den Vertrag von Tordesillas (1494) die Herrschaft in den „neu entdeckten" Territorien, die sich in dem ihnen zugewiesenen Bereich befanden, zugesprochen bekommen – also letztlich auch vonseiten der Kirche. Daher ist es wichtig, dass die indigene Bevölkerung missioniert wird und sich zum „heiligen katholischen Glauben" bekennt (Belegstelle: Seiten- und/oder Zeilenangabe), um damit – in der Vorstellung der spanischen Krone – auch die neue Herrschaftsordnung verbindlich anzuerkennen. Deswegen wird sogar mit Vergünstigungen und Rechten im Fall eines Übertritts zum Christentum geworben (Belegstelle: Seiten- und/oder Zeilenangabe).
gegenüberstellen	Dieser Operator ist eine **Vorstufe zum Operator „vergleichen"** (siehe Seite 156 f.). Hier geht es aber ausschließlich darum, die **Unterschiede und Gegensätze** von Sachverhalten oder Materialien anhand **bestimmter Kriterien** herauszustellen.	Es empfiehlt sich, zunächst eine **Tabelle** anzulegen. Eine Spalte sollte sich auf den ersten Sachverhalt bzw. das erste Material und die andere auf den zweiten Sachverhalt bzw. das zweite Material beziehen. Anhand des in der Aufgabe formulierten Kriteriums werden nun beide Sachverhalte bzw. Materialien auf die gegensätzlichen Aspekte hin untersucht und diese jeweils in den entsprechenden Sichtweisen – am besten mit **Belegstellen** aus dem Material – stichpunktartig in die Tabelle eingetragen. Mithilfe dieser Vorstrukturierung können Sie dann die Gegenüberstellung ausformulieren. **Beispiel:** Während der sowjetische Staatspräsident Michail Gorbatschow Reformen (*Kriterium*) in der Sowjetunion anmahnt, schließt Erich Honecker auf einer Politbürositzung im Februar 1989 diese für die DDR mit den Worten „wir sind doch nicht daran interessiert, dass wir Rückstände wieder [...] als Ziel angehen [...]" aus (Belegstelle: Seiten- und/oder Zeilenangabe).
herausarbeiten	Während beim Operator „analysieren" (siehe Seite 153) die Aspekte, die aus einem Material erschlossen werden sollen, direkt zu erkennen sind, muss beim Operator „herausarbeiten" erst **„zwischen den Zeilen"** gelesen werden, um die Aussage eines Materials zu erfassen. Genauso wie beim Operator „analysieren" werden einem dabei **bestimmte Kriterien** an die Hand gegeben, anhand derer die Untersuchung erfolgen soll.	Wie bei den Operatoren „analysieren" und „charakterisieren" ist es auch beim Operator „herausarbeiten" hilfreich, sich das **Untersuchungskriterium**, das in der Aufgabenstellung genannt wird, klar zu machen. Achten Sie bei der Bearbeitung des Textes auf **Andeutungen** oder **subtile Bewertungen**, die der Autor/die Autorin vornimmt, und ziehen Sie daraus Ihre Erkenntnisse. **Beispiel:** Arbeiten Sie aus dem Bericht des Sekretärs des Herzogs von Aragón im Jahre 1517 heraus, wie er Leonardos Arbeiten beurteilt (*Kriterium*). Die relevante Textstelle in dem Bericht lautet: „Dieser Herr hat eine besondere (*Wertung*) Abhandlung über den Körperbau zusammengestellt [...], so wie noch kein anderer Mensch es jemals getan hat (*Wertung*)" (Belegstelle: Seiten- und/oder Zeilenangabe).

▶ nächste Seite

Operator	Was ist zu beachten?	Wie ist vorzugehen?
	◄ vorherige Seite	Fazit: Der Sekretär stellt das einzigartige Talent Leonardos heraus. Er hat etwas geschaffen, was noch niemand vor ihm geschafft hat, seine Arbeit ist also besser als die Anderer.
in Beziehung setzen	Wenn dieser Operator in einer Aufgabe verwendet wird, sind **Zusammenhänge** zwischen Sachverhalten, die in **verschiedenen Materialien** zu finden sind, herzustellen. Häufig soll dabei untersucht werden, in welcher Art der Sachverhalt in dem jeweils anderen Material erscheint und ob sich ggf. in der inhaltlichen Aussage Veränderungen zeigen. Es kann aber auch sein, dass in einem Material der Sachverhalt selbst analysiert wird und dann in Beziehung zu einem Material gesetzt werden soll, welches bereits die Folgen oder Ursachen dieses Sachverhaltes thematisiert. In jedem Fall ist es notwendig, die jeweils herausgestellten Zusammenhänge nachvollziehbar zu **erläutern**.	Analysieren Sie zunächst das Ausgangsmaterial nach den gesuchten Aspekten und listen Sie diese **stichpunktartig** auf (ähnlich wie beim Operator „nachweisen", siehe unten). Untersuchen Sie dann das andere Material daraufhin, inwiefern ein **Zusammenhang** zu den herausgestellten Aspekten erkennbar ist. Fassen Sie anschließend den jeweiligen Zusammenhang in Worte und erläutern Sie ihn. **Beispiel**: In dem Ende des 16. Jahrhunderts veröffentlichten Kupferstich von Theodor de Bry „Kolumbus betritt amerikanischen Boden" (*Ausgangsmaterial*) sind gleich mehrere Ereignisse zu erkennen, die sich in dem durch Bartolomé de Las Casas überlieferten „Bordbuch des Kolumbus" (*Bezugsmaterial*) an verschiedenen Tagen wiederfinden. So wird die Flucht der indigenen Bevölkerung vor der ankommenden Flotte des Kolumbus, die im Hintergrund des Kupferstiches zu sehen ist, im Bordbuch am ... erwähnt. Der Stich soll also in der Rückschau einen visuellen Überblick über verschiedene Ereignisse geben (*Erläuterung*).
nachweisen	Hier wird verlangt, ein Material auf **bekannte historische Inhalte** hin zu untersuchen (z. B.: Finden sich Aspekte von Martin Luthers Lehre in dem vorliegenden Text?). Außerdem ist genau aufzuzeigen, an welcher Stelle im Material die gesuchten Aspekte stehen. In schriftlichen Arbeiten ist dieser **Beleg** dann auch durch eine **Erläuterung** zu begründen.	Vergewissern Sie sich zunächst, welche **Aspekte** den historischen Inhalt, der nachgewiesen werden soll, ausmachen. Notieren Sie sich diese Aspekte und untersuchen Sie das Material daraufhin, ob der Inhalt direkt oder indirekt angesprochen wird. Formulieren Sie dann den Nachweis und nennen Sie die **Belegstelle**. Erläutern Sie anschließend, warum Sie diese Stelle gewählt haben. **Beispiel**: Das Motto der Humanisten „ad fontes", was übersetzt so viel wie „zu den Quellen" bedeutet (*Aspekt des gesuchten historischen Inhaltes*), lässt sich in Luthers Adelsschrift von 1520 nachweisen. Der Reformator bezieht sich bei seiner Aussage, dass alle Christen geistlichen Standes sind, auf eine Textpassage aus der Bibel (Belegstelle: Seiten- und/oder Zeilenangabe). Seine Überlegungen gehen also – wie es die Humanisten forderten – auf ein Studium der Quellen zurück, um der Wahrheit näher zu kommen. Dies steht auch in Verbindung zu dem auf Luther zurückgehenden Begriff „sola scriptura" (dt.: „allein durch die Schrift"), wonach die Bibel als einzige Quelle des christlichen Glaubens gilt (*Erläuterung*).
vergleichen	Bei einem Vergleich ist es wichtig, **Unterschiede**, **Ähnlichkeiten** und **Gemeinsamkeiten** zwischen Sachverhalten bzw. Materialien anhand **bestimmter Kriterien** darzustellen. Oft bleibt die Bearbeitung unvollständig, da z. B. nur auf die Unterschiede Bezug genommen wird.	Erstellen Sie eine **Tabelle** mit den Spalten „Gemeinsamkeiten", „Ähnlichkeiten" und „Unterschiede". Untersuchen Sie nun die Sachverhalte bzw. Materialien anhand des **Vergleichskriteriums** und tragen Sie Ihre Ergebnisse stichpunktartig – am besten mit den **Belegstellen** aus dem Material – in die Tabelle ein. Im Anschluss können Sie anhand dieser Vorstrukturierung den Vergleich ausformulieren. **Beispiel**: Der um 1450 erfundene Buchdruck mit beweglichen Lettern weist in seiner Wirkung (*Kriterium*) insofern *Gemeinsamkeiten* mit dem heutigen Internet auf, dass er eine Eigendynamik in der Verbreitung von Medien und Informationen auslöste. Was heute E-Mails oder Tweets leisten, erfüllten damals Flugschriften und -blätter als Massenmedien. Beiden Entwicklungen gemein ist zudem eine stärkere Vernetzung der Welt (*Ähnlichkeit*), auch wenn das Internet in viel größerem Ausmaß dazu beigetragen hat. *Unterschiede* ergeben sich hinsichtlich der Autorenschaft und des Konsums: Die Kosten des Drucks von Schriften und Flugblättern waren immer noch so hoch, ► nächste Seite

Operator	Was ist zu beachten?	Wie ist vorzugehen?
vergleichen	◄ vorherige Seite	dass nicht jeder Mensch sich diese leisten konnte. Hinzu kam auch noch die geringe Alphabetisierungsrate zu Beginn der Entwicklung. Informationen und Nachrichten wurden also nur von einem Teil der Bevölkerung veröffentlicht und je nach Adressaten von einem größeren oder kleineren Kreis rezipiert. Das Internet ermöglicht jedoch, dass jeder Mensch zum Autor werden kann, ungeachtet der finanziellen oder literarischen Fähigkeiten.

Anforderungsbereich III (Reflexion und Problemlösung)

Operator	Was ist zu beachten?	Wie ist vorzugehen?
beurteilen	Es soll zu einem historischen Sachverhalt oder Prozess ein **begründetes Sachurteil** formuliert werden. Ein persönlicher Wertebezug wird nicht verlangt. Der Fokus ist in der Regel auf die Vergangenheit gerichtet. Es wird geprüft, ob der Sachverhalt/Prozess in der betrachteten Zeit in der Gesellschaft gerechtfertigt (legitim) bzw. stimmig oder nützlich (effizient) war, z. B. in Bezug auf wirtschaftliche oder politische Vorgänge. Wichtig ist aus der **Perspektive der Zeit** zu urteilen, in der der Gegenstand, der beurteilt werden soll, in Erscheinung tritt. Entscheidend sind vor allem die **Argumente** bei der Beurteilung. Anhand **bestimmter Kriterien** wie beispielsweise Effizienz, Stimmigkeit oder Legitimität sollen historische Fakten und Beispiele angeführt werden und als Begründungen für das Urteil dienen. Je deutlicher erläutert wird, warum das Beispiel oder der Sachverhalt das eigene Urteil unterstützt, umso besser. Es können übrigens sowohl Argumente für als auch gegen die eigene Position in die Bearbeitung einfließen. Anders als bei „erörtern" (siehe Seite 158) muss dies aber nicht zwingend sein.	Wählen Sie – falls es nicht schon durch die Aufgabenstellung vorgegeben ist – ein für die Beurteilung sinnvoll erscheinendes **Sachkriterium** (z. B.: Effizienz, Stimmigkeit oder Legitimität) aus. Es sollte dann bei der späteren Formulierung der Beurteilung auch explizit genannt werden. Überprüfen Sie, in welcher Ausprägung die Kriterien bei dem zu untersuchenden Gegenstand vorliegen, und überlegen Sie anschließend, welche **Position** Sie vertreten wollen. Sammeln Sie im Anschluss daran Ihre Argumente stichpunktartig und achten Sie darauf, **historische Sachverhalte *und* Beispiele** anzuführen. Generell müssen Sie (insbesondere in schriftlichen Arbeiten) auch das Material, zu dem die Aufgabe gestellt ist, zur Unterstützung Ihrer Argumentation oder als Ausgangspunkt für die Beurteilung einbeziehen. Beim Verfassen der Beurteilung sollten Sie daher mit **Zitaten** aus oder **Bezügen** zum Material (Zeilenangaben) arbeiten. Am Ende der Bearbeitung sollte ein **Fazit** stehen, das die zentralen Argumente noch einmal prägnant zusammenfasst und die eigene Position auf den Punkt bringt. Als **Faustregel** gilt: Nicht das Urteil an sich entscheidet darüber, ob die Bearbeitung gelungen ist, sondern die Qualität und Nachvollziehbarkeit der Argumente, anhand derer das eigene Urteil begründet wird. **Beispiel:** Die Umsiedlung der indigenen Bevölkerung in Dörfern und Gemeinden, wie es auch der Vizekönig von Peru im 16. Jahrhundert dem spanischen König berichtete (Belegstelle: Seiten- und/oder Zeilenangabe), war in Bezug auf die Ziele der Spanier durchaus effizient (*Kriterium*). Auf diese Weise konnte die indigene Bevölkerung besser durch die Spanier kontrolliert und missioniert werden. Mit der Annahme des christlichen Glaubens wurde so auch die gottgegebene Herrschaft der Spanier von der indigenen Bevölkerung akzeptiert (*Argument*).
entwickeln	Anders als bei den anderen Operatoren im Anforderungsbereich III verbleibt der Operator „entwickeln" nicht nur bei einer **Beurteilung** eines Sachverhalts oder einer Problemstellung. Darüber hinaus sind Sie hier aufgefordert, eine **eigene Einschätzung** des Sachverhalts darzulegen und ggf. sogar ein **Lösungsmodell** für die vorliegende Problemstellung zu konstruieren. Oft ist hier das Einnehmen einer **Gegenposition** hilfreich, um aus dieser eine Alternative zu dem vorgelegten Problem oder dem Sachverhalt zu gewinnen. Formate wie die Gegenrede oder der Leserbrief bieten sich hier als Rahmen zur Ausformulierung der Ergebnisse an.	Machen Sie sich zunächst die **Sachverhalte**, die **Problemstellungen** und **Wertungen** klar, die sich aus dem Material, das Sie bearbeiten, ergeben (z. B. durch die Analyse eines Textes oder einer Karikatur). Überlegen Sie nun jeweils Möglichkeiten, die Aspekte anders zu sehen bzw. anders mit ihnen umzugehen. Finden Sie **Argumente** dafür, dass diese Alternativen eine tragfähigere Strategie darstellen, das vorliegende Problem zu lösen. Gehen Sie dabei auf prägnante Punkte im vorliegenden Material ein, und stellen Sie daraufhin Ihre **Alternative** begründet vor. Im abschließenden **Fazit** bringen Sie Ihr Lösungsmodell dann noch einmal auf den Punkt. **Beispiel:** In seiner Rede am 10. Oktober 1991 zum bevorstehenden Kolumbus-Tag verweist US-Präsident George Bush darauf, dass die „Entdeckung" Amerikas ► nächste Seite

Operator	Was ist zu beachten?	Wie ist vorzugehen?
entwickeln	◄ vorherige Seite	durch Christoph Kolumbus zu einem „Austausch von Wissen, Ressourcen und Ideen zwischen der Alten und der Neuen Welt" geführt habe (Belegstelle: Seiten- und/oder Zeilenangabe). Seine Aussage erweckt den Eindruck, hier habe ein gleichberechtigter Austausch bzw. Handel stattgefunden (*Bezug zum Text*). Das war aber nicht der Fall (*Gegenposition*). Wissen aus der „Alten Welt" wie z. B. der Bergbau wurden von Spaniern vorrangig in die „Neue Welt" gebracht, um Ressourcen der indigenen Bevölkerung einseitig und unter menschenunwürdigen Arbeitsbedingungen auszubeuten (*Argument*). In einer Rede zum Kolumbus-Tag muss auf dieses ungerechte Missverhältnis aus Gründen der Wahrhaftigkeit hingewiesen werden, auch wenn langfristig die „Neue Welt" auch von neuen Techniken profitieren konnte. Zudem wäre hier eine Entschuldigung für die Ausbeutung der einheimischen Bevölkerung angebracht (*alternatives Lösungsmodell*).
erörtern	Eine Erörterung erfolgt zu einer vorgegebenen Problemstellung, die meist als eine **These/ Position** vorgegeben ist. Wie beim Operator „sich auseinandersetzen" (siehe unten) steht es einem offen, ob man ein **Sach- oder Werturteil** verfassen möchte, es sei denn, die Aufgabenstellung gibt dies bereits vor. Anders als bei den Operatoren „beurteilen", „Stellung nehmen" oder „sich auseinandersetzen" ist es hier zwingend erforderlich, eine **abwägende Auseinandersetzung/Beurteilung** zu gestalten. Bevor die eigene Position im abschließenden **Fazit** auf den Punkt gebracht wird, müssen also sowohl Argumente für als auch gegen die vorgegebene These/ Position gesammelt, gewichtet und begründet werden.	Wählen Sie – falls es nicht schon durch die Aufgabenstellung vorgeben ist – ein Ihnen für die Aufgabe sinnvoll erscheinendes **Sach- oder Wertekriterium** für die Beurteilung aus (z. B. Effizienz, Stimmigkeit oder Legitimität bzw. Freiheit, Sicherheit etc.). Es sollte später bei der Formulierung der Erörterung auch genannt werden. Überprüfen Sie anhand des ausgewählten Kriteriums, welche Argumente für und welche gegen die formulierte These oder die problemorientierte Fragestellung sprechen. Listen Sie die **Pro- und Kontra-Argumente** stichpunktartig mithilfe einer Tabelle auf. Achten Sie auch darauf, historische Sachverhalte *und* Beispiele anzuführen sowie das zur Erörterung vorgegebene Material – wie bei den Operatoren „beurteilen", „Stellung nehmen" und „sich auseinandersetzen" – einzubeziehen. Überlegen Sie anschließend, welche **Position** Sie vertreten wollen. Gewichten Sie die gesammelten Pro- und Kontra-Argumente – beginnend mit dem schwächsten Argument (für die eigene Position) bzw. stärksten Argument (gegen die eigene Position). In dieser Reihenfolge formulieren Sie dann Ihre Erörterung nach dem sogenannten „**Sanduhrprinzip**". Am Ende der Bearbeitung sollte ein **Fazit** stehen, das die zentralen Argumente noch einmal prägnant zusammenfasst und die eigene Position auf den Punkt bringt. Generell gilt als **Faustregel** auch hier: Nicht das Urteil an sich entscheidet darüber, ob die Bearbeitung gelungen ist, sondern die schlüssige Argumentation, anhand derer das eigene Urteil begründet wird. **Beispiel**: Erörtern Sie, ob es sich bei dem „Thesenanschlag" Martin Luthers um einen Wendepunkt in der Geschichte handelt (*problemorientierte Fragestellung*). Mögliche Antwort: Im Sinne der Stimmigkeit (*Sachkriterium*) der These vom „Wendepunkt in der Geschichte" ist festzuhalten, dass bereits vor dem Thesenanschlag von 1517 Reformer wie John Wyclif und Jan Hus ähnliche Ansichten wie Martin Luther gegenüber der Kirche vertraten, z. B. ... Luthers Thesenanschlag hatte aber deutlich gravierendere Auswirkungen auf das Heilige Römische Reich und Europa als das Wirken seiner Vorgänger, wie z. B. ...
sich auseinandersetzen	Bei diesem Operator steht es Ihnen frei, ob Sie ein **Sach- oder Werturteil** bilden. Anders als beim Operator „Stellung nehmen" (siehe Seite 159) ist es für das Verfassen eines Werturteils also nicht erforderlich, zuvor noch ein Sachurteil zu formulieren. Oft lässt sich bereits schon aus der Aufgabenstellung ablesen, welche Art von Urteil verlangt wird.	Es sind die gleichen Anregungen und Hilfen, wie bei den Operatoren „beurteilen" und „Stellung nehmen" zu beachten. Bei einem **Sachurteil** würden dann jeweils Sachkriterien wie z. B. Legitimität, Stimmigkeit oder Effizienz gelten, während bei einem **Werturteil** Maßstäbe wie Freiheit, Gerechtigkeit etc. herangezogen werden könnten. Wie bereits weiter oben erwähnt, ist auch hier nicht das Urteil entscheidend darüber, ob es sich um eine gelungene Bearbeitung handelt, sondern die **schlüssige Argumentation**, anhand derer das **eigene Urteil** begründet wird.

Operator	Was ist zu beachten?	Wie ist vorzugehen?
Stellung nehmen	Der Operator geht über ein **begründetes Sachurteil** hinaus, da hier zusätzlich ein **Werturteil** gefordert wird. Eine Stellungnahme besteht also im Grunde genommen aus zwei Teilen: Im ersten Teil geht es um Aspekte, die schon unter dem Operator „beurteilen" erklärt worden sind (siehe Seite 157). Im zweiten Teil ist ein Werturteil zu formulieren, bei dem eine Beurteilung aus **heutiger Perspektive** und anhand von **heutigen Wertmaßstäben** (z. B.: Freiheit, Sicherheit, Recht und Gerechtigkeit, Gleichberechtigung, politische Teilhabe, Solidarität) verlangt wird. Entscheidend beim Werturteil sind auch hier die **Argumente**. Je überzeugender diese sind, umso besser.	Zu beachten ist, dass dem Werturteil ein Sachurteil vorgeschaltet ist. Daher gelten hier die gleichen Hinweise wie beim Operator „beurteilen". Im Prinzip kann für das Werturteil das Vorgehen genauso erfolgen, nur dass **heutige Wertmaßstäbe** als Kriterien dienen, die in der Stellungnahme auch benannt werden sollten. Außerdem gilt wieder die **Faustregel**: Nicht das Sach- und anschließende Werturteil an sich entscheiden darüber, ob die Bearbeitung gelungen ist, sondern die Qualität und Nachvollziehbarkeit der Argumente, anhand derer die eigenen Urteile begründet werden. **Beispiel**: Die Umsiedlung der indigenen Bevölkerung in Dörfern und Gemeinden im 16. Jahrhundert war in Bezug auf die Ziele der Spanier durchaus effizient (*Kriterium*). Auf diese Weise konnte die indigene Bevölkerung besser kontrolliert und missioniert werden. Mit der Annahme des christlichen Glaubens wurde so auch die gottgegebene Herrschaft der Spanier von der indigenen Bevölkerung akzeptiert (*Argument für das Sachurteil*). Im Hinblick auf das Kriterium „Freiheit" ist das Vorgehen aus heutiger Sicht abzulehnen. Die Freizügigkeit (freie Wahl des Wohnortes) und die Glaubensfreiheit (*Wertmaßstäbe*) der indigenen Bevölkerung wurden stark eingeschränkt. Es wurde ein willkürlicher Zwang ausgeübt (*Argument für das Werturteil*).
überprüfen	Hier soll ein Sachverhalt daraufhin untersucht werden, ob er die Voraussetzungen für die **Gültigkeit einer Hypothese** erfüllt. Oft wird anhand von Materialien überprüft, ob historische Theorien und Modelle einen Prozess passend beschreiben – z. B. ob ein Sachverhalt als Krise oder Revolution einzuschätzen ist. Anders als beim Operator „nachweisen" (siehe Seite 156) ist nicht sicher, dass sich die Hypothese am Ende wirklich bestätigen lässt bzw. der Prozess nachweisbar ist. Die Überprüfung ist also **offen** und muss auch nicht zu einem eindeutigen Ergebnis führen. Umso wichtiger ist es hier, die Erkenntnisse, die Sie bei der Überprüfung gewonnen haben, durch eine **Erläuterung** zu begründen. Je präziser erläutert wird, warum das Beispiel oder der Sachverhalt die zu überprüfende Hypothese unterstützt oder entkräftet, umso besser.	Formulieren Sie **zentrale Kriterien**, die erfüllt sein müssen, damit die zu überprüfende These Gültigkeit besitzt. Bearbeiten Sie den Sachverhalt/das Material daraufhin, inwieweit diese Kriterien nachweisbar sind. Erfolgt die Überprüfung anhand eines Materials, sollten Sie **relevante Textstellen** oder **Zahlenwerte** vermerken, die Sie später zitieren können. Verfassen Sie strukturiert ihr „**Prüfgutachten**", indem Sie ausgehend vom Sachverhalt/dem Material darlegen, inwieweit die Hypothese erfüllt ist. Begründen Sie Ihre Einschätzung durch Beispiele/Sachwissen. **Beispiel**: Die Entwicklungen in der DDR 1989 brachten einen fundamentalen Systemwechsel (*Kriterium einer Revolution*) für die Bevölkerung. Aus einer faktischen Einparteienherrschaft wurde eine parlamentarische Demokratie, aus einer zentralistischen Planwirtschaft schließlich eine freie Marktwirtschaft (*Argumente*). In diesem Aspekt ist das Kriterium einer Revolution also erfüllt.

Operator, der Leistungen in allen drei Anforderungsbereichen verlangt:

Operator	Was ist zu beachten?	Wie ist vorzugehen?
interpretieren	Der Operator erfordert **Leistungen aus allen drei Anforderungsbereichen**. Zuerst ist nachzuweisen, dass das Material verstanden worden ist. Das bedeutet, dass zunächst eine Beschreibung, Zusammenfassung oder Wiedergabe der Inhalte des Materials in eigenen Worten erfolgt. Danach soll anhand von bestimmten Kriterien das Material auf seine Inhalte hin analysiert und diese mithilfe des eigenen Fachwissens erläutert werden. Die Kriterien können in der Aufgabenstellung vorgegeben sein oder müssen selbst festgelegt werden. Zum Schluss sind die Aussagen, die sich aus dem Material ergeben, zu beurteilen. Dabei soll immer ein Sachurteil erfolgen, das noch um ein Werturteil ergänzt werden kann, aber nicht muss.	Es empfiehlt sich, **schrittweise vorzugehen** und die jeweiligen **Teile der Bearbeitung auszuformulieren**. Beginnen Sie mit der Beschreibung, Zusammenfassung oder Textwiedergabe, anschließend folgen die Analyse und Erläuterung bezogen auf ein Untersuchungskriterium. Zuletzt ist die Beurteilung oder Stellungnahme in Hinblick auf das zuvor Untersuchte vorzunehmen. **Hilfen** zur jeweiligen Vorstrukturierung befinden sich bei den entsprechenden Operatoren. **Beispiel** *(für eine Aufgabenstellung):* Interpretieren Sie die Wandmalerei „Landung der Spanier in Veracruz" von Diego Rivera aus dem Jahre 1951 im Hinblick auf ihre Aussagekraft bezüglich der Folgen der spanischen Kolonisation (*Untersuchungskriterium*).

2.3 Gewusst wie: Lerntipps fürs Abitur

Kennen Sie das auch: Sie stehen kurz vor der Abiturprüfung und wissen nicht, wie Sie sich die ganze Stofffülle merken sollen? Typische Eselsbrücken aus dem Geschichtsunterricht wie „Sieben, fünf, drei – Rom schlüpft aus dem Ei" oder „Zehn, sieben, sieben – Heinrich muss nach Canossa schieben" helfen beim Abitur nur bedingt weiter. Daher wollen wir Ihnen auf dieser Seite ein paar ausgewählte Techniken und Hilfen vorstellen, mit denen Sie sich den Lernstoff besser aneignen können.

Lerntipp 1

Was hat mein Stuhl mit der konstitutionellen Monarchie zu tun?

Stellen Sie sich folgende Situation vor: Sie gehen durch Ihr Zimmer und legen gedanklich an bestimmten Orten jeweils eine Information zu den Hauptphasen der Französischen Revolution ab. Wie soll das funktionieren? Ganz einfach! Hier ein Beispiel: Stuhl – Konstitutionelle Monarchie, Schreibtisch – Republik und „Schreckensherrschaft", Regal – Direktorium. Ausgewählte **Orte** werden also mit verschiedenen **Inhalten** verbunden. Und nicht nur das. Sie sind zudem durch kleine **Geschichten** miteinander zu verknüpfen. Der Fantasie sind dabei keine Grenzen gesetzt. Am Beispiel des Stuhles kann das Ganze dann so aussehen: Eigentlich bräuchte ich dringend einen neuen Stuhl. Seine „Konstitution" ist nicht mehr gut. Lieber würde ich wie ein „Monarch" auf einem neuen Stuhl thronen (= Konstitutionelle Monarchie).
Zudem ist es wichtig, dass der von Ihnen festgelegte Weg in der richtigen **Abfolge** wiederholt wird, um sich die Begriffe dauerhaft merken zu können. Dabei müssen Sie Ihre Route im Zimmer nicht immer selbst abschreiten, sondern können diese auch in Gedanken durchlaufen.

Lerntipp 2

Werden Sie kreativ und fertigen Sie Gedankenlandkarten an!

Bei dieser Methode geht es darum, Ihre Gedanken zu einem Thema aufs Papier zu bringen. Die Gedankenlandkarten – auch **Mindmaps** genannt – helfen Ihnen, Ideen zu ordnen, übersichtlich darzustellen und Wissen zu verknüpfen. Welche Schritte bei der Gestaltung einer Mindmap zu beachten sind, finden Sie unter dem Code **32036-75**. Im Internet gibt es übrigens kostenlose **Programme** (z. B.: Free Mind, FreePlane und Mindmapping), mit denen sich ganz einfach und schnell Mindmaps kreieren lassen.

Lerntipp 3

Reden ist Silber, Schweigen ist Gold – stimmt das überhaupt?

Das bekannte Sprichwort kann beim Lernen ignoriert werden. Hier ist es sogar ratsam, über das Gelernte zu sprechen. **Erzählen** Sie Ihrem Freundeskreis oder Ihrer Familie von dem Thema, mit dem Sie sich gerade beschäftigen. Ein guter Nebeneffekt ist, dass Sie sich damit auch testen, ob Sie alles verstanden haben. Sie können natürlich auch kleine Gruppen mit Ihren Mitschülern bilden und sich gegenseitig abfragen. Lernen Sie lieber alleine, hilft auch **halblautes oder lautes Üben** beim Einprägen neuer Informationen.

Lerntipp 4

Merke: Wiederholung macht den Meister!

Die Themenvielfalt, die Sie für das Abitur beherrschen sollen, ist nicht gerade gering. Daher sollten Sie es unbedingt vermeiden, sich zu überfordern und zu viel auf einmal zu lernen. Effizienter ist es, sich den Lernstoff vorab in **überschaubare Einheiten** einzuteilen und das angeeignete Wissen **regelmäßig zu wiederholen**. Nach nur einmaligem Lernen ist die Wahrscheinlichkeit nämlich hoch, in wenigen Tagen die Hälfte davon wieder zu vergessen. Erst durch häufige Wiederholungen prägen sich die Informationen auch dauerhaft ins Gedächtnis ein.

Weitere Tipps: Verschiedene YouTube-Videos zu Lern- und Merktechniken, darunter auch welche Lernfehler unbedingt vermieden werden sollten und wie man sich am besten Zahlen merken kann, haben wir für Sie unter dem Code **32036-74** zusammengestellt.

2.4 Präsentationsformen

Mit (mediengestützten) Präsentationen können die Ergebnisse von Gruppen-, Partner- oder Einzelarbeiten vorgestellt werden. Ziel ist es, die Zuhörer bzw. die Leser zu informieren und / oder zu überzeugen.

Mündlich

- Rede
- Referat (Vortrag)

Aufgabenbeispiele: Entwickeln Sie als Antwort auf Bauer eine Rede aus der Perspektive eines Gegners, der die Unterzeichnung des Vertrags kategorisch ablehnt. (vgl. Seite 46, M1, A2)

Informieren Sie sich im Internet über das Leben und den politischen Werdegang von Marie Juchacz und stellen Sie Ihre Ergebnisse in einem Kurzreferat vor. (vgl. Seite 37, Abb., A)

Schriftlich

- (offener) Brief
- Essay
- Protokoll
- Thesenpapier
- Zeitungsartikel

Aufgabenbeispiel: Versetzen Sie sich in die Rolle eines deutschen Journalisten, der für eine Tageszeitung über die Gedenkfeier am 22. September 1984 berichtet. Recherchieren Sie im Vorfeld im Internet weitere Informationen über die Feierlichkeiten. Gehen Sie in Ihrem Artikel auch darauf ein, was die symbolische Geste zwischen Mitterand und Kohl über das deutsch-französische Verhältnis aussagt. (vgl. Seite 96, Abb., A1)

Visuell

- Fotodokumentation / -reportage
- Mindmap
- Plakat
- Schaubild / Grafik
- Tafelbild

Aufgabenbeispiele: Stellen Sie die Aussagen von Anderson in einer Mindmap dar, mit dem Begriff „Nation" im Mittelpunkt. (vgl. Seite 11, M3, A1)

Vergleichen Sie die Aussagen Wehlers mit dem Bericht in M1. Erarbeiten Sie auf dieser Grundlage ein Schaubild zum Selbstverständnis der Deutschen nach dem Krieg. (vgl. Seite 133, M2, A1)

Interaktiv

- Pro- und Kontra-Debatte
- Interview
- Rollenspiel
- Umfrage

Aufgabenbeispiele: „Stand die Idee der „Volksgemeinschaft" für eine Kontinuität oder den Bruch mit dem deutschen Nationalbewusstsein seit dem 19. Jahrhundert?" Führen Sie dazu eine Pro- und Kontra-Debatte. (vgl. Seite 18, M3, A3)

Verfassen Sie mit Ihrem Sitznachbarn/Ihrer Sitznachbarin einen Dialog zwischen Kohl und Schewardnadse. (vgl. Seite 141, M12, A2)

Hinweis: Einige grundlegende Arbeitshinweise zu einzelnen Präsentationsformen, wie zum Beispiel Referat und Mindmap, finden Sie unter dem Code **32036-75**.

2.5 Hinweise zur Bearbeitung von Klausuren

Klausuren

Ziel
In Klausuren sollen Sie zeigen, dass Sie fachspezifisches Material anhand von Aufgaben angemessen bearbeiten können. Dabei sollen Sie ihr Wissen mit neuen Sachverhalten **problembewusst verknüpfen** und begründet **Stellung nehmen**.

Anforderung

Reproduktion

Im **Anforderungsbereich I** beschreiben Sie geordnet und gerafft historische Zustände oder Entwicklungen.

Reorganisation und Transfer

Im **Anforderungsbereich II** bearbeiten Sie Materialien problem- und methodenbewusst zu einem aus dem Unterricht bekannten Thema.

Reflexion und Problemlösung

Der **Anforderungsbereich III** verlangt gründliches Nachdenken und eine Lösung. Sie müssen auf Grundlage Ihrer Materialienanalyse ein Problem untersuchen und bewerten. Ihre Stellungnahme kann eine abwägende Diskussion gegensätzlicher Standpunkte erfordern. Abschließend müssen Sie dazu selbst Position beziehen.

Tipp

Die **Operatoren** der Anforderungsbereiche I bis III finden Sie auf Seite 150 f. im Buch erklärt. **Hilfen** zum richtigen Umgang mit den Operatoren bietet die Übersicht ab Seite 152.

Vorgehen

Aufgaben erfassen

- ☑ Lesen Sie die **Aufgaben** sorgfältig durch; unterstreichen Sie den **Operator**. Versuchen Sie, den Auftrag genau zu erfassen. Machen Sie sich ihn bei Bedarf in eigenen Worten klar. Finden Sie **Schlüsselbegriffe** und klären Sie kurz ihre Bedeutung.

Operatoren beachten

- ☑ Erledigen Sie die Aufgaben streng anhand der Operatoren. Sie zeigen Ihnen, zu welchen **Anforderungsbereichen** Sie jeweils arbeiten sollen.

Kernaussagen ermitteln

- ☑ Lesen Sie den Text zunächst als Ganzes, um Thema und Hauptaussagen im **Zusammenhang** zu begreifen. Im zweiten Durchgang ermitteln Sie aufgabenbezogen die **wesentlichen Aussagen**. Unterstreichen Sie dabei Wörter statt Sätze; so fällt es Ihnen leichter, **eigene Formulierungen** zu finden und sich von der Vorlage zu lösen.

Aussagen strukturieren

- ☑ Stellen Sie zunächst den **Autor** und die **Quelle** (Entstehungszeit, historischer Kontext, Adressaten) vor, wiederholen Sie aber nicht die wissenschaftliche Fundstelle des Textes.

Text gliedern

- ☑ Gliedern Sie Ihren Text folgerichtig. Setzen Sie **Schwerpunkte in Inhalt und Umfang** Ihres Textes. Achten Sie bei Ihrem Zeit- und Arbeitsaufwand auf die Gewichtung der Aufgaben.
- ☑ Geben Sie die Hauptgedanken eigenständig in **indirekter Rede** im **Konjunktiv** wieder.

Aussagen belegen

- ☑ Direkte **Zitate** empfehlen sich, wenn der Operator intensive Textarbeit verlangt und sie einen Kernaspekt in auffälligen Worten ausdrücken. Eine **Erläuterung in eigenen Worten** muss folgen.
- ☑ Halten Sie die **Reihenfolge der Aufgaben** ein. Vermeiden Sie Überschneidungen.

Stil

- ☑ Schreiben Sie **kurze, verständliche Hauptsätze** oder **Satzgefüge**. Drücken Sie sich sachlich aus und benutzen Sie **Fachbegriffe**.

Letzte Kontrolle

- ☑ Planen Sie Zeit für die **Durchsicht** ein. Lesen Sie Ihre Klausur zunächst nur unter **inhaltlichen Gesichtspunkten**; erst in einem zweiten Durchgang achten Sie auf **Rechtschreibung, Grammatik** und **Satzbau**. Achten Sie auf die **Zeitenfolge** (Präsens mit Perfekt; Präteritum mit Plusquamperfekt). Nutzen Sie zulässige **Wörterbücher**.

2.6 Formulierungshilfen für die Textanalyse

Einleitung

Der Verfasser / die Verfasserin (kurze Vorstellung) beschäftigt sich (Zeit / Kontext) mit ... / untersucht / setzt sich mit der Frage auseinander / behandelt das Problem ... / thematisiert / äußert sich zu / führt aus ...
Beispiel: Der Historiker Klaus J. Bade setzt sich in seiner 2002 erschienenen Publikation „Europa in Bewegung" mit der historischen und aktuellen Bedeutung von Migration auseinander.

Einordnung in den historischen Kontext

Der Autor / die Autorin (Name) hat den Brief / Aufsatz / etc. verfasst / die Rede gehalten, als ... Die Quelle lässt sich vor dem Hintergrund von ... einordnen / ist im Zusammenhang mit ... zu sehen.
Beispiel: Die Bürgerbewegung „Demokratie Jetzt" startet am 12. September 1989 einen Aufruf, der sich an alle Initiativgruppen und reformfreudigen Kräfte in der DDR richtet und auf aktuelle Probleme im Staat eingeht. Der Aufruf lässt sich vor dem Hintergrund der sich wirtschaftlich und politisch zuspitzenden Krise der DDR im Jahre 1989 einordnen.

Textwiedergabe „Kernthese"

Er / sie behauptet / ist der Meinung, dass ... / vertritt die These / die Position, dass ...
Beispiel: Der amerikanische Politikwissenschaftler Samuel Phillips Huntington behauptet, dass die Konflikte in der Welt in der Zukunft zwischen verschiedenen Großkulturen verlaufen werden.

Textwiedergabe „Argumentation"

Der Verfasser / die Verfasserin begründet dies, indem er / sie ... / belegt dies mit ... / erklärt dies mit / hebt hervor / betont / kritisiert / bemängelt / argumentiert
Beispiel: Der Politikwissenschaftler Samuel Phillips Huntington betont, dass ein „weltweiter Kampf der Kulturen" (Zeilenangabe / Belegstelle) nur zu vermeiden sei, wenn der Westen seine Kultur verteidigt und dieser nicht darauf hoffe, dass die anderen Kulturen sich ihm annähern werden.

Zusammenfassung

Der Autor / die Autorin fasst seine / ihre Haltung / Sichtweise zusammen, indem er / sie ... / sagt abschließend ... / kommt zu dem Schluss, dass ...
Beispiel: Eberhard Kolb, Professor für Geschichte, kommt zu dem Schluss, dass jeder Historiker durch die Gewichtung der verschiedenen Faktoren darüber entscheidet, wie er das Scheitern der Weimarer Republik interpretiert.

Vergleich

Ebenso wie (ein anderer Autor / eine andere Autorin) / anders als (die Meinung / Argumentation / Position von) ...
Beispiel: Die Historiker František Graus und Peter Schuster nehmen unterschiedliche Standpunkte in Bezug auf die Krise des Spätmittelalters ein. Während Graus ... betont, hebt Schuster ... hervor.

Absicht

Er / sie will darauf hinweisen / erreichen / verdeutlichen / appelliert / zielt auf / verfolgt die Absicht ...
Beispiel: Der britische Mathematiker, Philosoph und Friedensforscher Bertrand Russell will mit seinem in der „Times" am 23. Oktober 1945 erschienenden Leserbrief auf die Geschehnisse im Kontext der Vertreibung der deutschen Bevölkerung aufmerksam machen.

Stellungnahme (Sach- und Werturteil)

Beurteilung: Die Argumentation überzeugt (nicht) / ist widersprüchlich / schlüssig / (nicht) einleuchtend / nachvollziehbar / zutreffend, weil ... *Bewertung*: Ich stimme dem Autor / der Autorin zu / teile (nicht) die Haltung des Verfassers / der Verfasserin / schließe mich (nicht) der Argumentation an, weil ... / Aus heutiger Sicht / Perspektive lässt sich sagen / festhalten, dass ...
Beispiel: Die Thesen des amerikanischen Politologen Jack A. Goldstone über die Ursachen von Revolutionen überzeugen (nicht) aus folgenden Gründen: ...

2.7 Übungsklausur: Wurzeln unserer Identität

Die Aufgabenstellung bezieht sich auf das **Pflichtmodul** „Die Gesellschaft der Weimarer Republik" aus dem dritten Rahmenthema des niedersächsischen Kerncurriculums. Daneben gibt es einen Bezug zum **Wahlmodul** „Deutsches und europäisches Selbstverständnis nach 1945" und zum **Kernmodul** „Deutungen des deutschen Selbstverständnisses". Außerdem liegt ein Semesterübergriff zum vierten Rahmenthema „Geschichts- und Erinnerungskultur" vor. Thematisch wird sich hier mit den Erinnerungen an die Opfer des Nationalsozialismus beschäftigt.

Pflichtmodul

1. Beschreiben Sie die beiden Wahlplakate: Wer bzw. was wird gezeigt? Wie sind die Plakate aufgebaut? Welche Gestaltungsmittel werden verwendet? (M1)
2. Arbeiten Sie die Aussage der beiden Plakate heraus und vergleichen Sie diese miteinander.
3. Geben Sie die Ursachen für das Scheitern der Weimarer Republik nach Eberhard Kolb wieder (M2).
4. „Das Scheitern der Weimarer Republik war vermeidbar." Nehmen Sie Stellung zu dieser These.

Kern- und Wahlmodul sowie Semesterübergriff

5. Fassen Sie die Überlegungen von Theodor Heuss mit eigenen Worten zusammen und kommentieren Sie die Botschaft der Rede (M3).
6. Erörtern Sie, welches Selbstverständnis sich in der Rede von Heuss manifestiert, und ordnen Sie die Rede in den historischen Kontext ein.

Wahlmodul und Semesterübergriff

7. Erörtern Sie, inwiefern sich Heuss in seiner Rede mit Formen und Funktionen von historischer Erinnerung auseinandersetzt.

Hinweis: Ihre Arbeitsergebnisse zu den Aufgaben 1 bis 7 können Sie mit den Lösungsvorschlägen unter dem Code **32036-78** vergleichen.

Tipps für die Bearbeitung

- **Aufgabe 1 und 2**: Informationen zur Analyse eines politischen Plakates liefert die Methode auf Seite 82.
  Achten Sie bei der Auseinandersetzung mit dem NSDAP-Wahlplakat auch auf die vier Personen am unteren Bildrand und überlegen Sie, wen die Personen darstellen könnten. Sehen Sie sich Gesichtszüge, Kleidung und Attribute genau an. Auf dem Zettel in der Hand der Person links außen steht geschrieben: „Für Sowjetrussland/ China den Chinesen/Schlagt die Faschisten/Bürgerkrieg/Klassenkampf".
  Die Person mit der roten Mütze hält hingegen einen Zettel in der Hand, auf dem geschrieben steht: „Hitlerbarone/Notverordnungen/Hetze und Verleumdungen/ Die Bonzen im Speck, das Volk im Dreck". Auf dem Zettel in der Hand der Person rechts im Bild ist „ § 48" vermerkt.

M1 Wahlplakate

Das linke Plakat für die Reichstagswahl vom 14. September 1930 stammt von der SPD. Das rechte Plakat ist von der NSDAP. Es ist anlässlich der Reichstagswahl vom 31. Juli 1932 entstanden.

M2 Woran scheiterte Weimar?

Der Historiker Eberhard Kolb (1933) untersucht, welche Faktoren zum „Scheitern" Weimars beigetragen haben:*

Wie wurde Hitler möglich? War die „Machtergreifung" der Nationalsozialisten unter den gegebenen Bedingungen unvermeidlich? Diese Frage, um die alle Erörterungen über das Scheitern Weimars kreisen, wird von der bisherigen Forschung auf recht unterschiedliche Weise beantwortet. Allerdings sind die in der wissenschaftlichen Diskussion zunächst dominierenden monokausalen Erklärungsversuche, in denen der Aufstieg des Nationalsozialismus und die Machtübertragung an Hitler auf eine einzige oder eine allein ausschlaggebende Ursache zurückgeführt wurden, inzwischen ad acta gelegt worden, denn alle derartigen einlinigen Deutungen haben sich als untauglich erwiesen. Die Historiker sind sich heute zumindest darin einig, dass das Scheitern der Republik und die nationalsozialistische „Machtergreifung" nur plausibel erklärt werden können durch die Aufhellung eines sehr komplexen Ursachengeflechts. Dabei sind vor allem folgende Determinanten zu berücksichtigen: institutionelle Rahmenbedingungen, etwa die verfassungsmäßigen Rechte und Möglichkeiten des Reichspräsidenten, zumal beim Fehlen klarer parlamentarischer Mehrheiten; die ökonomische Entwicklung mit ihren Auswirkungen auf die politischen und gesellschaftlichen Machtverhältnisse; Besonderheiten der politischen Kultur in Deutschland (mitverantwortlich z. B. für die Republikferne der Eliten, die überwiegend der pluralistisch-parteienstaatlichen Demokratie ablehnend gegenüberstanden); Veränderungen im sozialen Gefüge, beispielsweise Umschichtungen im „Mittelstand" mit Konsequenzen u. a. für politische Orientierung und Wahlverhalten mittelständischer Kreise; ideologische Faktoren (autoritäre Traditionen in Deutschland; extremer Nationalismus, verstärkt durch Kriegsniederlage, Dolchstoßlegende und Kriegsunschuldspropaganda; „Führererwartung" und Hoffnung auf den „starken Mann", wodurch einem charismati-

schen Führertum wie dem Hitlers der Boden bereitet wurde); massenpsychologische Momente, z. B. Erfolgschancen einer massensuggestiven Propaganda infolge kollektiver Entwurzelung und politischer Labilität breiter Bevölkerungssegmente; schließlich die Rolle einzelner Persönlichkeiten an verantwortlicher Stelle, in erster Linie zu nennen sind hier Hindenburg, Schleicher, Papen.
Die Antwort, die auf die Frage nach dem Scheitern der Weimarer Demokratie und der Ermöglichung Hitlers gegeben wird, hängt in ihrer Nuancierung wesentlich davon ab, wie die verschiedenen Komponenten gewichtet und dann zu einem konsistenten Gesamtbild zusammengefügt werden, denn Gewichtung und Verknüpfung sind nicht durch das Quellenmaterial in einer schlechthin zwingenden Weise vorgegeben, sie bilden die eigentliche Interpretationsleistung des Historikers.

Eberhard Kolb, Die Weimarer Republik, München [7]2009, S. 215 f.

M3 „[D]ie Deutschen dürfen nie vergessen, was [...] in diesen schamreichen Jahren geschah"

Zur Einweihung der Gedenkstätte Bergen-Belsen am 30. November 1952 hält der erste Bundespräsident der Bundesrepublik, Theodor Heuss (1884–1963), folgende Rede:

Als ich gefragt wurde, ob ich heute, hier, aus diesem Anlass ein Wort zu sagen bereit sei, habe ich ohne lange Überlegung mit Ja geantwortet. Denn ein Nein der Ablehnung, der Ausrede, wäre mir als eine Feigheit erschienen, und wir Deutschen wollen, sollen und müssen, will mir scheinen, tapfer zu sein lernen gegenüber der Wahrheit, zumal auf einem Boden, der von den Exzessen menschlicher Feigheit gedüngt und verwüstet wurde. Denn die bare Gewalttätigkeit, die sich mit Karabiner, Pistole und Rute verziert, ist in einem letzten Winkel immer feige, wenn sie, gut gesättigt, drohend und mitleidlos, zwischen nutzloser Armut, Krankheit und Hunger herumstolziert. [...]
Aber nun will ich etwas sagen, das manchen von Ihnen hier erstaunen wird, das Sie mir aber, wie ich denke, glauben werden, und das mancher, der es am Rundfunk hört, nicht glauben wird: Ich habe das Wort Belsen zum ersten Mal im Frühjahr 1945 aus der BBC gehört, und ich weiß, dass es vielen in diesem Lande ähnlich gegangen ist. Wir wussten – oder doch ich wusste – Dachau, Buchenwald bei Weimar, Oranienburg, Ortsnamen bisher heiterer Erinnerungen, über die jetzt eine schmutzig-braune Farbe geschmiert war. Dort waren Freunde, dort waren Verwandte gewesen, hatten davon erzählt. Dann lernte man frühe das Wort Theresienstadt, das am Anfang sozusagen zur Besichtigung durch Neutrale präpariert war, und Ravensbrück. An einem bösen Tag hörte ich den Namen Mauthausen, wo sie meinen alten Freund Otto Hirsch „liquidiert" hatten, den edlen und bedeutenden Leiter der Reichsvertretung deutscher Juden. Ich hörte das Wort aus dem Munde seiner Gattin, die ich zu stützen und zu beraten suchte. Belsen fehlte in diesem meinem Katalog des Schreckens und der Scham, auch Auschwitz.
Diese Bemerkung soll keine Krücke sein für diejenigen, die gern erzählen: Wir haben von alledem nichts gewusst. Wir haben von den Dingen gewusst: Wir wussten auch aus den Schreiben evangelischer und katholischer Bischöfe, die ihren geheimnisreichen Weg zu den Menschen fanden, von der systematischen Ermordung der Insassen deutscher Heilanstalten. Dieser Staat, den menschliches Gefühl eine lächerliche und Kosten verursachende Sentimentalität hieß, wollte auch hier tabula rasa – „reinen Tisch" – machen, und der reine Tisch trug Blutflecken, Aschenreste – was kümmerte das? Unsere Fantasie, die aus der bürgerlichen und christlichen Tradition sich nährte, umfasste nicht die Quantität dieser kalten und leidvollen Vernichtung.
[...] [D]ie Deutschen dürfen nie vergessen, was von Menschen ihrer Volkszugehörigkeit in diesen schamreichen Jahren geschah. [...]
Nun höre ich den Einwand: Und die anderen? Weißt du nichts von den Internierungslagern 1945/46 und ihren Rohheiten, ihrem Unrecht? Weißt du nichts von den Opfern in fremdem Gewahrsam, von dem Leid der formalistisch-grausamen Justiz, der heute noch deutsche Menschen unterworfen sind? Weißt du nichts von dem Fortbestehen der Lagermisshandlung, des Lagersterbens in der Sowjetzone, Waldheim, Torgau, Bautzen? Nur die Embleme haben sich dort gewandelt.
Ich weiß davon und habe nie gezögert, davon zu sprechen. Aber Unrecht und Brutalität der anderen zu nennen, um sich darauf zu berufen, das ist das Verfahren der moralisch Anspruchslosen, die es in allen Völkern gibt, bei den Amerikanern so gut wie bei den Deutschen oder den Franzosen und so fort. [...]
Da steht der Obelisk, da steht die Wand mit den vielsprachigen Inschriften. Sie sind Stein, kalter Stein. Saxa loquuntur, Steine können sprechen. Es kommt auf den Einzelnen, es kommt auf dich an, dass du ihre Sprache, dass du diese ihre besondere Sprache verstehst, um deinetwillen, um unser aller willen!

Zitiert nach: Bulletin des Presse- und Informationsamtes der Bundesregierung, Nr. 189 vom 2. Dezember 1952, S. 1655 f.

Digitale Materialien

Im Schulbuch befinden sich Hinweise auf verschiedene digitale Angebote. Um diese abzurufen, geben Sie einfach den im Buch genannten Mediencode (z. B. 32036-01) im Suchfeld auf www.ccbuchner.de ein oder steuern Sie die digitalen Inhalte direkt über die QR-Codes an. Neben weiterführenden Internettipps bietet Ihnen das Lehrwerk auch drei digitale Formate, die eigens entwickelt wurden. Es handelt sich dabei um Filmclips, animierte Geschichtskarten und interaktive Quizze:

- **Geschichte In Clips**: Die mehrminütigen Filmclips behandeln ausgewählte historische Themen. Die zeitgenössischen Bild- und Tondokumente sind mit erläuternden Sprechertexten und Untertiteln versehen.
- **Animierte Karten**: Sie veranschaulichen zeitliche und territoriale Veränderungen im Zusammenhang. Sprecherkommentare ordnen die Ereignisse in ihren jeweiligen historischen Kontext ein.
- **WissensCheck**: Mit diesem interaktiven Quiz kann das in den Modulen erworbene Wissen spielerisch getestet werden. Am Ende der Aufgaben befindet sich eine Auswertungsseite, die die Lösungen bereithält.

Die genannten Formate sind auf folgenden Seiten im Schulbuch zu finden:

Geschichte In Clips

Animierte Karten

WissensCheck

Quellen und Methoden

Die Vergangenheit hat zahllose Spuren in unserer Gegenwart hinterlassen, die uns überall begegnen. Historiker bezeichnen diese Überreste aus früheren Zeiten als Quellen. Allgemein lassen sich folgende Arten unterscheiden:

- **schriftliche Quellen** (Textquellen): Gesetze, Zeitungen, Briefe etc.
- **visuelle Quellen** (Bildquellen): Gemälde, Karikaturen, Fotografien etc.
- **gegenständliche Quellen** (Sachquellen): Münzen, Fahrzeuge, Bauwerke etc.
- **mündlich überlieferte Geschichte** (mündliche Quellen): Sagen, Mythen, Zeitzeugenberichte etc.

Für jede Quellenart werden eigene Verfahren und Arbeitsweisen benötigt, um möglichst viele und verlässliche Informationen zu erhalten. Die nachstehende Übersicht bietet daher Hinweise auf Erklärungen, wie Sie Schritt für Schritt bei der **Quellenanalyse** vorgehen können. Zum einen wird auf die entsprechende Schulbuchseite verwiesen. Zum anderen finden Sie Codes, die sich auf Methoden beziehen, die nicht im Schulbuch abgedruckt sind.

Methoden im Schulbuch

Seite 82 Politische Plakate auswerten
Seite 84 Rollenspiele durchführen
Seite 112 Fotografien als Quellen deuten
Seite 146 Karikaturen interpretieren

Methoden im Internet

Um auf die folgenden Methoden zuzugreifen, geben Sie bitte in das Suchfeld der Internetseite www.ccbuchner.de den in der Randspalte genannten Code ein.

Code 32036-80 Autobiografien analysieren
Code 32036-81 Essays verfassen
Code 32036-82 Lieder auswerten
Code 32036-83 Literarische Texte als Quellen verwenden
Code 32036-84 Mittelalterliche Urkunden untersuchen
Code 32036-85 Politische Symbole interpretieren
Code 32036-86 Ton- und Filmdokumente historischer Ereignisse auswerten
Code 32036-87 Zeitzeugen befragen

Lösungsskizze: Politische Plakate auswerten

Hinweis: Das Wahlplakat der SPD von 1930 finden Sie auf Seite 83.

1. beschreiben | Bei dem vorliegenden Material handelt es sich um ein Wahlplakat der SPD aus dem Jahre 1930. Die Schriftzüge bestehen alle aus Großbuchstaben und nennen neben dem Auftraggeber auch das Motto. Das Plakat zeigt laut Slogan „die Feinde der Demokratie" – und dies in dreifacher Personifizierung: Die zentrale Figur ist ein schwarzer Mann mit Hakenkreuz-Kappe, dessen Umrisse nur vage zu erkennen sind. Er scheint mit seiner rechten Hand in Richtung des Betrachters zu greifen und hält in seiner linken Hand einen nach unten gerichteten Dolch. Seine Mimik wirkt, als ob er schreit oder zum Angriff ruft. Links hinter ihm sieht man eine ebenfalls nur schemenhaft dargestellte Figur, die eine Kappe mit rotem Stern trägt. Rechts auf dem Plakat ragt ein Totenkopf mit Reichswehrhelm und Bajonett hervor.

2. erklären | Die drei Figuren dominieren das Bild und scheinen eingerahmt von Slogan und Aufruf zur Wahl („Hinweg damit! Deshalb wählt Liste 1"). Die zentrale Person stellt einen SA-Mann da, links davon ist ein Kommunist zu erkennen und ganz rechts handelt es sich um eine Allegorie auf die Gefahr des Militarismus. Das Plakat teilt somit in dreifacher Hinsicht Schelte aus: gegen die Kommunisten, gegen den rechtskonservativen Nationalismus und gegen die alten Eliten. Die Symbolik ist stark und gut gewählt (Stern auf der Kappe des Kommunisten, Hakenkreuz, Stahlhelm). Gleiches gilt auch für die Farbgebung: Durch die Verwendung der Nationalfarben Schwarz-Rot-Gold drückt die SPD ihr Bekenntnis zur Demokratie aus. Rot ist zudem die Farbe der Sozialdemokratie.

3. beurteilen | Anlass für die Veröffentlichung des Wahlplakates war die Reichstagswahl vom 14. September 1930. Es wendet sich an die potentielle Wählerschaft (Frauen und Männer) und gegen die politischen Gegner der SPD von rechts und links, die die Republik seit ihrer Gründung bekämpften. Vor allem die Parteien der extremen Rechten nutzten die „Dolchstoßlegende" (vgl. Seite 42) zur hasserfüllten Agitation gegen die demokratischen Vertreter der Weimarer Republik. Hierauf wird Bezug genommen durch eine „Richtigstellung": Nicht etwa ein Sozialdemokrat hält den Dolch in der Hand! Die SPD kämpft für ein Zurückdrängen der erstarkenden Flügelparteien des rechten und linken Parteienspektrums.

Die SPD will ihren Wählern die von diesen Parteien ausgehenden Gefahren veranschaulichen, indem sie ein Bedrohungsszenario aus Angst, Terror, Gewalt, Krieg und Tod entwirft. Dazu bedienen sie sich Stereotypen und Feindbilder. Die SPD will, ungleich ihrer Gegner, nicht mit Gewalt, sondern mittels der Wahl als demokratisches Mittel die gegnerischen Parteien ausschalten.

Die Bedrohung wird durch die ideenreiche Gestaltung, starke Farben, bekannte Symbole und Stereotype eindrucksvoll und verständlich in Szene gesetzt. Seine beabsichtigte Wirkung hat das Plakat rückblickend jedoch verfehlt: Bei der Reichstagswahl von 1930 verlor die SPD fast drei Prozent der Stimmen, blieb aber stärkste Partei. Die KPD gewann 2,5 Prozent Stimmenanteil, die NSDAP stieg mit 18,2 Prozent sogar zur zweitstärksten Partei auf.

Lösungsskizze: Rollenspiele durchführen

Hinweis: Das Rollenspiel zur Weimarer Republik finden Sie auf Seite 85.

Rollenprofil	ehemaliger ranghoher Offizier	junge Frau und Mutter	Beamter im mittleren Dienst	Arbeitsloser
Bildung und Beruf	• klassische Schulbildung • Militärausbildung • durch Kriegsgeschehen zu Geld und Ansehen gekommen • lange militärische Familientradition • Traditionslinie (Kaiserreich)	• keine höhere Schulbildung / kein Bildungsbürgertum • kaufmännische Ausbildung = für Frauen nicht selbstverständlich! • nicht auf schwere körperliche Arbeit angewiesen	• vermutlich Bildungsbürgertum • klassische Schulbildung • Ausbildung zum Beamten im Staatsdienst • geprägt von den Idealen und politischen Grundsätzen des Kaiserreiches	• niedriges Bildungsniveau • gelernter Arbeiter oder Hilfsarbeiter? • ehemals Arbeiter in der Stahlindustrie • jahrelang harte körperliche Arbeit bei geringem Lohn
Sozialer Status	Oberschicht	Mittelschicht	Mittelschicht	Unterschicht
Gefühle	• Berufsehre • Vaterlandsstolz • Kaisertreue • Monarchist • enttäuscht vom „Schmachfrieden" • verletzter Stolz durch „Alleinschuld"-Paragraph • Glaube an „Dolchstoßlegende" • Identifizierung mit Republik fehlt	• familiär • häuslich oder modern? • Angst um Selbstständigkeit (Wirtschaftskrise!) • Befürworterin der Republik • profitiert vom neuen Wahlrecht für Frauen • Angst vor Umsturz und politischer Radikalisierung	• ideologisch heimatlos durch Wegfall des Kaiserreiches • Distanzierung von radikalen Linken • Sehnsucht nach Stabilität / „den guten alten Zeiten" • fehlende Akzeptanz der Republik als Staatsform, arrangiert sich aber mit ihr	• Existenzangst • Frustration • fühlt sich übergangen, vergessen, abgeschrieben • Gefühl der Wertlosigkeit • Suche nach ideologischer und politischer Heimat (SPD als Interessensvertretung der Arbeiterschicht durch Spaltung weggefallen → auf der Suche nach Alternativen) • enttäuscht vom neuen Staat (fehlende Fürsorge für Arbeitslose)
Politische Ansichten	• nationalistisch • rechtskonservativ • antirepublikanisch	demokratisch	konservativ	Gefahr der Radikalisierung nach links oder rechts

Lösungsskizze: Fotografien als Quellen deuten

1. beschreiben | Das erste Foto wurde in Berlin (Unter den Linden) am 31. Juli 1914 aufgenommen und in der Wochenzeitung „Berliner Illustrirte Zeitung“ veröffentlicht. Das zweite Foto entstand am 1. August 1914 auf dem Pariser Platz in Berlin. Die Fotografen sind nicht bekannt.

Im Zentrum des ersten Schwarz-Weiß-Fotos steht ein Offizier, der eine Erklärung zur drohenden Kriegsgefahr verliest. Um ihn herum befindet sich mit geringem Abstand zu ihm eine große Menschenmenge, die aufmerksam zuhört. Der Fotograf schoss seine Aufnahme aus der Vogelperspektive.

Das zweite Schwarz-Weiß-Foto zeigt junge Männer, die jubelnd ihre Hüte schwenken. Dabei schreiten sie zielstrebig fast frontal auf den Fotografen zu. Im Hintergrund ist ein bekanntes Gebäude in Berlin am Pariser Platz zu erkennen, das heißt, der zeitgenössische Betrachter konnte genau erkennen, wo die Szene spielt.

Hinweis: Die Fotos vom 31. Juli und 1. August 1914 finden Sie auf Seite 113.

2. erklären | Beide Fotografien entstanden im Kontext der Kriegserklärungen des Deutschen Reiches im August 1914. Noch bis zu den 1980er-Jahren haben einige Historiker geglaubt, dass überall im Deutschen Reich auf den Kriegsausbruch mit Begeisterung reagiert worden sei. Neuere Forschungen haben hier aber ein sehr viel differenzierteres Bild gezeichnet. Viele der Fotografien, die jubelnde Menschen zeigen, sind nachweislich oder sehr wahrscheinlich gestellt, weil die damalige Kameratechnik „Schnappschüsse“ kaum oder gar nicht erlaubte. Auch wenn vor allem in den Großstädten junge Menschen, häufig männliche Studenten, tatsächlich den Ausbruch des Krieges begeistert begrüßten, stellten sie nicht die Mehrheit der deutschen Bevölkerung dar. Stattdessen herrschte in vielen Gegenden Verwirrung und Konfusion, oft auch kollektive Hysterie vor. Der amerikanische Historiker Jeffrey Verhey betont ferner, dass in Berlin auch „karnevaleske“ Verhaltensweisen auftraten. Betrunkene Jugendliche zogen nachts durch die Stadt zum Schloss oder zur österreichischen Botschaft und brüllten Parolen wie „Nieder mit Serbien!“ oder „Hoch lebe Österreich!“. Die Polizei ließ sie meistens gewähren, weil hier ja eine „nationale“ Gesinnung ausgedrückt wurde – plötzlich waren Dinge erlaubt, die – außer im Karneval – ansonsten verboten gewesen wären.

Das zweite Foto soll die Kriegsbegeisterung in Berlin zeigen. Junge Männer, die noch Zivilkleidung tragen, bejubeln offensichtlich die Kriegserklärungen. Dem zeitgenössischen Betrachter wird suggeriert, dass sie sich wahrscheinlich sehr schnell freiwillig zur Armee melden werden, wenn sie es nicht bereits getan haben. Das Bild vermittelt Entschlossenheit und Siegessicherheit.

Das erste Foto hat eine etwas andere Wirkung. Offenbar bestand unter den Menschen ein erhebliches Bedürfnis zu erfahren, was eigentlich vor sich ging. Selbst wenn der Offizier eine sehr laute Stimme gehabt hat und die Menschen leise waren, ist es fast ausgeschlossen, dass jemand in den hintersten Reihen noch verstanden hat, was genau verlesen wurde. Dennoch scheinen alle ruhig und aufmerksam zuzuhören, um Informationen zu erhalten.

3. beurteilen | Beim zweiten Foto kann man fast sicher davon ausgehen, dass es gestellt ist, weil die damalige Kameratechnik derartige „Schnappschüsse“ kaum möglich machte. Solche Fotografien sind im August 1914 in Deutschland zu Hunderten, möglicherweise zu Tausenden verteilt und abgedruckt worden. Sie dienten vor allem der Kriegspropaganda und sollten Stärke, Siegesgewissheit, Einigkeit und Entschlossenheit demonstrieren.

Das erste Foto dürfte der Realität in einer deutschen Stadt deutlich näher gekommen sein, als das zweite.

Lösungsskizze: Karikaturen interpretieren

Hinweis: Die Karikatur „Nicht wahr, Michelchen – keine Experimente!" von Hanns Erich Köhler finden Sie auf Seite 147.

1. beschreiben | Die Zeichnung stammt von Hanns Erich Köhler (1905–1983), einem der bekanntesten Karikaturisten der frühen Bundesrepublik. Er veröffentlichte sie 1957 in der Frankfurter Allgemeinen Zeitung, der führenden überregionalen, politisch eher konservativ ausgerichteten deutschen Tageszeitung.

2. erklären | Die Karikatur zeigt den an seinen charakteristischen Gesichtszügen erkennbaren ersten deutschen Bundeskanzler und CDU-Vorsitzenden Konrad Adenauer. In Anspielung auf seine Prägung als rheinischer Katholik und seinen autoritären Führungsstil ist er als Krankenschwester in Ordenstracht gekleidet. Lächelnd schiebt er eine Kreuzung aus Kinderwagen und Volkswagen, an dem vorn ein Kanonenrohr angedeutet ist. Im Kinderwagen liegen ein Geldsack und der als zufrieden schlafendes Baby dargestellte „Deutsche Michel" mit typischer Zipfelmütze, die Personifikation des deutschen Durchschnittsbürgers. Er hält einen Kühlschrank und einen Fernseher in den Armen. Thema der Karikatur ist die gesellschaftspolitische Situation Mitte der 1950er-Jahre (1957), die von Adenauers langjähriger Kanzlerschaft (1949–1963) und dem „Wirtschaftswunder" geprägt war, das VW-Käfer, Fernseher, Kühlschrank und D-Mark symbolisieren.

Mit dem Slogan „Keine Experimente" errangen die CDU/CSU und ihr Spitzenkandidat Adenauer bei der Bundestagswahl 1957 mit 50,2 Prozent der Mandate ihren bislang größten Sieg. Es war das erste und einzige Mal, dass eine Partei die absolute Mehrheit erhielt und die alleinige Regierungsfraktion stellen konnte.

Grundlagen für Adenauers Popularität waren der steigende Lebensstandard und die sinkende Arbeitslosigkeit. 1955 hatte die Bundesrepublik zudem mit dem Ende der Besatzungsherrschaft, dem NATO-Beitritt und der folgenden Wiederbewaffnung ihre Souveränität wiedererlangt. Adenauer konnte in seiner dritten Legislaturperiode nun vier Jahre lang ohne Koalitionspartner regieren und seine umstrittenen Ziele auch in der Außenpolitik verwirklichen. Dazu gehörte u.a. der Aufbau der Bundeswehr im NATO-Bündnis, worauf das angedeutete Kanonenrohr und die als schwarzer Horizont ausgemalte ungewisse oder gar dunkle Zukunft anspielen.

Mit seiner Karikatur nimmt Köhler Stellung zur politischen Einstellung der Bevölkerung, die sich in der Bundestagswahl spiegelt. Die meisten Deutschen hielten sich nach dem Krieg politisch zurück, konzentrierten sich auf den wirtschaftlichen Wiederaufbau und ihren privaten Lebensstandard. In Adenauer sahen sie den Garanten für Wohlstand und Stabilität. Für das „Experiment" eines politischen Wechsels gab es keinen Bedarf.

3. beurteilen | Der Karikaturist will dem Wähler einen Spiegel vorhalten und ihn daran erinnern, seine politische Verantwortung ernst zu nehmen. Adenauer hat sich in den acht Jahren im Kanzleramt ein so hohes Ansehen verschafft, dass ihm der Bundesbürger – mit den Errungenschaften des „Wirtschaftswunders" materiell zufriedengestellt – im Schlaf vertraut und freie Hand lässt, ohne zu wissen, wohin der Weg führt. Der Karikaturist wendet sich nicht gegen Adenauers Politik, sondern das Desinteresse, mit dem sich die Deutschen ihre gerade erst zurückgewonnene politische Mündigkeit aus Bequemlichkeit abnehmen lassen.

Zeichenstil und Bildkomposition sind einfach, die Personen leicht zu erkennen und auf wenige charakteristische Elemente reduziert. Die Karikatur ist eine gelungene Allegorie, da sie die komplexen Zusammenhänge des gesellschaftspolitischen Klimas der Adenauerzeit mit Text und Symbolik treffend, einfach und damit wirkungsvoll zusammenfasst.

1. Wurzeln unserer Identität

1.1 Kernmodul: Nation – Begriff und Mythos

Erörtern Sie begründet, welcher Definition oder welchen Definitionen von „Nation" in M1 Ihre Assoziationen am ehesten entsprechen und welche vollständig davon abweichen. Seite 9, M1, A3, F

Erörtern Sie, inwieweit die Ehrung prominenter Persönlichkeiten zur Schaffung einer nationalen Identität nutzbringend, unpassend oder sogar gefährlich ist. Seite 10, M2, A5, F

Erklären Sie anhand des Textes die vier Eigenschaften der Nation als „vorgestellte politische Gemeinschaft": a) „vorgestellt" (Zeile 2–6), b) „begrenzt" (Zeile 6–11), c) „souverän" (Zeile 16–27) und d) „Gemeinschaft" (Zeile 28–31). Fügen Sie anschließend Ihre Ergebnisse zu einer Gesamtdefinition zusammen. Seite 11, M3, A2, H

Erläutern Sie wie die folgenden Charakteristika im Holzschnitt inhaltlich ausgestaltet werden: a) Sinnstiftung, b) Komplexitätsreduktion, c) Überhöhung und d) Stilisierung. Seite 13, Abb., A1-A3, H

1.2 Kernmodul: Deutungen des deutschen Selbstverständnisses

Analysieren Sie, welche Bedeutung die einzelnen Bildelemente (z.B. die Reichskrone, das Feuer etc.) haben und welche Gesamtbedeutung sich im Zusammenspiel dieser Elemente im Gemälde ergibt. Seite 15, Abb., A3, H

Überprüfen Sie, inwieweit der vorliegende Text einen Beleg für das deutsche „Sonderbewusstsein" darstellt. Entwickeln Sie dazu Kriterien auf Basis der Charakterisierung des deutschen „Sonderbewusstseins"/„Sonderwegs" durch Helmuth Plessner und Karl Dietrich Bracher (M1, Seite 21), Hans-Ulrich Wehler (M2, Seite 22) und Heinrich August Winkler (M3, Seite 23). Seite 17, M2, A3, F

Erstellen Sie hierzu eine Tabelle mit der Überschrift „Der Begriff „Volksgemeinschaft" in seinen Deutungen" und den Spalten „Partei", „Charakteristika" und „Wirkung". Seite 18, M3, A2, H

Recherchieren Sie wie die Begriffe „Volksnation" und „Staatsbürgernation" definiert werden und erklären Sie auf Basis dieser Definitionen die Unterschiede zwischen „Abstammungs- und Abstimmungsgemeinschaft". Seite 19, M5, A2, H

Setzen Sie sich bei der Bearbeitung der Aufgabe 3 mit Ihren eigenen Vorstellungen von „deutscher Nation" und „deutschem Volk" auseinander und bringen Sie diese in die Analyse ein. Seite 19, M5, A3, F

1.4 Pflichtmodul: Die Gesellschaft der Weimarer Republik

Stellen Sie die Ergebnisse in Form einer Tabelle dar. In die erste Spalte nehmen Sie die in M1 beschriebenen Ereignisse in chronologischer Reihenfolge auf, in der zweiten Spalte notieren Sie die von Ihnen herausgearbeitete Wertung Münsterbergs zu dem jeweiligen Ereignis. Seite 32, M1, A, H

Analysieren Sie die Wertvorstellung Groeners, die in M3 zum Ausdruck kommen. Seite 33, M3, A2, H

Beurteilen Sie auf Basis Ihres Sachwissens zu Kriegsverlauf, Kriegsalltag und Kriegsende des Ersten Weltkrieges die Aussagen Groeners in den Zeilen 5 bis 15 (M3). Seite 33, M3, A2, F

Beurteilen Sie die einzelnen Positionen der Historiker in Hinblick auf Ihre Triftigkeit und entwickeln Sie anschließend eine eigene Position zur Einschätzung der Revolution von 1918/19. Seite 35, M1–M5, A2, F

Analysieren Sie die Verfassung gezielt auf folgende Aspekte: Rolle des Sozialen, Formen der Mitbestimmung, Grund- und Freiheitsrechte sowie Aspekte des Wirtschaftslebens. Seite 39, M1, A1, H

Nehmen Sie folgende Rollen ein und analysieren Sie welche Aspekte der Verfassung Sie in dieser Rolle befürworten bzw. ablehnen würden: Frau, Soldat, Arbeiter, Beamter, Unternehmer und Monarchist. Begründen Sie jeweils Ihr Ergebnis. Seite 39, M1, A2, H

Recherchieren Sie den Text der Verfassung der Weimarer Republik (siehe im Schulbuch Seite 38f.) und des Bonner Grundgesetztes. Weisen Sie die Eigenschaften, die Sebastian Haffner, der Weimarer Verfassung und dem Bonner Grundgesetz zuschreibt, in den jeweiligen Texten begründet nach. Seite 40, M2, A1, F

Überlegen Sie wie ein Vertreter der „Dolchstoßlegende" (siehe den Darstellungstext auf Seite 42 und M2 auf Seite 46f.) auf die Rede reagieren würde. Seite 46, M1, A2, H

Arbeiten Sie die politische Einstellung Hindenburgs aus dem Text heraus. Diskutieren Sie, welche Wirkungen diese auf sein politisches Handeln als Reichspräsident haben könnte. Seite 47, M2, A1, F

Seite 47, M2, A2 und A3, H
Beziehen Sie die Informationen der Darstellungstexte auf Seite 28 f. in die Stellungnahme bzw. Beurteilung mit ein.

Seite 48, M5, A1, F
Erläutern Sie, welche Gefahren bestehen, wenn die Streitkräfte eines Landes einen „Staat im Staate" bilden.

Seite 52, M1, A1, H
Informieren Sie sich über den Hintergrund von Kronprinz Wilhelm als Adressaten Stresemanns und erklären Sie vor diesem Hintergrund die Argumentation des Außenministers.

Seite 55, Abb., A1, H
Entwerfen Sie zu jeder der dargestellten Personen einen „Steckbrief" mit Angaben zur gesellschaftlichen Stellung, zum Beruf und zur politischen Einstellung. Notieren Sie anschließend mögliche Gedanken, die die auf dem Gemälde gezeigten Personen haben könnten.

Seite 58, Abb., A3, F
Ordnen Sie die Ergebnisse aus der Analyse der Botschaft der Karikatur in den Kontext der deutschen Gesellschaft zwischen Tradition und Moderne ein. Nutzen Sie hierfür auch die Informationen des Darstellungstextes auf den Seiten 54 bis 59. Beurteilen Sie abschließend, inwieweit die Karikatur als Beispiel für die Ambivalenz der „Goldenen Zwanziger" gelten kann.

Seite 60, M1, A2, F
Erörtern Sie, welche langfristigen Konsequenzen dieses Vorgehen nach sich ziehen kann.

Seite 61, M2, A1, F
Analysieren Sie die Intention des Autors.

Seite 67, M1, A4, H
Analysieren Sie aus den jeweiligen Perspektiven der nachstehend genannten Personengruppen, welche Aspekte des Parteiprogramms diese jeweils befürworten bzw. ablehnen würden: Frau, Soldat, Großunternehmer, Arbeiter, Handwerker, Beamter, Arbeitsloser, Rentner und Monarchist. Begründen Sie jeweils Ihr Ergebnis.

Seite 68, M2, A1, F
Beurteilen Sie anhand der Statistiken, inwieweit die NSDAP in der Mobilisierung der Wählergruppen, die sie mit ihrem Parteiprogramm (siehe Seite 67, M1) erreichen wollte, erfolgreich war.

Seite 75, Abb., A1, H
Legen Sie eine Folie über die Collage von John Heartfield und umranden Sie mit einem Folienstift einzelne Bereiche bzw. Bildebenen. Analysieren Sie diese dann in Bezug auf ihre Wirkung und Bedeutung hin. Beachten Sie dabei auch die Symbolik in den Bildelementen. Die Bearbeitung kann auch arbeitsteilig erfolgen. Die Bereiche sind dann unter den Gruppenmitgliedern zu verteilen. Im Anschluss werden die Teilergebnisse zusammengetragen und die Gesamtbedeutung gemeinsam erarbeitet.

Seite 76, M2, A, F
Informieren Sie sich über die Folgen von Langzeitarbeitslosigkeit in der Gegenwart und vergleichen Sie Ihre Ergebnisse mit den Aussagen von M2.

Seite 77, M3, A2, H
Nutzen Sie die Informationen der Darstellungstexte von Seite 70 bis 74 zur Einordnung und Erläuterung der Wahlergebnisse.

Seite 78, M5, A1, F
Arbeiten Sie aus den Darstellungstexten (Seite 70 bis 74) und M4 auf Seite 78 heraus, welche Ereignisse und Entwicklungen Franz von Papen zur Untermauerung seiner Position anführen könnte.

Seite 79, Abb., A, F
Setzen Sie die Aussage der Karikatur in Beziehung zu den in M6 auf Seite 79 getroffenen Aussagen.

Seite 87, M1 und M2, A2, F
Erörtern Sie, ob die Gründe für das Scheitern der Weimarer Republik vorrangig in gesellschaftlichen Gründen, strukturellen Problemen oder dem Versagen von handelnden Führungspersonen zu suchen sind.

Seite 87, Abb., A2, F
Beurteilen Sie die Aussage des Gemäldes in Hinblick auf ihre Triftigkeit.

1.5 Wahlmodul: Der Erste Weltkrieg

Seite 102, M1, A1 und A2, H
Beziehen Sie zur Bearbeitung der beiden Aufgaben auch die Informationen der Darstellung auf Seite 92 mit ein.

Seite 102, M2, A1, H
Mittel zur Bildung von nationalen Identitäten sind z. B. Sprache, Kultur, Herkunft, gemeinsame Geschichte, Abgrenzung zu Anderen, Bürgerschaft, Religion, Territorium, Gründungsmythen etc.

Seite 105, M6, A2, F
Visualisieren Sie die von Kaiser Wilhelm II. in M6 prognostizierte Ereigniskette in Form eines Flussdiagramms und vergleichen Sie dieses mit dem tatsächlichen Verlauf der Ereignisse (siehe den Darstellungstext auf Seite 94 f.). Beurteilen Sie anschließend die Einschätzung Kaiser Wilhelms II. in Hinblick auf ihre Weitsicht.

Seite 106, M8, A1, F
Arbeiten Sie die Wertvorstellungen des Leutnants Leopold von Stutterheim aus M1 heraus und setzen Sie sich mit diesen auseinander.

Seite 108, M11, A1, F
Erörtern Sie anhand der Informationen aus M9 und M11, inwiefern man beim Ersten Weltkrieg von einem neuen Charakter des Krieges im Vergleich zu vorherigen Kriegen sprechen kann.

Arbeiten Sie zunächst heraus, was aus der Perspektive des Militärs als „fortschrittlich" am Gaskrieg angesehen werden konnte. Seite 108, M11, A2, H

Visualisieren Sie die Daten in Form eines Graphen und setzen Sie die dort erkennbaren Entwicklungen in Beziehung zu Ereignissen und Entwicklungen im Ersten Weltkrieg. Seite 108, M12, A2, F

Für eine Charakterisierung des „Männerbildes" können Sie auch Ihre Arbeitsergebnisse aus M8 auf Seite 106 einbeziehen. Seite 111, M16, A2, H

1.6 Wahlmodul: Deutsches und europäisches Selbstverständnis nach 1945

Legen Sie eine Folie über die Karikatur und umranden Sie mit einem Folienstift einzelne Personen und Symbole. Identifizieren Sie diese in ihrer Funktion und analysieren Sie sie dann in Bezug auf ihre Wirkung und Bedeutung hin. Die Bearbeitung kann auch arbeitsteilig erfolgen. Tragen Sie die Ergebnisse anschließend zusammen, indem Sie die Beziehungen der Elemente/ Personen untereinander diskutieren. Seite 118, Abb., A, H

Setzen Sie die Haltung Hesses in Beziehung zu der Aussage der Karikatur auf Seite 118. Nutzen Sie auf der derselben Seite auch die Informationen des Textabschnittes „Schuld und Sprachlosigkeit". Seite 132, M1, A2 und A3, F

Legen Sie eine Folie über das Titelblatt des „Ulenspiegel" und umranden Sie mit einem Folienstift einzelne Bereiche. Analysieren Sie diese dann in Bezug auf ihre Wirkung und Bedeutung hin. Beachten Sie dabei auch die Symbolik in den Bildelementen. Die Bearbeitung kann auch arbeitsteilig erfolgen. Die Bereiche sind dann unter den Gruppenmitgliedern zu verteilen. Im Anschluss werden die Teilergebnisse zusammengetragen und die Gesamtdeutung gemeinsam erarbeitet. Seite 133 Abb., A, H

Erstellen Sie zu den Daten einen Verlaufsgraphen. Beachten Sie dabei, dass die Zeitachse gleichmäßig skaliert wird (z.B. 1 cm für 1 Jahr). Beschreiben Sie anschließend den Verlauf des Graphen. Erklären Sie ihn auch anhand der Informationen auf den Seiten 118 bis 131. Seite 134, M3, A, H

Setzen Sie sich damit auseinander, inwieweit die im Text jeweils angesprochenen Defizite in der jeweiligen Vergangenheitspolitik heute behoben sind. Seite 136, M6, A2, F

Informieren Sie sich über die von Münkler angesprochenen Inhalte. Überprüfen Sie dann, inwieweit hier jeweils eine Mythisierung vorgenommen wurde, indem Sie untersuchen, ob die Kriterien der Sinnstiftung, Überhöhung und Komplexitätsreduktion jeweils erfüllt sind. Seite 137, M8, A2, H

Legen Sie eine Folie über die Karikatur und umranden Sie mit einem Folienstift einzelne Personen und Symbole. Gehen Sie anschließend vor, wie auf der vorherigen Seite beschrieben. Siehe die Hilfestellung zur Seite 118, Abb., A. Seite 142, Abb., A, H

Suchen Sie nach Fotos und Abbildungen des Reichstagsgebäudes aus vergangenen Zeiten und untersuchen Sie jeweils, inwieweit sich die Architektur im Vergleich zur gegenwärtigen jeweils verändert hat bzw. gleich geblieben ist. Analysieren Sie die Gründe dafür. Seite 143, Abb., A, H

Erstellen Sie eine Mindmap mit dem Titel „Charakteristika der Berliner Republik". Seite 144, M13, A1, H

Lexikon zur Geschichte: Begriffe

Alldeutscher Verband: 1891 gegründet, setzte sich die nationalistische Organisation für eine Stärkung und Verbreitung des Deutschtums ein und befürwortete eine imperialistische Politik.

„Arier": im ethnologisch-sprachwissenschaftlichen Sinne Völker der indogermanischen Sprachfamilie. Im 19. Jh. wurde der Begriff in eine Überlegenheit der „weißen", dann der germanischen Rasse umgedeutet. In der NS-Rassenideologie bezeichnete „Arier" die überlegene „Herrenrasse".

Aufstand vom 17. Juni 1953: Nachdem die SED-Führung die Arbeitsnormen heraufgesetzt hatte, kam es in Ost-Berlin und 700 weiteren Städten der DDR zu Aufständen. Diese wurden mithilfe sowjetischer Truppen blutig niedergeschlagen.

Blut-und-Boden-Ideologie: basierte auf der Vorstellung, „dass ein gesunder Staat im eigenen Volk (Blut) und im eigenen Boden seinen Schwerpunkt haben muss" (Meyers Lexikon von 1936). Dabei sollte das Bauerntum (die germanisch-nordische Rasse) für die Lebensgrundlagen des Volkes sorgen und einen Gegenpol zur urbanen Moderne und zum „Nomadentum" der Juden bilden.

Deflation: ein über längere Zeit anhaltender Rückgang des Preisniveaus für Güter. Dies tritt ein, wenn die Geldmenge im Vergleich zur Warenmenge abnimmt.

Entente: (frz. „Bündnis, Eintracht"): Frankreich, Großbritannien und das Russische Reich mit ihren Verbündeten

Entspannungspolitik: Der Begriff beschreibt eine Phase des Kalten Krieges von Ende der 1960er- bis Anfang der 1980er-Jahre. In diesem Zeitraum versuchten die USA und die UdSSR sowie ihre jeweiligen Verbündeten Konflikte vorwiegend auf diplomatischem Weg zu lösen und gegenseitiges Vertrauen aufzubauen.

Expressionismus (von lat. *expressio*: Ausdruck): vom Ende des 19. Jahrhunderts bis ca. 1925 bestehende Kunstrichtung in Europa, die Erlebtes expressiv ausdrückt

Frankfurter Auschwitz-Prozess: Mit 22 Angeklagten und 183 Verhandlungstagen handelte es sich um einen der größten und meistbeachteten Prozesse in der Geschichte der deutschen Justiz. Durch die Aussagen der mehreren hundert Zeugen – größtenteils KZ-Überlebende – sahen sich viele Deutsche gezwungen, sich mit der eigenen Rolle während der NS-Zeit und der mangelnden Aufarbeitung nach 1945 auseinanderzusetzen.

Freikorps: paramilitärische Einheiten, die nicht zu den regulären Truppen gehörten. Diese Freiwilligenverbände bestanden aus ehemaligen Berufssoldaten, Abenteurern, Studenten oder Schülern, meist Männer, die nach dem Krieg kein Zuhause und keine Arbeit hatten und nicht in ein ziviles Leben zurückgefunden hatten.

Imperialismus: Vom lateinischen Wort Imperium abgeleitet, bedeutet der Begriff „Herrschaft" oder „Großreichspolitik" und kann als die territoriale Ausdehnung eines Staates über andere Länder und Völker verstanden werden. Im weiten Sinne umfasst der „Imperialismus" das gesamte 19. und frühe 20. Jahrhundert bis zum Ausbruch des Ersten Weltkrieges. Als „klassisches Zeitalter des Imperialismus" oder als Periode des Hochimperialismus gelten jedoch die Jahre zwischen 1880 und 1914, in denen die gesamte nichteuropäische Welt von der europäischen Zivilisation sowie dem westlich-industriellen System durchdrungen wurde. Das Gleichgewicht der Mächte wich einem allgemeinen Prestige- und Rüstungswettlauf.

Inflation: anhaltende Geldentwicklung durch Ansteigen des allgemeinen Preisniveaus und Abwertung der Kaufkraft der Währung aufgrund einer massiven Vermehrung des Geldes. Opfer der Inflation sind vor allem Menschen, die von Ersparnissen leben. Zu besonders starken Inflationen kam es nach dem Ersten Weltkrieg in fast allen kriegführenden Staaten.

Mittelmächte: Deutsches Reich und Österreich-Ungarn, denen sich das Osmanische Reich und Bulgarien anschlossen

Nationalismus: weltanschauliches Bekenntnis (Ideologie) zur eigenen Nation und dem Staat, dem man angehört. Auf der einen Seite stand die Überzeugung, dass alle Völker einen Anspruch auf nationale Selbstbestimmung haben, auf der anderen die Hochschätzung des eigenen Volkes. Die Abwertung anderer Nationen trug seit der Mitte des 19. Jahrhunderts zu einem übersteigerten Nationalbewusstsein (Chauvinismus) bei, einem Kennzeichen des ▸*Imperialismus* und später des Nationalsozialismus.

Panslawismus: Bewegung, die die kulturelle Einheit aller slawischen Völker betont. Daraus entstand die Forderung nach staatlicher Einigung.

Planwirtschaft: Wirtschaftsordnung, in der die Produktion von Gütern sowie deren Verteilung nach staatlich festgelegten Plänen vorgenommen wird.

Plebiszit (lat. *plebis scitum*): Volksabstimmung, Volksbeschluss

Räterepublik: Herrschaftsform der direkten Demokratie. Räte sind gewählte Ausschüsse von Bewohnern eines Bezirks, Arbeitern und Soldaten. Sie sind an die Weisungen der Wähler gebunden und vereinen gesetzgebende, ausführende und rechtsprechende Gewalt auf sich.

Reichsbanner Schwarz-Rot-Gold: im Februar 1924 gegründeter Bund aktiver Demokraten, der um 1930 etwa drei Millionen Mitglieder zählte

Reichsexekution: (militärisches) Mittel eines Bundesstaates oder Staatenbundes gegenüber seinen Gliedstaaten

Schlieffen-Plan: Er ist benannt nach dem ehemaligen Chef des deutschen Generalstabs, Alfred Graf von Schlieffen. Der bereits 1905 von ihm für einen Zweifrontenkrieg gegen Frankreich und Russland entwickelte Plan sah vor, dass die deutsche Armee mithilfe moderner Transportmittel durch die neutralen Staaten Niederlande, Belgien und Luxemburg vorstößt. Nach einem schnellen Sieg über Frankreich sollten die Armeen dann gegen Russland marschieren.

Schutzstaffel (SS): 1925 gegründete Parteiformation zum persönlichen Schutz ▸*Hitlers*, ab 1934 „selbstständige Organisation" der NSDAP mit polizeilicher Machtbefugnis

Soziale Marktwirtschaft: Wirtschaftsordnung der Bundesrepublik Deutschland, in der sich der Staat, anders als in der reinen freien Marktwirtschaft, durch gesetzliche Rahmenbedingungen um einen möglichst gerechten Ausgleich zwischen wirtschaftlich stärkeren und schwächeren Gruppen der Gesellschaft bemüht.

Spartakisten/Spartakusbund: Gruppe radikaler Sozialisten, die den Kern der Ende 1918 gegründeten Kommunistischen Partei Deutschlands (KPD) bildete

Stahlhelm: im Dezember 1918 gegründete Organisation ehemaliger Soldaten des Ersten Weltkrieges. Der Verband entwickelte eine republikfeindliche Einstellung und hatte um 1930 etwa eine halbe Million Mitglieder.

Sturmabteilung (SA): 1920 gebildete, militärisch organisierte und uniformierte Saalschutz- und Kampftruppe der NSDAP

Völkerbund: Nach dem Ersten Weltkrieg im Zusammenhang mit dem Versailler Vertrag 1920 von 32 Staaten gegründete internationale Organisation zur Wahrung des Friedens und zur Zusammenarbeit aller Völker mit Sitz in Genf. Die 1945 gegründeten Vereinten Nationen sind Nachfolgerin des Völkerbundes.

„Wilson-Frieden": Der US-amerikanische Präsident ▸*Woodrow Wilson* hatte am 8. Januar 1918 einen „14-Punkte-Plan" vorgelegt, in dem er seine Vorstellungen von den Grundlagen einer zukünftigen Friedensordnung in Europa formulierte. Diese sollte auf dem Selbstbestimmungsrecht der Völker und dem Autonomie- und Nationalitätenprinzip basieren.

Lexikon zur Geschichte: Personen

Briand, Aristide (1862–1932): französischer Politiker; zwischen 1909 und 1932 mehrfach u. a. Ministerpräsident und Außenminister; 1926 Friedensnobelpreis (gemeinsam mit ▸*Gustav Stresemann*)

Brüning, Heinrich (1885–1970): 1930–1932 Reichskanzler; 1934 Emigration in die USA. Der 1885 in Münster geborene Brüning war Volkswirt und hatte als Frontoffizier am Ersten Weltkrieg teilgenommen. Seit 1924 war er Reichstagsabgeordneter des Zentrums und hatte sich als Steuer- und Finanzexperte einen Namen gemacht.

Ebert, Friedrich (1871–1925): Er arbeitete als Sattler, Redakteur und Gastwirt. Ebert engagierte sich früh in Partei und Gewerkschaft, war ab 1913 SPD-Vorsitzender, übernahm nach Ausrufung der Republik 1918 die Regierungsgeschäfte und wurde 1919 erster Reichspräsident der Weimarer Republik.

Hindenburg, Paul von (1847–1934): Als Sohn eines adligen Offiziers und Gutsbesitzers durchlief Hindenburg ab 1866 eine militärische Karriere. Er wurde 1914 zum Oberbefehlshaber der Truppen an der Ostfront berufen und stieg im Ersten Weltkrieg zum Generalfeldmarschall auf. Von 1925 bis 1934 war er Reichspräsident, als welcher er am 30. Januar 1933 ▸*Adolf Hitler* zum Reichskanzler ernannte.

Hitler, Adolf (1889–1945): Hitler stammte aus dem österreichischen Braunau (Inn), kam 1913 nach München, wo er sich erfolglos als Künstler durchschlug. 1914 freiwillige Teilnahme am Ersten Weltkrieg in bayerischem Regiment, Verwundung und Auszeichnung, 1919 Propagandist der DAP, seit 1920 NSDAP; 1921 Vorsitzender der Partei, 1923 Hitler-Putsch und Festungshaft, 1925 Neugründung der NSDAP und Aufstieg zur Massenpartei, 1933 Ernennung zum Reichskanzler, ab 1934 „Führer und Reichskanzler".

Lenin, Wladimir I. eigentlich Wladimir Iljitsch Uljanow (1870–1924): Rechtsanwalt, sozialistischer Revolutionär und Vordenker, Gründer und erster Regierungschef der Sowjetunion

Luxemburg, Rosa (1871–1919): Journalistin und sozialistische Theoretikerin; Mitbegründerin der KPD

Müller, Hermann (1876–1931): 1919/20 Reichsaußenminister; 1920–1928 Vorsitzender der sozialdemokratischen Reichstagsfraktion; 1928–1930 Reichskanzler

Mussolini, Benito (1883–1945): Begründer des italienischen Faschismus, einer nationalistischen, antidemokratischen Bewegung. Nach einem „Marsch auf Rom" übernahm er die Regierung. Seine Diktatur war lange Zeit Vorbild für die deutschen Nationalsozialisten.

Papen, Franz von (1879–1969): 1932 Reichskanzler; im Nürnberger Prozess gegen die Hauptkriegsverbrecher 1946 freigesprochen

Rathenau, Walther (1867–1922): Industrieller, Schriftsteller und Politiker (DDP); 1922 von Rechtsradikalen ermordet

Schleicher, Kurt von (1882–1934): 1932 Reichswehrminister, von Dezember 1932 bis Januar 1933 Reichskanzler

Streicher, Julius (1885–1946, hingerichtet): 1922 Beitritt zur NSDAP, 1923 Gründung der antisemitischen Wochenzeitung „Der Stürmer" und Teilnahme am ▸*Hitler*-Putsch, seit 1928 Gauleiter in Franken, 1933–1945 Mitglied des Reichstages, seit 1933 Leitung des „Zentralkomitees zur Abwehr der jüdischen Gräuel- und Boykotthetze", 1940 wegen Korruption und Parteizwist aller Ämter enthoben

Stresemann, Gustav (1878–1929): Wirtschaftswissenschaftler und Politiker, 1923 Reichskanzler, 1923–1929 Außenminister. Er prägte die Weimarer Republik und erwirkte die Aufnahme Deutschlands in den ▸*Völkerbund*.

Wilhelm II. (1859–1941): seit 1888 König von Preußen und Deutscher Kaiser. Seine Vorstellungen von Gottesgnadentum und Weltmacht sowie seine Einstellung zum Militär (Militarismus) prägten die „Wilhelminische Gesellschaft". Nach seiner Abdankung im Jahre 1918 lebte er im Exil im niederländischen Doorn.

Wilson, Woodrow (1856–1924): Jurist, Historiker und Politiker; 1913 bis 1921 Präsident der USA (Demokrat). Wilson verfolgte soziale Reformen, war im Ersten Weltkrieg um die Neutralität der USA bemüht und engagierte sich für die Errichtung des ▸*Völkerbundes*. 1920 erhielt er den Friedensnobelpreis für das Jahr 1919.

Wer ist wer in der Weimarer Republik?

Die Reichspräsidenten

Friedrich Ebert (Februar 1919 bis Februar 1925, SPD)

Paul von Hindenburg (April 1925 bis August 1934, parteilos)

Die Reichskanzler

Reichskanzler	Partei	Amtszeit
Philipp Scheidemann	SPD	Februar bis Juni 1919
Gustav Bauer	SPD	Juni 1919 bis März 1920
Hermann Müller	SPD	März bis Juni 1920, Juni 1928 bis März 1930
Constantin Fehrenbach	Zentrum	Juni 1920 bis Mai 1921
Joseph Wirth	Zentrum	Mai 1921 bis November 1922
Wilhelm Cuno	parteilos	November 1922 bis August 1923
Gustav Stresemann	DVP	August bis November 1923
Wilhelm Marx	Zentrum	November 1923 bis Januar 1925, Mai 1926 bis Juni 1928
Hans Luther	parteilos	Januar 1925 bis Mai 1926
Heinrich Brüning	Zentrum	März 1930 bis Mai 1932
Franz von Papen	Zentrum, ab 3. Juni 1932 parteilos	Juni bis Dezember 1932
Kurt von Schleicher	parteilos	Dezember 1932 bis Januar 1933

Die Parteien

Partei	Gründung	Ausrichtung
Bayerische Volkspartei (BVP)	1918	bayerische Partei der Katholiken, abgespalten von der Zentrumspartei
Deutsche Demokratische Partei (DDP)	1918	liberale Partei, Befürworter der Republik
Deutschnationale Volkspartei (DNVP)	1918	konservative Partei, kritisch gegenüber der Republik
Deutsche Volkspartei (DVP)	1918	Partei der Industriellen, kritisch gegenüber der Republik
Kommunistische Partei Deutschlands (KPD)	1918	radikale Arbeiterpartei, gegen die Republik
Nationalsozialistische Deutsche Arbeiterpartei (NSDAP)	1919 (seit 1920 unter diesem Namen), 1925 (Neugründung)	antisemitische und nationalistische Partei Adolf Hitlers, gegen die Republik
Sozialdemokratische Partei Deutschlands (SPD)	1863 (seit 1890 unter diesem Namen)	gemäßigte Arbeiterpartei, Befürworter der Republik
Unabhängige Sozialdemokratische Partei Deutschlands (USPD)	1917	radikale Arbeiterpartei, gegen die Republik
Zentrum (Z)	1870	Partei der Katholiken, Befürworter der Republik

Die **fettgedruckten Begriffe und Seitenzahlen** verweisen auf Erläuterungen in der Randspalte des Darstellungsteils.

Die **fettgedruckten Namen und Seitenzahlen** verweisen auf biografische Informationen in der Randspalte des Darstellungsteils.